富士山本宮浅間大社
(富士宮市)

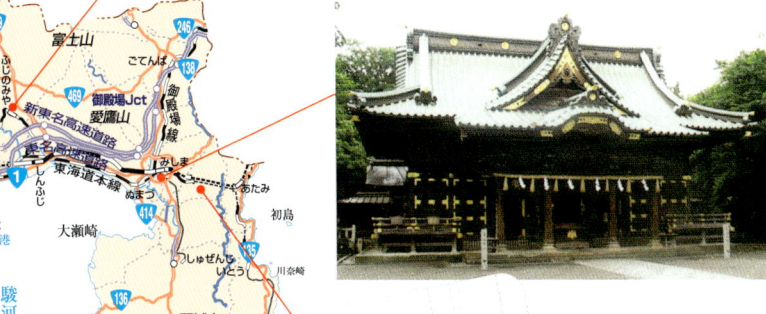
三島大社(三島市)

登呂遺跡(静岡市駿河区)

柏谷横穴群(田方郡函南町)

中世・近世初期

西浦の田楽
(浜松市天竜区)

秋葉神社神門(浜松市天竜区)

掛川城跡(掛川市)

駿府城跡(静岡市葵区)

久能山東照宮(静岡市駿河区)

山中城跡(三島市)

願成就院(伊豆の国市)

臨済寺(静岡市葵区)

大井川川越遺跡（島田市）

龍潭寺庭園（浜松市北区）

新居関跡（湖西市新居町）

油山寺三重塔（袋井市）

江戸時代

大石寺五重塔(富士宮市)

箱根旧街道石畳(三島市)

小島陣屋跡(静岡市清水区)

清見寺(静岡市清水区)

幕末・近代

旧王子製紙製品倉庫（浜松市天竜区）

大日本報徳社（掛川市）

旧見付学校（磐田市）

静岡学問所の碑（静岡市葵区）

韮山反射炉（伊豆の国市）

旧岩科学校（賀茂郡松崎町）

玉泉寺（下田市）

西郷・山岡会見の地碑（静岡市葵区）

もくじ　　赤字はコラム

海と湯のくに伊豆

❶ 温泉地東伊豆-- 4

　伊豆山神社／来宮神社／熱海梅園／オールコックの碑／起雲閣／上多賀神社／網代港／丹那トンネル／東光寺／中村敬宇顕彰碑／木下杢太郎記念館／仏現寺／伊東祐親／蓮着寺／江戸城築城石／田村又吉翁頌徳碑／ハンマアサマと雛のつるし飾り

❷ 南国情緒の南伊豆-- 18

　南禅寺仏像群／杉桙別命神社／縄地金山／白浜神社／玉泉寺／弁天島／了仙寺／長楽寺／宝福寺／下田公園／吉田松陰寓寄処／南伊豆郷土館／石室神社／小稲の虎舞と妻良の盆踊り

❸ 風光明媚な西伊豆-- 32

　伊豆の長八美術館／伊那下神社／旧岩科学校／帰一寺／堂ヶ島／人形三番叟と猿っ子踊り／土肥金山／造船郷土資料博物館

❹ 玄関口北伊豆-- 39

　山中城跡／箱根旧街道と錦田一里塚／妙法華寺／向山古墳群／楽寿園／三島大社／伊豆国分寺塔跡／三島大社のお田打と三島囃子／千貫樋／八幡神社と対面石／原生の森と御山殖産林禁止伐林記念碑／丹那断層／仁田家／柏谷横穴群

❺ 奥座敷中伊豆-- 50

　蛭ヶ小島／韮山城跡／江川酒／江川家住宅／韮山反射炉／国清寺／伝堀越御所跡／願成就院／北江間横穴群／北条寺／狩野川放水路竣功記念碑／最明寺／蔵春院／広瀬神社／梅原寛重翁寿碑／瓜生野金山跡／日本キリスト教団修善寺教会／修善寺ハリストス正教会顕栄聖堂／修禅寺／上白岩遺跡／大井上康と巨峰ブドウ／大井上理農学研究所／最勝院／軽野神社／善名寺／井上靖と彼を取りまく人びと／足立文太郎顕彰碑／黒船の来航と下田道

富士の裾野

❶ 御殿場線北上-- 74
一柳直末公首塚／定輪寺／旧植松家住宅／葛山館跡と仙年寺／深良用水／沼田の子之神社／新橋浅間神社／秩父宮記念公園／北駿地方の金太郎伝説／二岡神社／深沢城跡／冨士浅間神社（須走浅間神社）／伊奈神社／豊門公園／湯山文右衛門寺子屋資料館／竹之下古戦場／宝鏡寺／足柄峠

❷ 県東部の中心沼津-- 91
日枝神社／日吉廃寺塔跡と礎石／霊山寺／千本浜公園／六代松の碑／光長寺／門池・牧堰／沼津市明治史料館／長塚古墳／大中寺／休場遺跡／沼津御用邸記念公園／江浦横穴群／安田屋旅館／長浜城跡／大瀬神社／松蔭寺／白隠／興国寺城跡

❸ 富士信仰の拠点岳南-- 107
平家越の碑／善得寺公園／竹採公園／浅間古墳／ディアナ号の錨／実相寺／富士山かぐや姫ミュージアム（富士市立博物館）／本照寺／曽我寺／富士山本宮浅間大社／雁堤／村山浅間神社／大石寺／北山本門寺／陸軍少年戦車兵学校跡／西山本門寺

富士川から大井川へ

❶ 富士川から薩埵峠へ-- 124
角倉了以翁紀功碑と常盤家住宅／岩渕の一里塚／蒲原宿／蒲原城跡／由比宿と東海道広重美術館／薩埵峠

❷ 港と伝説の清水区-- 130
興津宿と清見寺／小島陣屋跡／清水港周辺／清水次郎長／御穂神社／草薙神社とその周辺／鉄舟寺／龍華寺／霊山寺／身延道／梶原堂

❸ 駿河区東部から谷津山周辺へ-- 146
久能山東照宮／登呂遺跡／片山廃寺跡／菩提樹院／龍雲寺／蓮永寺／清水寺

❹ 静岡中心街を歩く-- 155
宝泰寺／西郷・山岡会見の地／華陽院／駿府城跡／静岡中心街

❺ 賤機山麓をめぐる-- 164
静岡浅間神社／富春院と臨済寺／瑞龍寺

❻ 安倍川流域と丸子路-- 171
　安倍川義夫之碑と安倍川架橋碑／増善寺／恋川春町と十返舎一九／洞慶院／丸子宿と丁子屋／柴屋寺／誓願寺／安倍地域の民俗芸能

❼ 宿場町岡部と東征伝説の焼津-------------------------------------- 181
　蔦の細道と宇津ノ谷峠／岡部宿と大旅籠柏屋／焼津漁港とその周辺／林叟院から石脇城跡へ／法華寺／焼津神社と荒祭り

❽ 宿場と城下町の藤枝-- 190
　田中城跡と史跡田中下屋敷／蓮華寺池公園と若王子古墳群／蓮生寺と鬼岩寺／藤枝宿と大慶寺／義民増田五郎右衛門／志太郡衙跡／名物「瀬戸の染飯」／志太地域の民俗芸能

❾ 大井川川越の町島田-- 199
　宗長庵跡と俳聖芭蕉遺跡／大井神社／大井川川越遺跡／慶寿寺／静居寺／智満寺／諏訪原城跡／武田・徳川の攻防／東海道菊川坂石畳と菊川宿／川根地域の民俗芸能

大井川から天竜川へ

❶ 牧之原台地から御前崎岬へ-------------------------------------- 214
　小夜の中山／日坂宿／大井海軍航空隊跡／勝間田城跡／大鐘家住宅／相良の無形民俗文化財／相良城跡／平田寺／西山寺／天神山男神石灰岩／釣月院／御前埼灯台

❷ 小笠平野と掛川城下町-- 223
　応声教院／横地氏城館跡／高田大屋敷遺跡／吉岡彌生記念館／高天神城跡／黒田家住宅／正林寺／塩の道／新野古城跡／桜ケ池／掛川城跡／大日本報徳社／和田岡古墳群

❸ 東海道ど真ん中袋井から遠州の森へ-------------------------- 235
　可睡斎／油山寺／法多山尊永寺／厄除け団子とマスクメロン／横須賀城跡／天宮神社／小國神社

もくじ

❹ 遠江国府の地磐田と天竜川-- 245
　遠江国分寺跡と国分尼寺跡／旧赤松家の門・塀・土蔵／旧見付学校と淡海国玉神社／一の谷遺跡公園／天下の奇祭，見付天神(矢奈比売神社)裸祭／矢奈比売神社(見付天神社)／御厨古墳群と堂山古墳／銚子塚古墳と長者屋敷遺跡／熊野の長フジ／掛塚湊と天竜川／社山城跡から岩室廃寺跡へ

新生浜松と浜名湖

❶ 秋葉路の里をいく-- 262
　二俣城跡／秋葉山／秋葉道／佐久間ダム／山住神社／北遠の民俗芸能
❷ 浜松中心地域をめぐる-- 271
　浜松宿跡／浜松城跡／犀ヶ崖古戦場／伊場遺跡／縣居神社／鴨江寺／五社神社・諏訪神社／蜆塚遺跡／浜松まつり会館／浜松まつりの凧揚げ／蒲神明宮／木船廃寺跡／金原明善翁生家／浜松の産業
❸ 「浜北人」のふるさとをめぐる------------------------------------ 287
　内野古墳群／岩水寺／高根神社／大平城跡／天宝堤
❹ 湖北をめぐる --- 292
　龍潭寺／三岳城跡と北岡大塚古墳／横尾歌舞伎とひよんどり／奥山方広寺・半僧坊／初山宝林寺／陣座ケ谷古墳と銅鐸の谷／旗本近藤家／湖北の姫街道をたどる／気賀宿
❺ 三ケ日ミカンの里と湖西-- 302
　野地城跡と佐久城跡／浜名惣社神明宮／摩訶耶寺／大福寺／中村家住宅／東海道舞坂宿・脇本陣／新居関跡／本興寺／大知波峠廃寺跡

あとがき／静岡県のあゆみ／地域の概観／文化財公開施設／無形民俗文化財／おもな祭り／有形民俗文化財／無形文化財／散歩便利帳／参考文献／年表／索引

もくじ

[本書の利用にあたって]

1. 散歩モデルコースで使われているおもな記号は，つぎのとおりです。なお，数字は所要時間(分)をあらわします。

   ・・・・・・・・・・・・・・・・・・ 電車　　　　　━━━━━━ 地下鉄
   ──────── バス　　　　　・・・・・・・・・・・・・・・・・・ 車
   ------------ 徒歩　　　　　～～～～～～～ 船

2. 本文で使われているおもな記号は，つぎのとおりです。

   🚶　徒歩　　　🚌　バス　　　🅿　駐車場あり
   🚗　車　　　　🚢　船　　　　✈　飛行機

   〈M ▶ P.○○〉は，地図の該当ページを示します。

3. 各項目の後ろにある丸数字は，章の地図上の丸数字に対応します。

4. 本文中のおもな文化財の区別は，つぎのとおりです。
   国指定重要文化財＝(国重文)，国指定史跡＝(国史跡)，国指定天然記念物＝(国天然)，国指定名勝＝(国名勝)，国指定重要有形民俗文化財・国指定重要無形民俗文化財＝(国民俗)，国登録有形文化財＝(国登録)
   都道府県もこれに準じています。

5. コラムのマークは，つぎのとおりです。

   泊　歴史的な宿　　憩　名湯　　　食　飲む・食べる
   み　土産　　　　　作　作る　　　体　体験する
   祭　祭り　　　　　行　民俗行事　芸　民俗芸能
   人　人物　　　　　伝　伝説　　　産　伝統産業
   ‼　そのほか

6. 本書掲載のデータは，2020年6月1日現在のものです。今後変更になる場合もありますので，事前にお確かめください。

海と湯のくに伊豆

Izu

走湯温泉跡

堂ヶ島天窓洞

◎伊豆地区散歩モデルコース

1. JR東海道本線熱海駅 7 伊豆山神社 8 来宮神社 5 丹那神社 3 熱海梅園 10 海蔵寺 10 オールコックの碑 5 起雲閣 10 熱海サンビーチ 10 JR熱海駅
2. JR伊東線宇佐美駅 10 行蓮寺 8 中村敬宇顕彰碑 5 JR宇佐美駅 5 JR東線・伊豆急行伊東駅 5 木下杢太郎記念館 8 なぎさ公園 15 仏現寺 5 物見塚公園 7 東林寺 8 最誓寺 2 音無神社 15 JR伊東駅
3. 伊豆急行伊豆急下田駅 10 玉泉寺 3 弁天島 30 下田公園(下田城跡) 5 下岡蓮杖の碑 10 長楽寺 5 了仙寺 3 下田開国博物館 5 宝福寺 5 伊豆急下田駅 20 吉田松陰寓寄処 3 天神社 20 伊豆急下田駅
4. 伊豆急行伊豆急下田駅 50 松崎バスターミナル 20 旧岩科学校 15 伊豆の長八美術館 2 伊豆下神社 3 浄感寺 10 中瀬邸 10 伊那上神社 10 松崎バスターミナル 10 堂ヶ島 3 堂ヶ島薬師堂 10 松崎バスターミナル 50 伊豆急下田駅
5. JR東海道本線・伊豆箱根鉄道三島駅 30 山中城跡 90 (旧東海道経由) 錦田一里塚 30 (旧東海道経由) 三島大社 10 楽寿園・三島市郷土館 2 三島駅
6. 伊豆箱根鉄道田京駅 20 蔵春院 12 広瀬神社 30 神益麻志神社 25 自得院 15 昌徳院 20 伊豆箱根鉄道修善寺駅
7. 伊豆箱根鉄道修善寺駅 10 修善寺ハリストス正教会 8 修禅寺・日枝神社 12 修善寺駅 20 最勝院 10 伊豆市資料館 1 上白岩遺跡 7 妙国寺 8 修善寺駅
8. 伊豆箱根鉄道修善寺駅 50 新天城トンネル 30 旧天城トンネル 25 新天城トンネル 10 昭和の森記念館 10 湯ヶ島小学校・足立文太郎顕彰碑 3 弘道寺 20 旧天城湯ヶ島町役場 10 明徳寺 20 修善寺駅

①伊豆山神社
②来宮神社
③熱海梅園
④オールコックの碑
⑤起雲閣
⑥上多賀神社
⑦網代港
⑧東光寺
⑨中村敬宇顕彰碑
⑩木下杢太郎記念館
⑪仏現寺
⑫蓮着寺
⑬江戸城築城石
⑭田村又吉翁頌徳碑
⑮南禅寺
⑯杉桙別命神社
⑰縄地金山
⑱白浜神社
⑲玉泉寺
⑳弁天島
㉑了仙寺
㉒長楽寺
㉓宝福寺
㉔下田公園
㉕吉田松陰寓寄処
㉖南伊豆郷土館
㉗石室神社
㉘伊豆の長八美術館
㉙伊那下神社
㉚旧岩科学校
㉛帰一寺
㉜堂ヶ島
㉝土肥金山
㉞造船郷土資料博物館
㉟山中城跡
㊱箱根旧街道・錦田一里塚
㊲妙法華寺
㊳向山古墳群
㊴楽寿園
㊵三島大社
㊶伊豆国分寺塔跡
㊷千貫樋
㊸八幡神社
㊹原生の森・御山殖産林禁止伐林記念碑
㊺丹那断層
㊻仁田家
㊼柏谷横穴群
㊽蛭ヶ小島
㊾韮山城跡
㊿江川家住宅
㉑韮山反射炉
㉒国清寺
㉓伝堀越御所跡
㉔願成就院
㉕北江間横穴群
㉖北条寺
㉗狩野川放水路竣功記念碑
㉘最明寺
㉙蔵春院
㉚広瀬神社
㉛梅原寛重翁寿碑
㉜瓜生野金山跡
㉝日本キリスト教団修善寺教会
㉞修善寺ハリストス正教会顕栄聖堂
㉟修禅寺
㊱上白岩遺跡
㊲大井上理農学研究所
㊳最勝院
㊴軽野神社
㊵善名寺
㊶足立文太郎顕彰碑

① 温泉地東伊豆

伊豆半島の東の玄関口として、京浜地方とのかかわりは深く、熱海・伊東などの観光地は温泉客で賑わいをみせている。

伊豆山神社 ❶
0557-80-3164
〈M▶P.2,4〉 熱海市伊豆山708-1 Ｐ
JR東海道本線・伊東線熱海駅🚌七尾行伊豆山神社🚶10分

熱海駅は静岡県の東の玄関口である。駅から10分ほどバスに乗り伊豆山神社バス停で下車後、急な石段をのぼっていくと、**伊豆山神社**（祭神火牟須比命ほか）がある。『延喜式』式内社で、もとは走湯権現、伊豆山権現と称したが、源頼朝と北条政子の縁を結んだ場所としても知られている。神社隣にある**伊豆山郷土資料館**には、後奈良天皇宸筆の**紺紙金泥般若心経**や**木造男神立像**（いずれも国重文）、**伊豆山経塚遺物**（県文化）、古文書など100余点が収蔵されている。また政子の髪の毛で綴ったという梵字曼荼羅も展示されている。

源頼朝と北条政子の逢瀬の場

伊豆山神社

階段をくだって国道135号線を渡ると、伊豆国走湯権現（伊豆山神社）を分霊した**走湯神社**があり、**走湯温泉跡**では自噴している様子がみえる。

伊豆山神社から国道135号線へくだり、1kmほど北上して

熱海駅周辺の史跡

いくと、左手に興亜観音にいく道がある。1937(昭和12)年の日中戦争勃発時に、上海派遣軍司令官となった松井石根が、1940年に両軍の戦没者を平等に慰霊するために建立した。松井は山麓の「無畏庵」とよばれる庵に居住し、毎朝約2kmの山道をのぼり、観音経をあげて菩提をとむらったという。また、ここには、東京裁判でA級戦犯となった東条英機をはじめとする7人を慰霊した七士之碑もある。

熱海駅北口から急坂を1kmほどのぼると、MOA美術館がある。尾形光琳筆紅白梅図屏風・野々村仁清作色絵藤花文茶壺・手鑑翰墨城(いずれも国宝)の3点や、日本・中国を中心とした絵画・書跡・彫刻などの名品3000余点が収蔵されている。熱海駅の東300mに、ドイツ人建築家ブルーノ・タウトの設計になる1936年竣工の旧日向熱海別邸地下室(国重文)がある。

来宮神社 ❷
0557-82-2241　〈M▶P.2.4〉熱海市西山73-1　P
JR伊東線来宮駅 🚶 5分

樹齢2000年の大クス　坂上田村麻呂が戦勝祈願

来宮駅から熱海駅に向かって道路を3分ほど歩き、線路下をくぐると、来宮神社(祭神大己貴命・五十猛命・日本武尊)がある。平安時代初期の征夷大将軍坂上田村麻呂が戦勝を祈願し、東北地方をはじめ、各地に分霊したことが伝えられている。境内には、樹齢2000年になる神木の大クス(国天然)がある。また、犬養毅書による三浦梧楼詩碑が建立されている。

毎年7月15・16日の例大祭には、鹿島踊り(県民俗)が奉納される。

熱海梅園 ❸
〈M▶P.2.4〉熱海市梅園町1169-1　P
JR伊東線来宮駅 🚶 7分

樹齢一〇〇年をこえるウメの古木が咲き誇る庭園

来宮駅から道沿いに進むと熱海梅園がある。熱海梅園は、わが国最初の温泉療養施設「噏気館」を開設する際に、横浜(神奈川県)の豪商茂木惣兵衛を中心に、平沼専蔵や朝日又七らが出資し、熱海町(現、熱海市)が宮内省から借りうけて、1886(明治19)年に開園したものである。茂木梅園記念碑には、このいきさつがきざまれている。ここでは樹齢100年をこえるウメの古木が700本以上もあり、見ごろとなる1月中旬には梅祭りが開かれる。

梅園内には「カチューシャの唄」「ゴンドラの唄」などの作曲で

茂木梅園記念碑

知られる中山晋平の邸宅中山晋平記念館や韓国庭園がある。韓国庭園には，1933（昭和8）年に玄岳山頂付近で墜落死した女性操縦士朴敬元の記念碑がある。朴の遭難地は，熱海自然郷（熱海市上多賀）からハイキングコースへはいったところで，現地には地元住民によってたてられた慰霊碑がある。

さらに園内には，第二次世界大戦後，衆議院議員や熱海市長をつとめた小松勇次の胸像，澤田政廣記念美術館もある。澤田は熱海市名誉市民で，熱海の海辺に育ち，19歳で彫刻家を志して，高村光雲の高弟山本瑞雲に師事した。1988年に93歳で没するまで，木彫をはじめ，絵画・陶芸・版画・書などあらゆる芸術の分野で活躍した。

オールコックの碑 ❹

幕末の日英外交の主役となったオールコック

〈M▶P.2,4〉熱海市上宿町
JR東海道本線・伊東線熱海駅，来宮駅⬧15分

来宮駅をおり，初川に沿って5分ほどいくと，明治時代の文豪坪内逍遙が別荘とした双柿舎がある。さらに徒歩数分で，坪内の墓のある海蔵寺（臨済宗）に至る。ここには，逍遙先生敬慕之碑や，明治時代に毛織物業発展につくした井上省三の胸像がある。海蔵寺から熱海総合庁舎をすぎ，熱海市役所から200mほどいくと，定期的に温泉が噴出する間歇泉がある。関東大震災以後自噴できなくなり，今では人工的に噴出させている。また，間歇泉の脇には，市外電話創始の地の記念碑がたって

オールコックの碑（左）とトビーの墓石

いる。

　湯煙のなかにみえるのが，オールコックの碑と愛犬トビーの墓石である。ラザフォード・オールコックは，幕末のイギリス公使として，強硬外交を行った人物である。その著『大君の都』には，富士登山をおえ，伊豆を横断して熱海に滞在した際の出来事が書かれている。

　オールコックは，本陣今井半太夫の宿に逗留中，愛犬トビーが大湯の間歇泉の熱湯にふれ，大火傷をおって死んだことを悲しみ，墓石に「Poor Toby 23 Sept 1860」ときざんだ。オールコックが感動したのは，この犬のために，地元の人びとが手厚く葬ってくれたことで，日本人観を再認識した出来事であった。その後，江戸に帰ったオールコックは，対日外交の第一人者として実権を握っていった。

起雲閣 ❺
0557-86-3101

〈M ▶ P.2.4〉熱海市昭和町4-2
JR東海道本線・伊東線熱海駅 🚶 20分

熱海の三大別荘の1つ 文豪たちが愛した旅館

　熱海市役所から200mほど道沿いに南下すると，起雲閣がある。ここは1919（大正8）年に，海運王内田信也の別荘として築かれ，当時，岩崎別荘・住友別荘と並び，「熱海の三大別荘」と賞賛された。1947（昭和22）年に旅館としてうまれかわり，熱海を代表する宿として数多くの宿泊客を迎え，山本有三・志賀直哉・谷崎潤一郎・太宰治・舟橋聖一・武田泰淳ら，日本を代表する文豪たちに愛されてきた。現在，水曜日以外は見学できる。

　熱海港から船に乗り，1時間ほどで初島にいくことができる。初島は周囲約4kmほどの小さな島で，江戸城石採石場跡や初島の名の由来である初木神社（祭神大海津見命・豊玉姫・初木姫命）がある。近くには『放浪記』の著者林芙美子の歌碑や初島ところてん業に着手した丸宮重助の頌徳碑がある。

丸宮重助の頌徳碑

温泉地東伊豆　7

上多賀神社 ❻
0557-86-6000(熱海市役所)

〈M ► P.2〉熱海市上多賀741-1 P
JR伊東線伊豆多賀駅 🚶 7分

格式ある民俗行事を伝える古来からの地域の中心神社

稲田武市の胸像

伊豆多賀駅から海に向かって歩いていくと，国道135号線に至る。多賀港入口近くの道路脇には，昭和初期に戸又港(多賀港)建設事業をおこした村長稲田武市の胸像がある。

上多賀の交差点から山側へ道路に沿ってのぼると，上多賀神社(祭神伊邪那岐尊)があり，境内には縄文・弥生・古墳時代の祭祀遺跡がある。

また，上多賀神社から国道135号線を1kmほど南下したところに，下多賀神社(祭神伊弉諾尊・伊弉冊尊)がある。毎年1月2日に水浴びせ踊りが行われる。地元の中学生が唄にあわせて踊り，その輪のなかにいる新郎新婦に清水を浴びせる行事である。

熱海市下多賀から伊東市宇佐美にかけて江戸城築城の石材を切り出した跡が多くあり，江戸城石垣石丁場跡(国史跡)の一部に指定されている。この地に伝承される鹿島踊りの由来ともいわれている。

網代港 ❼
〈M ► P.2〉熱海市網代 P
JR伊東線網代駅 🚶 10分

江戸時代，風待ち港としておおいに賑わった港

網代駅から南へ歩いて10分，下多賀神社から南へ1.5kmほどのところに網代港がある。

江戸時代の網代は，風待ち港として「京・大坂に江戸・網代」といわれるほど賑わった。江戸時代後期には，冬場になると，沼津の鮮魚が伊豆半島を横断する網代道を経て網代に着き，そこから船で江戸に運ばれたといわれる。

江戸時代末期には，フランス公使レオン・ロッシュが網代に宿泊所を設けて滞在し，イタリア外交使節トリオ・アルミニヨンを出迎えている。ロッシュが網代に滞在したのは，持病であるリウマチの

丹那トンネル

コラム

悲願の熱海・三島間開通の裏面史

吉村昭『闇を裂く道』で知られる丹那トンネルは、熱海・三島をはじめとする伊豆の人たちには悲願の開通であった。1889(明治22)年に国府津(神奈川県小田原市)から御殿場経由で沼津をとおる東海道線の開通により、宿場として栄えていた三島は、大きな打撃をうけた。また修善寺や古奈といった温泉地は、湯治客誘致のためにも、丹那トンネル工事の完成を待ちのぞんでいた。

工事は1918(大正7)年にはじまったものの、温泉余土と大量の湧水に悩まされ、完成までに16年の歳月がかかった。開通は1934(昭和9)年12月1日で、川西村では、あらたに誕生した伊豆長岡町(現,伊豆の国市)の町制施行を祝う記念日ともなった。これにより、中伊豆・東伊豆とも東京や関西方面からの温泉客が押し寄せるようになった。

そして忘れてならないことは、開通工事中、強制連行された多くの朝鮮人労働者の犠牲があったことである。熱海梅園近くにある熱海口(東口)の上には丹那神社があり、その前に67人の名をきざんだ丹那隧道殉職碑がある。慰霊碑はほかに、下記のところにたてられている。

- 丹那隧道殉難者慰霊碑　JR線丹那トンネル函南口(西口)
- 丹那山隧道殉難諸士之墓　海蔵寺(熱海市水口町)
- 丹那隧道東口坑夫殉難者之碑　養徳寺(函南町平井)

慰霊碑から、想像以上の難工事であったことがうかがわれる。

丹那隧道殉難者慰霊碑

温泉療養が目的であった。

網代港から300mほどのところに、『延喜式』式内社の1つである阿治古神社(祭神天照大神ほか)がある。この神社で行われる祭りでは、旗や露払いの獅子に先導された船形で、上に神輿が乗った重さ10tほどの両宮丸とよばれる山車を、大勢の若者が引きまわし、地区内を練り歩く。

東光寺　❽
0557-82-4528

〈M ▶ P.2〉熱海市伊豆山968　Ⓟ
JR伊東線来宮駅🚗20分

日金山は、来宮駅から車で5kmほど県道熱海函南線をのぼり、

温泉地東伊豆　9

源実朝の歌碑

さらに伊豆スカイラインと合流する熱海峠の近くにある山で、ケーブルカーを利用してのぼることができる。山頂は十国峠とよばれ、名のとおり10カ国(伊豆・駿河・遠江・甲斐・信濃・武蔵・相模・安房・上総・下総)をのぞむことができ、富士山の好展望地となっている。近くには、1933(昭和8)年に小堀春樹がたてた、航空灯台の偉功記念碑がある。笹が両脇にせりだしている道をぬけると芝生地があり、そこに鎌倉幕府3代将軍 源 実朝の歌碑がたてられている。実朝は、箱根から十国峠をこえ伊豆山に向かう途中で、「箱根路を わが越えくれば 伊豆の海や 沖の小島に 波のよる見ゆ」と詠んだ。

日金山にある東光寺(地蔵堂、真言宗)は、源頼朝が源氏再興の祈禱をしたといわれる寺である。本堂の裏には、旧江戸幕府軍の武士の供養碑がひっそりとたたずんでいる。鳥羽・伏見の戦いに端を発した戊辰戦争(1868〜69年)の際、箱根でも戦いがあった。上野の戦いの数日後に行われたこの戦いは、小田原藩が佐幕から倒幕に転じたことによるもので、旧幕府軍は敗走した。彼らにとって、この近辺は拠点であったのである。

源頼朝の篤い信仰にささえられた寺院

中村敬宇顕彰碑 ❾

〈M ► P.2〉伊東市宇佐美仲出口
JR伊東線宇佐美駅 🚶 5分

宇佐美駅から東へ500mほどいくと海にでる。ここをとおる国道135号線脇に、中村敬宇顕彰碑がたてられている。敬宇こと中村正直は、明治時代前期の啓蒙思想家で、静岡学問所時代に邦訳した『西国立志編』や『自由之理』は、当時のベストセラーとなった。正直はのちに、東京女子高等師範学校長や貴族院議員を歴任した。正直の父は宇佐美村出身であるが、正直は江戸で生まれ育ち、後年宇佐美に立ち寄っている。碑の上部には熱海出身の彫刻家澤田政廣作のブロンズ製(胸像)レリーフがほどこされ、碑文は川端康成の書。

明治時代の啓蒙思想家中村正直の顕彰碑

中村敬宇顕彰碑

花岳院には木造宝冠阿弥陀像(県文化)がある。国道135号線から海寄りにある留田橋から東へ進むと、行蓮寺(日蓮宗)がある。ここには、1703(元禄16)年の大津波供養塔がある。当時の宇佐美地区の人口の4分の1にあたる380人余りが、この大津波によって死亡した。

近くには、大崎丸揚操網戦災殉職者精霊供養塔がある。第二次世界大戦末期の1945(昭和20)年7月22日に、初島東方沖で米軍機の機銃掃射により亡くなった漁船大崎丸の乗務員の霊を供養するためにたてられた。

木下杢太郎記念館 ❿　〈M ▶ P.2, 12〉伊東市湯川2-11-5 P
0557-36-7454　　　　　JR伊東線伊東駅 大 5分

伊東を代表する近代マルチ人間木下杢太郎の生家

伊東駅北口にある伊東公園の小高い丘をのぼると、詩「むかしの仲間」をきざんだ木下杢太郎詩碑がある。駅前の商店街を200mほど南下し、左折したところに木下杢太郎記念館(国登録)がある。杢太郎の生家である「米惣」を資料館としたものである。杢太郎こと太田正雄は、東京帝国大学医学部を卒業し、皮膚学の研究でフランス政府からレジオン・ドヌール勲章をうけた。その一方、森鷗外に師事し、文学でもすぐれた作品を残し、石川啄木を編集人とした『昴』の執筆人となった。そのほか、『百花譜』の画集にみられるように、画家としての才もある多芸な人物であった。

猪戸通りを杢太郎記念館のある東の方向に戻り、右折して歩いていくと交差点にいきあたる。ここを東南に400m歩いていくと、東海館がみえる。東海館は1928(昭和3)年に、町内で材木店を経営していた稲葉

木下杢太郎記念館

温泉地東伊豆　11

伊東駅周辺の史跡

安太郎が創業した。良質の木材を使い温泉旅館として増改築されてきたが、1997（平成9）年に廃業した。現在は一般公開されている。

東海館をでて松川に沿って海側に400mほど歩いていくと、国道135号線バイパスにぶつかる。道路を渡ったなぎさ公園に、三浦按針記念碑がある。三浦按針ことウイリアム・アダムズは、イギリスのジリンガム市出身で、徳川家康と会い、外交顧問となった。家康の命をうけて洋式帆船を建造したが、その場所が碑のたつ松川の河口であったといわれる。碑は、第二次世界大戦後まもない1948（昭和23）年にたてられた。毎年8月10日に按針祭が開催されている。

東海館

仏現寺 ⓫　〈M ▶ P.2, 12〉伊東市物見が丘2-30
0557-37-2177　JR伊東線伊東駅 🚌 川奈口方面行大原町 🚶 5分

日蓮上人がすごした寺院

国道135号線を南下し、大きくカーブする道を西に歩いていくと左手に坂道がみえ、墓地を右手にいくと日蓮ゆかりの仏現寺（日蓮宗）がある。同寺には天狗の詫び証文とよばれる奇妙な字体の書が

12　海と湯のくに伊豆

伊東祐親

コラム

伊東一族の内紛と相撲の中興

　平安時代末期、伊豆に配流となった源頼朝を監視する役割になったのが伊東祐親である。最後は平家方に殉じて自殺するが、これは『曽我物語』のなかにも書かれている。

　頼朝は、伊豆配流中に成人したが、しばしば伊東の地へ足を運び、祐親の女八重姫と結ばれた。このとき祐親は京都警備の任務をおっていたが、帰郷後２人の仲を知って怒り、両者を離した。頼朝が北条政子を妻に迎えるのはこのあとのことで、八重姫は悲恋におわったのである。

　伊東一族の内紛は、当時狩野・伊東・河津に領地をもっていた祐親の祖父の家次のときにはじまる。家次の長男祐家は早死したので、２男の祐継が伊東をつぎ、祐家の子祐親はあらたに開発した河津をつぐことになった。

　しかし成人した祐親は、伊東の地を支配する正当性を訴え、叔父にあたる祐継が早死した機会をとらえて、伊東領主となった。

　一方、祐継の長男工藤祐経はこれを恨み、家臣に命じて祐親の子河津三郎祐泰を暗殺する。祐泰は相撲中興の祖とあがめられる人物で、今日では相撲の決まり手河津掛けにその名を残している。

　『曽我物語』に登場する曽我十郎・五郎の兄弟は祐泰の子で、今度は祐経を仇討ちする運びになっていくのである。

残されている。墓地には、元禄大地震（1703年）・関東大震災（1923年）の犠牲者の慰霊碑がたてられている。

　仏現寺と敷地が隣接する伊東市役所の西側にある物見塚公園に、伊東祐親の銅像がある。祐親は平氏側の武士で、源頼朝配流時の監視役であった。

　物見塚公園をでて、大原町バス停から西へ進むと、伊東祐親の墓である五輪塔がある。この界隈は伊東氏一族の平安時代末期の館跡であり、坂をおりた馬場町には、伊東氏一族の菩提寺である東林寺（曹洞宗）がある。ここには祐親の息子河津三郎祐泰が相撲の決

伊東祐親の銅像（物見塚公園）

温泉地東伊豆

音無神社

まり手「河津掛け」をあみだしたことを記念する相撲記念碑がたてられている。

東林寺から国道135号線に戻り、300mほど伊東駅のほうにいくと、源頼朝と伊東祐親の女（むすめ）八重姫（えひめ）の間に生まれた千鶴丸（せんづるまる）のために、八重姫が創建したといわれる最誓寺（さいせいじ）（曹洞宗）がある。ここには、伊東家歴代の墓や五輪塔が並んでいる。最誓寺の裏手にある音無神社（おとなし）（祭神豊玉姫命）は、頼朝と八重姫が逢瀬（おうせ）を重ねた場所で、毎年11月10日の夜には、暗闇のなかで隣の人の尻をつまんで酒杯をかわす奇祭「尻つみ祭」が行われる。

蓮着寺（れんちゃくじ）⑫
0557-51-0112　〈M▶P.2〉伊東市富戸（ふと）835
伊豆急行線 城ヶ崎海岸駅（じょうがさき）🚶20分

流罪となった日蓮ゆかりの寺院

城ヶ崎海岸駅から1.5kmほど東の方向へいくと、蓮着寺（日蓮宗）がある。

1261（弘長元）（こうちょう）年、伊豆の伊東に流罪（るざい）となった日蓮は、蓮着寺近くの烏崎の俎（まないた）岩におき去りにされた。そこを舟守弥三郎（やさぶろう）の小舟がとおりかかり、日蓮を救ったといわれる。蓮着寺は、はじめ日蓮流罪の故事にちなんで祖師堂がたてられ、永正（えいしょう）年間（1504～21）に今日の姿となったといわれる。蓮着寺は、樹齢1000年をこえるヤマモモ（揚梅木（やまびわ））の大木や樹齢100年の千歳（ちとせ）のツバキ（藪椿）、石が幹にくい込んだ石喰いモチの木の群生が有名である。

蓮着寺から北へ歩

富戸砲台跡

くと城ヶ崎ピクニカルコースがあり，門脇の灯台からつり橋を渡ることができる。城ヶ崎リアス式海岸は，紀元前5000年ごろに大室山(国天然)の噴火で溶岩が海岸に流失し，波の浸蝕で数十mの絶壁ができたものである。このさきには1843(天保14)年，沼津藩によってつくられた富戸砲台跡が残っている。

城ヶ崎海岸駅のつぎの駅にあたる伊豆高原駅から国道135号線にでて，10分ほど南下し，八幡野バス停から山側へ向かうと八幡宮来宮神社(祭神誉田別命・伊久波良和気命)の社叢(国天然)がある。

江戸城築城石 ⑬ 〈M ▶ P. 2, 16〉賀茂郡東伊豆町稲取223
伊豆急行線伊豆稲取駅 🚶 5分

江戸城修築時の築城石 畳石とよばれる巨石

東伊豆町では，江戸時代初期に江戸城修築のための石材が多く運びだされ，採石丁場跡や運びだされた築城石を町内の各所でみることができる。伊豆稲取駅から東へ約500mの栗田家門口の両脇には，畳石とよばれる東伊豆町最大規模の築城石がある。この２つの築城石には，「御進上　松平土左守」の文字がきざまれており，土佐藩２代藩主の山内忠義により，東伊豆町の土佐藩採石丁場から運びだされた築城石であることがわかる。

山内家に残された記録などによると，江戸城普請の命令は，1606(慶長11)年に土佐藩などの西国大名にくだされ，土佐藩では家老など数名の武士を派遣し，築城石の採石や運搬を行った。1629(寛永６)年・1636年などに行われた大規模な江戸城修築でも，東伊豆町から多くの築城石が運びだされたことが記録に残っている。

築城石の採石丁場は，東伊豆町では稲取地区のほかに，大川地区や北川地区の山中に多く点在する。代表的な築城石には大川地区のぼなき石，北川地区の築城石公園，熱川地区の大湯角石などがあり，町内の各所でみることができる。

畳石

田村又吉翁頌徳碑 ⑭

〈M▶P.2, 16〉賀茂郡東伊豆町稲取383-5
伊豆急行線伊豆稲取駅 🚶 8分

村づくりの推進者
明治三大模範村を築く

　稲取港周辺には，築城石をはじめとした歴史的な石造物などが多く点在し，寺社などをめぐりながら散策することができる。

　伊豆稲取駅から南東約100mにある済広寺(臨済宗)には，ミャンマー国宝に指定されている釈迦如来像や竪琴などがある。これらの宝物は，檀徒がビルマ(現，ミャンマー)の独立に関わったために伝わったものである。境内には，樹齢約700年というカヤの大木(県天然)がある。

　稲取港に面する東伊豆町役場前の広場には，舫石とよばれる漁船を係留するための大きな石がおかれ，役場横の十王堂跡には，1827(文政10)年に建立されたイルカ供養のための鯆霊供養塔や丸彫単体の道祖神がある。また，役場から西約100mの東伊豆町商工会館隣は，江戸時代の陣屋跡であり，築城石でつくられた城郭石垣風のモニュメントや田村又吉翁頌徳碑がある。

　田村又吉は，1842(天保13)年に入谷区の農家に生まれ，1889(明治22)年に稲取村の初代村長となり，村に天草・養蚕・柑橘栽培などの産業を広めた人物である。又吉は二宮尊徳の報徳思想の影響をうけて村づくりを推進し，村長を辞任したのちも村の矯風事業につとめるなど，村の発展に大きく貢献した。

　東伊豆町役場から南東約500mにある東区の道祖神は，民俗学者で歌人としても知られる折口信夫(釈迢空)の代表的な著作である『古代研究』国文学篇の見返し写真に使われた石像である。折口はこの道祖神を，手にツバキをもつ八百比丘尼の石像であるとしているが，現在では風化しているため，ツバキなどの判別はできない。

　東区の道祖神から南

伊豆稲取駅周辺の史跡

ハンマアサマと雛のつるし飾り

コラム

大漁と子どもの成長を願う民俗行事

　東伊豆町稲取地区では、9月9日の重陽の節句に、ハマオモトの葉などで、武士・イカ・サンマなどをつくり、「イカとサンマになってきてくらっしぇーよー」ととなえて、泣き真似をしながら人形を海に流すハンマアサマという民俗行事が行われている。

　その昔、不漁の年に、魚の大群めがけて鳥が集まる「鳥やま」が沖にみえたので船をだすと、そこには戦いに敗れた武士の死体があり、漁師たちはその死体を手厚く葬った。その後、稲取ではイカとサンマが多くとれるようになり、漁師は大漁をもたらす神様（ハンマアサマ）として稲取岬の竜宮神社に石塔をまつり、この行事が行われるようになったと伝えられている。2002（平成14）年に、国の記録作成等の措置を講ずべき無形の民俗文化財に指定された。

　また、稲取地区では、3月3日の上巳の節句に、雛壇の横に雛のつるし飾りとよばれる手縫いの人形をつりさげて飾り、子どもの成長や幸せを願う風習が行われている。つるし飾りの人形は、邪気を退治して長寿を意味する「桃」、災厄が去ることを願う「さる」、すこやかな成長を祈る「はい子」など約40種あり、子どもの誕生にあわせて祖母や母が着物の端切れなどでつくる素朴なものである。上巳の節句前後には、町内にいくつかの展示会場が設けられ、散策しながら雛のつるし飾りをみることができる。

　また、北川地区の鹿島神社（祭神武甕槌命）では、10月27日の祭礼において鹿島踊りが奉納される。鹿島踊りは神奈川県西部から伊豆東海岸に伝承され、北川地区はその南限にあたり、2005年に、国の記録作成等の措置を講ずべき無形の民俗文化財に指定された。

雛のつるし飾り

東約300mにある八幡神社（祭神誉田別命、穂都佐和気命）は、稲取地区の総鎮守社である。境内には、1908（明治41）年に建立された日露戦役の忠魂碑があり、その台石に、畳石と同様の「松平土左守」の刻記がある築城石が用いられている。八幡神社には、源頼朝が源氏再興祈願のために水垢離を行ったという伝承をもつ井戸や、頼朝が寄進したと伝えられる念持仏があり、毎年7月14・15日の祭礼では、子ども三番叟が奉納される。

温泉地東伊豆

南国情緒の南伊豆

豊かな自然に恵まれ，幕末の外交史をいろどる多くの史跡が点在する。

南禅寺仏像群 ⑮　〈M▶P.2, 19〉賀茂郡河津町谷津129　P
伊豆急行線河津駅🚶20分

伊豆を代表する貴重な仏像群

河津駅から西へ約1kmの谷津地区をとおる旧道から，山の中腹へ5分ほど歩くと，南禅寺(天台宗)がある。南禅寺は小規模なお堂であるが，薬師如来坐像や地蔵菩薩立像など，県指定の文化財11体を含む26体の仏像や神像が安置されていた。南禅寺の前身は奈良時代に創建されたという那蘭陀寺であったが，1432(永享4)年の山崩れにより埋没し，のちに掘りだされた仏像などが，1814(文化11)年に再建された南禅寺に安置されたと伝えられている。那蘭陀寺についての資料は乏しいが，現存する多くの仏像や，付近の大門・堂山などの地名から，七堂伽藍を備えた大きな寺院であったと考えられている。南禅寺の本尊仏である薬師如来坐像は，平安時代初期の仏像にみられる力強さがあふれ，以前は国宝に指定されていた。地蔵菩薩立像は，南禅寺最大の仏像であり，かつてこの地にあった地蔵堂の本尊であると考えられている。現在諸仏は南禅寺に隣接する「伊豆ならんだの里　河津平安の仏像展示館(TEL 0558-34-0015)」で紹介されている。

また，河津駅から北西約1.5kmの峰地区にある善光庵(曹洞宗)の十一面観音立像(県文化)は，南禅寺から移されたとも伝えられている。この仏像は平安時代初期の翻波式の特徴をあらわし，十一面観音立像としては県内最古の仏像とされている。この峰地区に建つ旧木村家住宅主屋(国登録)は，1933(昭和8)年に三菱財閥の木村寿

南禅寺仏像群

海と湯のくに伊豆

弥太などが皇族の茶室として建てたものである。

南禅寺から河津駅に向かって約500m戻ると、栖足寺（臨済宗）があり、寺には河童の甕とよばれる古瀬戸の黒褐色の壺が伝わる。栖足寺から南約200mにある河津八幡神社は、『曽我物語』の主人公である曽我祐成・時致兄弟や、父の河津三郎祐泰らをまつる。境内には河津三郎の力石や、河津三郎の力石像があり、毎年10月15日の祭礼には三番叟が奉納される。

河津駅周辺の史跡

杉桙別命神社 ⓰
0558-32-0800　〈M▶P.2,19〉賀茂郡河津町田中153-1　P
伊豆急行線河津駅🚶25分

国天然記念物の大楠 断酒の風習を伝える

河津駅から北へ約1.5kmの田中地区にある杉桙別命神社（祭神杉桙別命）は、『延喜式』式内社に比定され、境内には「来の宮様の大楠」とよばれる樹齢約1000年のクスノキの巨木（国天然）がある。また、この神社では、12月17日から24日までの期間中に、鶏肉を食べることや飲酒を禁止する鳥精進・酒精進の風習が氏子の間に伝わっている。

田中地区から北西約4kmの大鍋地区の子守神社（祭神大己貴命）では、毎年10月15日の祭礼において神楽（県民俗）が奉納される。また、今井浜海岸駅から北東約1kmの見高地区にある見高神社（祭神多祁伊志豆伎命）では、毎年10月23日の祭礼において三番叟が奉納される。見高地区は、江戸時代末期に活躍した歌舞伎役者の4代目市川小団次の出身地であり、見高神社境内には、小団次ゆかりの回り舞台や引き幕が伝わっている。

縄地金山 ⓱
〈M▶P.2〉賀茂郡河津町縄地
伊豆急行線河津駅🚌縄地方面行縄地🚶10分

河津駅から南へ約3kmの国道135号線沿いの縄地地区は、江戸時代初期に金の産出で栄えた地であり、縄地金山の管理は、1606（慶長11）年から金山奉行大久保長安が担当した。縄地金山は一時期、佐渡（現、新潟県）をしのぐ金の産出量があったため、全国から鉱夫

南国情緒の南伊豆

が集まり，戸数8000を数えるまでに繁栄したといわれる。しかし，長安の死後，謀反の企てが露見して一族は断罪に処せられ，縄地金山は1632（寛永9）年に閉鎖された。当時の繁栄を示すものとして，縄地地区の子安神社（祭神奈疑知命）と子安神社に合祀されている山神社（祭神大山祇命）には，長安が奉納した鰐口（ともに県文化）がある。天城街道から下田に続く国道414号線沿いには，天城山隧道（旧天城トンネル，国重文）や河津七滝など川端康成の小説『伊豆の踊子』ゆかりの地でもある。

逆川地区には，無住の普門院（曹洞宗）がある。寺には，仏像や仏具などをいれて背負う室町時代の笈（県文化）が伝わっている。

白浜神社 ⑱
0558-22-1183

〈M ▶ P.2〉下田市白浜2740 P
伊豆急行線伊豆急下田駅🚌白浜・板戸方面行白浜神社前🚶3分

伊豆急下田駅から北東約4kmにある白浜海岸は，約2kmにわたって砂浜が広がり，夏には多くの海水浴客で賑わう。その海岸を2つに分ける杜に，白浜神社（祭神伊古奈比咩命）がある。祭神の伊古奈比咩命は，伊豆半島や伊豆の島々で信仰されている三嶋神（事代主命または大山祇命）の后神である。

社伝によると，三宅島から三島神とともに白浜に遷座し，その後三島神は，伊豆の国府があった三島に移ったと伝えられている。これより白浜神社は古宮と称したといわれ，三島神をまつる神社は，現在の三島大社（三島市）であると考えられている。白浜神社は，『延喜式』神名帳では明神大社の社格であり，南伊豆を代表する神社である。

白浜神社と伊豆の島々との関係を物語る神事として，火達祭と御幣流祭とよばれる祭祀が行われている。火達祭は10

白浜神社

大明神磐

月28日の例祭前日の夕刻に、白浜海岸で7つの松明を焚き、諸島の神々に火を献じる。古くは海岸ではなく、神社背後の火達山で行われたといわれ、また諸島においても火を焚きあわせたという伝承もある。例祭終了後には、神社近くの海岸にある大明神磐とよばれる船形の巨岩で、諸島を拝してから御幣を流す御幣流祭が行われる。この2つの祭祀は、火達祭によって諸島から神迎えを行い、御幣流祭によって神送りを行うと考えられ、白浜神社における諸島の神々に対する原初的な信仰を伝えている。

また、火達山から祭祀用の土師器が多く出土していることから、山周辺は伊豆諸島の神々に対する祭祀遺跡と考えられている。下田市には火達山のほかに板見地区の三穂ヶ崎遺跡、須崎地区の夷子島遺跡、田牛地区の遠国島遺跡など、海や島々と関わる祭祀遺跡が多くみられ、南伊豆における古代の信仰をうかがうことができる。

また、白浜神社は、伊豆の金山を統括した大久保長安が1607（慶長12）年に寄進した鰐口（県文化）、三島神の本地仏といわれる薬師如来坐像、1225（嘉禄元）年に奉納された懸仏などを所蔵している。境内は、国内分布の北限であるアオギリの自生地（国天然）としても知られ、また、樹齢約1500年のビャクシンの大木（県天然）もある。

玉泉寺 ⑲
ぎょくせんじ
0558-22-1287

〈M ▶ P. 2, 23〉下田市柿崎31-6 P
伊豆急行線伊豆急下田駅🚌須崎・爪木崎方面行柿崎神社前
🚶 3分

最初のアメリカ領事館ハリス記念館が隣接

柿崎神社前バス停から山側へ250mほど歩くと玉泉寺（曹洞宗、国史跡）があり、寺にのぼる石段の左には「日本最初のアメリカ領事館」の標柱がたっている。1856（安政3）年に、タウンゼント・ハリスが初代アメリカ総領事として下田に着任した際、この寺を日本最初のアメリカ合衆国領事館としたことで知られる。

1853（嘉永6）年、アメリカの東インド艦隊司令長官ペリーは、太平洋航路の中継基地の確保などを目的として、江戸幕府に開港を要

南国情緒の南伊豆

玉泉寺

求した。幕府はペリーの高圧的な外交に屈して、翌年3月に日米和親条約を締結し、下田と箱館(現、北海道函館市)の開港が取り決められた。同年5月に締結された下田条約ともよばれる日米和親条約付録13カ条により、玉泉寺はアメリカ人の休息所と埋葬所に指定された。のちにロシア人の埋葬所にもなり、本堂脇の山麓にはアメリカ人の墓5基とロシア人の墓3基がたっている。

1856(安政3)年、サンジャシントン号に乗ったハリスは下田に入港し、玉泉寺を領事館とした。ハリスの使命は、日本との通商条約の締結にあり、交渉は江戸幕府の引きのばし策もあったが、粘り強いハリスの交渉により、1858年に日米修好通商条約が締結された。玉泉寺において、ハリスは書記官兼通訳のオランダ人ヒュースケンとすごしたが、幕府との交渉の難航から何度か体調をくずすことがあった。ハリスのもとに看護婦の名目でお吉、ヒュースケンのもとにはふくがつかえたことは、のちに唐人お吉の物語として語られる。

境内には、ハリスに牛乳を献上したことを記念する牛乳の碑や、カーター大統領の来訪を記念した碑などがある。寺に隣接するハリス記念館では、ハリス愛用の遺品や関係資料、ロシアの軍艦で、駿河湾沖で沈没したディアナ号関係の資料などが展示されている。

弁天島 ⑳

〈M ▶ P. 2, 23〉下田市柿崎123-1 **P**
伊豆急行線伊豆急下田駅🚌須崎・爪木崎方面行柿崎神社前🚶5分

吉田松陰密航の地 松陰が身を隠した祠

玉泉寺から海岸方向へ約500mのところにある弁天島は、1854(安政元)年3月27日夜、吉田松陰が金子重輔とともにアメリカ艦船ポーハタン号に向けて小船を漕ぎだした地である。当時25歳であった松陰は、世界情勢を知るために海外密航を決意し、身分を隠して下田でその機会をうかがっていた。松陰は上陸していたアメリカ人

に投夷書とよばれる密航依頼文を渡し、当日夜に弁天島からポーハタン号に向かったが、アメリカ側に拒否されたために計画は失敗におわった。小船の荷物が柿崎の名主に届けられたこともあり、松陰は自首し、下田で拘禁された。同年4月14日には下田から江戸に護送され、その後郷里の萩（山口県萩市）で松下村塾を開き、子弟の教育にあたったが、安政の大獄に連座して刑死した。

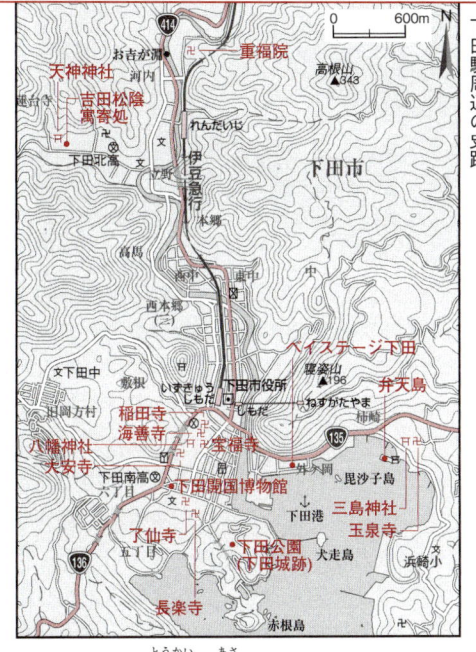

下田駅周辺の史跡

弁天島の先端には、松陰と重輔2人の「踏海の朝」の像があり、島の入口には、松陰が渡航前に身を隠した祠や松陰七生説碑などがたっている。

弁天島から下田方面へ約100mのところにある三島神社（祭神大国主命）の境内には吉田松陰立像があり、また地層が水流により斜めに削られたものが繰り返し堆積してできた斜交層理がみられ偽層理とよばれ県天然記念物に指定されている。松陰が拘禁された長命寺観音堂は現存しないが、跡地である下田市四丁目の下田中央公民館前に石碑がたっている。

了仙寺 ㉑
0558-22-0657
〈M ▶ P.2, 23〉下田市七軒町3-12-12 P
伊豆急行線伊豆急下田駅 徒歩10分

幕末日米交渉の寺院多くの開国資料を展示

伊豆急下田駅から南へ約1km、国道414号線から下田市街につながるマイマイ通りの突き当りに、了仙寺（日蓮宗、国史跡）がある。この寺で下田条約（日米和親条約付録13カ条）締結のための交渉と調印が行われた。日本開国の歴史を語るうえで重要な史跡である。

了仙寺は1635（寛永12）年に、2代目下田奉行である今村正長によ

南国情緒の南伊豆　23

了仙寺

り建立され，正長以降の今村家3代の墓が境内にたっている。1793(寛政5)年に，老中松平定信が海防巡検のため伊豆を訪れた際には，この寺を本陣と定めて下田の検分を行っている。

1854(安政元)年の日米和親条約により下田が開港されると，ペリー艦隊が下田に入港し，軍楽隊を含む約300人の水兵が了仙寺まで行進した。ペリーと幕府全権 林 大学頭との間で和親条約の細則についての交渉が行われ，同年5月に下田条約が調印された。この条約によりアメリカ人の7里以内遊歩権が保障され，了仙寺と玉泉寺がアメリカ人の休息所に指定された。

境内には宝物館があり，黒船来航にかかわる資料や寺宝，ペリーの遺品や開港当時の下田の様子を伝える資料などが展示されている。

そのほかに，黒船や開国などの資料を展示する施設として，了仙寺から西約100mのところに下田開国博物館がある。博物館では，幕末の開港に伴う資料など約1000点が展示されている。

長楽寺 ㉒
0558-22-0731
〈M▶P.2, 23〉下田市七軒町3-13-19 P
伊豆急行線伊豆急下田駅 15分

日露和親条約を調印
交渉関係作品を展示

了仙寺から弥治川沿いのペリーロードとよばれる小道を下田港に約200m向かい，南側の山手にのぼると長楽寺(真言宗)がある。

1854(安政元)年3月の日米和親条約の締結を知ったロシア使節のプチャーチンは，同年11月にディアナ号に乗って下田へ入港し，福泉寺(曹洞宗)で，幕府と和親条約締結の交渉にはいった。しかし，交渉中におきた大地震とそれに伴う大津波により，下田の町は壊滅的な状況となり，交渉場所は玉泉寺と長楽寺に移された。ディアナ号は津波により大破し，修理のため戸田(現，沼津市)へ向かったが，悪天候により駿河湾沖で沈没し，戸田で代用船が建造された。このような困難な状況においても，プチャーチンは幕府との交渉を進め，同年12月，長楽寺で日露和親条約の調印が行われた。寺の資料館に

は，黒船関係の資料や，旧ソ連大使館より寄贈された民芸品などが展示されている。

宝福寺 ㉓
0558-22-0960
〈M▶P. 2, 23〉下田市 1-18-26　**P**
伊豆急行線伊豆急下田駅 大 5分

<small>唐人お吉の菩提寺　お吉記念館が隣接</small>

　伊豆急下田駅から南へ約500mのマイマイ通り沿いにある宝福寺（浄土真宗）は，1854（安政元）年の下田開港に伴い，一時下田奉行所となり，また唐人お吉の菩提寺としても知られている。

　お吉は1857（安政4）年に，初代アメリカ総領事ハリスのもとに看護婦の名目でつかえたが，ハリスがお吉の腫れ物を嫌がったため，3日後には解雇された。その後，お吉は髪結業や小料理屋の安直楼を営んだがうまくいかず，世間の蔑視をうけるなかで身をくずし，1890（明治23）年に稲生沢川に身を投げた。河内地区のお吉が投身自殺をした場所はお吉が淵とよばれる。供養のための祠などがたてられ，命日の3月27日には供養祭が行われている。宝福寺に隣接する唐人お吉記念館には，お吉の遺品やハリスの使用した品々が展示されている。

　宝福寺南隣の八幡神社（祭神誉田別命）は，正応年間（1288〜93）の創建といわれ，古くから下田の人びとの崇敬を集め，下田奉行も着任時に，最初に参詣したと伝えられている。八幡神社の南へ約100mの路地をはいったところにある大安寺（曹洞宗）には，薩摩十六烈士とよばれる人びとの墓がある。薩摩藩の支藩である佐土原藩（現，宮崎県）の藩士が，1688（貞享5）年に幕府用材のツガ材を積んで江戸に向かう途中に暴風雨にあい，用材をすてて下田港に入港した。しかし，この佐土原藩士や水主ら16人は，幕府用材をすてた責任をとって切腹したため，大安寺に葬られた。

　宝福寺から北約100mのマイマイ通り沿いにある稲田寺（浄土宗）は，幕末のロシアとの交渉を担当した勘定奉行川路聖謨らの宿舎であり，境内には安政の大地震のときに発生した大津波の犠牲者を供養したつなみ塚がたっている。稲田寺南隣の海善寺（浄土宗）は，下田条約の交渉にあたった林大学頭の宿舎であり，1863（文久3）年には，江戸幕府14代将軍徳川家茂が上洛の途中に宿泊している。

　また，伊豆急下田駅から国道135号線を伊東方面に向かって約

南国情緒の南伊豆

1kmの間戸ヶ浜にたつベイステージ下田は、下田の観光拠点としてたてられた施設であり、4階のハーバーミュージアム(歴史交流館常設展示室)では、下田の原始から現代までの歴史や自然などが紹介されている。

下田公園 ㉔　〈M ▶ P. 2, 23〉下田市3-1174-1
伊豆急行線伊豆急下田駅🚶20分

小田原攻めの古戦場
下田アジサイ祭の会場

伊豆急下田駅から南東約1kmに広がる下田港は、南伊豆の海の玄関口として古くから栄え、江戸時代には「出船、入船三千艘」といわれるほどの賑わいをみせた。下田港の繁栄を物語る史跡には、下田港より南約10kmの海上に浮かぶ神子元島に建造されている神子元島灯台(国史跡)がある。この灯台は、1870(明治3)年に完成した洋式石造灯台であり、現存する官設の洋式灯台としては最古のものである。1866(慶応2)年に、江戸幕府がアメリカなど4カ国と締結した改税約書により、航海安全のための灯台建設が義務づけられ、8カ所のうちの1つに神子元島が指定された。建設作業は、1869(明治2)年2月にイギリス人技師のR. H.ブラントンの設計により着工し、翌年11月に完成している。Aランクの保存灯台でもある。

下田港の西岸に位置する下田公園は下田城の城跡である。下田城は鵜島城ともよばれ、築城年代は不明であるが、戦国時代には北条氏の出城であった。1588(天正16)年、北条氏直は豊臣軍の侵攻に備え、清水康英を城将として守備を命じた。1590(天正18)年3月、豊臣軍は伊豆に進軍し、約1万といわれる軍勢で下田城を包囲した。康英は数百の兵とともに籠城したが、同年4月に落城した。

現在は下田公園として整備され、中央の高台には天守台跡や二の丸、三の丸、空堀の跡などをみることができる。公園には、長崎の上野彦

下田港

下田城(鵜島城)跡

馬とともに日本写真術の開祖といわれる下岡蓮杖の碑があり、またペリーとハリスのレリーフがはめ込まれた開国記念碑がある。公園下の海岸には、1854(安政元)年のペリー艦隊上陸を記念したペリー艦隊上陸の碑がある。また、毎年6月には、約300万本のアジサイが咲き乱れるなか、下田アジサイ祭りが行われる。

吉田松陰寓寄処 ㉕

〈M▶P.2, 23〉下田市蓮台寺300-1　P
伊豆急行線伊豆急下田駅🚌大沢口方面行弥吾平🚶3分

松陰が密航まで寄寓宿泊した部屋を公開

弥吾平のバス停から山側へ3分ほど歩くと、吉田松陰が密航まで寄寓した吉田松陰寓寄処(県史跡)がある。松陰は、世界情勢を見聞するために海外密航を企て、1854(安政元)年3月に金子重輔と下田に潜伏した。そのときに滞在したのが、この地の医師である村山行馬郎の邸宅であった。この建物は、当時のまま保存され、宿泊した部屋や温泉風呂などを見学することができる。また、近くの天神神社(祭神菅原道真)の境内にある保管庫には、大日如来坐像(国重文)が安置されている。蓮台寺地区には、承久年間(1219～22)に廃寺となったと伝わる蓮台寺があり、この仏像はその本尊であったと考えられている。

伊豆急蓮台寺駅から北へ約1kmにある重福院(曹洞宗)の境内には、大小2基の宝篋印塔がたっている。大きい宝篋印塔(県文化)は「建武元(1334)年」の銘があり、小さい方は室町時代末期のものである。

また、蓮台寺駅から松崎方面へ約3kmいった堀之内地区の、稲生沢川と三方を尾根に囲まれた山は、深根城跡である。この城は、1493(明応2)年に北条早雲が堀越公方足利政知の子である茶々丸を攻めた際に、茶々丸を助けた関戸吉信の居城である。城は1498年の北条軍の攻撃により落城し、茶々丸もこの地で亡くなったといわ

南国情緒の南伊豆

れ、城の西方にたつ宝篋印塔と五輪塔は茶々丸の墓として伝えられている。

堀之内地区から松崎方面へ約5kmの加増野地区にある報本寺（臨済宗）は、1326（嘉暦元）年の創建と伝わり、本尊の観世音像とともに山随権現をまつる寺院である。山随権現に関する伝承は諸説あるが、土肥（現、伊豆市）の領主であった富永山城守がこの地において不慮の死をとげたため、その霊をまつったと伝えている。報本寺で毎年8月11日に行われる山随権現祭では、境内で地区の若者が旗をつけた竹をまわしながら豊作を祈願する幡廻しが行われる。また、境内には根廻7m・樹高17mのオガタマノキ（県天然）がある。

また、伊豆急下田駅から南へ約5kmの田牛地区にある長谷寺（曹洞宗）には、平安時代後期制作の阿弥陀如来坐像（国重文）が安置されている。伊豆急下田駅から田牛地区に向かう途中の吉佐美地区にある八幡神社（祭神誉田別命）の境内には、目通り4mほどあるイスノキ（国天然）がある。

南伊豆郷土館 ㉖
0558-62-0604
（南伊豆町教育委員会）

〈M ▶ P. 2, 29〉賀茂郡南伊豆町下賀茂328-2　P
伊豆急行線伊豆急下田駅🚌下賀茂方面行役場前🚶1分

町内の史跡を紹介
日詰遺跡出土品を展示

下賀茂地区には、南伊豆町役場に隣接して南伊豆郷土館がある。郷土館は町の歴史・民俗・特産物などを紹介し、日詰遺跡の出土品や旧三坂村の火消し用具などを展示している。日詰遺跡は近くを流れる青野川の改修工事により発見された、弥生時代中期から鎌倉時代までの複合遺跡であり、住居跡や製鉄炉跡などの遺構が発掘されている。旧三坂村の消防組織である非常組は、1720（享保5）年に組織され、江戸の町火消しと並んで最古のものといわれている。

夫婦クス（三島神社）

郷土館の北西約1kmにある三島神社(祭神溝樴姫命)の境内には,夫婦クスとよばれる2本のクスノキ(県天然)がある。2本のクスノキは根元で結合していて,幹の一番太いところは約8mあり,樹齢は約1000年といわれる。

郷土館の南東約3kmの,弓ヶ浜に面する湊地区には修福寺(曹洞宗)があり,紙本墨書大般若経539巻(国重文)が寺の収蔵庫に保管されている。この経文は1104(長治元)年に,伊豆国司に任命された大江通国が書写した30巻や,1130(大治5)年に,源盛頼が書写した327巻に,その後,数回の補写が加わった貴重なものであり,拝観には事前に許可が必要である。

青野川対岸の手石地区にある正善寺(曹洞宗)は,鎌倉時代前期作の大日如来坐像(県文化)を安置している。手石地区の南につきでた岬は弥陀山とよばれ,岬先端の崖下には弥陀の岩屋(国天然)と称される洞窟がある。この洞窟は,晴天の正午ごろに小船ではいると金色に輝く3体の仏像があらわれるといわれ,人びとの信仰を集めた。同地区の青龍寺(臨済宗)には,白隠禅師筆の弥陀窟縁起の版木が保存されている。

石室神社 ㉗
0558-62-1064
〈M ▶ P.2, 29〉 賀茂郡南伊豆町石廊崎125
伊豆急行線伊豆急下田駅🚌石廊崎方面行石廊崎灯台🚶20分

伊豆半島南端の古社 断崖の岩窟に鎮座

伊豆半島最先端の石廊崎には,石室権現とよばれる石室神社(祭神伊波例命)がある。神社は701(大宝元)年の創建と伝えられ,『延喜式』式内社に比定される古社である。現在の社殿は1901(明治34)年にたてられたもので,岬先端部の断崖の岩窟に貼りつくように社

南伊豆町南東部の史跡

南国情緒の南伊豆　29

石室神社

　殿がたっている。

　石廊崎から北西約4kmの入間(いるま)地区にある海蔵寺(かいぞうじ)(臨済宗)の墓地には，ニール号遭難者慰霊塔がたっている。フランス郵船のニール号は，1874(明治7)年3月に入間沖で座礁し，沈没した。この事故は行方不明者55人をだす大惨事となり，収容された31人の遺体がこの寺に葬られた。フランス大使館は事故から2年後に墓石を建立し，犠牲者の供養を行った。なお，ニール号沈没地点は，県の埋蔵文化財包蔵地(遺跡)に登録されている。

　石廊崎から北西約5kmの吉田(よしだ)地区の白鳥(しらとり)神社(祭神日本武尊(やまとたけるのみこと)・弟橘姫命(おとたちばなひめのみこと))は，「航海安全の神」として，また「安産の神」としても信仰され，安産であった夫婦は穴の開い

ニール号遭難者慰霊塔(海蔵寺)

た柄杓(ひしゃく)と麻ひもをもってお礼参りをする風習がある。境内にはビャクシンの大木(県天然)があり，樹齢約800年といわれる。吉田地区から北西4kmの伊浜(いはま)地区にある普照寺(ふしょうじ)(真言宗)は，1320(元応(げんおう)2)年の大中臣友綱(おおなかとみともつな)作の銘がある鰐口(わにぐち)，「寛正(かんしょう)五(1464)年」の銘のある梵鐘(ぼんしょう)，また，1378(永和(えいわ)4)年から7年間にわたり書かれた500巻の大般若経(いずれも県文化)を所蔵している。

海と湯のくに伊豆

小稲の虎舞と妻良の盆踊り

コラム 芸

『国姓爺合戦』に由来する舞と風流化した念仏踊り

南伊豆町小稲地区では、旧暦8月14日に来宮神社の祭礼が行われ、小稲の虎舞（県民俗）が奉納される。虎舞は、近松門左衛門の代表作である『国姓爺合戦』の和藤内の虎退治を舞踏化したものである。

若者2人が虎の着ぐるみをまとって舞う。この虎の軽快な舞や、和藤内と虎との激しい格闘などが見どころであり、和藤内が格闘の末に虎を取りおさえて口上をのべるところが最高の見せ場である。以前は豊漁や豊作の年に、虎に加えて竜が登場する竜虎の舞を奉納したが、現在では5～6年に1度行われている。

虎舞の発祥には不明な点もあるが、下田市伊勢町に残る記録には、天明年間（1781～89）ごろに、現在の伊勢町から小稲地区や東伊豆町大川・神奈川県横須賀市浦賀に伝播したと記されている。しかし、現在伊勢町において虎舞は行われず、小稲と浦賀だけに伝承されている。小稲の虎舞は、2004（平成16）年に国の記録作成等の措置を講ずべき無形の民俗文化財に指定されている。

南伊豆町妻良地区で行われる妻良の盆踊り（県民俗）は、毎年8月15日の夜に妻良の海岸において行われている。踊りの手振りは、拝むような独特の合掌態であり、歌の調子が念仏調であることから、古くからの念仏踊りが風流化したと考えられている。妻良の盆踊りの発祥については諸説あるが、江戸時代後期に、藤池助右ヱ門がかかわったとされる。藤池は松崎町岩科出身で、江戸にでて歌舞伎を学んだが、帰郷して妻良地区に婿入りし、盆踊りを広めたともいわれる。

また、南伊豆町では、11月1～2日の両日に多くの地区で祭礼が行われる。各地区の祭礼では、神楽、籠獅子、獅子舞などさまざまな民俗芸能が奉納される。そのなかで東子浦地区の伊鈴川神社では、人形三番叟が奉納される。東子浦地区に伝わる人形三番叟の「かしら」など用具類101点は、江戸中期から伝わるものであり、2010（平成22）年に国の登録有形民俗文化財に登録され、伊豆半島西海岸に伝わる人形三番叟の歴史などを物語る貴重な資料である。

小稲の虎舞

南国情緒の南伊豆

③ 風光明媚な西伊豆

駿河湾に面し，遠くに富士山をのぞむ西伊豆は，多くの景勝地に恵まれ，観光名所として賑わいをみせる。

伊豆の長八美術館 ㉘
0558-42-2540
〈M▶P.2, 32〉賀茂郡松崎町松崎23 Ⓟ
伊豆急行線伊豆急下田駅🚌松崎・堂ヶ島方面行
松崎バスターミナル🚶10分

日本随一の漆喰美術館 入江長八の作品を展示

伊豆の長八美術館

松崎バスターミナルから西南約1kmに，漆喰芸術の殿堂とよばれる伊豆の長八美術館がある。この美術館は，松崎出身で絵画や彫塑の技術を左官に応用して独自の漆喰芸術を完成させた入江長八の作品を展示している。

長八は，1815(文化12)年に松崎の農家に生まれ，12歳のときに地元の左官職人に弟子入りした。19歳で江戸にでて，左官業のかたわら文人画家谷文晁の高弟である喜多武清のもとで絵を学んだ。26歳のときに，日本橋茅場町(東京都中央区)の薬師堂再建において，表口御拝柱に漆喰で竜を彫刻したところ評判となり，浅草観音堂や目黒祐天寺などに漆喰鏝絵の作品を残した。東京における長八の作品の多くは，関東大震災(1923年)などのため焼失したが，松崎町では地元に残った約

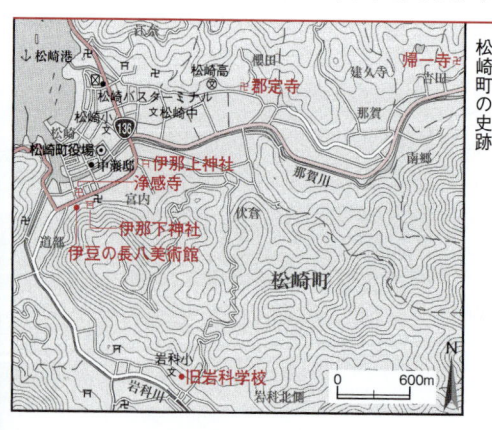

松崎町の史跡

60点の作品を集めて公開している。

美術館向かいの浄感寺(浄土真宗)は,長八が少年時代に学んだ入江家の菩提寺である。1846(弘化3)年,寺院の改築工事に加わり,本堂内陣天井の「八方にらみの滝」を描いた「雲龍」や欄間の「飛天の像」(いずれも県文化)などの天井画や壁画を残している。本堂(長八記念館)で,見学することができる。

伊那下神社 ㉙
0558-42-2268

〈M▶P.2, 32〉賀茂郡松崎町松崎31 P
伊豆急行線伊豆急下田駅🚌松崎・堂ヶ島方面行松崎バスターミナル🚶10分

西伊豆を代表する古社
源頼朝寄進の古鏡

伊豆の長八美術館に隣接する伊那下神社(祭神彦火火出見命・住吉大神)は,『延喜式』式内社に比定される古社である。神社には,源頼朝が寄進したと伝える鎌倉時代作の松藤双鶴鏡(国重文),1609(慶長14)年に大久保長安が寄進した釣灯籠(県文化)が所蔵され,境内には目通り7mもあるイチョウの大木(県天然)がある。

神社から東約300mにある伊那上神社(祭神積羽八重事代主命)は,伊那下神社とともに『延喜式』式内社に比定される。1173(承安3)年に源頼朝が参詣した記録などが残り,鎌倉時代作の松喰双鶴鏡や,1608(慶長13)年に大久保長安が寄進した釣灯籠(いずれも県文化)などを所蔵する。伊那下神社と伊那上神社のこれらの神宝は,いずれも非公開である。

旧岩科学校 ㉚
0558-42-2675

〈M▶P.2, 32〉賀茂郡松崎町岩科北側442 P
伊豆急行線伊豆急下田駅🚌松崎・堂ヶ島方面行松崎バスターミナル乗換え八木山方面行岩科小学校🚶1分

岩科小学校バス停のすぐ前に,明治時代初期に建築された和洋折衷の旧岩科学校(国重文)がある。村の共有金や各戸からの寄付金などを資金として,1880(明治13)年に瓦葺き木造2階建ての校舎が建設された。建物正面の主屋2階にはバルコニーが設けられ,校舎の左右に,

旧岩科学校

風光明媚な西伊豆

入母屋造の翼屋を突出させたコの字型の外観である。正面玄関上の「岩科学校」の扁額は、三条実美の書である。2階西の和室は、入江長八が百数十羽のツルを漆喰鏝絵で描き、「鶴の間」とよばれている。校舎内には、明治時代以降の学校教育資料や、地域の産業を示す民具などが展示されている。

明治時代初期の和洋建築 漆喰鏝絵の部屋を公開

帰一寺 ㉛
0558-43-0213
〈M▶P.2, 32〉 賀茂郡松崎町船田39 P
伊豆急行線伊豆急下田駅🚌松崎・堂ヶ島方面行松崎バスターミナル乗換え下田方面行船田🚶3分

元僧一山一寧が創建 西伊豆を代表する名園

船田バス停から山側へ3分ほどのところに帰一寺(臨済宗)がある。帰一寺は、1301(正安3)年に元の名僧一山一寧により創建された。一山はその2年前に来日したが、鎌倉幕府により修禅寺に抑留され、その間に当地を訪れて庵を開いたと伝えられている。江戸時代後期には、白隠禅師をはじめ多くの僧が集まった。本堂は、1848(弘化5)年の再建であり、本堂裏の庭園は西伊豆を代表する名園である。帰一寺から東約1kmの大沢地区には名主をつとめ、元禄年間に建てられたという依田家住宅(県文化)が公開されている。明治初期に伊豆の殖産興業をリードした依田佐二平や北海道開拓に尽した依田勉三兄弟の生家でもある。

帰一寺から西約2kmの桜田地区にある郡定寺(臨済宗)は、1226(嘉禄2)年に、鎌倉幕府3代執権北条泰時により創建された寺院で、室町時代初期の鰐口(県文化)を所蔵する。

堂ヶ島 ㉜
〈M▶P.2, 35〉 賀茂郡西伊豆町堂ヶ島 P
伊豆急行線伊豆急下田駅🚌松崎・堂ヶ島方面行松崎バスターミナル乗換え堂ヶ島・土肥方面行堂ヶ島🚶1分

伊豆を代表する景勝地 天窓洞などの洞窟遊覧

堂ヶ島は、国の名勝に指定されている伊豆西南海岸のなかでも絶景の景勝地である。とくに堂ヶ島天窓洞(国天然)は、凝灰岩の半島状につきでた岬に、海蝕により多くの洞穴ができ、中央の洞穴の天井がぬけて天窓となったもので、天窓から海に陽がさし込むみごとな景観である。

海岸から200m離れた三四郎島とよばれる象島は、干潮時になると海岸とつながる陸繋島となり、海岸から象島にトンボロ(陸繋島の砂州のこと、県天然)があらわれることで有名である。海岸から

人形三番叟と猿っ子踊り

芸 コラム

人形の三番叟 子どもによる猿っ子踊り

　西伊豆町は，沢田地区の佐波神社，宇久須地区の牛越神社などの祭礼において奉納される人形三番叟（県民俗）で知られる。各神社で11月2・3日の祭礼において行われ，2日は「日の入り三番」とよばれて夕方に，3日は「日の出三番」とよばれて早朝に演じられる。人形三番叟の発祥については諸説あるが，人形の形態などから，江戸時代初期と考えられている。

　人形三番叟は，謡と太鼓や笛の囃子にあわせて演じられ，構成は翁・千歳・三番叟がそろう顔見世ののち，それぞれの舞がはいり，三番叟と千歳の問答，最後に三番叟が舞い納めを行う。三番叟は，伊豆半島の各地に伝わっているが，人が演じるものが多いなかで，人形三番叟を伝承していることが西伊豆町の特徴である。

　また，野畑地区の天神社と寺川地区の駒形神社では，11月3日に行われる祭礼で，獅子舞を神前で舞う神楽が奉納される。神楽の発祥は不明であるが，どちらも弘化年間（1844〜48）より伝わるといわれている。宇久須地区の出崎神社では，11月2・3日に行われる祭礼で，猿っ子踊りが奉納される。第二次世界大戦以前は，装飾をほどこした船が宇久須港内をめぐり，船上で若者が赤頭巾・赤衣装をつけて猿に扮して踊る猿踊りが行われていたが，現在では子どもによる踊りが奉納されている。

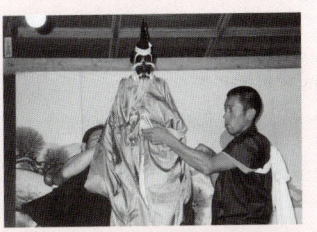

西伊豆の人形三番叟

は洞窟巡りの遊覧船があり，天窓洞などの景勝地を見学できる。

　遊覧船乗り場から北へ約100mの国道136号線沿いにある堂ヶ島薬師堂は，中央に薬師如来坐像，左に阿弥陀如来坐像，右に釈迦如来坐像の3体の仏像（いずれも県文化）を安置している。この地にはかつて，長平寺があったが，1590（天正18）年に豊臣軍の小

堂ヶ島周辺の史跡

風光明媚な西伊豆　35

堂ヶ島薬師堂

田原侵攻の際に焼き払われ，のちに薬師堂が再建された。これらの仏像は，仏像修理の際に発見された胎内銘から，鎌倉の仏師伊与による1594（文禄3）年の作であることが判明している。

堂ヶ島から南へ約1kmの仁科地区に沢田港がある。港の北側の山裾にある石窟に，白岩山壁窟画が描かれている。壁窟画は人工的に開穿された岩堂の岩肌に，7体の仏が線彫で描かれ，中央には本尊の虚空蔵菩薩坐像，本尊の右側に2体，左側に4体の仏がきざまれている。岩堂は，1233（天福元）年に創建された天福寺（廃寺）のものであるといわれ，壁窟画は南北朝時代早期の制作と考えられている。

堂ヶ島から北へ約8kmの宇久須温泉バス停から東へ約1.5kmにある宇久須神社（祭神積羽八重事代主命）は，創建は不詳であるが，『延喜式』式内社に比定される古社である。この神社は1609（慶長14）年に，大久保長安が寄進した釣灯籠（県文化）や，1612年に寄進された三十六歌仙の扁額34枚を所蔵する。神社から南東へ約100mの永明寺（臨済宗）の境内には，樹齢約600年といわれるイチョウ（県天然）がある。

土肥金山 ㉝　〈M ▶ P.2〉伊豆市土肥2726　P
0558-98-0800
伊豆箱根鉄道修善寺駅🚌堂ヶ島・長八美術館行土肥金山🚶1分

伊豆を代表する金山　大久保長安の活躍

土肥地方は，かつて多くの金銀が産出したことで知られている。現在は，市街地の南に「土肥金山」として観光坑道が整備されているほか，そこから徒歩9分ほど南下したところに，伊豆金銀山のうちもっとも早い1577（天正5）年に開削された坑道（柿木間歩）と精錬所の遺構が，「天正金鉱」として公開されている。

土肥金山は，1606（慶長11）年に大久保長安が伊豆金山奉行とな

天正金鉱(柿木間歩)

ると，その手腕により産出量は飛躍的に増大した。当時，各地から人が集まり「土肥千軒」といわれる賑わいをみせたという。しかし，鉱脈はすぐに掘りつくされ，1625(寛永2)年に採掘は停止された。その後，1906(明治39)年に，関西の事業家長谷川銈五郎による試掘が成功し，1965(昭和40)年まで採掘が続けられた。

造船郷土資料博物館 ㉞
0558-94-2384

〈M▶P.2, 37〉沼津市戸田2710-1 P
伊豆箱根鉄道修善寺駅🚌松崎行土肥乗換え
戸田行御浜口🚶10分

日露友好の歴史 わが国初の洋式帆船

戸田港の入口，御浜崎の先端に造船郷土資料博物館がある。1969(昭和44)年に設立されたもので，館内には，ヘダ号の造船時の記録やプチャーチンの遺品などが展示されている。

1854(安政元)年，ロシア使節プチャーチンは日本との国交樹立のため来日した。しかし，安政の大地震による津波に遭遇し，下田港内で乗船ディアナ号が大破してしまう。その後，プチャーチンは戸田港で代船の建造に取りかかるが，この作業は，ロシア人技術者の指導のもと，日本人の船大工の手によって進められた。この船が，わが国初の洋式帆船ヘダ号である。こうした経緯により，戸田にはプチャーチンにかかわる史跡や遺品が残されている。

博物館の裏手には，諸口神社(祭神 橘 姫命)がある。ここでは毎年4月の祭礼で，鯨突き唄と鯨突き踊(県民俗)が披露される。これは，当地の名主勝呂家が，紀州徳川家の石運船千歳丸をあずかり，戸田の石切り場から江戸へ運搬する際，船とともに紀州から伝えられたのがはじまりとされる。

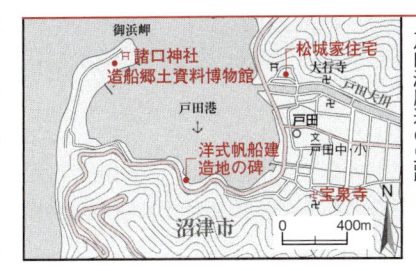

戸田港周辺の史跡

御浜崎から町の中心部に向か

風光明媚な西伊豆

造艦碑

宝泉寺

井田古墳群（18号墳）

って国道17号線を20分ほど歩くと，牛ヶ洞がある。ヘダ号の造船作業が行われたところで，道の西側には洋式帆船建造地の碑（県史跡）がある。さらに山裾に沿って800mほど進み，道を東におれたところに宝泉寺（臨済宗，県史跡）がある。ここはプチャーチンが宿舎としたところで，境内にはロシア人水兵の墓もある。

また，戸田港から北に5kmほどいったところの松江山には，井田松江古墳群（県史跡）がある。ここには古墳時代後期の横穴式石室をもつ円墳が20基以上残る。直刀・金環・矢尻・馬具などが出土しており，造船郷土資料博物館に収納されている。

松城家住宅（国重文）は，戸田港の近くにあり，廻船業で栄えた松城兵作の住宅で，明治時代初期の擬洋風住宅として価値が高い。

海と湯のくに伊豆

4 玄関口北伊豆

箱根の西麓に位置し、伊豆国府や東海道の宿場、また三島大社の門前町として発展した歴史をもつ。

山中城跡 ㉟

〈M ▶ P.2〉 三島市山中新田 P
JR東海道本線三島駅🚌元箱根行山中城跡🚶10分

北条氏の西の押さえ 北条流築城術の縄張り

　山中城跡バス停から箱根方向へ10分ほどいくと山中城跡（国史跡）がある。山中城は、箱根西麓の急峻な崖に囲まれ、東海道を取り囲むように立地しており、北条氏の本拠小田原の西方を防備する役割の強い山城であった。城域は、国道1号線をはさんで、西側の本城部分と東側の岱崎出丸をあわせて約25万m²におよぶ。

　山中城跡は古くから知られている遺跡で、1973（昭和48）年から1982年まで10次にわたる調査が実施された。

　最初の築城は不明であるが、1569（永禄12）年に、北条氏康が駿河に進出して武田信玄とたたかったときに、山中城に兵をとどめたことが「家忠日記追補」に記されていることから、永禄年間（1558〜70）と推定される。1590（天正18）年3月29日、豊臣秀吉の小田原攻めの軍勢の攻撃をうけて落城した。三の丸跡にある宗閑寺には、松田康長・間宮康俊ら北条方の戦死者や一柳直末ら豊臣方の戦死者の墓が並ぶ。

　縄張りは、本丸から枝分かれした3本の尾根地形を利用して、本丸〜元西櫓〜二の丸（北条丸）〜西の丸〜西櫓、北の丸、三の丸〜

山中城跡

山中城跡障子堀

玄関口北伊豆　39

南櫓〜岱崎出丸が扇状に配置されている。本丸は、城域の北東端に位置し、天守台を備えている。また、それぞれの曲輪は土塁に囲まれ、畝堀や障子堀といった空堀により仕切られている。とくに畝堀や障子堀は、水のない空堀に畝を残し、敵兵をさえぎる北条流築城術の特徴をよく示すものである。

遺構の保存状態は良好であり、説明板も設置されて、史跡公園としてよく整備されている。

箱根旧街道と錦田一里塚 ㊱

〈M ▶ P.2〉三島市山中新田大字谷田初音ケ原1725ほか

JR東海道本線三島駅🚌元箱根行、または山中行富士見ケ丘🚶3分

江戸時代の姿をそのまま残す一里塚と旧街道

山中城跡岱崎出丸入口前には、石畳が復元された箱根旧街道(国史跡)がとおっている。箱根旧街道は、江戸時代の東海道のうち、小田原宿と三島宿を結ぶ箱根峠越えの箱根8里(約32km)の区間である。東海道は江戸時代当初、足柄峠越えと箱根峠越えの2通りの道が存在したが、1618(元和4)年から翌年にかけて箱根宿設置、箱根関所移転をきっかけに、箱根8里の経路が確定していったものと思われる。また石畳は、1680(延宝8)年ごろにしかれたようである。なお、発掘調査により、石畳は幅2間(約3.6m)を基本とし、道の両側の縁石は、比較的大きめの石がほぼ直線的に並ぶように配置され、石材には、付近で採石したと思われる安山岩が使用されていたことがあきらかになった。

箱根旧街道

山中城跡から三島市街地へ国道1号線と交差しながら箱根旧街道をくだる。途中笹原一里塚や、笹原新田・三ツ谷新田・市山新田など、かつて間の宿であった集落をとおり、臼転坂から塚原新

海と湯のくに伊豆

田交差点を少し進むと，錦田一里塚(国史跡)がある。一里塚は江戸時代，日本橋を起点に各街道に１里ごとにおかれた里程標で，塚を築いてエノキを植えたものである。1604(慶長９)年に，徳川家康が子の秀忠に命じて築かせたのがはじまりといわれる。錦田一里塚は国道１号線をはさんで両側に塚があり，近くには松並木と石畳が残っている。

妙法華寺 ㊲

055-975-6111

〈M►P. 2〉三島市玉沢１ Ⓟ
JR東海道本線三島駅🚌玉沢行終点🚶２分

お万の方ゆかりの寺院
近世諸大名との深い関係

三島駅から東へ約６km離れた玉沢でバスをおりると，百間塀がみごとな身延派本山の妙法華寺(日蓮宗)がある。鎌倉時代に，日蓮の高弟日昭が鎌倉(神奈川県)に創建したのがはじまりで，越後(現，新潟県)や伊豆国加殿村(現，伊豆市)などに移転したのち，1625(寛永２)年この地に造営された。造営に際しては，徳川頼宣・頼房や彼らの生母で家康側室のお万の方(養珠院)，そのほか太田道灌の子孫で，掛川藩主であった太田家らの大名が大旦那として力をつくした。とくにお万の方の保護は篤く，現在もお万の方と両親の五輪塔・養珠院廟がある。また，墓地内には，太田家歴代の墓石がたち並んでいる。

妙法華寺には絹本著色日蓮上人像・絹本著色十界勧請大曼荼羅・撰時抄，注法華経(日蓮自注，静岡県立美術館寄託，いずれも国重文)などが所蔵されている。

三島駅に戻って，沢地行きのバスに乗り，竜沢寺入口バス停でおりると，竜沢寺参道の入口である。竜沢寺(臨済宗)は，1761(宝暦11)年に，白隠禅師の開山になる古刹であり，現在も国内外から多くの参禅者を集めている。寺宝として，白隠禅師の自画像(県文化)がある。

向山古墳群 ㊳

〈M►P. 2〉三島市谷田688-1の一部ほか
伊豆箱根鉄道三島二日町駅🚶35分

伊豆有数の群集墳
伊豆初見の前方後円墳

三島二日町駅から下田街道を南下し，１kmほどの角を左折して向山小学校をめざし，小学校北側の道路を東へ進むと，道路の両側に向山古墳群(県史跡)がある。

向山古墳群は，向山とよばれる丘陵の尾根上にある12基の古墳群

向山古墳群

で，もと14基の古墳が存在したが，2基はすでに消滅している。

古墳の調査は，1975(昭和50)年に向山小学校の建設に伴って実施され，その後，数度にわたり行われた。その結果，古墳は5世紀なかばから6世紀後半にかけて造営され，横穴式石室導入以前の段階のものであること，最東端の古墳が伊豆地方で最初に発見された前方後円墳であり，6世紀以降の造営であることが確認された。とくに前方後円墳の存在は，向山古墳群周辺に当時のヤマト政権とのつながりをもつ有力な政治勢力が存在したことを推測させる。

楽寿園 ㊴
055-975-8555
〈M▶P.2, 43〉三島市一番町19-3　P
JR東海道本線三島駅🚶5分

明治時代の日本画園内に三島市郷土館

三島駅南口から南へ5分ほど歩くと楽寿園(国名勝・国天然)の駅前口に至る。楽寿園は，1890(明治23)年に小松宮彰仁親王が別邸をつくったのがはじまりである。その後，1911年李王家に所有権が移り，さらに1927(昭和2)年に素封家緒明家の所有となり，1952年に三島市が買収した。敷地は約7万㎡である。

園内に残る楽寿館は高床式の数寄屋造の建物で，随所に二条城・銀閣寺・桂離宮・修学院離宮などの影響がうかがえる。大広間の格天井や襖・杉板戸(いずれも県文化)などには，明治時代の日本画が描かれている。なお，楽寿館の公開は10時30分と13時30分の1日2回のみである。1990(平成2)年には，同様の貴重な絵画がある梅御殿も緒明家から三島市に寄贈された。園内にある三島市郷土館は，三島の歴史・民俗について広く展示を行っている。

三島大社 ㊵
055-975-0172
055-975-0566(宝物館)
〈M▶P.2, 43〉三島市大宮町2-1-5　P
伊豆箱根鉄道三島広小路駅🚶10分，またはJR東海道本線三島駅🚶15分

三島駅から南へ10分ほど歩くと，旧東海道との交差点につきあた

三島駅周辺の史跡

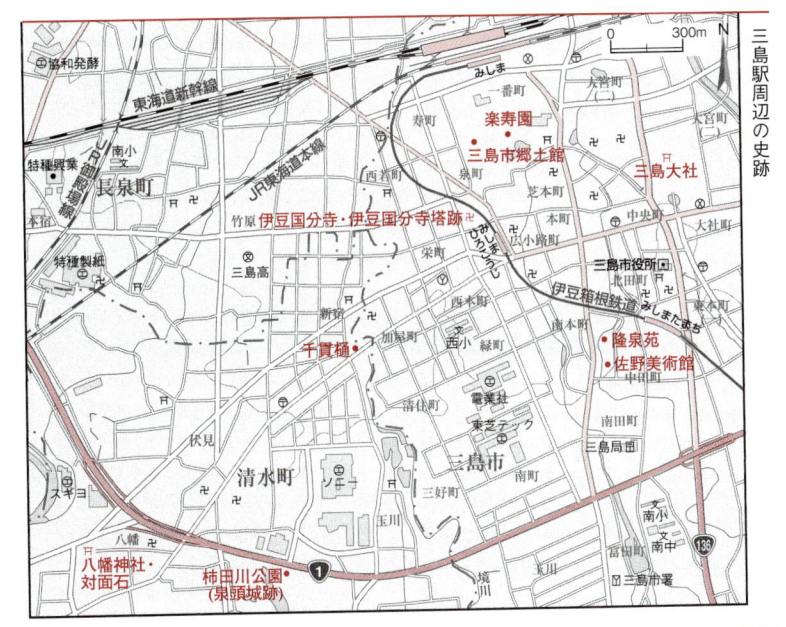

る。ここを東へ進むと左手に三島大社の鳥居がみえてくる。

　三島大社の祭神は，事代主命と大山祇命の2神である。創建の年代は不明で，もともと三宅島や大島にまつられていたが，のち，賀茂郡白浜（現，下田市），さらに現在の場所に移ったらしい。9世紀には，大社に列せられるなど階位の上昇がめだち，10世紀には『延喜式』式内社に列せられている。中世には伊豆国一宮として武士の崇敬をうけた。源頼朝が挙兵に際して源氏再興を祈願したことは有名で，境内には頼朝・政子の腰掛石，安達藤九郎盛長警護の跡などがある。さらに鎌倉時代には，源実朝から惟康親王までの歴代将軍が参詣し，南北朝時代には足利尊氏らが戦勝祈願した。戦国時代には今川氏や北条氏との関係が強かった。近世には530

源頼朝ら中世武士の信仰
多数の重要文化財

三島大社

玄関口北伊豆

石の朱印地をもち，三島が宿場町として栄えるとともに広く信仰され，明治時代に官幣大社となった。

三島大社には，本殿・幣殿・拝殿(いずれも国重文)，境内のキンモクセイ(国天然，樹高15m・根回り3m)をはじめとして多数の重要文化財がある。宝物館には，北条政子奉納の梅蒔絵手箱(国宝)をはじめ，太刀「銘宗忠」・脇差「銘相模国住秋義」・源頼家筆の般若心経・三島大社矢田部家文書592点(いずれも国重文)，『日本書紀』並びに具書(県文化)などがおさめられている。また祭礼として，例大祭(8月15～17日)，田祭(1月7日)，奉射祭(1月17日)が行われる。8月の例大祭では三島囃子(県民俗)が演奏される。1月7日の田祭にはお田打(県民俗)が行われる。

三島大社西側交差点から南進して，江戸時代に三島代官陣屋がおかれていた三島市役所の前をとおり，三島田町駅西側で線路を渡って10分ほど進むと，三島市名誉市民佐野隆一が1966(昭和41)年に設立した佐野美術館がある。所蔵品には，鎌倉時代中期につくられた「備前国長船住人長光造」銘の薙刀(国宝)，平安時代後期の特徴をよく示す木造大日如来坐像(国重文)，豊後国行平作の太刀をはじめとする8口の国重要文化財の刀・太刀・短刀などがあり，とくに刀剣のコレクションが有名である。なお，美術館に隣接する隆泉苑は，その表門とともに国登録有形文化財となっている。

伊豆国分寺塔跡 ❹
055-983-2672(三島市郷土文化財室)

〈M ▶ P. 2, 43〉三島市泉町12-3
伊豆箱根鉄道三島広小路駅 🚶 5分

平安時代焼失の国分寺跡寺
代官井出正次ゆかりの国分寺跡

三島大社へ戻り，西へ続く旧東海道を歩いていくと，かつての三島宿である。15分ほど歩いて三島広小路駅から旧国道1号線を西へ50m進み，右折して北進すると伊豆国分寺(日蓮宗)がある。現在の伊豆国分寺はもと蓮行寺といい，古くは真言宗であった。1609(慶長14)年に没した慈眼が日蓮宗に改宗したと伝えられ，1610年，井出志摩守正次が再建した。正次は徳川家康につかえ，三島代官をつとめた。境内には正次とその一族の墓，井出氏の由来をきざんだ供養塔などがたっている。

古代の国分寺塔跡礎石(国史跡)は，現在の伊豆国分寺の本堂裏に残っている。古代の国分寺の寺域は，214m四方，約4万5800㎡の

三島大社のお田打と三島囃子

コラム

芸

三島大社の2つの祭礼にかかわる芸能

　三島大社のおもな祭礼の1つに，1月の田祭があげられる。1月7日の午後には，お田打という田遊びの芸能が舞殿において行われる。

　お田打の起源は平安時代にさかのぼるともいわれるが，室町時代以降，狂言形式にまとめあげられ，現在に至ったといわれる。白い面をつけた舅の「穂長」，黒い面をつけた婿の「福太郎」ら14人によって，苗代所の選定，種まき，鳥追いといった稲作儀礼を再現し，年頭にあたって秋の豊作を祈る。また，当日は神事に続いて，餅や種もみがまかれ，ここから福にあやかろうとする参拝者で賑わう。

　もう1つの三島大社の代表的な祭礼が8月の例大祭である。例大祭で演奏されるのが，三島囃子である。もともとは，三島大社の舞々役であった幸若父子によってつくりだされ，三島大社神領内に住む若者により伝承されてきた伝統芸能である。お囃子7曲，しゃぎり9曲があるが，三島囃子保存会が，お囃子3曲，しゃぎり7曲を継承し，技術指導や後継者の育成につとめている。

規模である。瓦や土器などの出土状況や伽藍配置から推定すると，現在残る塔跡の礎石は寺域の南西端であり，寺域は三島広小路駅の東にまで広がっていたと考えられている。また創建時期は奈良時代であったが，平安時代初期には焼失したといわれている。

伊豆国分寺塔跡

今川氏支配の用水路　江戸時代の名所の1つ

千貫樋 ⑫　〈M▶P.2, 43〉駿東郡清水町新宿
JR東海道本線沼津駅🚌旧道廻り三島駅行千貫樋🚶1分

　三島広小路駅に戻り，旧東海道を経由する沼津駅行きバスを千貫樋バス停でおりる。バス停から道路北側を見通すと，千貫樋の一部がみえる。かつて伊豆と駿河の国境であった境川の上をまたぐ用水路である。この千貫樋は，現在の三島市楽寿園内にある小浜池からわきだした水を西へ流し，駿東郡新宿・伏見・八幡・長沢・柿田

玄関口北伊豆

の6カ村を灌漑する用水であった。千貫樋の架設時期は，16世紀初頭に飯尾宗祇があらわした『名所方角抄』に「樋口」と記載されており，これ以前である。戦国時代には，今川氏の統制下にあったようである。江戸時代には東海道の名所の1つとして，『東海道名所図会』や葛飾北斎の浮世絵にも描かれている。なお，現在の千貫樋は，関東大震災による大破後に，コンクリートで再建されたものである。

八幡神社と対面石 ㊸
055-972-4904

〈M ▶ P. 2, 43〉 駿東郡清水町八幡39 [P]
JR東海道本線三島駅[🚌]旧道廻り沼津駅行八幡[🚶]3分

頼朝・義経対面の由緒 中世黄瀬川宿の故地

千貫樋からバスで旧東海道を沼津方面へ進み，国道1号線バイパスをこえるとまもなく八幡バス停に着く。八幡神社の鳥居をくぐって参道を進むと，本殿の左側に対面石とよばれる2つの石がある。1180(治承4)年，富士川の戦いのあと，黄瀬川宿に陣取っていた源頼朝のもとに，弟の義経が奥州の平泉から援兵にかけつけ，感激の対面をしたときに，兄弟が腰かけたという伝承をもつ。対面石は，江戸時代に八幡村を支配した旗本久世氏の陣屋にあったといわれ，久世氏は1811(文化8)年に対面石の顕彰碑をたてている。

黄瀬川宿は箱根・鎌倉方面に至る箱根路の利用とともに開けた宿駅で，黄瀬川西岸(現，沼津市)にその中心があったと考えられ，軍事的にも重要視された。三島大社の頼朝・政子の腰掛石，伊豆山神社の頼朝・政子の腰掛石など，静岡県東部には頼朝との関係を伝える石が多数存在し，この対面石もその1つであろう。

八幡神社から旧東海道を少し進み，国道1号線にでて三島方向に400mほどいくと，柿田川(国天然)の水源の湧水群のある柿田川公園に

対面石(八幡神社)

46　海と湯のくに伊豆

柿田川公園

でる。公園は，もともと戦国大名北条氏が16世紀後半に，武田氏に対抗するために築城した泉頭城(いずみがしら)の所在地である。泉頭城は柿田川下流，狩野川(かの)との合流点付近にある徳倉城(とくら)との軍事的関係が指摘されている。現在も随所に石垣や土塁(どるい)，堀切(ほりきり)をみることができる。

原生の森と御山殖産林禁止伐林記念碑(げんせい もり おやましょくさんりんきんしばつりんきねんひ) ㊹

箱根入会山民有化由来の地

〈M ► P.2〉田方郡函南町桑原(たがた かんなみちょうくわはら) Ｐ
JR東海道本線函南駅🚗10分

　函南駅から東へ車で10分ほどのところにある原生の森は，広さ223ha，箱根外輪山(がいりんざん)の１つである蔵掛山(くらかけやま)の南西斜面にあり，江戸時代から禁止伐林として手厚く保護されてきた。標高600mから800mにあり，アカガシ・ブナ・ヒメシャラなどの巨樹をはじめ，貴重な植物が自生している。原生の森入口には，明治時代初期に箱根入会山(いりあいやま)の民有化に尽力した地元有力者の小川宗助(おがわそうすけ)・大村和吉郎(おおむらわきちろう)・田中鳥雄(たなかとりお)を顕彰した御山殖産林禁止伐林記念碑がたてられている。

　函南駅から道に沿って坂をおりて３分ほどいくと，右手に北条義時の兄北条宗時(むねとき)の墓(よしとき)と，源頼朝の家臣であった狩野茂光(かのしげみつ)の墓(いしばしやま)がある。宗時は頼朝挙兵の石橋山の戦いで射とられ，茂光は自害した。

御山殖産林禁止伐林記念碑(原生の森)

丹那断層(たんなだんそう) ㊺

〈M ► P.2〉田方郡函南町丹那
JR東海道本線函南駅🚗10分

　函南駅から車で熱海函南線を東に10分ほどいくと(あたみ)，左側に開けた

玄関口北伊豆　47

盆地がみえてくる。ここが丹那盆地で，道をくだると丹那断層公園がある。1930(昭和5)年11月26日の伊豆震災の震源地として，国指定の天然記念物である断層跡がある。公園から3kmほど北上した田代(たしろ)地区の火雷神社(からいじんじゃ)(祭神火牟須比命(ほのむすび))には，地震の際に位置が動いた鳥居が残っている。

　丹那盆地は，かつてワサビ田のある水清らかな地であったが，大正時代から昭和時代初期にかけての丹那トンネル工事で，渇水に悩まされた。このため，1932(昭和7)年に近隣15カ村の連盟による渇水救済促進同盟会が組織され，県・鉄道省との交渉の末，解決をみた。このことを記した渇水記念碑をはじめ，地元酪農を推進した川口秋助の頌徳碑(くちしゅうすけしょうとくひ)や井出彦四郎の顕彰碑(いでひこしろうけんしょうひ)などがある。

　かつて丹那盆地には，盆地の真ん中に川口の森とよばれる森があり，ここに川口秋助の生家があった。秋助の父秋平は，明治時代初期に仁田大八郎(にったけ)(小三郎(だいはちろう))や田中鳥雄らと伊豆産馬会社をおこした人物で，彼らの偉業をうけつぎ，今日の丹那酪農がある。赤い家屋のオラッチェのなかでは，地ビールをはじめ地場産品が売られている。

仁田家(にったけ) ㊻ 〈M ▶ P. 2, 49〉田方郡函南町仁田1
伊豆箱根鉄道伊豆仁田駅(だい) 🚶 5分

　伊豆仁田駅の隣，大場駅から北へ800mのところにある函南中学校の近くには，来光川(らいこうがわ)の分水を，仁田・大土肥(おおどい)・間宮(まみや)・塚本(つかもと)の各地区に灌漑用水として仕切っている堰があり，各用水路の溝が8つあることから八溝(やつみぞ)の名が残されている。1748(延享5)年の塚本村と間宮村の水争論をはじめ，丹那トンネル建設に伴う渇水問題など，用水確保のための歴史をきざんだ堰である。近くに八溝用水堰改修記念碑がたてられている。

　伊豆仁田駅から北側へ向かい，突き当りを右折すると，左手に田方(がた)農業高校がみえる。同校玄関口には創設者の仁田大八郎(甲子郎)(だいはちろう)の胸像がたっている。仁田大八郎は，昭和時代初期の立憲政友会(りっけんせいゆうかい)所属の衆議院議員であり，当地の名望家(めいぼうか)であった。田方農業高校を東進して250mほどいくと仁田家があり，源頼朝の旗あげ時からの家臣であり，富士の巻狩(まきがり)でイノシシにまたがった勇猛な武士で知られる仁田四郎忠常の墓(しろうただつね)がある。個人宅なので見学には配慮されたい。

その左には、仁田家代々の菩提寺である慶音寺(日蓮宗)がある。明治時代初期に仁田大八郎常種(昭和時代初期の大八郎祖父)は狩野川水産会社(養魚場)をおこしたり、伊豆生産会社(後の伊豆銀行、現在の静岡銀行)立ち上げに尽力した。

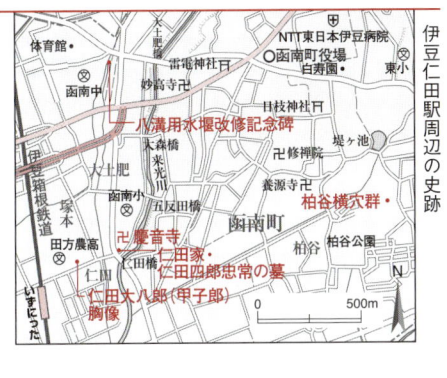

伊豆仁田駅周辺の史跡

柏谷横穴群 ⑰　〈M ▶ P. 2, 49〉田方郡函南町柏谷　P
伊豆箱根鉄道伊豆仁田駅 🚶 30分

国指定史跡の古墳時代後期の墓

　慶音寺から仁田橋を渡り、100mほどさきを左折して1kmほどいったところに柏谷横穴群(国史跡、通称柏谷の百穴)がある。この横穴群は、軽石を含む岩盤を穿ち、東西600m・南北250mにわたり300～500基がある。7世紀から8世紀前半にかけて造営され、北伊豆の横穴群ではもっとも古い時期の1つとして知られている。副葬品として土器(土師器・須恵器)や鉄製品、玉類が出土している。

　近くには芝生公園などがあり、町民の憩いの場となっている。また同地区には、近年開業した湯ートピア函南の温泉があり、温泉から1.5kmほど東進すると、源頼朝が軍馬の疲れをいやしたという言い伝えのある畑毛温泉がある。また函南町

柏谷横穴群

桑原に2012(平成24)年にかんなみ仏の里美術館(TEL 055-948-9330)が新しく開館した。JR東海道線函南駅より車で5分ほどで、廃仏毀釈の時代を地元の函南町桑原区が薬師堂で大切に保存してきた24体の仏像が、保存・公開されている。木造阿弥陀如来及両脇侍像(国重文)ほか、十二神将像など16体の県指定の仏像も公開。

玄関口北伊豆

⑤ 奥座敷中伊豆

源頼朝，北条早雲，江川英竜ら，時代を動かした人材をうんだ歴史のふるさと。

蛭ヶ小島 ㊽　〈M▶P.2, 52〉伊豆の国市四日町12-2 P
伊豆箱根鉄道韮山駅🚶15分

韮山駅南の踏切を渡り，東へ1kmほど歩くと，蛭ヶ小島の旧跡がある。ここは，源頼朝配流の地とされ，現在，史跡公園として整備されている。園内には，秋山富南が撰文し，1790(寛政2)年にたてられた「蛭島の碑」がある。富南は『豆州志稿』(1800〈寛政12〉年刊)の著者で知られる。

蛭ヶ小島の隣接地には旧上野家住宅(県文化)があり，伊豆の国市歴史民俗資料館となっている。これは，江戸時代中期にたてられた伊豆独特の古民家を移築復元したものである。

蛭ヶ小島　　　　　　　　　　　　　　　　旧上野家住宅

韮山城跡 ㊾　〈M▶P.2, 52〉伊豆の国市韮山韮山
伊豆箱根鉄道韮山駅🚶25分

蛭ヶ小島の東側にそびえる龍城山一帯が韮山城跡である。登り口は，蛭ヶ小島から100mほどの韮山高校の南側にある。韮山城は北条早雲が伊豆支配の拠点とした城で，北条氏の拠点が小田原に移されたのちも，箱根越えを牽制する重要な城として位置づけられた。1590(天正18)年，豊臣秀吉の小田原攻めに際しても，城主北条氏規はこの城に籠城し，小田原落城までもちこたえた。その後，徳川家康の関東移封に伴い，家臣の内藤信成が入城するが，わずか

50　海と湯のくに伊豆

江川酒

コラム

戦国時代の銘酒が現代に復活

韮山代官江川氏の祖先は酒造を行っており，その酒は北条早雲によって江川酒と命名され，銘酒として世に知られていた。北条氏政が上杉謙信や織田信長に江川酒を贈ったことや，徳川家康が家臣に江川酒を下賜したことが記録にみられる。最近，この江川酒を復活させようとする試みが地元で行われている。当時の文献は少なく，製造法も不明であるが，地元の有志が，田植え・稲刈り・仕込みをつうじ，熱心に酒づくりに取り組んでいる。できた酒は市内で市販されている。

10年で転封となった。

城は典型的な山城で，5つの曲輪（空堀・土塁で囲まれた場所）からなり，さらに周辺の砦と密接に連携していた一大要塞であった。城の東側には城濠の役割をはたした池があり，現在，城池親水公園として整備されている。城池親水公園には，蛭ヶ小島から東へ歩き，韮山中学校脇の切通しから500mほどで到着する。

韮山城跡

江川家住宅 ㊿
055-940-2200（江川邸公開事務室）

〈M▶P.2,52〉伊豆の国市韮山韮山1 P
伊豆箱根鉄道韮山駅 🚶20分

全国的に貴重な江戸時代初期の巨大住宅

城池親水公園から東へ100mほど歩いたところに，江川家住宅（国重文）がある。江川氏の祖は宇野氏といい，小田原北条氏の下で，銘酒「江川酒」を醸造していたことが知られている。江戸時代には，当地で代官をつとめた。幕末の当主江川太郎左衛門英竜（坦庵）は開明派幕臣として，品川台場（東京都）や韮山反射炉の築造で名高い。

邸内には代官の役宅もあり，明治維新後は韮山県庁もおかれた。これらの跡地が韮山役所跡（国史跡）である。主屋の建物は入母屋造で，江戸時代初期までさかのぼれる巨大住宅として，全国的にも貴重なものである。土間は広く，力学的に組まれた天井裏の梁組みがみごとである。主屋とは別棟になっている仏間，兜造風の屋根を

奥座敷中伊豆　51

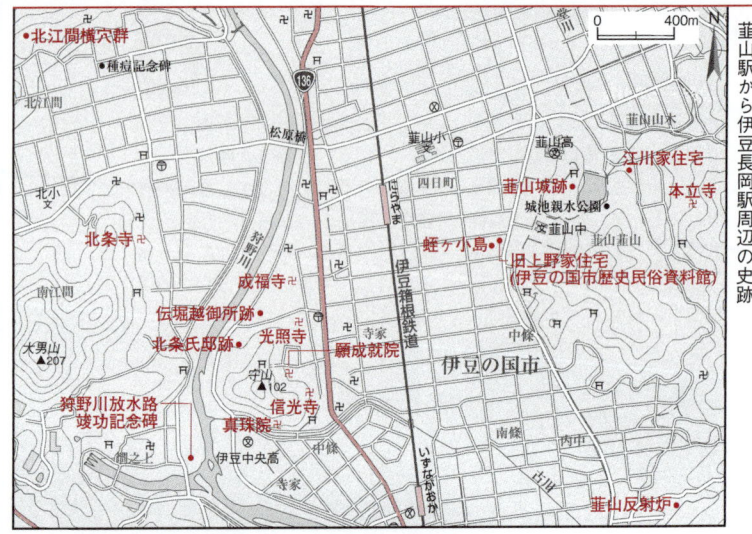

韮山駅から伊豆長岡駅周辺の史跡

もつ倉なども，往時の伝統を伝える建築物で，追加指定されている。江川家関係資料(国重文)は，江川文庫として重要文化財に指定されている。

この付近一帯に広がる山木遺跡(やまき)は，弥生時代後期から古墳時代にかけての遺跡で，水田・集落・墓地などが生産生活用具(国民俗)を伴って発掘されている。

江川家住宅から南東へ約300mいくと，江川家の菩提寺である本立寺(ほんりゅうじ)(日蓮宗(にちれん))がある。寺は16世紀初頭に建立(こんりゅう)され，江川英龍をはじめ江川家歴代の墓所があるほか，江川家の家臣たちの墓もある。江川家の手代(てだい)をつとめ，のちに足柄県令(あしがらけんれい)となった柏木忠俊(かしわぎただとし)の墓もある。梵鐘(ぼんしょう)(国重文)は，鎌倉の東慶寺(とうけいじ)に寄進され，のちに当山に移された由来をもつ。1332(元徳(げんとく)4)年の作とされる。

江川家住宅

52　海と湯のくに伊豆

韮山反射炉 (51)

055-949-3450

〈M ► P. 2, 52〉伊豆の国市中字鳴滝入268-1 P
伊豆箱根鉄道伊豆長岡駅🚌反射炉行終点🚶1分

世界に誇る産業記念物
代官江川英竜が建造

伊豆長岡駅から東へ1.9kmのところに，韮山反射炉(国史跡)がある。1853(嘉永6)年にペリー率いる黒船が江戸湾に来航した。これに衝撃をうけた幕府は，ペリーの再来航に備え，韮山代官江川英竜の建議をいれて，品川沖に台場(砲台)を設置する。

反射炉は，台場に備える大砲の原料となる銑鉄を溶解するための施設である。炉は耐火レンガ造で，燃料を燃やした火炎が炉の天井で反射して鉄を溶かすため，反射炉とよばれた。英竜は苦心を重ね建造を進めたが，完成は，死後の1857(安政4)年である。

韮山反射炉

高さ16mにおよぶ2基の反射炉が現存している。古地図によれば，韮山反射炉は，現存している反射炉本体のまわりに，砲身をくりぬく錐台小屋などがあり，敷地内は一連の作業小屋を含めた砲兵工廠となっていた。2015(平成27)年に「明治日本の産業革命遺産」として世界遺産に登録された。

国清寺 (52)

〈M ► P. 2〉伊豆の国市奈古谷1240-1
伊豆箱根鉄道原木駅🚶30分

関東管領上杉氏ゆかりの寺

原木駅から東に2.8km，県道136号線から300mほど奈古谷地区にはいったところに国清寺(臨済宗)がある。国清寺は，南北朝時代，上杉憲顕によって創建された。上杉氏は室町幕府将軍足利氏と姻戚関係にあり，関東管領として重用された。上杉氏の勢威が高まるにつれて国清寺も発展し，「寺記」によれば，塔頭78をもつ大伽藍で，関東十刹に数えられていたという。現在は本殿・仏殿などを残すのみで，往時の面影をしのぶことはできない。

国清寺から約1.4kmほど山道を東にのぼったところに，国清寺毘沙門堂がある。山道には，「七つ石」とよばれる巨石が点在している。伝承によれば，この辺りは源頼朝の挙兵を促したとされる文覚上

国清寺

人の流寓の地といわれる。堂の仁王門には，1310（延慶3）年につくられた木造金剛力士立像（県文化）がある。毎年1月3日朝6時から開運だるま市が開かれ，多くの参拝客で賑わう。

伝堀越御所跡 ㊳ 〈M▶P.2,52〉 伊豆の国市四日町字御所ノ内
伊豆箱根鉄道韮山駅🚶15分

　韮山駅から西に歩き，国道136号線にでる。南に500mほど歩くと，道路の西側を少しはいったところに成福寺（浄土真宗）がある。成福寺は，鎌倉幕府8代執権北条時宗の3男正宗が開基したといわれる。

　成福寺の少し南には光照寺（浄土宗）がある。『吾妻鏡』によれば，1189（文治5）年，北条時政が願成就院の池の北側に頼朝の宿館である「頼朝御亭」をたてたとの記録があり，これが光照寺の前身と思われる。その西側には北条政子産湯の井戸がある。井戸の北側が伝堀越御所跡（国史跡）である。

　伝堀越御所跡は15世紀後半，室町幕府より派遣された堀越公方足利政知の御所跡と伝えられる。政知の死後，子の茶々丸が伊勢新九郎長氏（北条早雲）の侵攻をうけて滅亡すると，御所も消滅した。1982（昭和57）年以降の発掘調査により，井戸・溝・園池などの遺構や中国製・国産の陶磁器，宋銭などが豊富に出土している。

北条政子産湯の井戸（光照寺）

室町時代の堀越公方の御所跡

さらに西に向かうと、狩野川に面する守山の北側に、北条氏邸跡（国史跡）がある。北条氏はもともと、下田街道と狩野川という水陸交通の要衝に位置する当地を本拠とし、伊豆国府の行政事務にあたった在庁官人であったとみられる。近年、中国製の陶磁器などが出土している。

願成就院 54
055-949-7676

〈M ▶ P.2, 52〉伊豆の国市寺家83-1 P
伊豆箱根鉄道韮山駅 🚶15分

北条時政による創建
運慶作の不動明王像

光照寺からさらに南に250mほど歩くと、願成就院（真言宗、寺院跡は国史跡）がある。願成就院は、鎌倉幕府の初代執権北条時政が1189（文治5）年に、源頼朝の奥州藤原氏征討が成功することを祈って創建したもので、その子孫によって造営が続けられた。寺は室町時代には衰えたと伝えられ、当時の様子については長年不明であった。発掘調査により、宇治平等院や平泉の毛越寺庭園を連想させる浄土系寺院の形式をもっていたことがあきらかになった。

なお、現在の寺は江戸時代の復興になり、本堂は1789（寛政元）年にたてられた。

大御堂には、仏師運慶が1186（文治2）年に制作した木造阿弥陀如来坐像・木造毘沙門天立像・木造不動明王及び二童子立像（いずれも国宝）が安置されている。仏像の胎内から発見された造像銘札により、制作の経緯と制作年代が特定された。境内には、北条時政の墓や、北条早雲によって滅ぼされた足利茶々丸の墓もある。

願成就院跡

武田信光の墓（信光寺）

奥座敷中伊豆

願成就院の南には信光寺(曹洞宗)があり，甲斐源氏武田信義の子信光がたてたといわれる。信光の墓が境内にある。さらに南に100mほど歩くと真珠院(曹洞宗)がある。ここには源頼朝との恋が実らず自殺したといわれる，伊東祐親の女八重姫がまつられている。

北江間横穴群 55 〈M▶P.2, 52〉伊豆の国市北江間
伊豆箱根鉄道韮山駅🚶45分

「若舎人」の銘のある石櫃

　韮山駅から西へ歩き，松原橋を渡って，狩野川の西岸へでる。そこから北へ方向をとり，北江間の地区をめざすと，南面する山の斜面に7世紀から8世紀前半に掘られた多くの横穴がみえる。これらの横穴は，北江間横穴群(国史跡)と総称されるが，大師山横穴群と大北横穴群の2つに大きく分けられる。大師山横穴群では大型の家形石棺が発見され，大北横穴群からは，「若舎人」ときざまれた石櫃(国重文)がみつかった。石櫃とは，火葬骨をおさめたもので，火葬の普及を示すものである。この石櫃は8世紀初頭のもので，被葬者は天武・持統朝ごろに中央の皇子宮へ出仕した人物と推測されている。石櫃は現在，長岡中央公民館に展示されている。

　横穴から東へ数十mほど歩くと，大北公民館前に種痘記念碑がたっている。これは代官の江川英竜が，1849(嘉永2)年に実施した種痘に協力した3人の子ども(うち1人は死亡)の犠牲的献身をたたえたものである。

北江間横穴群

北条寺 56 〈M▶P.2, 52〉伊豆の国市南江間862-1
伊豆箱根鉄道韮山駅🚶30分

北条義時夫妻の菩提寺

　韮山駅から松原橋を渡って直進し，豆塚神社を南におれて250mほど歩くと北条寺(臨済宗)がある。この寺は，鎌倉幕府3代執権北条泰時が創建したものといわれる。寺には，運慶派制作の木造阿弥

陀如来坐像，安土・桃山時代の作と推定される牡丹鳥獣文繡帳，木造観音菩薩坐像（いずれも県文化）をはじめ，足利義満御教書・北条氏朱印状などの文化財・古文書が多数ある。境内の小高い丘の上には，北条義時夫妻の墓がある。

北条義時夫妻の墓（北条寺）

狩野川放水路竣功記念碑 ⑤

〈M ▶ P. 2, 52〉伊豆の国市墹之上462-2
伊豆箱根鉄道伊豆長岡駅 🚶 30分

大災害をもたらした狩野川台風

　北条寺からさらに南に歩くと，古奈温泉にはいる手前に，国土交通省狩野川放水路管理事務所がある。敷地内には，1965（昭和40）年に建設省と狩野川治水組合によってたてられた狩野川放水路竣功記念碑がある。狩野川は古くから，頻繁に周辺地域に水害をもたらしていたが，とくに1958（昭和33）年9月26日の狩野川台風は，田方郡全体で856人の死者をだす大惨事をもたらした。放水路は，治水対策として1965年に完成した。狩野川の水を沼津市口野から海へ分流するものである。記念碑と並んで，放水路の建設につくした地元の政治家久保田豊の胸像もある。久保田は，農民運動家としても知られ，韮山村長や衆議院議員をつとめた。

狩野川放水路竣功記念碑

最明寺 ⑤

〈M ▶ P. 2, 60〉伊豆の国市長岡1150-1
伊豆箱根鉄道伊豆長岡駅 🚶 30分

執権北条時頼ゆかりの寺

　古奈の温泉街を南下すると，最明寺（日蓮宗）がある。寺は鎌倉幕府5代執権で，最明寺入道といわれた北条時頼の開基と伝えられ，寺の裏には時頼の墓と伝えられる五輪塔がある。

奥座敷中伊豆　57

伝北条時頼の墓（最明寺）

最明寺から温泉旅館街をとおって北西へ進み、国道414号線を横断して約300m歩くと宗徳寺（日蓮宗）がある。同寺には鎌倉時代中期の1276（建治2）年につくられた紺紙金字法華経（県文化）が所蔵されている。

最明寺からさらに南下すると狩野川にでる。その少し手前の高台に五輪塔が3基ある。天野遠景と弟光家、遠景の子政景の墓である。天野氏はこの地の豪族で、源頼朝にしたがって武功をたて、鎮西奉行として九州を統轄する有力御家人となった。

狩野川岸に天野堰遺功頌碑がある。天野堰は江間堰ともよばれ、1655（明暦元）年に、地元の豪農である津田兵部・石井清兵衛の尽力により、三島代官伊奈兵蔵の設計・監督によって完成した。狩野川をせきとめて取水したもので、5kmにおよぶ用水路によって江間地区一帯をうるおした。堰は1955（昭和30）年に改修されたが、1970年に狩野川台風後の治水改修計画に伴い、撤去された。

天野氏の墓から南へ、狩野川の大門橋たもとを西方へおれると、道路の南側が小坂地区である。地区の高台にある駒形神社は駒形古墳のあった場所である。さらに山裾に沿って南へ歩くと小坂神社がある。境内には国学者萩原正平の顕彰碑がたっている。

天野堰遺功頌碑

58　海と湯のくに伊豆

蔵春院(ぞうしゅんいん) (59)

0558-76-1292

〈M►P. 2〉伊豆の国市田京(たきょう) P

伊豆箱根鉄道田京駅 徒歩20分

足利学校中興の祖憲実ゆかりの古刹

田京駅から東へ1.5kmほどいったところに，30近い末寺をもつ蔵春院(曹洞宗)がある。室町幕府の6代将軍に足利義教(あしかがよしのり)が就任すると，鎌倉公方足利持氏(もちうじ)はこれに反目するようになった。このため1439(永享(えいきょう)11)年，幕府は持氏追討令をだし，持氏の家臣である上杉憲実(うえすぎのりざね)に討たせた(永享の乱)。持氏亡き後，憲実はかつての主君の菩提をとむらうため，蔵春院を建立することにしたといわれる。憲実は足利学校中興の祖としても知られている。

蔵春院

広瀬神社(ひろせじんじゃ) (60)

〈M►P. 2, 60〉伊豆の国市田京1-1 P

伊豆箱根鉄道田京駅 徒歩10分

三島神の后神をまつる格式の高い神社

蔵春院から田京駅に戻り，1kmほど旧下田街道に沿って南下したところに広瀬神社がある。当神社は三島大社(みしまたいしゃ)と深い関係にあり，祭神の三島溝橛姫(みぞくいひめ)は，三島大社の祭神事代主命(ことしろぬしのみこと)の后神(きさきがみ)であり，伊豆半島でも格式の高い神社として位置している。毎年秋祭りには三番叟(さんばそう)が演じられる。

三番叟が演じられる境内の舞台裏を歩いていくと，歌人穂積忠(ほづみきよし)の顕彰歌碑がたてられている。穂積家は村長をつとめた旧家で，江戸時代には，近隣の国学者竹村茂雄(たけむらしげお)に師事した経緯から，文雅の家系にあった。穂積はこうした環境に加え，北原白秋(きたはらはくしゅう)・折口信夫(おりくちしのぶ)に師事し，教職のかたわら歌人としての道をきわめていった。歌集『雪祭(ゆきまつり)』『叢(くさむら)』では，伊豆の風土をみごとにうたいあげている。

梅原寛重翁寿碑(うめはらかんじゅうおうじゅひ) (61)

〈M►P. 2, 60〉伊豆の国市神島(かみしま)1307

伊豆箱根鉄道田京駅 徒歩30分

田京駅の南西約2km，狩野川西岸に城山(じょうやま)がある。その登山口近くに神益麻志神社(かんますましじんじゃ)があり，そのさきに梅原寛重翁寿碑がたっている。

伊豆長岡駅から田京駅周辺の史跡

梅原寛重翁寿碑

明治期の農学者梅原寛重

梅原寛重は明治時代の農学者で、ミツマタ栽培の研究から『三椏培養新説』(1877〈明治10〉年)を出版、1890年の内国勧業博覧会にはガンピ紙を出品し、2等を受賞した。『新撰農商節用字類』(1894年)、『永代応用農家暦』(1895年)は広く読まれた。碑は1905年の建立で、江戸時代末期の韮山代官で、明治時代初期の韮山県知事をつとめた江川英武が篆額している。

城山には、室町時代に武将畠山国清によって金山城が築かれた。国清は南北朝時代に、関東管領として、鎌倉公方足利基氏を補佐したが、畿内で南朝方との戦いに敗れ、関東管領を罷免された。その後、足利基氏軍に抵抗して守護国である伊豆を根城にしたが、降伏したといわれる。

さらに山沿いの道を1.5kmほどいくと、子育地蔵尊がある。江戸時代中期ごろから存在していたといわれ、200体余りの小地蔵は子授地蔵として広く知られている。

60　海と湯のくに伊豆

瓜生野金山跡 ㉒ 〈M▶P. 2, 61〉伊豆市瓜生野
伊豆箱根鉄道大仁駅🚶20分

　大仁駅から南に進んで大仁橋を渡り，国道136号線をこえると「百笑いの湯」がみえてくる。この後方にある山が瓜生野金山(大仁金山)跡である。一方通行となっている旧下田街道を南下すると，右手に瓜生野公民館にはいる道があり，ここを山側にのぼっていくと，武者小路実篤撰文による大仁鉱山之碑と大久保長安碑がひっそりとたっている。この金山は1597(慶長2)年から寛永初年まで，大久保石見守長安により採掘されたといわれる。廃坑後，1933(昭和8)年に再掘がはじめられたが，その後温泉がでたため，大仁温泉として発展した。

　また，「百笑いの湯」から800mほど西には自得院(曹洞宗)がある。この寺の境内に，江戸時代に本居宣長のもとで国学を学んだ竹村茂雄と女流歌人菊池袖子の墓がある。竹村茂雄は貧民の救済や，狩野川にコイを放つなど社会救済事業にも力をいれ，みずからも農村生活に基盤をおいて国学を実践していった。竹村を慕った門人は200人余りを数える。村落支配者層が中心であるが，こうした門人がのちの伊豆地方の文化発展に大きくかかわっていった。

旧下田街道に引き返し，再び南下していくと，右側に昌徳院(曹洞宗)がある。ここには大久保長安側室の供養塔がたてられている。また近くの旧下田街道沿いに，独特の文字で「南無阿弥陀仏」と書かれた唯念碑が2基ある。江戸時代末期に，伊豆各地を説法した唯念の碑は，交通の要衝，人の集まるところに建立されており，旧下田街道沿いで随所にみることができるが，2基あるのは珍しい。

日本キリスト教団修善寺教会 ⑥

0558-72-2300

〈M▶P.2, 61〉伊豆市柏久保445-1
伊豆箱根鉄道修善寺駅🚶10分

中伊豆地方のキリスト教の広まり

　伊豆箱根鉄道の終着駅である修善寺駅をおりて，南側の小高い丘へあがると修善寺南小学校があり，その右隣には日本キリスト教団修善寺教会がある。教会はプロテスタントで，建物は1926(大正15)年建築のものである。第二次世界大戦以前には，当時の牧師室野玄一が賀川豊彦に講演を依頼したり，デンマーク式の農園をつくるために，沼津で興農学園を経営していた平林廣人を招いたりしている。

　修善寺南小学校脇の道路を旧中伊豆町方面に歩いていくと，右側に柏久保ハリストス正教会がある。建物は1882(明治15)年建築の古いもので，教会をたてるにあたって，東京神田のニコライ堂からニコライ神父が指示をだしたことが，関係資料に残されている。

日本キリスト教団修善寺教会

修善寺ハリストス正教会顕栄聖堂 ⑥

0465-22-2792(小田原ハリストス正教会)

〈M▶P.2, 61〉伊豆市修善寺838-1 🅿
伊豆箱根鉄道修善寺駅🚌修善寺温泉行総合会館前🚶1分

ニコライ神父のためにたてたハリストス教会

　修善寺駅から修善寺温泉行きのバスに乗って1.5kmほど西にいき，バス停でおりる。山側に，修善寺ハリストス正教会顕栄聖堂(県文

修善寺ハリストス正教会顕栄聖堂

化)がたっている。1912(明治45)年、病に倒れたニコライ神父の快復を祈って、突貫工事で建設された洋風建築である。

明治時代初期に受洗した修善寺の豪農たちは、家父長制度のもと一家全員が受洗し、田方地区にロシア正教が広まった。この教会内にある聖壁は、日露戦争のとき中国の旅順の教会にあったものを運んだとされ、イコン画家山下りんの作品が残されている。

修善寺出身の岩沢丙吉は神学校の教授となり、第二次世界大戦前に暫定的に日本ロシア正教会の長となり、その後、函南村桑原(現、函南町)出身の小野帰一が日本人最初の主教となるなど、伊豆出身者の中央での活躍にはめざましいものがあった。

修禅寺 ⑥⑤
0558-72-0053
〈M▶P.2,61〉伊豆市修善寺964
伊豆箱根鉄道修善寺駅🚌修善寺温泉行終点🚶1分

空海と源氏ゆかりの修善寺温泉地

県道修善寺戸田線を進み、温泉場にはいると道はいったんせまくなるが、再び広くなった右側に修禅寺(曹洞宗)がある。道路を隔てた桂川の川岸に、独鈷の湯とよばれる空海ゆかりの温泉がある。伝承では空海が807(大同2)年に訪れた時、川の冷水で病身の父の体を洗う少年の姿に打たれ、手に持った独鈷杵で岩を打ち、温泉を出したという。

修禅寺は『修禅寺縁起』によれば、空海開山の由来があり、建治年間(1275〜78)に、鎌倉から蘭渓道隆が来住して臨済宗に改宗され、1489(延徳元)年に韮山城主北条早雲が曹洞宗に改宗した経緯がある。本堂に木造大日如来坐像(国重文)が、宝物殿には刺繍釈迦三尊掛幅(県文化)がある。修禅寺裏から300mほど山側にはいったところの桂谷トンネル近くには、源頼朝の弟で、一の谷の戦いをはじめ、平家追討に功績のあった蒲冠者源範頼の墓がある。

独鈷の湯から川沿いの道を歩いていくと、竹林の径とよばれる風情ある光景が目にはいる。

虎渓橋を渡ると山側には、北条政子の実子で、鎌倉幕府2代将軍

奥座敷中伊豆　63

修禅寺

源頼家の菩提所として建立された指月殿（県文化）がある。頼家は，北条時政らの謀略により，修禅寺に幽閉され殺された。指月殿は，伊豆最古の木造建築といわれ，なかには木造釈迦如来坐像・木造金剛力士像（ともに県文化）がある。また近くには，頼家の墓と移築された家臣十三士の墓がある。

修禅寺に引き返すと，寺の西側には登録有形文化財の新井旅館がある。新井旅館の青州楼は，1881（明治14）年建築の洋風塔屋である。修善寺温泉には多くの著名人が訪れたが，新井旅館には横山大観や尾崎紅葉が訪れている。なお，夏目漱石が倒れたことで知られる菊屋旅館は，修善寺温泉の向かいにある。

修善寺温泉から2kmほど街道坂をのぼっていくと，右手に修善寺自然公園がある。この丘に漱石の修善寺での大患を詠んだ漢詩碑が建立されている。さらに，公園の近くには虹の郷公園があり，ここにも菊屋旅館から移築した漱石庵がある。

新井旅館から1.2kmほど西進し，湯舟口から紙谷橋を渡り3kmほどいったところに，かつて弘法大師が修行したと伝える修禅寺奥の院（正覚院）がある。1906（明治39）年，東京日本橋日高屋主人の高橋為三郎により寄進された「いろは石」は，この奥の院までの道標となっている。また，これとともに，道標をたどる巡礼として桂谷八十八ヶ所巡りがある。これは弘法大師の像と札所本尊の梵字をきざんだ石碑をたどりながら，遍路が例年11月7日から3日間巡拝を行うものである。

上白岩遺跡 ⓺⓺

〈M▶P.2〉伊豆市上白岩
伊豆箱根鉄道修善寺駅🚌伊東行上白岩🚶2分

国指定史跡の縄文時代の配石遺構

上白岩バス停から南に歩いていくと伊豆市資料館がある。ここには大型有孔虫の化石（県文化）や上白岩遺跡出土の縄文時代の土器，近代の民具などの歴史資料が多数展示されている。

大井上康と巨峰ブドウ

コラム

巨峰ブドウ生みの親の苦労話

　巨峰ブドウ生みの親である大井上康は，第二次世界大戦の終結間近に，苦労の末に新種開発をなしとげた。

　大井上の説く栄養周期説は，染色体の倍数体のブドウの品種改良ができないものかということにあった。これは1936(昭和11)年に出版された著作『新栽培技術の理論体系』にまとめられる。

　試行錯誤の末，直径がふつうのブドウの2倍ある新品種の改良に成功する。終結の翌年，大井上の研究所のある中伊豆の山からみえる富士山の風景にたとえて，巨峰と名づけられた。

　また大井上はこの研究と同時に，全農静岡県連合会の顧問に就任して無産運動にも参画している。大井上自身が研究のためにフランスに留学しており，背景にはフランスの近代思想などが影響していたのではないかと思われる。

　地元の青年団や農家の人たちと無産運動にかかわったのち，戦後は農業復興のために，田方郡内で精力的に講演会や学習会を行った。

　資料館から道路をはさんだところには，上白岩遺跡(国史跡)がある。これは約3000～4000年前の縄文時代中期から後期にかけての複合遺跡で，配石遺構は，環状列石・帯状列石・石組に分類できる。とくに環状列石はきわめて貴重で，全国的にも珍しいものである。さらに住居跡や60基の土壙群，埋葬に用いたと考えられる埋甕などが出土している。

大井上理農学研究所 ㊼

〈M ▶ P.2〉伊豆市上白岩2000
伊豆箱根鉄道修善寺駅🚌伊東行上白岩🚶20分

巨峰生みの親、大井上康

　上白岩遺跡から20分ほど西側に歩き，大見川をこえた小川地区の山をのぼっていくと，巨峰ブドウを誕生させた大井上理農学研究所がある。大井上康が，栄養周期説に基づきブドウの交配に成功したのは，1944(昭和19)年のことであった。大井上のもとにかよい続けたのが，伊豆の国市小坂に住む井川秀雄で，1957(昭和32)年にピオーネの交配に成功した。

　こうしたブドウ研究の土地であることから，県道伊東修善寺線から下白岩の上和田橋を渡り，車で3kmほど山をのぼっていくと，中伊豆ワイナリーヒルズが開園されており，さまざまなワインに親しむことができる。

奥座敷中伊豆

大井上理農学研究所　　　　　　　　　　　　　　　　　　　　　　　　最勝院

最勝院㊻　　〈M ▶ P.2〉伊豆市宮上　P
伊豆箱根鉄道修善寺駅🚌地蔵堂行最勝院🚶2分

関東管領上杉氏ゆかりの寺

　修善寺駅から地蔵堂行きのバスに乗り，最勝院バス停で下車すると，最勝院(曹洞宗)の山門がある。同寺創立には諸説があり，関東管領の上杉憲実が亡父房方の菩提をとむらうため，1433(永享5)年に草創，吾宝禅師を請じて開山したといわれる。また一方，『最勝院縁起』によれば，上杉憲清が祖父重兼の菩提をとむらうために草創したともある。最勝院は，曹洞宗吾宝五派1200余りの末寺をもつ本山であり，愛宕火防大権現は「火防さん」とよばれている。

　最勝院バス停から3kmほど道沿いを車でいくと，地蔵堂バス停前に上行院(日蓮宗)がある。ここには，明治大学の校歌を作詞した詩人児玉花外の墓碑がある。花外は山口県出身であるが，帰依していた信覚上人に遺言を託し，同地に埋葬された。

　地蔵堂バス停から1kmほど山をのぼると，万城の滝がある。この滝の裏をとおって裏側から滝をみられることから，裏見の滝とよばれていたが，現在は崩落のため裏側からみることはできない。当地はキャンプ場にもなっている。

　地蔵堂バス停から1kmほど西に向かっていくと，ワサビ田がみえてくる。筏場とよばれるこの地区は，天城山系の水源に恵まれ，湯ヶ島と並ぶ伊豆のワサビ栽培地である。筏場をとおる県道伊東西伊豆線から，国士峠(腰提峠)をこえると，湯ヶ島にぬけることができる。

海と湯のくに伊豆

軽野神社 ⑥⑨

〈M ▶ P.2〉伊豆市松ヶ瀬250-2 P
伊豆箱根鉄道修善寺駅🚌湯ヶ島・下田行軽野神社前🚶すぐ

応神天皇ゆかりの枯野船に由来

軽野神社前バス停で下車すると，左手に**軽野神社**(祭神不詳)がある。当社は『延喜式』式内社に比定される古社である。『日本書紀』応神天皇5(274)年の条によれば，天皇が伊豆国に命じて船をつくらせたところ，船が軽く浮かび早く走ったので，枯野船と名づけたという。船の材料を切りだしたところが，この軽野神社辺りと伝えられる。

軽野神社から数分歩き，柿木橋を渡って西に向かうと，左手が**狩野城跡**である。狩野氏は藤原氏の流れをくむ一族で，平安時代末期に伊豆の各地で頭角をあらわした。その１人である狩野茂光は，保元の乱に敗れ，大島に配流されていた源為朝を討った。のち，源頼朝の家臣として，石橋山の戦いに参加し自刃した。茂光の甥が伊東祐親にあたる。また，狩野氏の末裔には狩野派の画家，正信・元信らがいる。

狩野城跡と道を隔てたところにある法泉寺(曹洞宗)には，**シダレザクラ**(県天然)があり，樹齢350年といわれている。

善名寺 ⑦⓪

〈M ▶ P.2〉伊豆市吉奈128 P
伊豆箱根鉄道修善寺駅🚌湯ヶ島行吉奈温泉口前🚶15分

国道136号線に戻り，柿木橋バス停からバスに乗って10分ほど南下した吉奈温泉口前で下車し，15分ほど歩くと吉奈温泉がある。ここは，平安時代に応天門の変(866〈貞観8〉年)で，放火の罪を問われた大納言伴善男が流された地で，**善名寺**(日蓮宗)が流刑地にあたる。善名寺は，奈良時代に吉奈温泉を発見した行基により創建されたといわれる。同寺には，日中戦争のときに，豊橋陸軍病院の臨時転地療養所となったことを記念する**療養記念碑**がたてられてい

善名寺

奥座敷中伊豆

井上靖と彼を取りまく人びと

コラム

井上靖とその作品に影響をあたえた一族

　井上靖の自伝小説『しろばんば』のなかには，さまざまな人物が描かれているが，かれらは靖の関係者である。たとえば石守林太郎という人物は，父方の祖父にあたる石渡秀雄がモデルで，シイタケ栽培の先覚者であり，明治時代初期の内国勧業博覧会に出展し，椎茸製造伝習所を開設している。

　母方の曽祖父にあたるのが井上潔である。江戸時代末期に蘭方医として松本良順の門下にはいり，静岡藩所属の医者として腕をふるい，韮山病院設立後は，郷里で開業した。晩年は甥にあたる足立文太郎の支援をしている。

　このほか，浄蓮の滝の降下道や，湯の道の往来する道路整備などの湯ヶ島温泉開発を行った安藤藤右衛門は靖の遠縁にあたるが，安藤は旅館湯本館を開き，若山牧水や川端康成と親交を深めた。

大納言伴善男の流刑地吉奈温泉で知られる

　吉奈温泉から国道414号線に沿って1kmほど南下すると，伊豆市天城事務所(旧天城湯ヶ島町役場)が右手にみえる。ここの駐車場入口には山葵栽培之祖碑がたてられている。伊豆のワサビ栽培の起源はここにある。碑によれば，板垣勘四郎が1744(延享元)年に，安倍郡有東木(現，静岡市)からワサビ苗をもち帰り，当地で栽培したのがはじまりで，1783(天明3)年江戸市場で声価を得たとある。

足立文太郎顕彰碑 ❼

〈M▶P.2〉伊豆市湯ヶ島136
伊豆箱根鉄道修善寺駅🚌河津方面行湯ヶ島小学校🚶5分

解剖学の世界の権威者足立文太郎の生誕地

　伊豆市天城事務所から1kmほど南へ国道414号線をいき，湯ヶ島小学校バス停を左折すると，湯ヶ島小学校がある。校門入口には，行幸記念碑と足立文太郎顕彰碑がたてられている。行幸記念碑は，1930(昭和5)年に，昭和天皇が天城山八丁池に登山する際に，立ち寄ったことを記念したものである。足立文太郎顕彰碑は，作家井上靖の義父で解剖学の世界の権威であり，軟部人類学の創始者として知られる足立文太郎を顕彰したものである。

　湯ヶ島小学校から道沿いに少し歩いたところに，弘道寺(曹洞宗)がある。初代米国総領事タウンゼント・ハリスは，下田から江戸へ向かう途中，同寺を宿とした。

　小説『しろばんば』の舞台となった井上靖の生家は，弘道寺から

黒船の来航と下田道

コラム

開国交渉の檜舞台
前代未聞の大通行

　下田道は、東海道三島宿を起点に、一大難所といわれた天城峠をこえ、伊豆半島南端の港町下田に至る、南北約68kmの街道である。江戸時代、幕府・旗本・大名領が分布する伊豆では、しだいに南北の通行量が増加し、中ごろ以降となると、宿場や人馬継立てなどの仕組みが整えられていった。

　18世紀の後半ともなると、ヨーロッパにおける産業革命の発展を背景に、わが国の近海に異国船がたびたび接近するようになった。このような状況のなかで、鎖国策をとる江戸幕府は、しだいに海防の必要性に迫られ、幕政改革を進めていた老中松平定信による伊豆巡検がおこなわれたのであった。定信は1793（寛政5）年3月に、総勢400人ほどの供をしたがえ、三島をたって大仁で休息し、湯ヶ島に宿泊した。翌日、天城峠をこえて下田へと通行し、南伊豆地方を見分したのち、東伊豆の海岸を北上して江戸に帰った。この巡検は、地元の人びとにとって前代未聞の大通行となり、多大な影響をあたえることになった。定信の近習となった絵師の谷文晁は、随伴して風景写生を担当し、『公余探勝図巻』（国重文）を制作した。

　19世紀の初め、イギリス・アメリカ・ロシアなどの艦船が通商を求めて長崎や浦賀に来航し、衝突事件もおきたため、幕府は海防策を本格化させていった。勘定奉行や浦賀奉行などがしばしば伊豆を訪れ、1843（天保14）年には、伊豆東海岸の稲取村（現、東伊豆町）・白浜村（現、下田市）・富戸村川奈（現、伊東市）の3カ所に、海岸防備のための台場設置と大砲の鋳造がはじめられた。

　1853（嘉永6）年6月、アメリカ東インド艦隊司令長官ペリーは、軍艦4艘を率いて浦賀沖に来航し、開国を要求した。翌年3月、ついに幕府は神奈川で日米和親条約に調印した。これにより、下田・箱館の2港が開かれることとなり、5月、ペリー艦隊が下田に来航して日米和親条約追加13カ条（下田条約）が調印された。

　これに遅れて10月、ロシア使節プチャーチンはディアナ号に乗船して下田にはいった。性急な交渉を求めるロシア使節に対応するため、勘定奉行川路聖謨は早朝三島をたち、夕方4時から7時にかけて6里（約24km）の天城山をこえ、夜中の午前1時には下田へと急行した。川路は大部分の道程を歩行し、「天城山を越えると夥しく汗が出て、衣類が氷のように冷たくなり、アンカもないので寒さも耐えがたかった」と『下田日記』に記している。天城山をひかえた湯ヶ島では、220人もの人足が継立てられた。11月、江戸・東海地方をおそった大地震・津波に

奥座敷中伊豆　69

より，下田の町は壊滅的な被害をうけ，ディアナ号も大破したが，12月には日露和親条約が調印された。ディアナ号の代船が西伊豆の戸田で建造され，わが国造船技術の発展に多大な影響をもたらした。

1856（安政3）年，下田に赴任したアメリカ駐日総領事ハリスは，通商条約調印の準備を進め，翌年10月，江戸出府のため大統領の親書をたずさえて下田をたった。一行350人の大行列で，三島までの行程は，初日，箕作に休息して梨本に宿泊。翌日，天城山をこえて湯ヶ島に宿泊。大仁に休息して三島に宿泊するという3泊4日の旅であった。この通行にあたっては，幕府の徹底した配慮と管理のもと，天城山道造りに湯ヶ島側から1180人もの人足がかりだされている。馬上のハリスは，左右に6人の武士をしたがえて進み，天城峠は特製の駕籠に乗ってこえた。通訳のオランダ人ヒュースケンは，「日本人には食事を恵んでくれる親切な魔物がついているらしい」と，快適な食事を提供された天城峠での感想を日記に記している。1858年6月，14回にもおよぶ談判の末，通商条約・貿易章程が調印された。この間，病を得たハリスは，2度も下田に戻り，心身の衰弱を癒している。幕末，下田道は，幕府高官や外国使節の往来で賑わったが，その賄いにあたって，地元に課せられた負担は甚大であった。

大仁狩野川渡し跡

5kmほど南方へ国道414号線をのぼった昭和の森会館に移管されている。同館には伊豆近代文学館と森林博物館があり，井上靖・川端康成・岡本綺堂・梶井基次郎・若山牧水・尾崎士郎ら，湯ヶ島温泉を活動の場とした伊豆文学ゆかりの人びとの作品を展示している。

昭和の森会館から国道414号線を下田方面に500mほどいき，滑沢林道を右折して1.6kmほどいくと，樹高40mほどの太郎杉（県天然）がある。太郎杉から国道414号線に戻り，下田方面へ5kmほどいくと水生地バス停がある。ここから左へ1kmほどいくと旧天城トンネル（国重文）にたどり着く。川端康成の小説『伊豆の踊り子』で知られるこのトンネルは，1905（明治38）年に築造された。

Gotenba
Numazu
Fuji

富士の裾野

沼津御用邸記念公園

裾野市中央公園の牧水歌碑

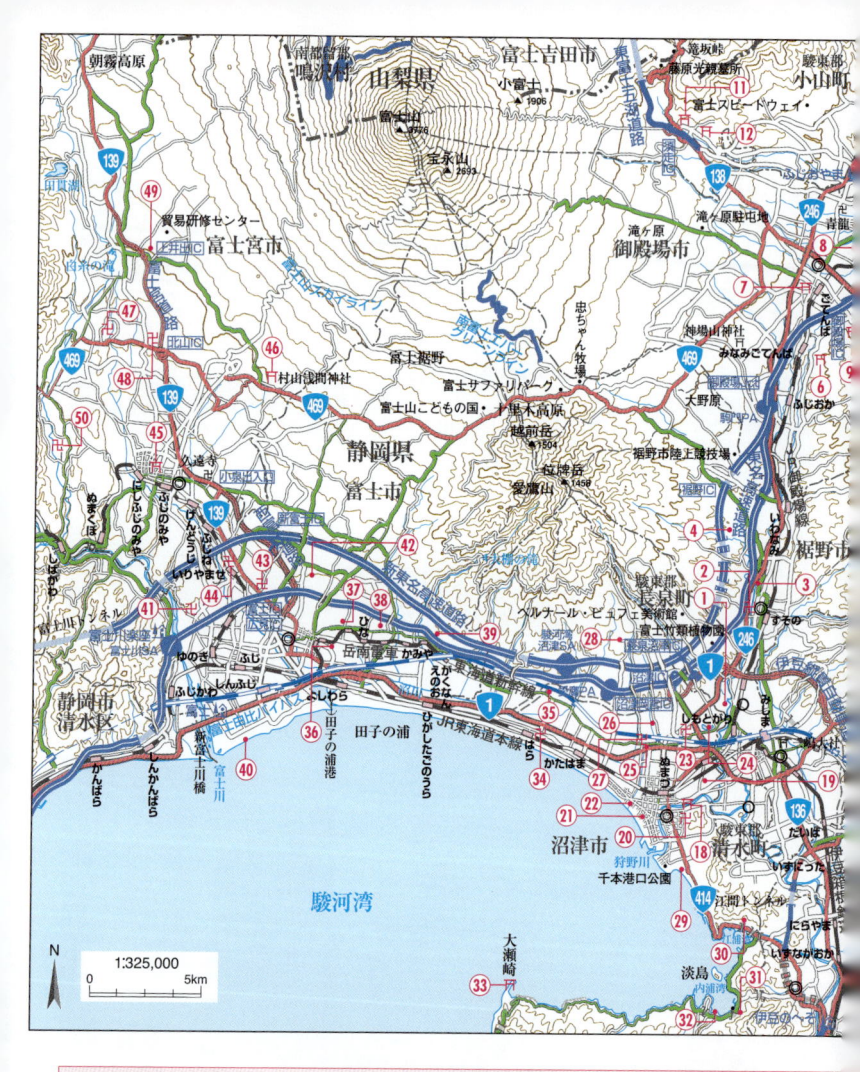

①一柳直末公首塚	⑧秩父宮記念公園	⑭湯山文右衛門寺子屋資料館	⑳霊山寺
②定輪寺	⑨二岡神社		㉑千本浜公園
③旧植松家住宅	⑩深沢城跡	⑮竹之下古戦場	㉒六代松の碑
④葛山館跡・仙年寺	⑪富士浅間神社(須走浅間神社)	⑯宝鏡寺	㉓光長寺
⑤深良用水		⑰足柄峠	㉔門池・牧堰
⑥沼田の子之神社	⑫伊奈神社	⑱日枝神社	㉕沼津市明治史料館
⑦新橋浅間神社	⑬豊門公園	⑲日吉廃寺塔跡	㉖長塚古墳

富士の裾野

◎駿東・岳南地区散歩モデルコース

1. JR御殿場線裾野駅_15_定輪寺_15_JR裾野駅_4_佐野バス停_10_中央公園(旧植松家住宅・五竜の滝)_10_佐野バス停_8_御宿バス停_10_葛山館跡・葛山城跡・仙年寺_10_御宿バス停_12_JR裾野駅_1_佐野原神社_1_JR裾野駅

2. JR御殿場線御殿場駅_5_新橋浅間神社_10_唯念名号塔_15_JR御殿場駅_10_二岡神社_17_秩父宮記念公園_20_藍沢神社_7_JR御殿場駅

3. JR御殿場線駿河小山駅_2_六合橋バス停_10_坂田屋敷跡_20_豊門公園_5_小山町役場前バス停_7_十輪寺バス停_3_湯山文右衛門寺子屋資料館_3_十輪寺バス停_10_仲町バス停_20_深沢城跡_20_吾妻神社_1_仲町バス停_9_JR御殿場駅

4. JR東海道本線・御殿場線沼津駅_15_日枝神社_5_玉砥石・一里塚_10_日吉廃寺塔跡_15_対面石_15_柿田川公園(柿田川湧水群・泉頭城跡)_15_千貫樋_10_伊豆国分寺塔跡_15_JR東海道本線・伊豆箱根鉄道三島駅

5. 岳南鉄道岳南原田駅_15_永明寺・鎧ヶ淵親水公園_4_鑑石園_2_妙善寺_5_竹採公園_12_岳南鉄道比奈駅_7_岳南鉄道神谷駅_10_浅間古墳_10_神谷駅

6. JR身延線入山瀬駅_5_曽我寺_5_曽我八幡宮_3_五郎の首洗い井戸_10_玉渡神社_10_本照寺_20_富士山かぐや姫ミュージアム(富士市立博物館)_20_JR東海道本線・身延線富士駅

7. JR身延線富士宮駅_20_大石寺_20_千居遺跡_5_北山本門寺_5_狩宿の下馬桜_3_白糸ノ滝_3_陸軍少年戦車兵学校跡_15_村山浅間神社_20_JR富士宮駅_10_富士山本宮浅間大社_5_静岡県富士山世界遺産センター_8_JR富士宮駅_15_西山本門寺_10_JR身延線芝川駅

㉗大中寺
㉘休場遺跡
㉙沼津御用邸記念公園
㉚江浦横穴群
㉛安田屋旅館
㉜長浜城跡
㉝大瀬神社
㉞松蔭寺
㉟興国寺城跡
㊱平家越の碑
㊲善得寺公園
㊳竹採公園
㊴浅間古墳
㊵ディアナ号の錨
㊶実相寺
㊷富士市立博物館
㊸本照寺
㊹曽我寺
㊺富士山本宮浅間大社
㊻村山浅間神社
㊼大石寺
㊽北山本門寺
㊾陸軍少年戦車兵学校跡
㊿西山本門寺

① 御殿場線北上

JR御殿場線沿線は甲斐・相模との国境地域で、関東への出入口でもあった。古来、人びとが往来し、合戦の舞台にもなった。

一柳直末公首塚 ❶

〈M ▶ P.72, 74〉駿東郡長泉町下長窪
JR御殿場線下土狩駅 🚶 20分

美女伝説「鮎壺の滝」
秀吉小田原攻めの名残り

鮎壺の滝

下土狩駅を左にしてすぐの踏切をこえ、旧国道246号線（県道87号線）を渡ると黄瀬川にでる。この川に流下する落差12mの滝が鮎壺の滝（県天然）である。この滝には黄瀬川宿の小野長者の女亀鶴が身を投げたという悲しい伝説がある。その死については、世の無常を感じたという説、源頼朝が巻狩の際に招こうとしたが、断わって入水したという説、巻狩の際に工藤祐経に召されていたが、曽我兄弟の復讐があったためのがれて、ついに身を投げたという説などがある。

鮎壺の滝から北方へ15分ほどいった、黄瀬川の支流桃沢川右岸の下長窪の地に、一柳直末公首塚がある。直末は美濃国の守護土岐氏の被官一柳直高の嫡男で、1553（天文22）年に美濃国厚見郡西野村（現、岐阜市）で生まれた。豊臣秀吉につかえ、1589（天正17）年には美濃国軽海西城（現、岐阜県本巣市軽海）の城主となった。翌年、秀吉の小田原攻めに参加し、3月29日の山中城攻撃中に討死した。首級が敵に渡る

一柳直末公首塚周辺の史跡

のを恐れた旗持ちの留兵衛はひそかに軍を離れ，前夜宿営した当地に首級を埋葬した。留兵衛はこの地に永住し，主人の墓をまもったという。首塚は直径7.5mの墳墓で，1807（文化4）年に伊予国（現，愛媛県）小松藩主一柳頼親が奉納した石灯籠などがたつ。

長泉なめり駅の南10分のところ，上土狩惣ケ原に，芦ノ湖水神社がある。当社には深良用水（箱根用水）開削を主導した，大庭源之丞・友野与右衛門らがまつられている。

定輪寺 ❷
055-992-0264 〈M▶P.72, 78〉 裾野市桃園154 P
JR御殿場線裾野駅🚶15分

連歌師宗祇の墓所 敗軍の将を葬った十三塚

裾野駅から西に向かい，黄瀬川にかかる花園橋を渡り，右折して200mほど歩くと，桃園山定輪寺（曹洞宗）の参道に着く。寺伝によれば，延暦年間（782〜806）に空海が開き，その後，清和天皇の第2皇子貞純親王が開基し，定輪寺と名づけたという。しかし，定輪寺が知られているのは，諸国を遍歴した連歌師宗祇との関係が深いからであろう。

30余歳で連歌を志した宗祇は，宗砌に師事し，古典を一条兼良，和歌を飛鳥井雅親・東常縁に学んだ。応仁の乱（1467〜77年）の直前に関東へくだり，1472（文明4）年に帰京するまで関東で活躍した。このとき，定輪寺にも2度ほど滞在したことがあった。年老いても宗祇は旅を続け，80歳をこえて越後に下向したとき，その地で病となった。迎えにいった門人宗長らに助けられ駿河に向かうが，1502（文亀2）年7月に，箱根湯本で82歳で没した。門人たちは宗祇の亡骸を輿にかつぎ，師の遺志にしたがって定輪寺に葬った。そこで宗長らは追善の連歌100句を詠んでいる。このときの様子は，宗長の『宗祇終焉記』に詳しい。宗祇の墓所は，もとは寺の裏山にあったが，現在は本堂に向かって左側にある。墓の隣には宗祇の「な

宗祇の墓（定輪寺）

御殿場線北上

十三塚(佐野原神社)

べて世の　風をおさめよ　神の春」の句碑がある。

　宗祇の死から300年後の1801(享和元)年に地元の文人主催による宗祇300年遠忌が, 江戸・三島の文人をまじえて墓前で行われた。また, 2000(平成12)年には, 宗祇法師500年祭も行われている。

　裾野駅の南には, 1876(明治9)年に建立された佐野原神社がある。竹之下の戦い(1335年)に敗れ, この付近で戦死したと伝えられる二条為冬らをまつっている。境内や周辺には, 大将塚や公卿塚とよばれる塚や五輪塔(十三塚)が点在する。

旧植松家住宅 ❸

〈M ▶ P.72, 78〉 裾野市千福7-1 中央公園内　P　JR御殿場線裾野駅🚌須山行・下和田行・東急千福ヶ丘行佐野🚶10分

国重文の民家　若山牧水も訪れた景勝地

　裾野駅から須山行き・下和田行き・東急千福ヶ丘行きのいずれかのバスに乗る。佐野バス停で下車し, 10分ほど西に向かうと, 黄瀬川・佐野川の合流点付近に中央公園がある。ここには, 旧植松家住宅(国重文)が裾野市石脇より移築・保存されている。土・日曜日, 祝日は内部観覧が可能である。江戸時代中期ごろの建造とみられ, 茅葺き・寄棟造, 座敷・納戸・広間の三間取りで, 南半分は土間と「むかい」とよばれる部屋からなる農家である。伝承によると, 植松家は1193(建久4)年に尾張国津島(現, 愛知県津島市)から

旧植松家住宅

富士の裾野

移住し，江戸時代には，代々名主をつとめたという。

また，中央公園内には，黄瀬川にかかる落差13mの五竜の滝(県天然)がある。当地は，明治時代には佐野瀑園とよばれ，五竜館不二荘があり，皇族や外国人教師・政府関係者らが訪れた。歌人若山牧水もたびたび訪れ，園内には牧水の「富士が嶺や　すそのに来たり　仰ぐとき　いよよ親しき　山にぞありける」の歌碑がある。

葛山館跡と仙年寺 ❹

055-997-1035(仙年寺)

〈M ▶ P. 72, 78〉 裾野市葛山491　P
JR御殿場線裾野駅🚌須山行・下和田行御宿
🚶10分

中世の館と山城が残る葛山氏の菩提寺仙年寺

佐野バス停から須山行きないしは下和田行きのバスに乗り，御宿バス停でおりて10分ほど歩くと，左手に土塁がみえる。これが鎌倉・室町・戦国時代をつうじて，駿東地域に勢力をふるった葛山氏の葛山館跡である。葛山氏は，裾野市深良の大森山を本領とした大森氏の一族で，大森氏の祖藤原親康の弟惟兼が葛山に居を構えたことから，その地名を名字とした。館跡は現在畑になっているが，東西約97m・南北約104mの規模をもつ。東西に土塁が残存し，北側の土塁は1度削平されたのち復元されたものである。土塁は3カ所の開口部があるが，北東隅・西側北は後世のもので，西側南の開口部が門跡とされる。土塁の北・東側には堀があったといわれているが，今は堀田という地名が残るだけである。この館跡の西隣には，葛山氏重臣の半田・荻田両氏，その北西に岡村氏の館があった。なお，周辺には鍛冶屋敷・蔵屋敷・札場・馬場の地名が残る。

葛山館跡から北西に230mほどいったところに葛山城跡があり，城の山腹に葛山氏の菩提寺といわれる仙年寺(浄土宗)がある。寺伝によれば，延暦年間(782～806)に空海によって開創されたという。もとは愛鷹山の山中にあったが，南北朝時代に葛山惟信が当

葛山館跡から葛山城跡をのぞむ

御殿場線北上

裾野駅周辺の史跡

地に移転・修築したとも伝える。山門は、葛山氏居館の門を移築したものといわれている。寺の裏手には葛山氏歴代の墓所があり、宝篋印塔(ほうきょういんとう)のなかには、「康応元(こうおう)(1389)年」と「明徳三(めいとく)(1392)年」銘のものがある。墓所の玉垣(たまがき)と門扉(もんぴ)は江戸時代末期のもので、門扉には武田菱(たけだびし)の家紋がきざまれている。葛山氏最後の当主が、武田信玄(しんげん)の息子信貞(のぶさだ)であったからであろうか。葛山城は東西約350m・南北約70mで、山頂部を階段状に削平して中央に一の曲輪(くるわ)を設け、その左右に二の曲輪・東曲輪・西曲輪・大手曲輪を配している並郭式(へいかく)の山城である。

中世武士が平時居住した館跡と、戦時に備えての詰(つめ)の城がそろって残っている貴重な史跡である。

深良用水(ふからようすい) ❺ 〈M ▶ P.73〉裾野市深良
JR御殿場線岩波(いわなみ)駅🚗10分(深良用水之碑まで)

箱根山中を貫いた隧道箱根湖尻峠までの散策

岩波駅を南下するとすぐに深良川にでる。深良用水(箱根用水)によって運ばれた箱根芦ノ湖の水を、黄瀬川におとすためにつくられた人工の川である。深良用水は、江戸時代前期に開削された農業用水で、深良村名主大庭源之丞や村人たち、元締となった江戸浅草町

深良用水(箱根用水)出口

78　富士の裾野

人友野与右衛門らの努力によってつくられた。

　箱根の山中に，全長1280mのトンネルを掘るという大工事は，1666(寛文6)年にはじまり，5年の歳月と莫大な費用や人夫を費やして完成した。かたい岩盤のため，トンネル内に直線箇所はほとんどない。しかし，両側から掘り進んだ合流点の落差はわずか1mであり，土木技術の高さがうかがわれる。川沿いに東へ6km進むと，トンネル出口に着く。近くには沿革を記した深良用水之碑がある。

　岩波駅の南方3.5kmの深良南堀に松寿院があり，その北50mのところに，大庭家代々の墓所がある。ヒノキに囲まれた墓所の一角に，大庭源之丞の墓がある。

沼田の子之神社 ❻ 〈M ▶ P. 72, 82〉御殿場市沼田237
JR御殿場線富士岡駅 🚌 御殿場駅行沼田口 🚶15分

江戸時代から伝わる「湯立神楽」金太郎伝説の地

　沼田口バス停から北東に15分ほど歩くと，沼田の子之神社(祭神大国主命)があり，沼田の湯立神楽(県民俗)が伝わる。この神楽は1773(安永2)年，疫病退散を願って甲州下吉田(現，山梨県富士吉田市)の行者萱沼義兵衛から伝授されたと伝えられている。神楽は1日目の夜に大釜のまわりで神の降臨を願う「湯立神楽」，2日目に神輿とともに地区内をめぐり舞を奉納する「直会の神楽」，そして，その日の夕方に神を送る「神輿還御の神楽」からなる。かつては毎年4月に行われていたが，現在は10月の最終土・日曜日に実施される。

　なお，沼田周辺は金太郎の伝説地でもある。子之神社には金太郎の絵馬が奉納されている。

沼田の湯立神楽

新橋浅間神社 ❼　〈M ▶ P. 72, 82〉御殿場市新橋2083
JR御殿場線御殿場駅 🚶5分

　御殿場駅から旧国道246号線にでて南に5分ほど歩くと，新橋浅間神社に着く。主祭神は木花之開耶姫命である。社伝によれば，

御殿場線北上　79

唯念名号塔

1193(建久4)年に源頼朝が富士で巻狩を行った際に、成功を祈願して建立した神社だという。境内には頼朝の腰掛石がある。近代にはいると、当社は富士山東表口(御殿場口)の下社として信仰された。

御殿場口登山道は、1883(明治16)年に御殿場村の伴野左吉によって開削された。1889年に東海道線が開通すると、御殿場口は一躍脚光をあび、夏の最盛期には登山客で駅前が埋めつくされたという。

富士山御殿場口登山道の起点

各地に残る念仏碑

新橋浅間神社から再び旧国道を10分ほど南下すると、永原追分に、1864(元治元)年に建立された唯念名号塔(念仏碑)がある。駿河・伊豆・相模を中心に、1000基以上あるといわれる唯念名号塔のなかでも、とくに立派なものの1つである。唯念は、肥後国八代(現、熊本県八代市)出身の念仏僧で、各地で修行したのち、1830(文政13)年に上野村奥の沢(現、駿東郡小山町)にはいった。唯念の名声は遠く江戸まで達し、信者により各地に名号塔がたてられた。小山町上野には唯念がたてた唯念寺(浄土宗)がある。

秩父宮記念公園 ❽
0550-82-5110　〈M ▶ P.72, 82〉御殿場市東田中1507-7　**P**
JR御殿場線御殿場駅🚌10分

御殿場駅箱根乙女口から東に7分ほど歩くと、藍沢神社がある。1877(明治10)年に創建された神社で、承久の乱(1221年)で捕らえられ、鎌倉へ護送中に当地で殺された藤原宗行ら5人の公家をまつる。

さらに箱根方面に約20分歩くと、秩父宮記念公園に着く。園内には、木造平屋建て・茅葺きの母屋と、それに連なる木造平屋建て・モルタル造りの新館よりなる旧秩父宮御殿場御別邸がある。母屋は1723(享保8)年にたてられたもので、深沢(現、御殿場市)の名主であった小宮山家の居宅であった。これを日本銀行総裁や大蔵大臣などを歴任した井上準之助が別荘として買い求め、1927(昭和2)

承久の乱の犠牲者をまつる

秩父宮雍仁親王御別邸

80　富士の裾野

北駿地方の金太郎伝説

コラム 伝

金太郎の誕生地モデルは通長の随身

　足柄山で生まれた金太郎は、赤い身体をした大変力の強い子どもで、いつも大きな鉞をかついで、獣などを仲間として山中をかけまわって遊んでいた。やがて成長した金太郎は源頼光の家来となり、名も坂田公時（坂田金時、酒田公時とも）と改め、頼光四天王の1人として大江山の鬼退治などに活躍した。これが一般に知られている金太郎伝説である。

　足柄山麓の御殿場市・小山町には数多くの伝説地が存在する。御殿場市沼田の「姥子沢」は金太郎誕生にまつわる地であり、同市東田中の沓間神明社は、頼光屋敷跡だと伝えられている。また、小山町では中島の坂田屋敷跡、柳島の沼子の池（金太郎が大鯉を捕獲した池）など、伝説地は枚挙にいとまがない。

　金太郎のモデルとなった人物は、下毛野公時とされている。公時は藤原道長の随身（身辺警護役）をつとめた近衛府の官人であった。武術や相撲にすぐれ、舞や歌も上手な人物であったが、1017（寛仁元）年、相撲使（相撲節会に出場する人間をさがしだす役）としてでかけた筑紫で、18歳で没している。この公時が、室町時代の「酒呑童子」（『御伽草子』）などのなかで、伝説化されていった。

　公時が足柄山で誕生したという話は、1681（天和元）年初刊の『前太平記』が初見のようである。また、幼名を「金太郎」としたのは、1763（宝暦13）年ごろに成立した黒本『金時稚立剛士雑』が最初と思われる。

　金太郎伝説成立以前にも、足柄山周辺には怪童伝説や山姥伝説があった。その伝説が酒呑童子を退治した公時の説話と合体して、今のような金太郎伝説となったのであろう。

年に現地に移築した。その後、1941年に秩父宮雍仁親王の別邸となり、1992（平成4）年には新館もたてられた。1996年御殿場市に遺贈され、2003年に記念公園として整備された。

旧秩父宮御殿場御別邸

二岡神社 ⑨
にのおかじんじゃ
0550-83-6378

〈M ▶ P. 72, 82〉 御殿場市東田中1943 P
JR御殿場線御殿場駅🚌10分

樹齢数百年の社叢 別荘地としての御殿場

秩父宮記念公園から7分ほど南に向かい，二の岡ハムの工場・店舗を左折して10分ほど歩くと二岡神社（主祭神木花之開耶姫命）に着く。社伝によれば，起源は日本武尊（やまとたけるのみこと）の東夷征討までさかのぼる。最初，箱根山麓の7つの岡（一岡から七岡）にまつられていた社を，後世になって当地（二岡）に合祀したと伝える。古くは二岡七社大権現・七社権現などとよばれた。社地は乙女峠越えの道の上り口にあたり，交通の要衝として，中世には関所が設けられていた。室町時代には，上杉禅秀（うえすぎぜんしゅう）の乱（1416～17年）をきっかけに，駿東地方のほか，相模国西部をも支配した大森氏に崇敬された。社殿近くには，1422（応永29）年に大森道光（どうこう）（頼春（よりはる））が寄進した高さ2mの石灯籠がある。境内は黒澤明監督の映画「七人の侍（さむらい）」をはじめ，多くの映画のロケ地としても利用されている。

神社付近はかつて「アメリカ村」とよばれ，明治時代から昭和時代にかけて外国人の別荘がたち並んでいた。

御殿場駅周辺の史跡

深沢城跡 ❿

〈M ▶ P.73, 82〉御殿場市深沢字本城604ほか
JR御殿場線御殿場駅🚌駿河小山駅行仲町🚶20分

「御殿場」発祥の地
武田信玄の深沢城矢文

　仲町バス停で下車すると，東照大権現などを祭神とする吾妻神社がある。当社とこれに隣接する県立御殿場高校を含む範囲は，徳川家康の御殿の跡地である。御殿場という地名はこれに由来する。この御殿は，家康が駿府(現，静岡市)・江戸間を往来する際の休息所として建設されたものである。御殿の敷地は東西50間(約91m)・南北45間(約82m)，7反5畝(約7,500㎡)の広さをもち，当時の土塁の一部が今も残っている。

　吾妻神社から北東へ20分ほど歩くと，深沢城跡(県史跡)に着く。深沢城は足柄街道(近世の矢倉沢往還)沿いにあり，交通の要衝に立地しており，馬伏川と抜川にはさまれた自然の要害でもあった。相模国(現，神奈川県)・甲斐国(現，山梨県)との国境に位置していたため，戦国時代には，今川・北条・武田氏による激しい争奪戦が繰り広げられた。城はこれまで3つの曲輪からなると考えられていたが，最近の調査により，4番目の曲輪が確認された。三日月堀などの武田氏独特の築城法がみられる。

　深沢城最初の支配者は，16世紀前半の在地領主深沢氏と，領国支配者今川氏であるといわれている。しかし，古文書などから検証できる最初の築城者は，北条氏政である。氏政は1569(永禄12)年に，武田信玄の駿河侵攻に備えて当城を築き，一門の北条綱成にまもらせた。

　1570(元亀元)年12月，信玄は深沢城に出陣し，翌年1月には開城させている。このとき，武田氏の金山衆が活躍したこと，「深沢城矢文」が射込まれたことなどは有名な話である。以後，武田氏の城となり，駒井右京之進昌直が城主となった。

深沢城跡

御殿場線北上

1582(天正10)年に武田氏が滅ぶと、昌直は城を焼いて武蔵国に逃亡したという。その後、徳川家康の支配下にはいるが、1590(天正18)年に家康が関東に移封されると、深沢城は境目の城としての役割をおえ、廃城となった。城内には「観駿州深沢古城」と題された乃木希典の五言絶句の碑がひっそりとたっている。

富士浅間神社(須走浅間神社) ⓫
0550-75-2038

富士山須走口登山道の起点 富士講で栄えた神社

〈M ▶ P.72〉駿東郡小山町須走126 P
JR御殿場線御殿場駅🚌河口湖駅行・自衛隊富士学校行須走浅間神社前🚶すぐ

御殿場駅から河口湖駅行きか自衛隊富士学校行きのバスに乗り、須走浅間神社前バス停でおりると、富士浅間神社(世界文化遺産、祭神木花之開耶姫命)の参道にでる。当社は富士山須走口(東口)登山道(世界文化遺産)の入口にある。社記によれば、807(大同2)年の創建とされ、延暦年間(782〜806)の富士山噴火の際に、国司らが鎮火の祭事を行った場所が社地になったという。須走口の登山道がいつ整備されたかは不明だが、1384(至徳元)年に相模国糟谷荘(現、神奈川県伊勢原市)の来賢が奉納した懸仏が、登山道6合目から掘りだされている。江戸時代に富士講がはじまると、富士登山はさ

富士浅間神社(須走浅間神社)

富士講の記念碑(富士浅間神社〈須走浅間神社〉)

84　富士の裾野

らに盛んになった。境内には、富士講の人びとによってたてられた記念碑が林立している。

なお、各地をめぐって道者(参詣者)を集め、祈禱や宿泊の世話をした神職を御師というが、1705(宝永2)年の時点で、須走では14人の御師の存在が知られている。冨士浅間神社近くの大申学などは御師が経営した旅館で、今もなお続く老舗である。

冨士浅間神社から国道138号線を籠坂峠に向かうと、4.6kmほどで藤原光親墓所に着く。光親は承久の乱(1221年)の首謀者の1人として鎌倉幕府に捕らえられ、鎌倉に護送される途中、この付近で武田信光によって処刑された。

伊奈神社 ⑫

〈M▶P.72〉駿東郡小山町須走
JR御殿場線御殿場駅🚌河口湖駅行須走浅間神社前🚶10分

宝永4年の富士山大噴火 御厨の恩人「伊奈さん」

冨士浅間神社から東に10分ほど歩いたところに、伊奈神社がある。ここには、江戸幕府の関東郡代伊奈半左衛門忠順がまつられている。

1707(宝永4)年、富士山が大噴火をおこした。約10億m³の山体が吹っ飛び、西風に乗った火山灰は遠く江戸にまでおよんだ。とくに御厨地方(現、小山町・御殿場市および裾野市の一部)の降砂による被害は甚大で、須走村では約3mの火山灰が積もり、冨士浅間神社は、鳥居の上部のみが砂の上に顔をのぞかせるという状況であった。

当初、御厨地方を支配していた小田原藩は「亡所(廃村)やむなし」という方針をとった。しかし、農民は復興のためにたたかった。噴火の翌年、幕府は被災地を幕府領とし、治水・土木の第一人者である伊奈忠順を復興の責任者とした。忠順は酒匂(現、神奈川県小田原市)を会所と定め、砂除川浚奉行の職についた。

噴火から1年半後、忠順ははじめて御厨地方を巡検し、農民の声を聞いた。そして、幕府実力者荻原重秀の屋敷で行われた勘定所内談に御厨の農民を参加させ、彼らの訴えを直接幕府役人に聞かせた。その結果、農民が切望していた砂除金支給が決定された。

「人々を救うために駿府紺屋町(現、静岡市)の代官所米蔵を独断であけたため、忠順は切腹させられた」という伝承が御厨地方にはあるが、真実は定かではない。地元住民は今でも、忠順のことを「伊

奈さん」と親しみをこめてよんでいる。境内には270回忌を記念して，1982(昭和57)年にたてられた忠順の銅像がある。

豊門公園 ⓭
0550-76-1111(小山町役場)
〈M ▶ P. 73, 88〉駿東郡小山町藤曲144-8 P
JR御殿場線駿河小山駅🚌御殿場駅行小山町役場前🚶5分

富士紡績と小山町初期の鋼製トランス橋

豊門公園西洋館

森村橋

　小山町役場前バス停から和田坂を5分ほどのぼると，豊門公園に至る。かつて小山町は，1896(明治29)年に設立された富士紡績株式会社とともに栄えた。富士紡績初期の功労者に和田豊治がいる。和田の遺言により，1925(大正14)年に，東京向島の和田氏自邸(1909年建設)を移築して，地域住民・従業員の福利厚生のためにつくられたのが豊門会館(国登録)である。会館は木造2階建ての和館と，それに連なる平屋建ての洋館からなる。和館には渋沢栄一揮毫の「豊門会館」の扁額が掲げられている。このほか，園内の文化財としては，木造2階建ての西洋館，正門・噴水泉・和田君遺憲碑がある。なお，館内見学希望者は小山町役場まで連絡が必要である。
　小山町役場前バス停に戻り，鮎沢川上流に3分ほど歩くと，森村橋(国登録)に着く。森村橋は軌道用の橋梁で，1906(明治39)年に建造され，紡績工場と御殿場線(旧東海道線)とを結んだ。日本人が設

湯山文右衛門寺子屋資料館 ⑭
0550-76-7298（要事前連絡、昼間のみ）

〈M ▶ P.73, 88〉駿東郡小山町菅沼263
P
JR御殿場線駿河小山駅🚌御殿場駅行
十輪寺🚶3分

寺子屋師匠の家文右衛門の筆子塚

　庶民に読み書きや算盤を教える寺子屋は、18世紀後半から全国的に増大した。この背景には、商品経済の急速な展開に伴う農村社会の変貌があった。寺子屋の存在は、門弟である筆子たちが師匠の徳をしのんでたてた筆子塚によっても証明される。現在、小山町では22基の筆子塚が確認されている。

　菅沼村大脇（現、小山町菅沼）の湯山文右衛門は、19世紀前半に隣の吉久保村（現、小山町吉久保）で寺子屋を経営していた農民である。筆子は村内の富農層だけでなく下層農民にもおよび、女子の筆子もいた。湯山文右衛門寺子屋資料館には、当時使用された文机や文箱・「入学名前控帳」（文化5〈1808〉年）・「子供礼式之事」（天保年間〈1830〜44〉）などの資料が展示されている。敷地内には文右衛門の筆子塚もある。

湯山文右衛門寺子屋資料館の展示

竹之下古戦場 ⑮
〈M ▶ P.73, 88〉駿東郡小山町竹之下
JR御殿場線足柄駅🚶4分

太平記・梅松論の世界敗れた二条為冬をまつる神社

　足柄駅近くの小山町役場足柄支所入口には、竹之下古戦場の碑がある。1335（建武2）年12月、この地で後醍醐天皇方の尊良親王・脇屋義助軍と足利尊氏軍との間に竹之下の戦いが行われた。当時箱根では、義助の兄新田義貞軍と尊氏の弟足利直義軍との戦いも行われており、これらを総称して箱根・竹之下の戦いという。この戦いは、尊氏が中先代の乱（1335年、北条高時の遺児時行が建武政権に反抗した事件）鎮圧後も鎌倉にとどまり、後醍醐天皇の帰京命令にした

御殿場線北上

竹之下古戦場の碑

がわなかったことが
きっかけとなってお
きた。戦いに勝利し
た尊氏は京都に攻め
のぼり，いったん九
州におちのびるが，
再び勢力を回復して
室町幕府を開くのである。

　小山町・御殿場市・裾野市にかけては，数多くの竹之下の戦いの伝承地があり，足柄駅の北東約3kmの小山町竹之下所領にある白籏神社と裾野市平松の佐野原神社は，ともに二条為冬を祭神とする。為冬は尊良親王にしたがった公家で，この地で自刃したという。

足柄駅周辺の史跡

宝鏡寺 ⑯　〈M▶P. 73, 88〉駿東郡小山町竹之下1462
0550-76-0759　JR御殿場線足柄駅🚶5分

竹之下のお地蔵さま　小栗判官と愛馬鬼鹿毛

　足柄駅から南へ5分ほど歩いたところに，子育て延命地蔵・蕎麦切地蔵として知られる木造地蔵菩薩坐像(県文化)を本尊とする宝鏡寺(曹洞宗)がある。本尊は60年に1度の開帳で，最近では1985(昭和60)年に行われた。

　宝鏡寺は747(天平19)年に，新羅の僧審祥が聖徳太子作の地蔵尊像を安置した地蔵院がはじまりであるという。その後，1185(文治元)年に，この地の領主であった竹之下孫八左衛門が鮎沢川対岸に善光寺をたてて，地蔵尊を移したという。しかし竹之下の戦いにより，地蔵尊以外は焼失したため，1344(康永3)年に，村民が善光寺と地蔵尊を現在地に移して，名も宝鏡寺に改めたといわれている。今も「竹之下のお地蔵さま」と親しまれて

宝鏡寺山門

いる。

　宝鏡寺から南へ徒歩15分ほどの地に，円通寺(曹洞宗)がある。寺伝によれば，室町時代に，小栗判官助重が愛馬鬼鹿毛を供養するために，当地に馬頭観音をまつり，寺号を鬼鹿毛寺としたのがはじまりという。当寺は牛馬の祈願所として信仰を集め，農耕馬などのおはらいで賑わいをみせた。本堂には日本中央競馬会から奉納された絵馬などもある。

足柄峠 ⑰　〈M▶P.73〉駿東郡小山町竹之下
伊豆箱根鉄道大雄山駅🚌関本行終点乗換え足柄万葉公園終点
🚶すぐ(運転日注意)，またはJR御殿場線駿河小山駅🚌20分

古代難所をハイキング　9月第2日曜日「笛まつり」

　足柄峠は，足柄路の小山町竹之下と神奈川県南足柄市矢倉沢との間にある，標高759mの峠である。古代から中世初期にかけての官道(東海道)はこの足柄路であり，駿河・相模の国境に位置する足柄峠は，交通・軍事上の要衝で，「あずま」(関東)への入口でもあった。平安時代，菅原孝標女は『更級日記』に，足柄峠越えの印象を「いとおそろしげな」と記している。

　『万葉集』に詠まれた足柄峠に関する歌碑がたつ足柄万葉公園から5分ほど西へ歩くと，縁結びなどの神として知られている石造大聖歓喜双身天をまつる聖天堂があり，前には足柄関が復元されている。足柄関は，899(昌泰2)年に，強盗を取り締まるために設置された関所で，通行には相模国司の過書(通行許可書)を必要とした。

　聖天堂を右にでて足柄城の一の曲輪と南曲輪にかか

新羅三郎義光吹笙の石

御殿場線北上

足柄城一の曲輪跡

る橋をくぐると，金時山を背景にして新羅三郎義光吹笙の石がある。源義光は，園城寺（現，滋賀県大津市）の新羅明神社前で元服したため，新羅三郎ともよばれた。足柄峠には，後三年の役（1083〜87年）のとき，源義家に加勢するため奥州にくだる義光が，笙の秘曲を恩師豊原時元の子時秋にさずけたという伝承がある。この話は『古今著聞集』や『時秋物語』にみえる。しかし実際には，義光が奥州に下向した1087（寛治元）年には，時秋はまだ誕生していない。『今鏡』では，義光の下向の途中，時秋の伯父時忠が笙の名器「まじりまろ」をうけとったという話になっている。毎年9月の第2日曜日には足柄峠笛まつりが行われる。

　峠頂上一帯は，戦国大名北条氏によって築かれた足柄城跡である。足柄城は，1568（永禄11）年末に武田信玄による駿河侵攻をきっかけとして築城された。1571（元亀2）年に深沢城が信玄の手におちると，北条氏は足柄城の守りをさらにかためた。そして1590（天正18）年の豊臣秀吉の小田原攻めに際し，北条氏は山中城（現，三島市）・韮山城（現，伊豆の国市）とともに，当城を防衛の重要拠点とした。しかし足柄城の籠城兵は，秀吉軍を前にたたかわずして逃げ去ったため，以後，廃城になったという。一の曲輪跡にたつと，西正面に雄大な富士の姿がみえる。

② 県東部の中心沼津

沼津は、旧石器～古墳時代の遺跡、城郭や海に関する貴重な文化財など、多様かつ重厚な歴史的遺産をもつ。

日枝神社 ⑱
055-962-1575

〈M ▶ P. 72, 92〉 沼津市平町7-24
JR東海道本線・御殿場線沼津駅 徒歩15分

関白藤原師通の由緒
玉砥石と一里塚

　沼津駅から東に約15分歩くと、「山王さん」として親しまれてきた日枝神社（祭神大山咋神）に着く。この神社は、紙本著色山王霊験絵巻（国重文）が伝わることでも知られる。作者は不明だが、奥書の記載から、1288（弘安11）年の作であることがわかる。それによれば、平安時代末期、関白藤原師通は、神社付近から北東地域一帯に広がっていた大岡荘の領主であった。ところが、1095（嘉保2）年に源義綱が比叡山の僧円応法師を殺害する事件、義綱の家来が日吉神社の神人を殺害する事件がおき、神社の恨みを買うこととなった。やがて師通は僧侶たちの呪詛により、比叡山の守護神である山王の祟りをうけ、38歳で死去してしまった。そこで師通の母北政所は、その恨みをやわらげるため、ここに日吉神社を勧請し、それが現在の日枝神社になったという。明治時代にはいるまでは、近隣22カ村の総鎮守であった。

　また、神社には歌川一運斎国秀による紙本著色日枝神社祭列絵巻3巻がある。1884（明治17）年の浜下り神事の行列を描いたもので、少年少女が扮する当殿・御前女を中心に、これを護衛する騎馬隊・槍持ち・鉄砲隊ら110人からなる、盛大な行列であったことがわかる。

　神社の鳥居から国道1号線を横ぎって南にのびる道が、かつては日枝神社の参道であった。この道が旧東海道と交差するところに玉砥石（県文化）がある。大小2つの柱状石にそれぞれ数条の直線的な溝があり、古代に玉を磨いた痕跡である

玉砥石

県東部の中心沼津　91

と伝えられている。この地は古代の駿河国駿河郡玉造郷の旧地で、狩野川の対岸には『延喜式』式内社の玉造神社(祭神罔象女神)がある。なお、玉砥石の奥には沼津市内に残る唯一の一里塚がある。

日吉廃寺塔跡と礎石 ⓳

〈M ▶ P. 72, 92〉沼津市大岡日吉字長者町
JR東海道本線・御殿場線沼津駅 🚶15分

奈良時代の寺院 現存は塔跡の礎石のみ

　日枝神社から沼津駅に向かい、少し戻って北におれ、JR東海道本線と交差する道の右側に山神社がある。その一角に多数の礎石が残存しているが、これが日吉廃寺塔跡と礎石である。この付近からは、古くからおびただしい数の古瓦や礎石がみつかっており、地元では大岡牧の長者の邸宅跡などともいわれていた。

　1917(大正6)年に、現在の丹那トンネル経由の東海道線敷設に際し、線路が塔礎石の北西部をとおることとなったため、塔礎石を移動させる必要が生じ、はじめて現地調査が実施された。本格的な調査は、1959(昭和34)年から1963年にかけて行われ、1977年の史跡整備工事により、礎石の配置をもとの姿に近い形で復元したのが、現在の日吉廃寺塔跡である。

　これまでに公表された出土瓦や土器などの資料から、この寺は、

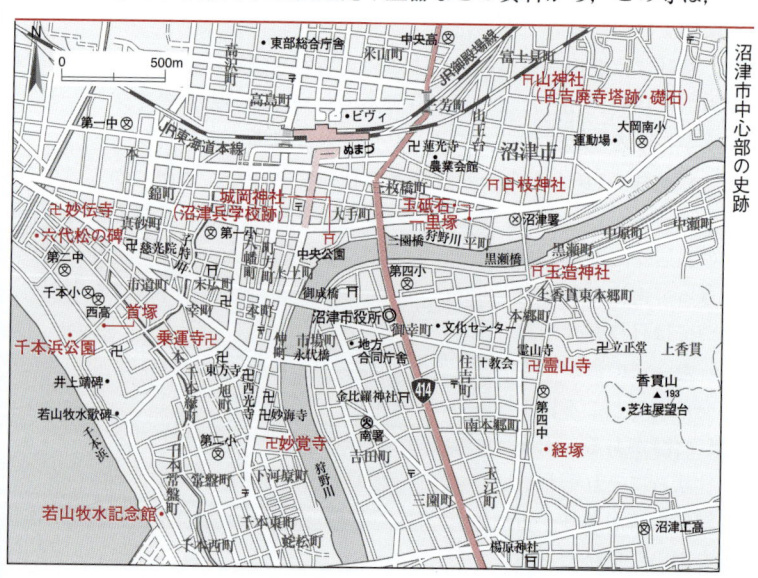

沼津市中心部の史跡

7世紀後半に建立され，9世紀に至るまでの間に3度の建て替え，あるいは大規模な修復が行われたことがあきらかになった。

霊山寺 ❷⓪
055-931-0184

〈M ▶ P.72, 92〉沼津市本郷町37 P
JR東海道本線・御殿場線沼津駅🚌牛臥・千本循環国立病院行霊山寺🚶1分

中世の重要な石造物 貞治3年銘の梵鐘

日枝神社から南に進んで，黒瀬橋で狩野川を渡り，さらに南に約5分歩くと，地元では「れいざんじ」とよんでいる霊山寺（曹洞宗）に着く。この寺は創建の時期も開山も詳しいことはわからないが，奈良時代に創建されたともいわれる。

山門をくぐると正面に本堂があり，その左手には鐘楼がある。梵鐘（県文化）には「貞治三(1364)年」の銘がある。梵鐘はもともとは，遠州府中見付（現，磐田市）の蓮光寺に奉納されたものだが，1505(永正2)年浜松の普済寺（曹洞宗）に移り，その後霊山寺に移された。

寺からいったん外にでて香貫山のほうに進むと霊山寺墓地があり，中世の石造物がある。その1つは平重盛の墓と伝えられてきた五輪塔である。明治時代ごろまでは「治承三(1179)年」などの文字が確認できたという。1956(昭和31)年の調査により，塔下から「元亨三(1323)年」の銘がある青銅製蔵骨器（県文化）が確認され，その銘文から，現在この五輪塔は，1323年に没した霊山寺に関係する僧侶の墓であると推定されている。

また，墓地内には宝篋印塔4基がある。うち1基は，「正和三(1314)年」の銘があり，四方に仏像がきざまれている。また，「嘉元二(1304)年」銘のものもあり，いずれも紀年銘のある塔としては，県内有数の古いものである。

香貫山へのぼるルートの1つで，第四中学校南側からのハイキングコースをのぼると，香貫山の南西部に位置する通称スリバチ山にある経塚に着く。幅50cmほどの溝

霊山寺鐘楼

県東部の中心沼津

を直径10m弱の円形にめぐらした円墳状の塚で,このような遺構が残っているのは珍しい。なかからは,経筒・渥美窯製の外容器の壺・青磁碗・念珠・刀子・銅鏡など多数の遺物が出土した。1918(大正7)年に発掘され,出土遺物は東京国立博物館に収蔵されている。

霊山寺から沼津駅へ戻る途中,沼津駅前大手町交差点付近に,武田勝頼が北条氏の攻撃に備えて築いたといわれる沼津城本丸(現,中央公園)や,明治時代初期に静岡藩がたてた沼津兵学校(現,城岡神社)があったが,現在はまったく痕跡を残していない。沼津市街地は明治時代以降,2度の大火などにより,かつての城下町・宿場町の町並みが完全に失われてしまっている。

千本浜公園 ㉑

〈M ▶ P.72, 92〉沼津市千本浜 P
JR東海道本線・御殿場線沼津駅🚌牛臥・千本循環千本公園 🚶1分

若山牧水や井上靖らの文学碑が多数たつ

千本公園バス停で下車すると,千本浜公園である。公園のある千本松原は,沼津港付近から富士市の田子の浦付近まで続く日本有数の松原で,この松原の植林に大きく貢献したのが,増誉(長円)である。

増誉がこの地を訪れた天文年間(1532〜55)ごろは,千本から富士川河口まで連綿と続く荒廃地であった。そこで,潮風害に苦しむ土地の人びとの姿をみた増誉は,経文をとなえながら松苗を植え続けたという。人びとは,増誉の業績と徳をたたえ,草庵をたてて住んでもらうようにした。これが現在の乗運寺(浄土宗)である。

乗運寺には,旅と酒の歌人ともよばれた若山牧水の墓がある。牧水は1920(大正9)年に移り住んでから,1928(昭和3)年に千本の自宅で病没するまで,沼津に暮らした。乗運寺から海岸沿いに沼津港方面へ向かう道路を5分ほど進むと,牧水の代表作「幾山河　越えさりゆかば　寂しさの　はてなむ国ぞ　今日も旅行く」の歌碑がある。

歌碑からさらに沼津港へ向かって海岸沿いを400mほど歩くと,若山牧水の生涯とその仕事の数々を展示している若山牧水記念館がある。

風光明媚かつ気候温暖な沼津は,多くの文学者たちに愛され,ま

た文学者を輩出した土地である。このため千本浜公園や沼津港近くの千本港口公園には，牧水以外にも井上靖・池谷観海・角田竹冷・明石海人・勝田香月・本居長世らの文学碑があり，足をのばして我入道地区までいくと芹沢光治良の生誕碑・詩碑，芹沢文学館などもある。

六代松の碑 ㉒

〈M▶P.72, 92〉沼津市東間門
JR東海道本線・御殿場線沼津駅🚌原・富士通・市立病院・柳沢方面行東間門🚶5分

平維盛の子六代の史跡　戦国合戦をしのぶ首塚

　千本松公園をはずれて甲州街道にでると，沼津西高校運動場の横に首塚がある。1580（天正8）年の武田氏と北条氏との合戦の戦死者を埋めたという伝承どおり，200体の人骨が発見された場所である。

　首塚から北に向かって旧東海道へでて西へ進むと，間門中バス停近くに妙伝寺（日蓮宗）がある。長篠の戦いで活躍し，1601（慶長6）年から1613年まで沼津城主であった大久保忠佐の墓，忠佐発給の寺領寄進状があり，忠佐との特別な関係がうかがわれる。

　妙伝寺から南へ少し進むと，六代松の碑がある。19世紀初めまでは大きなマツがあったといわれるが，現在はない。六代は平維盛の子である。平家一門の滅亡により，北条時政に捕らえられ，鎌倉へ護送の途中に，この地で処刑されるところを文覚上人の命乞いにより赦免された。その後，六代は出家して妙覚と称したが，1199（建久10）年に，文覚の謀反に連座した罪で，相模国手越河原で処刑された。

　六代の従者斉藤範房は，六代の首をたずさえて，ゆかりの深い千本松原にやってきて，その首をマツの根元に埋めたと伝えられる。その後，マツが枯れてしまったため，1841（天保12）年，当時の沼津藩典医駒留正隆の撰文により，枯れたマツの場所に記念碑がたてられた。これが現在の六代松の碑である。

　六代をとむらうため，範房の孫日安が開いたのが，下河原町にある妙覚寺（日蓮宗）である。寺には日蓮らの曼荼羅や今川氏真朱印状などがある。また，この寺は，井上靖が沼津中学校時代の1年間をすごした関係から，その文学碑もある。

県東部の中心沼津

光長寺 ㉓
055-921-0484

〈M ▶ P.72, 97〉 沼津市 岡宮1055 P
JR東海道本線・御殿場線沼津駅🚌国産電機・下土狩駅経由三島駅行光長寺🚶1分

法華宗本門流四大本山
御宝蔵の多数の文化財

光長寺山門

　光長寺バス停で下車すると光長寺門前である。光長寺は、法華宗(本門流)四大本山の1つで、創建ははっきりしないが、古くは天台宗の寺院であったという。由緒書によると、1276(建治2)年に日蓮が高弟日法・日春に命じて草堂をたてさせ、寺名を徳永山光長寺とし、日蓮を開祖としたという。

　門前から寺のほうに進むと、まず山門の仁王門が目にはいる。1645(正保2)年に建立されたと伝えられ、木造瓦葺き・切妻造の平屋建てである。近年解体修理と大改造が行われ、創建当初の面影はみられなくなってしまった。この仁王門のなかに、木造金剛力士立像2体があり、近年の修理の際、1652(慶安5)年の制作であることが確認された。

　山門をくぐって進むと、参道の両側に東之坊・山本坊・西之坊・辻之坊・南之坊の5つの塔頭が並び、大本山にふさわしいたたずまいをみせている。さらに進むと本堂に着く。桃山時代の形式の影響をうけた木造建築としては、沼津市内ではもっとも古い建物の1つであった。しかし1963(昭和38)年に解体され、現在のコンクリート造りの建物になった。

　寺には多くの文化財があるが、これらを収蔵しているのが、六角屋根の特徴的な御宝蔵である。1929(昭和4)年に落成し、沼津市内に現存する鉄筋コンクリート造りの建造物としては最古のものである。御宝蔵には、日蓮の真筆である曼荼羅5幅、日蓮が信者28人の請願により28枚の紙をつぎあわせて記した「二十八紙曼荼羅」、仏

教の道に導くため，例語をあげて仏法の貴さを説いた平 康頼の作と伝えられている説話集「宝物集 第一」（国重文），厚手の麻紙に法華経 方便品第二を色糸教種を用いて刺繍した「繡字法華経」「法門聴聞集」（ともに県文化）など，学術的・宗教的に価値の高い文化財約400点がおさめられている。

門池・牧堰 ㉔

〈M ► P. 72, 97〉沼津市岡一色／北小林　P
JR東海道本線沼津駅🚌国産電機・下土狩駅経由三島駅行門池中🚶1分

沼津市の重要な水瓶　多くの経筒を出土

光長寺から三島駅方面のバスに乗り，門池中バス停でおりると門池がある。門池は牧堰の補助貯水池として沼津の地をうるおした。1734（享保19）年，三明寺境内の老松の下から経筒が発見され，三明寺経塚と知られるようになった。1940（昭和15）年の県による経塚調査により，中央に鋼板製経筒とその外筒容器6口（銘は1196〈建久七年〉），これを囲むように配置された，40口の外筒容器が発見された。これらの遺物は，現在東京国立博物館に所蔵されている。

門池からバスで三島駅方面へ進み，牧堰橋バス停でおりると，黄瀬川にかかる牧堰付近に牧堰取水口がある。牧堰は沼津中心部の灌漑用水であり，鎌倉時代にこの地の豪族牧氏によってつくられたともいわれるが，そのはじまりは不明である。牧堰より南へ300mくだると鮎壺の滝（県天然）があり，公園として整備されている。

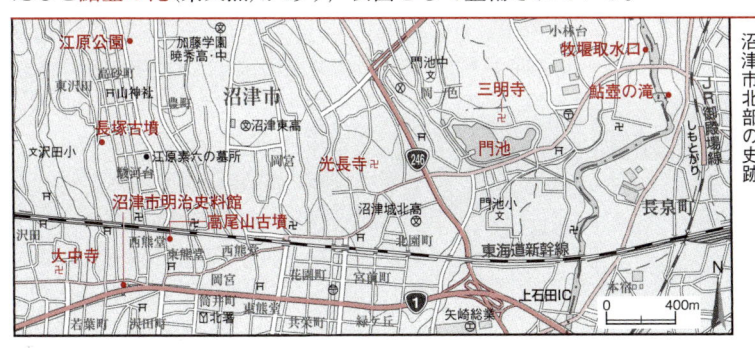

沼津市北部の史跡

県東部の中心沼津

沼津市明治史料館 ㉕
055-923-3335

〈M ▶ P.72, 97〉沼津市西熊堂372-1 ⓟ
JR東海道本線・御殿場線沼津駅🚌市立病院・柳沢方面行明治史料館前🚶2分

近代沼津の歴史を紹介 江原素六を記念

　沼津駅からまっすぐ北に進み，国道1号線と交差したところに沼津市明治史料館がある。1984(昭和59)年，当時の江原公園の西側にあった江原素六の旧屋敷にたてられた。素六の旧居は，史料館のなかに保存・展示されている。史料館には，江原素六関係資料をはじめ，沼津およびその周辺の近代史関係の資料が展示されている。

　江原素六は，明治時代に教育者・政治家・社会事業者として活躍した人物である。素六は戊辰戦争(1868～69年)に参加し，敗れて沼津に身をひそめた。許されたのちは，独自の道を歩み，旧幕臣のための授産事業，地元農民のための愛鷹山官有林払下げ運動，人材育成のため沼津兵学校・同付属小学校，駿東高等女学校(現，県立沼津西高校)などの設立に尽力した。その後は，衆議院議員・貴族院議員をつとめ，晩年はクリスチャンとして数々の社会事業に取り組み，1922(大正11)年に没した。現在，素六の墓所は，明治史料館東側の道路を北上し，10分ほど歩いた道路の西側にある。墓所からさらに10分ほど北上すると，道路東側に江原公園が移設されている。

長塚古墳 ㉖

〈M ▶ P.72, 97〉沼津市東沢田字長塚400-1ほか
JR東海道本線・御殿場線沼津駅🚌市立病院・柳沢方面行江原公園🚶15分

スルガのクニの首長墓 原形を残す前方後円墳

　明治史料館から北へ向かってゆるやかな坂をのぼり，山神社の少し手前を左折すると長塚古墳(県史跡)がある。

　この古墳は沼津市内に現存する前方後円墳のなかで，もっとも完全な形をとどめている。東西の長さ55m，前方部幅17m・高さ3.5m，後

長塚古墳

98　富士の裾野

円部径32m・高さ5m，周囲に幅約10mの濠がめぐらされていた。明治史料館から北東方向にある高尾山古墳は，古墳時代初期の東日本最大級の前方後方墳として保存・整備が全国的に注目されている。

大中寺 ㉗
055-921-1086

〈M▶P.72, 97〉沼津市中沢田457
JR東海道本線・御殿場線沼津駅🚌市立病院・柳沢・東平沼・富士通方面行中沢田🚶1分

> 恩香殿・通玄橋は皇族ゆかりの近代和風建築

長塚古墳をまっすぐ南にくだって根方街道を西に500mほど進むと，中沢田バス停前に大中寺（臨済宗）がある。夢窓疎石の結んだ庵室にはじまると伝えられる。応仁年間（1467〜69）の兵火に焼かれ衰退したが，天文年間（1532〜55）に今川氏の軍師であった太原崇孚（雪斎）によって興津清見寺（臨済宗，静岡市清水区）の末寺として中興された。今川氏が衰退するとともに寺も衰微したが，江戸時代初期，大輝祥運によって再興され，現在に至っている。

山門は1841（天保12）年に建立されたもので，上層は鐘楼で山門と鐘楼をかねた沼津市内唯一の鐘楼門である。恩香殿（国登録）は，沼津御用邸に滞在中の皇族の休息所として，1909（明治42）年に真覚弦璋和尚により建造された。木造瓦葺き・入母屋造の平屋建てで，敷地の高低差をいかして庭園との一体感をはかるなど，味わいのある雰囲気をもつ。通玄橋（国登録）は，書院から恩香殿の南妻側につうじる太鼓橋風の渡り廊下で，切妻造の屋根，高欄や垂れ壁など意匠に特徴がある。恩香殿と同時期の建築であり，付近一帯の歴史的空間を構成している。

なお，当寺には今川義元・氏真，武田勝頼らの発給文書や，4世紀ごろつくられたと考えられる三角縁神獣鏡などが伝わる。

休場遺跡 ㉘

〈M▶P.72〉沼津市宮本字元野ほか
JR東海道本線・御殿場線沼津駅🚌富士通行休暇センター🚶30分

> 旧石器時代の重要遺跡石囲炉と多数の石器

大中寺から中沢田バス停に戻ってバスに乗る。休暇センターバス停から新沼津ゴルフクラブをめざし，ゴルフ場を左にみながら進んでいくと，舗装が砂利道にかわる付近の茶畑のなかに，休場遺跡（国史跡）がある。

休場遺跡は，愛鷹山南側中腹，高山の西側に位置する旧石器時代

県東部の中心沼津

休場遺跡

の遺跡である。1961（昭和36）年に発見され，以来1964年にかけて発掘調査が行われた。その結果，休場層とよばれるローム層から細石器など約4000点の遺物，および遺構として2基の石囲炉が発見された。放射性炭素測定法によると，年代は今から約1万4300±700年前であった。これにより，休場遺跡は日本の旧石器文化の編年上，1つの基準として重要な位置を占めることになった。その後1975年には，旧石器時代の遺跡でははじめての国指定史跡に指定された。現在遺跡の所在を示すものは，案内板のみである。なお資料は，明治大学博物館・加藤学園考古学研究所・沼津市歴史民俗資料館が保管している。

沼津御用邸記念公園 ㉙
055-931-0005

〈M ▶ P.72〉沼津市下香貫2082-1 P
JR東海道本線・御殿場線沼津駅🚌伊豆長岡・多比・獅子浜・江梨・大瀬崎方面行御用邸🚶2分

沼津御用邸の名残り貴重な農水産業関係資料を所蔵

　御用邸バス停でおりると，西側に沼津御用邸記念公園がある。沼津御用邸は，1893（明治26）年に，御料林であった島郷地区に造営された。その後，1903（明治36）年に赤坂離宮東宮大夫官舎を東附属邸，1905年には旧川村家別荘を西附属邸として建物をふやし敷地も拡大したが，1945（昭和20）年の空襲で本邸が焼失するなどして，1969年には沼津市に無償貸与されることとなった。現在は，御用邸記念公園として市民の憩いの場となっている。なお，その一部は「旧沼津御用邸苑地」（国名勝）となっている。

　公園の一角には，沼津市歴史民俗資料館がある。考古資料は，長塚古墳・藤井原遺跡をはじめとする市内各地の出土品約4万5000点（うち2000点は復元）を収蔵している。民俗資料は，漁撈関係用具（国民俗），水産加工用具，浮島沼周辺の農耕生産用具258点（原収蔵室所蔵，県民俗）をはじめとする農耕・養蚕関係用具など，農水産業の資料約3500点を所蔵する。古文書関係では，長浜・大川家文書約

富士の裾野

6000点(戦国〜明治時代初年)，小海・増田家文書2000点(近世)，重寺・室伏家文書1500点(近世)や，「三枚橋絵図」「沼津宿絵図」などの近世の各宿村絵図を所蔵している。

江浦横穴群 ㉚

〈M ▶ P. 72〉沼津市江浦字大洞・東山
JR東海道本線・御殿場線沼津駅🚌伊豆長岡・多比・獅子浜・江梨・大瀬崎方面行東江の浦🚶5分

静岡県東部有数の横穴群　横穴上方に4基の円墳

東江の浦バス停のやや西から，鷲頭山に向かって谷奥にいく道をはいり，電話交換局の脇から案内板にしたがって進んでいくと江浦横穴群(県史跡)に着く。「えのうらよこあな」とも「えのうらおうけつ」ともいう。函南町の柏谷横穴群などと並ぶ静岡県東部の代表的な横穴群である。

江浦横穴群は，沼津市南部の江浦地区北側にそびえる鷲頭山南斜面に展開する横穴群である。横穴群は標高40〜50m付近にあり，4つの地区に分けられる。そのうち，谷の東側からつきでた尾根にある74基の横穴群が県史跡に指定されている。古くからよく知られた横穴群で，多くの研究者が踏査し，1975(昭和50)年には沼津市教育委員会による測量調査が行われた。現在までに4つの地区あわせて92基の横穴が確認されている。なお，出土した須恵器が8世紀のものであることから，横穴が営まれた時期は，7世紀末から8世紀ごろと考えられている。

横穴のさらに上方，標高100〜120m付近には4基の円墳があり，横穴との関係が研究されている。

安田屋旅館 ㉛
055-943-2121

〈M ▶ P. 72, 102〉沼津市内浦三津19
JR東海道本線・御殿場線沼津駅🚌大瀬崎・江梨・木負行三津シーパラダイス🚶1分

太宰治ゆかりの旅館　月棟・松棟は国登録文化財

バス停から沼津方向に安田屋旅館がある。安田屋旅館は，沼津市南部の内浦三津にある明治時代創業の老舗旅館で，西北方に浮かぶ淡島と富士山がのぞめる風光明媚な場所にある。松棟「松の弐」(現，「月見草」)は2階にあり，太宰治が『斜陽』を執筆したところとしても知られる。

内部はおちついた数寄屋風で，障子や欄間の意匠，螺旋階段などに建造した人びとのこだわりを感じさせる。客室として使用され

県東部の中心沼津

ている1931（昭和6）年建造の月棟と，1918（大正7）年建造の松棟は，ともに木造瓦葺き・2階建てで，建築学的にも重要な資料として国の文化財建造物に登録された。

長浜城跡 ㉜

〈M ► P. 72, 102〉沼津市内浦重須城山1-1ほか
JR東海道本線・御殿場線沼津駅🚌大瀬崎・江梨・木負行き
下橋🚶1分

『豆州内浦漁民史料』北条水軍拠点の城郭

長浜城跡遠景

安田屋旅館から西へ300m進み，三津長浜バス停から旧道にはいると，長浜公民館がある。さらに西へ約300m進むと長浜城跡（国史跡）がある。長浜城は重須地区と長浜地区の境にあり，海上につきでた小丘陵全体が城であった。かつて城域内に三井家別荘がたっていたため，一部破壊された部分もあるが，遺構の保存状態は比較的良好である。

長浜城は，小田原北条氏が武田氏との海上戦に備えて，北条水軍の根拠地重須湊を守備するために築城したものと考えられている。1579（天正7）年，長浜に船溜りの普請が命じられ，梶原景宗ら北条水軍の船大将が重須湊にはいり，翌1580年3月の武田水軍との戦いに備えた。その後，1590（天正18）年の豊臣秀吉の小田原攻めに際しては，土豪大川兵庫ら地元民が豊臣方の軍勢に対峙して長浜城をまもった。

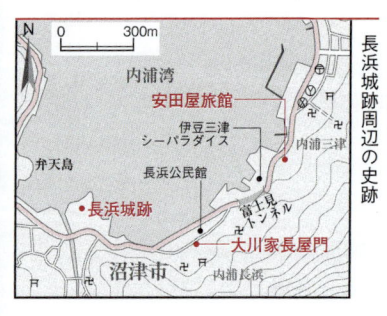

長浜城跡周辺の史跡

城の遺構は，北西側から南東側の方向へ直線的に4つの曲輪が配置され，それぞれの曲輪は堀切で仕切られている。また北東側の2つの曲輪からは，海に

102　富士の裾野

向かって階段状に腰曲輪が築かれている。なお，これらの遺構は，岩盤を掘削して築かれていることがあきらかとなっている。

城の西側に入江があり，ここが重須湊の水軍の船溜りと推定される。また，城の南側の陰野川沿いに，田久留輪という小字があり，水軍船大将たちの居館跡と考えられている。

長浜公民館の南西に，大川家長屋門がある。秀吉の小田原攻めに際して長浜城をまもった大川氏は，その後地元の津元（網元）として活躍した。現在，大川家に残されている長屋門に，土豪武士の末裔であることをしのぶことができる。長屋門は大川家の表門で，木造瓦葺き・切妻造の平屋建て，全体が漆喰で塗られており，内側は軒裏まで塗籠にしている。門の両脇は蔵座敷風の部屋となっており，使用人の居室として使われていたと考えられる。なお大川氏所蔵の古文書は，渋沢敬三によって編纂された『豆州内浦漁民史料』として世に知られ，漁業研究史に大きく貢献した。

大瀬神社 ㉝
055-942-2603

〈M ▶ P.72〉沼津市西浦江梨大瀬　P
JR東海道本線・御殿場線沼津駅🚌大瀬崎行終点🚶10分

32隻の奉納漁船模型　広く信仰を集める海の神

大瀬崎は，伊豆半島の北西端に位置し，北へつきでた半島状の地形である。この大瀬崎のつけ根部分に，大瀬神社（祭神引手力命）がある。古くは，源為朝や源頼朝が信仰したという伝承をもち，さらに海の守護神として，海に暮らす人びとの信仰の的となった。とくに駿河湾沿岸各地の漁民たちから広く信仰され，船を新造するときには，必ずこの神社に参詣して海の安全祈願をしたといわれる。安全祈願に際しては漁船模型が奉納されたが，このうちの32隻が県の有形民俗文化財に指定されている。この模型奉納者には，近隣の静浦・内浦・西浦（ともに沼津市内）のみならず，遠くは蒲原（静岡市清水区）や焼津の漁民たちも含まれている。なお，奉納

大瀬神社とビャクシン樹林

県東部の中心沼津　103

模型は1892(明治25)年の火災以降のものである。

また、毎年4月4日に行われる祭りには、各地の若い衆が緋の長襦袢、ひょっとこ面に頬被りの姿で、船内で踊りや囃子を演ずるのが恒例となっている。この祭りには、蒲原や由比からも大漁旗でかざりたてた多数の船が集まる。この芸能のはじまりは不明だが、口野や久連の古老の話によれば、明治20年代には行われていたといわれる。

大瀬崎先端部には神池とよばれる淡水湖があり、付近一帯にはビャクシン樹林(国天然)がある。

松蔭寺 34
055-966-0011

〈M ▶ P.72〉沼津市原128
JR東海道本線原駅 🚶15分

白隠禅師ゆかりの寺
白隠の書画多数

原駅から旧東海道を約15分東に歩いて、松蔭寺前バス停から南にのびる参道を進むと、松蔭寺(臨済宗)がある。山門をはいるとすぐ左側に、原駅東側にある徳源寺(臨済宗)の入口にあった、本陣渡辺家の玄関が移設・保存されている。

松蔭寺は1279(弘安2)年に、天祥西堂が開創し、鎌倉円覚寺の末寺だったがその後中絶し、江戸時代初めに興津清見寺の大瑞宗育が再興して、京都妙心寺派に改めた。1707(宝永4)年富士山の噴火で大破したが、それを再興したのが白隠禅師である。

白隠は1685(貞享2)年原宿に生まれ、15歳のとき松蔭寺で得度した。1717(享保2)年に住持となり、以後、松蔭寺は白隠の寺として広く知られるようになった。

松蔭寺本堂

寺には、白隠に関係したものが多数残されている。山門は白隠の建立と伝えられ、白隠の考案といわれる石瓦葺きが特徴で、幅約30cm・長さ1mのものを一面3段18列計54枚、表裏あわせて108枚

白隠

コラム

禅の大衆化に貢献 布教に用いた書画多数

　松蔭寺や三島市沢地にある龍澤寺と関係が深い白隠は，1685(貞享2)年に駿河国原宿の郷士長沢家に生まれ，幼名を岩次郎といった。父は伊豆国江梨の杉山家(江梨の土豪鈴木三郎家重の後裔)より婿養子にきた人物で，その3男であった。母は熱心な日蓮宗の信者で，白隠の性格や人となりは，この家風のなかで形成された。

　15歳のとき松蔭寺の単嶺和尚について出家し，名を慧鶴と改め，剃髪して弟子となった。これ以後5年間，礼仏誦経につとめておこたらなかったという。19歳より諸国の旅を重ね，修行をつんだ。

　1716(享保元)年，父の発病を聞いて松蔭寺に帰り，先住の単嶺遷化後，住持もなく荒れていた松蔭寺復興の願いに応じて，翌年住持となった。さらに1718年には，京都妙心寺の第1座となり，白隠を名乗ることになった。その後，禅の大衆化をはかり，臨済宗中興の祖とあおがれた。

　白隠は，禅画を確立したことでも名高く，好んで釈迦・観音・達磨などを描いた。白隠の禅画は，現在松蔭寺に多数保存されている。1768(明和5)年12月11日，84歳で入寂した。

を用いて葺かれている。

　山門から奥に進むと，本堂の横に白隠の摺鉢松がある。伝承によると，白隠の名声を聞いて大名のなかにも教えを請う者があり，その1人である岡山藩主池田侯から，その礼の品物を聞かれた白隠は，「味噌を擂る摺鉢が欲しい」と答え，池田侯は備前焼の鉢を贈ったという。また，寺には白隠禅師自画像・科注妙法蓮華経(ともに県文化)がある。

　摺鉢松の横をとおって墓地を奥に進むと，線路の脇近くに白隠禅師墓(県史跡)がある。

興国寺城跡 ㉟

〈M ▶ P.72〉沼津市根古屋字古白ほか　P
JR東海道本線原駅 ■東海大学行原循環東根古屋 ▲3分

北条早雲旗あげの城 戦国大名抗争の地

　原駅に戻ってバスに乗り，東根古屋バス停でおりて，北方への坂道をあがると，興国寺城跡(国史跡)がある。この城は篠山という愛鷹山の尾根を利用して築かれた平山城である。もと興国寺という寺院があったので興国寺城とよばれ，伊豆・駿河・甲斐の結節点として重要な役割をになった。

県東部の中心沼津　　105

興国寺城は戦国大名北条氏の祖,伊勢新九郎長氏(北条早雲)旗あげの城として知られる。伊勢新九郎は,今川義忠死後の家督争いで今川氏親を助けて功をあげ,1487(長享元)年に富士郡下方12郷をあたえられ興国寺城主となった。1493(明応2)年,新九郎が韮山に進出すると再び今川氏に属し,今川義元が河東一乱後の1549(天文18)年に改修した。

その後,今川氏が衰退すると北条・武田両氏の争奪するところとなったが,1571(元亀2)年には武田方のものとなった。1582(天正10)年,武田氏が滅亡すると徳川方の城となり,牧野康成・松平清宗が城主となった。1590(天正18)年の徳川家康の関東転封後は,中村一氏の家臣河毛重次が城主となった。関ヶ原の戦いののち,1601(慶長6)年には天野康景が1万石の城主となった。しかし家臣が幕府領の富士郡原田村(現,富士市)の百姓を殺害したことから,代官井出正次に訴えられて康景は改易となり,1607年に興国寺城も廃城となった。

根方街道の東根古屋バス停東からのゆったりした坂道が大手道で,ここを北へあがると二の丸跡があり,さらにあがると本丸跡がある。本丸の西・北・東の三方を取り囲むように土塁が残されている。そのうち北側の土塁をあがると,天守台跡があり,天野康景が築いたといわれる石垣の一部が残されている。さらに,その北側には,北曲輪と本丸を隔てる大空堀がある。

興国寺城跡

3 富士信仰の拠点岳南

富士山南麓の岳南地域とよばれる富士市・富士宮市には，富士山本宮浅間大社をはじめとして，多くの寺社が点在する。

平家越の碑 ㊱ 〈M ▶ P. 72, 108〉富士市新橋町 11-5
岳南鉄道吉原本町駅🚶9分

富士川の戦いにまつわる石碑

　JR吉原駅から東へ15分ほど歩くと，妙法寺（日蓮宗）がある。富士地区では「毘沙門さん」のよび名で親しまれている。毎年旧暦1月7〜9日の3日間行われる大祭は，日本三大ダルマ市の1つに数えられており，多くの人で賑わいをみせる。

　吉原駅から岳南鉄道に乗り，吉原本町駅で下車する。この駅の正面西方向に吉原商店街が続いている。逆に東方向に700mほど歩くと，和田川のほとりに平家越の碑がたっている。1180（治承4）年の富士川の戦いで，平維盛率いる平家軍が，水鳥の羽音に驚いて敗走したという故事にちなんだ石碑である。

　平家越の碑から南へ500m歩くと，道路脇に大きな一本松がある。歌川（安藤）広重の「東海道五十三次」でも有名な左富士の地である。左富士とは，江戸から西へ向かう場合，富士山は進行方向右手にみえるが，ここでは左手にみえることから名づけられた。これは吉原宿が所替えをし，東海道筋がかわったためである。吉原宿は，古くは現在のJR吉原駅付辺にあり，海岸に近いため，津波などの被害がたえなかった。そのため，1639（寛永16）年に北方に移されたが，1680（延宝8）年の大津波で被害をうけたので，現在の吉原商店街の位置へと所替えとなったのである。

左富士（1966〈昭和41〉年，依田橋より撮影）

善得寺公園 ㊲ 〈M ▶ P. 72, 108〉富士市今泉 1015 Ｐ
岳南鉄道本吉原駅🚶10分

　吉原商店街（吉原本町通り）から北へ，御殿場方面にのびる県道富

富士信仰の拠点岳南　107

士裾野線を200m北上すると、和田町という五差路の交差点がある。さらに200m北上した信号を左にはいると、善得寺城跡と伝えられる石垣が残る。

さらに県道富士裾野線を北上して上和田交差点を右折し、300mほどいくと、善得寺公園がある。

善得寺（臨済宗）は当時、富士川以東で第一の伽藍を誇り、駿甲相三国同盟締結の舞台ともいわれるが、1569（永禄12）年の武田氏の侵攻で焼失した。現在は太原崇孚（雪斎）ら歴代住持の墓が残っており、小さな公園として整備されている。

駿河・遠江の戦国大名今川義元は、幼時に善得寺にあずけられ、栴岳承芳と名乗り禅僧として修行にはげんだが、そのときの住持が雪斎であった。のちに還俗した義元に対し、雪斎は軍師として補佐し、活躍した。

善得寺公園からさらに東方へ300mのところには、富士川の戦いで源氏が呼子の笛で兵を集めたといういわれのある呼子坂の碑がたっている。

再び上和田交差点まで戻り、西進して吉原高校をこえた辺りを源

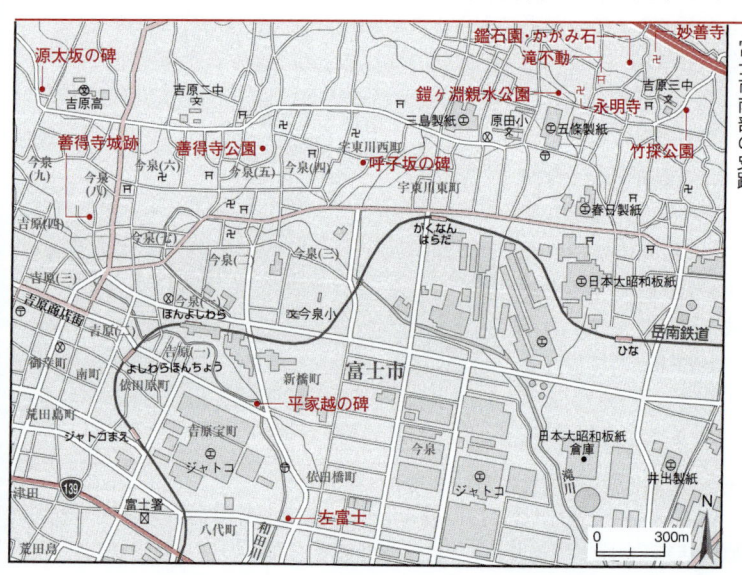

今川義元が幼時に修行した寺の跡地

富士市南部の史跡

太坂といい、碑がたっている。源頼朝の家臣だった梶原源太景季が馬競べをした場所として名づけられたという。

竹採公園 ㊳

〈M ▶ P.72, 108〉 富士市比奈2085-4 [P]
岳南鉄道岳南原田駅 🚶15分

岳南原田駅で下車し、北東方向へ15分ほど歩くと、永明寺（曹洞宗）がある。湧水が豊富な庭園として有名であり、寺の西側には鎧ヶ淵親水公園が整備されている。1180（治承4）年の富士川の戦いで、源頼朝が鎧を脱いで身体を洗ったという伝説から名づけられている。この公園も湧水が豊富で、工場地帯だが初夏にはホタルがみられるほどである。

永明寺東側の小道を北へ50mほどいくと、いほとり不動尊として知られる滝不動がある。滝不動から坂をあがると、特別養護老人ホーム鑑石園があり、ここには説経節で有名な「小栗判官」の妻照手姫が姿をうつしたという伝説の残るかがみ石がある。ここからさらに北方へ2分歩くと、妙善寺（臨済宗）にたどり着く。室町時代の作品と伝えられる、木造十一面千手観音坐像（通称滝川観音）を安置する。

妙善寺から徒歩で5分ほど南下すると、吉原第三中学校の南東部に、1991（平成3）年にオープンした竹採公園がある。『竹取物語』発祥の地とする伝説が残り、竹取翁が籠を編んだところという籠畑、かぐや姫が竹取翁との別れを惜しんだという見返し坂などの関連地名も周辺に残る。比奈という地名も「姫名」に由来するといわれている。園内には、「竹採姫」とうっすらきざまれた自然石を安置する竹採塚や、白隠禅師の墓もある。この地には、明治時代初期まで無量寺という臨済宗寺院があり、江戸時代中期にこの寺を再興したのが白隠であった。

鎧ヶ淵親水公園

竹取伝説と豊富な湧水

富士信仰の拠点岳南

浅間古墳 ㊴　〈M ▶ P.72〉富士市須津増川624ほか
岳南鉄道神谷駅🚶10分

県内最大規模の前方後方墳

　神谷駅から200mほど北上すると、根方街道につきあたる。福聚院バス停の小道をさらに北へ進み、東名高速道路の陸橋をこえたところに、浅間古墳（国史跡）がある。全長103mの前方後方墳であり、県内最大級の大型古墳である。4世紀末から5世紀初頭にかけて、スルガのクニの首長墓として築造されたと推定される。ここから沼津市や富士市を一望できる。

　このほか富士市内のおもな古墳として、浅間古墳の西方1kmの、東名高速道路をこえたミカン畑の広がる丘陵斜面に、円墳の琴平古墳がある。また、海に近いJR東田子の浦駅の東方約500mの線路脇には、全国的にも珍しい双方中方墳の庚申塚古墳があり、伝法小学校近くの玄龍寺には円墳の伊勢塚古墳がある。これらの古墳は、いずれも県史跡となっている。

ディアナ号の錨 ㊵　〈M ▶ P.72〉富士市五貫島 三四軒屋緑道公園内
JR東海道新幹線新富士駅🚗10分

幕末の日露交流の歴史を伝える

　新富士駅から南西方向へ車で約10分、三四軒屋緑道公園には、1976（昭和51）年に、沖合の水深24mの海底から引きあげられたディアナ号の錨がおかれている。高さ4.2mの巨大な錨が、ディアナ号の規模をしのばせる。地元の漁師は、魚網を破るこの障害物を、「唐人の根っこ」とよんでいた。

　1854（安政元）年に日露和親条約締結交渉のため、伊豆の下田港に停泊していたロシア使節プチャーチン一行を乗せたディアナ号は、大地震による大津波で大破した。その後、修理のため伊豆西海岸の戸田（沼津市）に回航途中、風に流され駿河湾沖合で沈没した。その

ディアナ号の錨

富士の裾野

際、宮島村(現、富士市)の村民が、ロシア人乗組員の救助・介護に力をそそいだ。沈没したディアナ号のもう1つの錨は、1951(昭和26)年に打ちあげられ、沼津市戸田造船郷土資料博物館前に展示されている。

実相寺 ㊶
0545-61-0909
〈M ▶ P. 72〉富士市岩本1847　P
JR身延線竪堀駅🚶25分

日蓮宗の中心的寺院

　竪堀駅から北西方向へ2.5kmのところに、岩本山がある。標高193mのこの山は、富士市の西部に位置し、その山頂にある岩本山公園はウメやサクラの名所である。市内全域を一望できる展望台もあり、多くの市民や観光客が訪れる。この岩本山の南麓に実相寺(日蓮宗)の伽藍が広がっている。

　久安年間(1145〜51)に、比叡山の智印上人が鳥羽上皇の勅願寺として創建したと伝えられる。当初は天台宗寺院であった。治承・寿永の内乱(1180〜85年)では平家調伏を命じられ、とくに北条氏が帰依したといわれる。鎌倉時代中期にはいって、日蓮がこの寺の一切経蔵で「立正安国論」を構想したといわれるが、定かではない。このころから日蓮宗の中心的寺院となり、現在に至る。総門をはいって前方にみえる仁王門には、一対の仁王像が安置されている。また、斜面をあがると本堂・大書院、日蓮像をまつる祖師堂などがある。

富士山かぐや姫ミュージアム(富士市立博物館) ㊷
0545-21-3380

〈M ▶ P. 72〉富士市伝法66-2　P
JR東海道本線・身延線富士駅🚌吉原中央駅行吉原中央駅バスターミナル乗換え茶の木平行、または大渕・曽比奈行、または中野経由富士宮駅行広見団地入口🚶3分、または西富士道路大渕・広見IC🚗1分

富士市の歴史と富士山・かぐや姫に関する展示
歴史的建造物の移築・復元

　西富士道路大渕・広見ICの東側に広がる広見公園の一角に、富士市立博物館があり、本館は富士山かぐや姫ミュージアムに改称された。郷土の歴史や富士山・かぐや姫をテーマに展示されている。

　この博物館の北側には、分館として歴史民俗資料館があり、さまざまな民具が展示されている。また、広見公園内には横沢古墳の復元、東平遺跡の竪穴住居・高床倉庫の復元がある。ほかにも、樋

富士信仰の拠点岳南

代官植松家長屋門，1857(安政4)年築造の旧松永家住宅，1892(明治25)年に吉原にたてられた眺峰館，旧稲垣家住宅(県文化)などが移築・復元されており，歴史的建造物にふれることができる。

本照寺 ㊸
0545-71-3454　〈M ▶ P. 72, 112〉富士市厚原489　P
JR身延線入山瀬駅🚶20分

熱原法難と処刑された神四郎の墓

入山瀬駅から南東方向へ進み，国道139号線の片宿交差点を北進すると，本照寺(日蓮宗)がある。この寺には，1279(弘安2)年におきた熱原法難で罪を問われ，処刑された神四郎の墓がある。

熱原法難のきっかけは，当時，天台宗寺院だった滝泉寺院主代行智と，そこに居住していながら日蓮宗の日興の弟子となった日弁・日秀らとの間でおきた，信仰をめぐる対立だった。行智は，日秀が信徒農民に指示して寺田の稲を刈りとらせ，日秀の住房に運び込ませた刈田狼藉と法華信仰の布教を提訴した。この結果，神四郎ら熱原の20人の農民が捕らえられ，鎌倉へ連行された。

入山瀬駅周辺の史跡

鎌倉幕府の裁定により，法華経信仰を捨てなかった神四郎ら3人は処刑され，17人は釈放となった。教勢を拡大する日蓮の弟子たちに対する，既成寺院側からの反発を象徴する事件であったといえる。この法難ののち，神四郎の屋敷跡に本照寺がたてられたと伝えられる。

曽我寺 ㊹
〈M ▶ P. 72, 112〉富士市久沢266
JR身延線入山瀬駅🚶5分

点在する曽我兄弟仇討ち伝説

富士市西北部の鷹岡地区や久沢地区には，曽我兄弟の仇討ちに関わる史跡が多い。1193(建久4)年5月28日，富士の裾野で源頼朝が大規模にもよおした巻狩の夜，曽我十郎祐成と弟の五郎時致が，頼朝の寵臣になっていた工藤祐経を殺害した。祐成はその場で討たれ，時致は頼朝の宿所をめざしたが捕らえられ，護送中に首をはね

られたという。もともと2人が頼朝の命をねらっていたとも考えられている。

　ことの発端は，兄弟の父河津三郎祐泰がこの18年前に，工藤祐経の従者に殺されたことにあった。当時，5歳と3歳だった兄弟が，18年間の辛苦にたえて仇討ちに成功した物語は，鎌倉時代末期に『曽我物語』として成立し，のちに浄瑠璃や歌舞伎でも親しまれてきた。しかし，この事件はたんなる私的な仇討ちではなく，兄弟の背後にいたと考えられる北条時政ら，幕府実力者の政治的意向が背景にあったとする説がある。

　入山瀬駅から東方へ進み，国道139号線を少しはいったところにある曽我寺(曹洞宗)には，曽我兄弟の墓・位牌・木像がある。毎年命日にあたる5月28日前後に，曽我兄弟をしのぶ供養祭が行われている。

　曽我寺の北西約400mには，仇討ちの4年後に頼朝の命で創建されたといわれる曽我八幡宮(祭神応神天皇，曽我兄弟)がある。ここから北へ3分ほど歩くと，五郎の首洗い井戸がある。五郎時致を護送してきた武士たちが，工藤祐経の子犬房丸の願いを聞きいれ，ここで時致の首を斬り，その首を洗い清めたと伝えられる。さらに南東方向に10分ほど歩くと玉渡神社(祭神虎御前)に至る。兄弟の供養のため，この地へかけつけた祐成の恋人虎御前が，2つの火の玉と出会い，ここで7夜念仏をとなえ，冥福を祈った場所とされる。

曽我寺山門

富士山本宮浅間大社 ㊺
0544-27-2002

〈M ▶ P.72〉富士宮市宮町1-1　P
JR身延線富士宮駅⏱10分，またはJR身延線西富士宮駅⏱10分

　西富士宮駅から東へのびる商店街を歩くと，その中心部に富士山

富士信仰の拠点岳南　113

富士山本宮浅間大社

富士山を神体とする全国の浅間神社総本宮

本宮浅間大社(祭神木花之佐久夜毘売命)がある。全国1300余りの浅間神社の総本宮である。『富士本宮浅間社記』によれば，806(大同元)年に，坂上田村麻呂が山宮の地から現在地に社殿を移したことにはじまると伝えられている。以来，朝廷や源頼朝，北条・足利・今川・武田氏ら武将から篤い崇敬をうけて発展した。1566(永禄9)年には，今川氏真が大宮六斎市を楽市とするなど，大社周辺には門前市が広がっていたようである。

現在の社殿は，関ヶ原の戦いに勝利した徳川家康が造営したもので，本殿(国重文)は総朱塗り檜皮葺きで，浅間造とよばれる珍しい様式である。拝殿・幣殿・楼門・透塀(いずれも県文化)なども貴重な建造物である。狩野元信作と伝えられる，絹本著色富士曼荼羅図・銘景光の太刀・銘信国の脇差(いずれも国重文)，また，富士浅間曼荼羅図・青磁蓮弁文大壺・青磁浮牡丹文香炉・人形手青磁大茶碗・鉄板札紅糸威五枚胴具足(いずれも県文化)が所蔵されている。社殿東側には，富士山の湧水をたたえ，登山者が禊を行った湧玉池(国特別天然)，戊辰戦争(1868〜69年)の東征軍に参加するため，大宮司富士重本(通称亦八郎)が結成した駿州赤心隊の碑がある。5月4〜6日の流鏑馬祭では，特殊神事流鏑馬式が境内の桜の馬場で行われる。11月3〜5日の例大祭では，山車・屋台が繰りだされ，囃子できそいあう富士宮囃子(県民俗)が披露される。

また，富士山(国特別名勝・国史跡)は2013(平成25)年にユネスコの世界文化遺産に登録された。

大社から富士宮駅に戻る途中に大鳥居(一之鳥居)があり，隣接して富士山世界遺産センターがある。登録を記念した拠点施設として景観展示が充実している。

富士宮市内の構成資産・構成要素には，この富士山本宮浅間大社

富士の裾野

雁堤

コラム

古郡家3代の治水事業

　富士川は現在，富士市西部を流れているが，江戸時代初期までは本流がもっと東を流れ，多くの支流があり，氾濫を繰り返していた。水戸島・柳島・五味島などの地名が富士市内に多く残っているが，このことからも支流の中洲が多くあり，洪水の被害が頻繁だったことがうかがえる。

　富士川に強固な堤を築き，その氾濫地域の新田開発を行ったのが古郡家の当主たちである。古郡孫太夫重高は1621(元和7)年，岩本山の裾に雁堤のはじめとなる一番出し，二番出しを築いた。重高の子重政は，大規模な新田開発と築堤を進めたが，洪水による被害をうけ続けた。そこで重政は遊水池によって激流を防ぐ計画をたて，重政の死後，その遺志をついだ子の重年が，1674(延宝2)年に，逆L字型の堤を築きあげた。全長2.7kmにおよぶ堤防が，上空からみると雁の群が飛ぶ形にみえるため雁堤と名づけられた。50年をこえる年月をかけた古郡家3代の大事業であった。

　雁堤のあった雁公園の南端，人柱の伝説をもつ護所神社まではJR身延線柚木駅から徒歩3分である。雁公園は芝生が整備され，市民の散歩やスポーツなど憩いの場となっている。

　雁堤から北へ10分歩くと，古郡家ゆかりの瑞林寺(黄檗宗)に至る。江戸時代，黄檗三傑の1人といわれた鉄牛道機を当地に招いたのが重年で，雁堤完成と同じ1674年に開山した。本堂・鐘楼・山門などは貴重な建造物であり，木造地蔵菩薩坐像(国重文)は，1177(治承元)年に造立され，運慶の父，康慶の作といわれる。境内には，古郡氏一族の墓所がある。

をはじめ，山宮浅間神社，人穴富士講遺跡がある。大宮・村山口登山道(現，富士宮口登山道)，村山浅間神社，白糸ノ滝については後述する。なお，県内のその他の構成資産・構成要素として，山頂の信仰遺跡群，須山口登山道(現，御殿場口登山道〈御殿場市〉)，須走口登山道(小山町)，須山浅間神社(裾野市)，冨士浅間神社(須走浅間神社〈小山町〉)，三保松原(静岡市清水区)がある。

村山浅間神社 ㊻

村山修験と富士山信仰

〈M ▶ P.72〉富士宮市村山1151　P
JR身延線富士宮駅 🚗 20分

　富士宮駅から北東方向に車で20分ほど進み，国道469号線をこえた村山地区に，世界文化遺産の構成資産である村山浅間神社(祭神木花之佐久夜毘売命)がある。富士登山はかつてこの村山口が表口

村山浅間神社

だった時代がある。現在も浅間神社の西側には「富士山」と書かれた道標（別の場所から移されたもの）があり、そこから村山口登山道がのびる。村山口登山道は、明治維新に至るまで多くの登山者を迎えたが、その後、村山を経由しない新道が建設されると6合目より下の部分は利用されなくなり、現在では全登山道跡を特定するのがむずかしい状態である。大宮・村山口登山道（現、富士宮口登山道）は世界遺産の構成資産としての指定範囲は、6合目以上となっている。

富士山は、平安時代末期から鎌倉時代初期にかけては、修行の山だった。富士上人とよばれた末代は、富士山に数百回ものぼり、1149（久安5）年、山頂に大日寺をたてたといわれる。末代によって開かれた富士山信仰は中世においてもっとも盛んとなり、山伏修験が定着した。彼らは村山修験の名でよばれ、大鏡坊・辻之坊・池西坊の宿坊からなる村山三坊を中心に大きな勢力をもっていた。登山者は道者とよばれ、当時

大石寺周辺の史跡

は村山辺りが最後の宿泊地となり，宿坊としての村山三坊は，とくに遠江・三河・関西方面の道者を多く集めて賑わった。

　修験は道者の案内，あるいは登山ができない人の代行登山や，村里にでかけてさまざまな加持祈禱を行っていた。戦国時代には，村山修験は今川氏のための祈禱を行うなどし，今川氏のもとで保護をうける一方，諸国を自由に往来することができたため，各地の情報を収集する隠密の役割もになっていたようである。

　村山浅間神社は現在，数体の大日如来を安置する大日堂と浅間神社をあわせてまつる神仏習合の姿をとどめている。また，大日堂を中心に水垢離場や護摩壇，大スギ・イチョウの大木などが残っており，かつての山岳信仰をしのばせる。

大石寺 ㊼

〈M▶P.72, 117〉富士宮市上条2057　P
0544-58-0800
JR身延線富士宮駅🚌大石寺行終点🚶すぐ，またはJR身延線富士宮駅🚌20分

日蓮正宗総本山
広大な伽藍

　県道414号線(大月線)を富士宮駅から車で20分ほど北上し，本門寺入口交差点で左折して約2kmいくと，広大な伽藍をもつ日蓮正宗総本山大石寺がある。日蓮より第2祖として付嘱をうけた日興は，身延山での地頭波木井実長との対立から，身延をでて富士郡上野郷にやってきた。日興はこの地の有力な地頭南条氏の外護をうけ，1290(正応3)年に大石寺を建立したといわれる。

　三門(県文化)は木造朱塗りで，1717(享保2)年に完成した。間口約22m・高さ約23m・奥行約10mの大きな門である。この三門をくぐると，石畳の参道が一直線にのびている。この両側にたち並ぶ13の坊は表塔中といわれ，しばらく歩くと日蓮の御影が安置されている御影堂(県文化)にいきあたる。現在の御影堂は1632(寛永9)年，第17世日精の代に，阿波徳島城主蜂須賀至鎮の夫人，敬台院の寄進で再建された。

　さらに東へ進むと，林のなかにそびえた

大石寺五重塔

富士信仰の拠点岳南

つ五重塔(国重文)があらわれる。第31世日因が、諸国を勧化して得た浄財と、備中松山城主板倉勝澄の供養をうけて1749(寛延2)年に完成した。江戸時代中期の数少ない五重塔の1つである。大石寺所蔵の文化財として、銘吉用の太刀、日蓮自筆遺文26巻(ともに国重文)、万暦本一切経(県文化)がある。

寺院北側には、相模集藤原定家奥書(国重文)を所蔵する富士美術館があったが、「財団法人東京富士美術館」(八王子市内)に事業を移譲し、旧美術館は現在、大石寺の宝物殿として運営されている。

大石寺の800mほど北方には、千居遺跡(国史跡)がある。1970(昭和45)年と1978年の発掘調査で、12基の帯状・環状の配石遺構が確認された。このうち帯状の配石は、40m以上の大規模なものである。

北山本門寺 ㊽
0544-58-1004

〈M ▶ P.72, 117〉富士宮市北山4965　P
JR身延線富士宮駅🚌白糸滝行本門寺入口🚶3分、または
JR身延線富士宮駅🚗20分

日蓮宗富士五山
狩宿の下馬桜

再び本門寺入口交差点に戻り、東進して150mほどいくと、北山本門寺がある。重須本門寺ともいう。北山の地頭石川氏や上野の地頭南条氏らの助力により、1298(永仁6)年に日興が開山した名刹である。

樹木に囲まれた境内の本堂前には、日尊の腰掛石が残されている。日蓮の直弟のなかで、もっとも多くの弟子を擁していたのは日興で、日尊もその1人だった。日興に破門された日尊が、日蓮の命日の法要のときには必ずこの寺に戻り、この石の上に座して、堂内の師の声に和して読経したと伝えられている。

境内西側の駐車場の裏手には、題目杉とよばれる3本の大きなスギ(県天然)がある。南無妙法蓮華経の7文字になぞらえて、日興が1298年に植えたものと伝えられ、かつては7本だったが、落雷・台風・枯死などにより、現在は3本が残るのみである。

また、境内南東部には五重塔跡がある。1910(明治43)年、この五重塔を改修中に出火し、ほとんどの伽藍が焼失してしまった。日蓮筆「貞観政要巻第一」、「細字金字法華経(藍紙)」(ともに国重文)、重須本『曽我物語』(県文化)を所蔵する。

本門寺入口交差点から県道414号線を2km北進すると、中井出バ

ス停がある。ここを左折し300mほど西進すると，源頼朝の宿舎がおかれたという井出家の前に狩宿の下馬桜がある。富士の巻狩のとき，頼朝が馬をつないだという伝説から，駒止めの桜ともいう。

さらに県道414号線を約1km北上すると，世界文化遺産の構成資産である白糸ノ滝（国名勝・国天然）がある。近くにある音止めの滝の名称は，討入りの相談をしていた声が滝音で消されてしまい，困った曽我兄弟が「心無しの滝だ」とつぶやいたところ，滝音が止まったという伝説にちなむ。これらの滝の近くに，曽我兄弟の隠れ岩，曽我兄弟によって討たれた工藤祐経の墓がある。

陸軍少年戦車兵学校跡 ㊾

〈M ▶ P. 72, 117〉富士宮市上井出2317-1
P
JR身延線富士宮駅🚌30分

「若獅子」の戦争史跡

国道139号線上井出IC近くに，戦時中におかれた陸軍少年戦車兵学校跡がある。跡地にたつ高さ16.7mの若獅子の塔は1965（昭和40）年に，若獅子神社は1984年に建立された。若獅子とは少年戦車兵の愛称である。

日本陸軍は戦車隊の拡充強化をはかるため，1939（昭和14）年，千葉陸軍戦車学校に生徒隊を設け，1942年にはこの上井出の地に陸軍少年戦車兵学校を移し，本格的な養成を行った。7年間で全国から集まった4400人余りの少年が訓練にはげみ，中国大陸や南方の戦線に出征，600余人が命をおとした。塔の西側には，サイパン島から移された無数の弾痕がなまなましく残る九七式中戦車が展示されている。

若獅子の塔

富士信仰の拠点岳南

西山本門寺 ㊿
0544-65-0242 〈M▶P.72〉富士宮市西山671 P
JR身延線芝川駅🚗10分

織田信長の首塚伝承
日蓮宗富士五山の1つ

　芝川駅から県道75号線を3.8km北上し，「富士山・西山本願寺」などの看板がある交差点を左折して200mほど進むと，右手に西山本門寺(日蓮宗)の黒門と2kmも続く参道がある。北山本門寺を創建した日興の弟子日代は，地頭の石川氏と対立したため，西山の大内氏をたよって移り，1344(康永3)年に西山本門寺を開創したとされ，かつては360町歩もの寺境を誇った大寺である。寺内には，紺紙金泥法華経10巻，常子内親王筆紙墨法華経8巻，日蓮筆法華證明鈔1巻，日興上人執筆日蓮聖人御遷化記録(いずれも国重文)と本堂厨子(県文化)がある。また，境内奥には大ヒイラギ(県天然)があり，その下には本能寺の変で討たれた織田信長の首が持ち出され，首塚に埋めたとする伝承が伝えられている。

　西山本門寺から芝川沿いに約4kmほど北上すると，富士宮市の大鹿窪に大鹿窪遺跡(国史跡)がある。縄文時代創期の定住生活開始時期の集落である。

富士川から大井川へ

Shizuoka
Fujieda
Shimada

駿府城巽櫓

志太郡衙跡

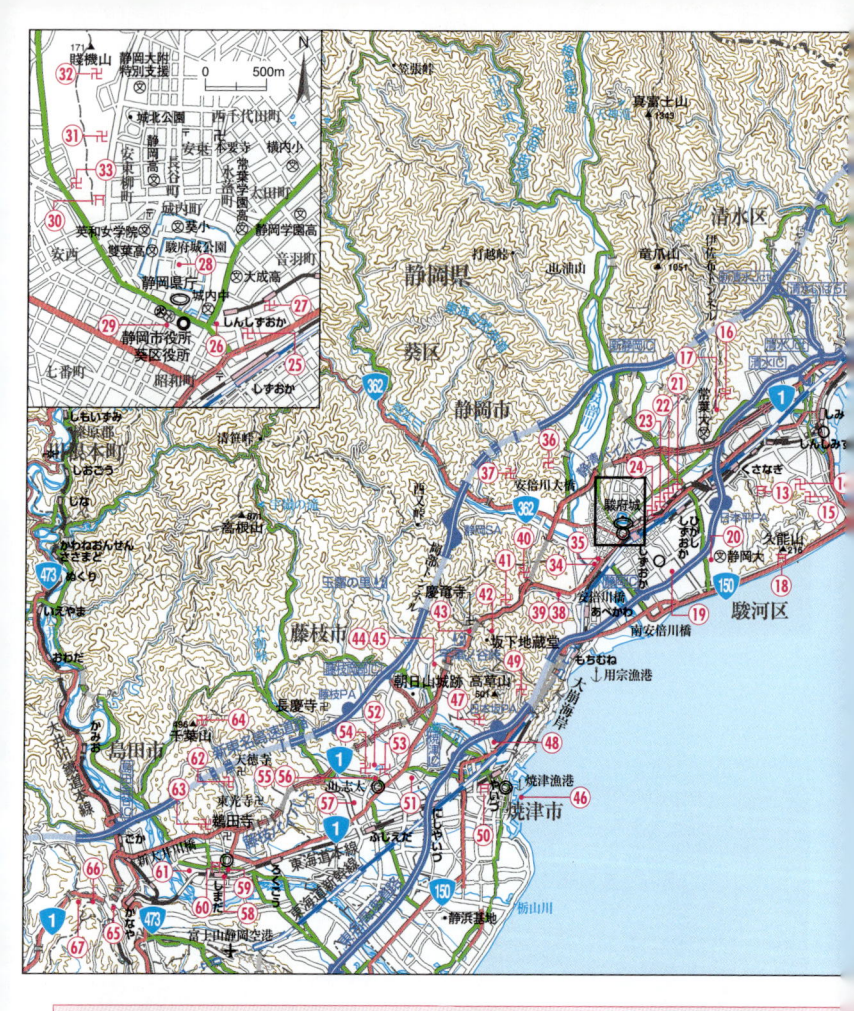

①角倉了以翁紀功碑	⑨清見寺	⑱久能山東照宮	地
②常盤家住宅	⑩小島陣屋跡	⑲登呂遺跡	㉗華陽院
③岩渕の一里塚	⑪清水港	⑳片山廃寺跡	㉘駿府城跡
④蒲原宿	⑫御穂神社	㉑菩提樹院	㉙静岡中心街
⑤蒲原城跡	⑬草薙神社	㉒龍雲寺	㉚静岡浅間神社
⑥由比宿・東海道広重美術館	⑭鉄舟寺	㉓蓮永寺	㉛富春院
	⑮龍華寺	㉔清水寺	㉜臨済寺
⑦薩埵峠	⑯霊山寺	㉕宝泰寺	㉝瑞龍寺
⑧興津宿	⑰梶原堂	㉖西郷・山岡会見の	㉞安倍川義夫之碑

富士川から大井川へ

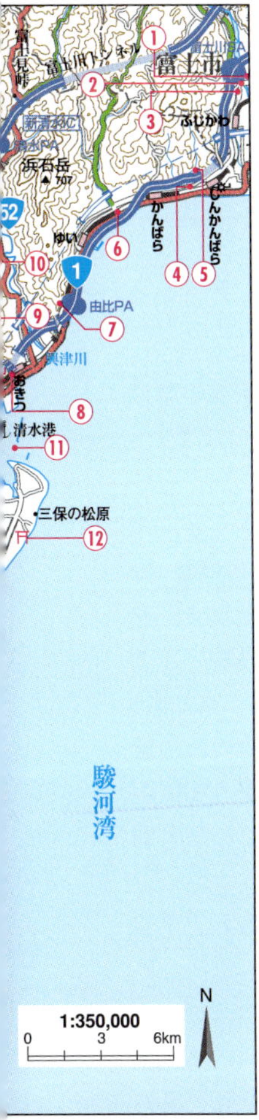

◎富士川から大井川流域散歩モデルコース

静岡市内コース　1. JR東海道本線静岡駅 4 宝泰寺 5 伝馬町由来碑 2 西郷・山岡会見の地 8 華陽院 3 静岡鉄道日吉町駅 2 静岡鉄道音羽町駅 2 清水寺 2 音羽町駅 5 静岡鉄道長沼駅 13 菩提樹院 12 龍雲寺 10 蓮永寺・陸軍墓地 4 三松バス停 20 JR静岡駅

2. JR東海道本線静岡駅 10 駿府城跡・静岡県庁本館 1 教導石 1 駿府町奉行所址 3 札之辻址 3 静岡銀行本店 3 金座稲荷神社 15 徳川慶喜公屋敷跡 6 宝台院 10 JR静岡駅

3. JR東海道本線静岡駅 20 臨済寺前バス停 4 臨済寺 7 富春院 7 静岡浅間神社 6 山田長政屋敷跡 10 瑞龍寺 7 薩摩土手 2 妙見下バス停 15 JR静岡駅

蔦の細道・宇津ノ谷峠コース　JR東海道本線静岡駅 35 坂下バス停 3 坂下地蔵堂 10 蔦の細道岡部側入口 20 在原業平歌碑 25 静岡側入口 15 御羽織屋 2 慶竜寺 8 明治のトンネル 20 宇津ノ谷峠 20 坂下地蔵堂 3 坂下バス停 35 JR静岡駅

藤枝市内コース　東海道本線藤枝駅 15 藤枝大手バス停 6 田中城跡 12 白子由来記碑 4 蓮華寺池公園 5 蓮生寺 4 増田五郎右衛門頌徳碑 12 鬼岩寺 10 大慶寺 25 志太郡衙跡 8 志太温泉バス停 6 JR藤枝駅

島田市内コース　1. JR東海道本線島田駅 1 宗長庵跡 5 俳聖芭蕉翁遺跡塚本如舟邸阯碑 5 御陣屋稲荷神社 12 大井神社 20 大井川川越遺跡 5 向島西バス停 6 JR島田駅

2. JR東海道本線金谷駅 5 長光寺 5 旧東海道金谷坂石畳 6 芭蕉句碑 4 諏訪原城跡 3 東海道菊川坂石畳 30 菊川宿宗行卿詩碑 60 金谷駅

㉟安倍川架橋碑
㊱増善寺
㊲洞慶院
㊳丸子宿
㊴丁子屋
㊵柴屋寺
㊶誓願寺
㊷蔦の細道
㊸宇津ノ谷峠
㊹岡部宿
㊺大旅籠柏屋
㊻焼津漁港
㊼林叟院
㊽石脇城跡
㊾法華寺
㊿焼津神社
(51)田中城跡
(52)蓮華寺池公園・若王子古墳群
(53)蓮生寺
(54)鬼岩寺
(55)藤枝宿
(56)大慶寺
(57)志太郡衙跡
(58)宗長庵跡
(59)俳聖芭蕉翁遺跡塚本如舟邸阯碑
(60)大井神社
(61)大井川川越遺跡
(62)慶寿寺
(63)静居寺
(64)智満寺
(65)諏訪原城跡
(66)東海道菊川坂石畳
(67)菊川宿

1 富士川から薩埵峠へ

山と海の間の細長い平野が広がるこの地域は、道路・鉄道の大動脈が集中するため、交通関係の遺跡が多く残っている。

角倉了以翁紀功碑と常盤家住宅 ❶❷

富士川開削による舟運
間宿の小休本陣

〈M ▶ P.123, 124〉富士市岩渕
JR東海道本線富士川駅🚶25分

常盤家住宅

富士川駅前の県道396号線を右(北)へ、富士川橋に向かって20分ほど歩くと、左手に古谿荘(現、野間別荘。国重文、非公開)がある。ここは土佐(現、高知県)出身の明治の政治家田中光顕が、1909(明治42)年にたてた大広間棟や八角堂、回遊式日本庭園を配した大別荘である。

富士川駅周辺の史跡

このさきの富士川橋をすぎると、すぐ右手に角倉了以翁紀功碑と渡船「上り場」常夜灯がある。

角倉了以・素庵父子は、1607(慶長12)・1614年に、江戸幕府から富士川の開削を命じられた。父子は工事に取り組み、甲州鰍沢から駿州岩渕までの間約71kmは難工事の末に舟運が可能となり、以後、岩渕は「下り米・上り塩」の中継地として繁栄した。しかし、1911(明治44)年の国鉄中央線、1928(昭和3)年の身延線の全通によってその使命をおえた。碑は父子の功績をたたえるため、1937年

に旧富士川町(現,富士市)が建立したもので,常夜灯は富士川渡船と甲州通船の安全を祈って,1830(文政13)年にたてられたものである。

　紀功碑から道を戻り,富士川橋のやや手前を右へ細い坂道をはいる。この道が旧東海道である。やがて右手に小休本陣常盤家住宅(国登録)がみえる。岩渕は,吉原宿と蒲原宿の間宿であった。1704(宝永元)年の富士川の水害後,東海道の高台へのつけ替えが行われたのちは,東側77戸,西側75戸という宿駅なみの規模であったという。小休本陣は立場本陣ともいわれ,大名や貴人が休憩に利用した施設のことで,富士川の渡船名主の1軒であった常盤家が,遅くとも18世紀末には小休本陣をつとめていた。

　主屋は木造平屋建て・切妻造・桟瓦葺き,正面のみセガイ造で,総建坪75.38坪(約249㎡)。賓客が休憩したと思われる「上段の間」があり,富士市では2004(平成16)年から公開している。

岩渕の一里塚 ❸

〈M ▶ P.123, 124〉富士市岩渕
JR東海道本線富士川駅 🚶 25分

江戸から37里の一里塚両側に塚とエノキが残る

　常盤家住宅から旧東海道を南に5分ほど進むと,右折する手前の道の両側に,エノキの植わった岩渕の一里塚(県史跡)がある。江戸幕府は東海道の一里ごとに,約9m四方の塚をつくり樹木を植えた。これを一里塚という。江戸から37里にあたるこの一里塚は,1707(宝永4)年の東海道の経路変更と,正徳年間(1711~16)の朝鮮通信使の通行に際して設置されたものである。付近には,名産「栗の粉餅」を売る店があったといわれ,現在,富士市中之郷の菓子店で復元・改良され,販売されている。

　一里塚の前を右折せず直進すると,すぐ左手に富士市南松野の古民家を移築・復元した富士市立

岩渕の一里塚

富士川から薩埵峠へ

富士川民俗資料館(土・日曜日開館)がある。館内には，民具や農具，町内の縄文・弥生遺跡や古墳の出土品が保存されている。

蒲原宿 ❹ 〈M ▶ P.123〉静岡市清水区蒲原
JR東海道本線新蒲原駅🚶10分

浮世絵「夜之雪」の宿

　新蒲原駅前の県道396号線を西へ進み，右折すると右手に歌川(安藤)広重の浮世絵「東海道五十三次」蒲原の「夜之雪」の碑がある。そのさきで交差する道が旧東海道で，この辺りが蒲原宿の中心であった。左折して西に向かうと，左手に本陣跡の標柱がある。この現在の佐藤邸が蒲原宿の本陣(平岡本陣)跡で，大名が駕籠をおいたという御駕籠石が残っている。

　蒲原宿は，1706(宝永3)年には約300軒・約1800人，1840(天保11)年には488軒・2439人，旅籠大9軒・中16軒・小17軒という規模であった。本陣跡のさきの志田家住宅主屋(国登録，水〜日曜日公開)は，1854(安政元)年の大地震のあと再建されたもので，木造2階建て・切妻造，間口の狭い短冊形の敷地にたつ「通り土間一列型」とよばれる町屋形式の典型で，蔀戸のある家としても知られている。旧東海道はこのさきで左折し，並行して走る県道396号線と合して由比に向かう。その丁字路の左脇に，宿の西入口を示す蒲原宿西木戸の標柱がたっている。

蒲原城跡 ❺ 〈M ▶ P.123〉静岡市清水区蒲原
JR東海道本線新蒲原駅🚶40分

戦国時代，攻防の山城

　新蒲原駅の北西約1.5kmの丘陵上に，蒲原城跡がある。蒲原城が文献に登場するのは1439(永享11)年で，現在の城跡の東の峰にある狼烟場がその遺構とされる。現在の場所に城が築かれたのは，天文年間(1532〜55)と考えられている。今川氏は要地に支城を築き，

蒲原城跡

城主級の武士が城番として詰める制度をとっていたが、蒲原城は小田原北条氏との富士川以東の争乱にとって重要で、今川方の有力武士が配置されていた。

1569(永禄12)年に、今川氏真が駿河一国の処分を北条国王(のちの氏直)にゆだねたのと前後して、蒲原城には北条早雲の2男長綱の長男である北条新三郎氏信・箱根少将兄弟が入城し、武田氏の駿河侵攻に備えた。しかし同年12月、武田信玄に包囲され、城兵は巧みにおびきだされ、北条兄弟も討死、落城した。

翌年、山県三郎兵衛昌景が入城し、蒲原・清水の武士を統合し、蒲原衆として城の守りにあたらせたが、1582(天正10)年徳川・織田連合軍に攻められ落城した。以後は徳川氏の管理下にはいり、1600(慶長5)年ごろに廃城となったようである。城跡は整備され、現在は公園になっている。

新蒲原駅の北東、蒲原中学校のところに浄瑠璃姫の墓がある。浄瑠璃姫は三河国矢作(現、愛知県岡崎市)の宿の長者の娘で、奥州にくだる源義経を追ってきたが、ここ吹上ノ浜で亡くなったという。なお、この辺りは蒲原城を攻略したときの、武田氏の本陣があった場所とも伝えられている。

由比宿と東海道広重美術館 ❻
054-375-4454(東海道広重美術館)

〈M ▶ P. 123, 128〉静岡市清水区由比／清水区由比297-1
JR東海道本線蒲原・由比駅 🚶 20分

本陣跡の広重美術館
由井正雪伝説の紺屋

蒲原駅前の県道396号線(旧東海道)を西へ進み、東名高速道路の下をくぐると、道は右の県道396号線と左の旧東海道に分かれて清水区由比にはいる。由比宿は東海道五十三次の16番目の宿で、現在の蒲原駅と由比駅の中間に位置する。江戸時代後期の1843(天保14)年には、旅籠大1軒・中10軒・小21軒、人口約700人と小規模な宿であった。

東木戸の場所は枡形道路となっており、その位置が確認できる。本陣の跡は、正門・石垣・木塀・馬の水飲み場などが修築・復元され、由比本陣公園になっている。公園内の東海道広重美術館は、歌川(安藤)広重の作品を中心に、約1200点の版画を所蔵し、由比宿関係の資料とともに展示している。

富士川から薩埵峠へ

由比宿本陣跡

本陣公園の前には、1651(慶安4)年の慶安事件で知られる由井正雪の生家といわれる正雪紺屋がある。屋内には土間に埋められた藍瓶などの染物用具や、天井からつり下げられた用心籠などがあり、昔の紺屋のようすがうかがえる。

そのさきの清水銀行由比支店本町特別出張所(国登録)は、1900(明治33)年創業の庚子銀行本店として、1925(大正14)年に竣工したものである。正面に4本のイオニア式柱頭をかざる柱のある、新古典主義の様式である。

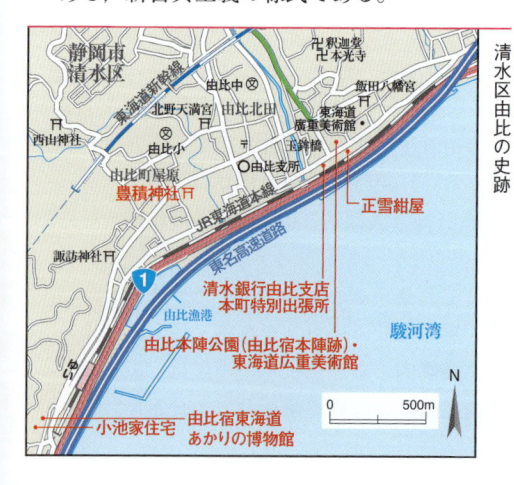

正雪紺屋

本陣公園と由比駅の中間辺り、旧東海道から北にはいったところに、豊積神社(祭神木之花咲耶姫命)がある。この神社に伝わるお太鼓祭り(県民俗)は、大太鼓を太い棒につるし、青年がかわるがわるかつぎながら、町内をうたいまわる祭り

清水区由比の史跡

128　富士川から大井川へ

で知られる。祭りは，797（延暦16）年坂上田村麻呂が東征の途中，豊積神社に戦勝祈願をし，帰路戦勝報告に立ち寄った際に，元旦より3日間もよおした祝賀の宴が起源と伝えられる。歌は独唱と斉唱が交互に続き，力強くうたわれ，歌詞は500番近くある。

薩埵峠 ❼

〈M ▶ P.123〉静岡市清水区由比・興津の境
JR東海道本線由比駅・興津駅 🚶50分

東海道の難所の1つ 富士山と駿河湾の眺望

　由比駅前の道を左に進み，県道396号線との合流点の右前方の小道(旧東海道)を進むと寺尾地区にはいる。村の名主をつとめた小池家は，明治時代の建築ながら名主宅の面影を残し，東海道名主の館**小池家住宅**(国登録)として公開されている。向い側に**由比宿東海道あかりの博物館**(TEL054-375-6824，要事前連絡)がある。

　東倉沢をすぎて西倉沢にはいると，由比・興津両宿の中間にあたり，薩埵峠の難所をひかえて間宿がおかれたところであり，文人・墨客が訪れた望嶽亭藤屋もある。江戸から40番目の一里塚(現在は標柱のみ)もあった。ここから駿河湾の雄大な景色をみながら進むと，風景案内のある駐車場にでる。そこから展望台までの間は，とくに富士山や駿河湾などの眺めがよい。

　薩埵峠は，万葉の昔から難所として知られ，山道をとおるか，波打ちぎわを駆け抜けるかという選択をせまられる場所であった。南北朝時代には足利尊氏・直義兄弟，戦国時代には武田信玄と今川氏真・北条氏政がたたかった古戦場でもある。山道は1655(明暦元)年に朝鮮通信使来日の際に整備された。海沿いの道は1854(安政元)年の大地震で，土地が隆起したことにより通行が便利になり，陸上交通の中心は海沿いの道に移った。薩埵峠のいわれは，平安時代末期に，海中から引き揚げられた地蔵薩埵像を山上にまつったことに由来すると伝えられる。

薩埵峠

富士川から薩埵峠へ

② 港と伝説の清水区

羽衣伝説や日本武尊の東征伝説に彩られた清水区。近世廻船問屋で賑わった港は国際港に発展した。

興津宿と清見寺 ❽❾
054-369-0028（清見寺）

〈M ▶ P. 122, 123, 131〉静岡市清水区興津清見寺町 418-1

JR東海道本線興津駅🚶15分

朝鮮通信使遺跡の寺
元老西園寺公望の別荘跡

　興津駅前の道は旧東海道で，東海道五十三次17番目の宿場興津宿にあたるが，当時の面影はほとんどない。駅前から東へ5分ほど歩くと，身延道（甲州街道）の分岐点がある。ここは，興津宿の東端にあたり，身延山への参詣者で賑わった往時の繁栄を伝えるかのように，いくつもの立派な石造の道標が残されている。

　興津駅前から旧東海道を西へ10分ほど歩くと，左手に興津宿の脇本陣をつとめた水口屋がある。水口屋は1868（明治元）年，江戸へ向かう途中の明治天皇の休息所とされた。明治時代以降は，岩倉具視や伊藤博文らをはじめ，政財界の有力者たちが数多く宿泊した。第二次世界大戦後は，オリヴァー・スタットラーの小説『ニッポンの歴史の宿』で，アメリカに紹介された。1985（昭和60）年に廃業したが，現在は，その一部がフェルケール博物館別館「水口屋ギャラリー」として公開されている。この向かいが西（手塚）本陣があったところで，「興津宿西本陣址」の標柱がたっている。

　水口屋から5分ほど西へ進むと，右手に清見寺（臨済宗）がある。清見寺は，天武天皇のときに，清見関をまもるためにたてられた仏堂が創建と伝えられており，門前には「清見関跡」の標柱がたっている。清見関は，清少納言の『枕草子』に，逢坂関などとともに紹介されている関である。清見寺は，室町時代には「五山十

清見寺総門

富士川から大井川へ

「刹」の十刹とされたが、しだいに荒廃した。それを1539(天文8)年に、今川義元の軍師であった太原崇孚(雪斎)が再興し、清見寺の1世となった。この太原に学んだのが、当時今川氏の人質となっていた徳川家康で、境内には家康が植えた臥龍梅とよばれるウメの古木がある。家康が好んだという清見寺庭園は、国の名勝となっている。

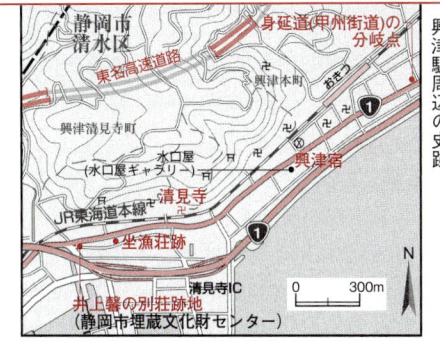

興津駅周辺の史跡

　境内にある「正和三(1314)年」銘の梵鐘(県文化)は、1314(正和3)年の鋳造で、1590(天正18)年に豊臣秀吉が小田原を征討する際に、韮山城攻めの陣鐘として利用されたもので、高山樗牛の「清見寺の鐘声」にもうたわれた。海岸から近い景勝地で、江戸時代には朝鮮通信使がしばしば立ち寄り、多くの書を揮毫している。総門の「東海名區」の扁額は、朝鮮通信使玄徳潤(錦谷)の筆である。境内は朝鮮通信使遺跡(国史跡)で、境内奥には、1610(慶長15)年にたてられた琉球の具志頭王子の墓がある。境内の斜面には、五百羅漢がある。1793(寛政5)年に完成したといわれ、島崎藤村の小説『桜の実の熟する時』に描かれている。

　清見寺は明治時代に、東海道本線の敷設により境内が分断されてしまったが、明治天皇や皇太子時代の大正天皇が海水浴に訪れた際の御在所や昭和天皇の宿舎となり、多くの文人も訪れた。清見寺には、宋版石林先生尚書伝(国重文)、木造足利尊氏坐像(附木造厨子)・紙本墨画淡彩山水花鳥図押絵貼屏風・紙本墨画達磨像・鼇山文庫・清見寺朝鮮通信使関係資料(いずれも県文化)や、多くの文学碑が残されている。2017(平成29)年に、ユネスコの世界記憶遺産に日韓共同申請した清見寺朝鮮通信使詩書が登録された。

　清見寺から旧東海道を西へ300mほどいったところに、西園寺公望の別荘であった坐漁荘跡がある。西園寺は、昭和時代初期に唯一の元老として、後継首相の選任などで政界に重きをなしたため、1940(昭和15)年にここで亡くなるまで、「興津詣」といわれる政財

港と伝説の清水区　　131

界要人の訪問がたえなかった。建物は1970(昭和45)年に解体され、愛知県犬山市の博物館明治村に移築された。現在、跡地には復元家屋がたち、公開されている。

坐漁荘跡からさらに西へ300mほどいった海側に、長州藩(現、山口県)出身の政治家井上馨の別荘跡地があり、銅像がたっている。現在は静岡市埋蔵文化財センターがある。かつて、武田氏に滅ぼされた清見長者の邸宅があったと伝えられ、その子が寄進したという鰐口(県文化)が、清水区茂畑の一渓寺(臨済宗)に残されている。

小島陣屋跡 ❿

〈M ▶ P. 122, 133〉静岡市清水区小島本町
JR東海道本線清水駅・興津駅🚌三保山の手線但沼車庫行小島🚶10分

1万石の小藩の陣屋跡　藩主の菩提寺龍津寺

興津駅南東の国道1号線は、興津中町交差点で国道52号線に分岐し、この道は旧身延道に沿って走る。小島バス停から52号線を戻り、2つ目の信号を右にはいると、小島陣屋跡(国史跡)がある。小島藩は譜代大名であった滝脇松平氏2代目の松平信治が、駿河・武蔵・上野3国に分散していた1万石の領地を、駿河国庵原・有度・安倍3郡にまとめられたのを契機に、1704(宝永元)年この地に陣屋を構えたことにはじまる。以後滝脇松平氏は、1868(明治元)年に上総国桜井(現、千葉県木更津市)へ転封となるまで、10代164年にわたって小島を領した。黄表紙作家として著名な恋川春町(本名倉橋格)は、小島藩の江戸詰の藩士であった。

明治維新後、陣屋の建物は小島藩学問所の後身である包蒙舎小学校校舎として用いられたが、1928(昭和3)年に、小学校移転のため取りこわされた。現在は跡地の大半が茶畑となっているが、縄張りはほぼ残っており、枡形をもった大手門・石垣・井戸が現存して

小島陣屋跡

いる。裏門があった場所付近に、小島陣屋の見取図を示した案内板が設置されている。なお、小島バス停の前に、小島陣屋の書院が移築されて残っている。

小島陣屋跡周辺の史跡

小島バス停の1つ前の栗原バス停の北に、龍津寺（臨済宗）がある。江戸時代には小島藩主の菩提寺となり、境内には小島藩3代藩主松平昌信の墓がある。

栗原バス停の1つ前の承元寺入口バス停から、すぐ東側を流れる興津川を八幡橋で渡り北へ進むと、承元寺（臨済宗）がある。承元寺は正式には神護山承元安国禅寺といい、寺号が示すとおり、承元年間（1207～11）の創建とみられる。承元寺は、足利尊氏が全国に安国寺をおいた際に、駿河国の安国寺とされた。山門をはいった右手に「駿河安国寺旧址」の石碑がたっている。

清水港周辺 ⓫

〈M ▶ P. 122, 136〉静岡市清水区港町・新港町
JR東海道本線清水駅🚃三保方面行港橋🚶すぐ

鎌倉時代以来の良港
侠客清水次郎長

三保の岬が天然の防波堤となって形成された清水港は、鎌倉～室町時代には江尻湊（津）とよばれていた。戦国時代になると、江尻湊にかわって清水湊の呼称が一般的になった。今川氏を滅ぼして駿河国を手にいれた武田信玄は、北条水軍に対抗するため、馬場信房に命じて清水城を築かせ、武田水軍の拠点とした。江戸時代となり、征夷大将軍を辞した徳川家康は、1607（慶長12）年駿府城にはいった。家康は清水城の堀を埋めて町屋を建設し、1615（元和元）年には42軒の廻船問屋に営業権をあたえた。以後、清水湊は江戸・大坂間の物資輸送の中継基地として、多くの廻船で賑わった。

1899（明治32）年に開港場に指定された清水港は、以

船宿末廣

港と伝説の清水区

壮士墓

後，国際貿易港として発展していくとともに，近年は観光資源としての整備が進んでいる。

清水駅前のさつき通りとよばれる道路の南端付近で巴川にかかる橋を港橋という。この辺りは，江戸時代に港の中心として栄えた場所である。この場所に，復元された船宿末廣がある。末廣は1886(明治19)年に山本長五郎(侠客清水次郎長)が，清水波止場に開業した船宿である。1919(大正8)年に長五郎の養女けんが売却し，1938(昭和13)年には場所も移転したが，当時の部材を利用して，2001(平成13)年に復元された。内部には民俗資料などが展示されている。

さつき通りをはさんで末廣とは反対側の巴川川端に，甲州廻米置場跡の石碑がたっている。江戸時代に甲州からの年貢米は富士川をくだってここに集められ，海路で江戸に運ばれた。

港橋から巴川東岸沿いに河口へ向かって5分ほど歩くと，咸臨丸乗組員を葬った壮士墓がある。咸臨丸は江戸幕府の軍艦で，1868(明治元)年8月，元海軍総裁榎本武揚に率いられて品川を脱出し蝦夷地(現，北海道)へ向かったが，暴風雨のために漂流して清水港に避難した。ところが，官軍の軍艦の攻撃をうけて乗組員は殺され，遺体は地元住民が官軍を恐れたため放置されて港を漂っていた。これをみた清水次郎長は，子分たちを指図して巴川畔に埋葬した。これを知って感激した旧幕臣山岡鉄舟が「壮士墓」という墓碑銘を贈ったのである。

港橋に戻って橋を渡ると，次郎長通りとよばれる商店街がある。この通りは，江戸時代の清水町の町並みであり，その一画に次郎長生家がある。ここには次郎長が使用した道具類が当時のまま保存されている。

次郎長生家から西方へ徒歩5分ほどのところに，梅蔭寺(臨済宗)

清水次郎長

コラム 人

維新で改心した侠客 清水の発展に寄与

清水次郎長は、本名を山本長五郎といい、1820(文政3)年に現、静岡市清水区美濃輪の、「薪三」という薪や炭をあきなう船持船頭三右衛門の2男として生まれた。母方の叔父である米屋山本次郎八の養子になったが、乱暴者で、けんかをきっかけに家出し、やくざ者となった。次郎長といえば、森の石松の金毘羅代参、吉良の仁吉を助けての荒神山の決闘などが浪花節で有名だが、その大部分はフィクションである。

明治維新後は、咸臨丸乗組員を手厚く埋葬したこともあって、旧幕臣で静岡藩権大参事の山岡鉄舟に引き立てられ、心をいれかえていった。1874(明治7)年、次郎長は静岡権令大迫貞清に説得されて、富士の裾野の開墾に取り組んだ。そして、清水港の整備や、清水・横浜間の蒸気船定期航路の開設にも助力した。また、船宿末廣を開業するとともに、その一室に英語塾を開いた。1893(明治26)年に73歳で死去、末廣は妻のおちょうが引きついだ。

があり、次郎長の墓がある。その墓碑銘「侠客次郎長之墓」は当時、逓信大臣であった榎本武揚が書いたものである。

梅蔭寺の前の通りを北へ15分ほど歩くと、禅叢寺(臨済宗)がある。ここは、紙本淡彩蛤蜊観音像と紙本墨画東照大権現像(いずれも県文化)を所蔵している。

港橋に戻って、そこから港へ向かうと、突き当りに清水マリンパークがある。その一画に清水港テルファー(国登録)がある。これは1928(昭和3)年、この地にあった清水港駅での木材積込みのために建設された鉄道施設である。延長110mのコの字形をしており、往時には運転手室つきの電動捲揚装置が走行していた。

波止場フェルケール博物館バス停の前には、フェルケール博物館がある。フェルケールとはドイツ語で「交通」を意味する言葉で、

清水港テルファー

港と伝説の清水区

清水港周辺の史跡

清水港の誕生から現在、未来までをも展望できる港湾資料館である。館内には缶詰記念館があり、清水の地場産業である缶詰産業の資料も展示されている。

港橋とJR清水駅の中間辺りに静岡鉄道新清水駅がある。その西北、清水区銀座・江尻町の辺りには、東海道五十三次18番目の宿場である江尻宿があったが、今はその面影をまったくとどめていない。旧江尻宿の北側にあたる小芝神社と江尻小学校の辺りは、武田信玄が1569(永禄12)年に築いた江尻城跡であるが、これも面影はなく、ただ二の丸や大手といった地名が残るのみである。なお、江尻城主であった穴山梅雪の肖像画、伝土佐光吉筆の絹本著色穴山梅雪画像(県文化)は、清水区興津井上町の霊泉寺(臨済宗)に所蔵されている。

御穂神社 ⑫
054-334-0828

〈M▶P.123, 137〉静岡市清水区三保1073
JR東海道本線清水駅🚌三保方面行松原入口🚶10分、または清水駅⛴水上バス塚間🚶30分

羽衣伝説の地
国の名勝三保の松原

清水港の東部に位置する通称三保半島は、地理学的には安倍川から海に流出した土砂が海岸に堆積して形成された砂嘴である。ここには、東海大学海洋学部や海洋科学博物館、自然史博物館、国立清水海上技術短期大学校などがあり、文教地区を形成している。また、海水浴場もあり、夏には多くの観光客で賑わう。しかし、近年は半

清水灯台(三保灯台)

島東側の海岸浸蝕が進み、その対策が急がれている。

　清水駅東口から水上バスで港を渡り、塚間で下船するとすぐに、御穂神社の常夜灯2基と鳥居の根本部分がある。鎌倉時代以降、清見関とここを結ぶ塚間の渡しを利用した名残りである。

　塚間から道なりに30分ほど南へ歩くと、御穂神社(祭神大己貴命・三穂津姫命)に到着する。御穂神社は『延喜式』式内社で、創建年代は不明であるが、付近の宮道東遺跡から和同開珎が発見されており、古くから人の往来があったことをうかがわせる。御穂神社は航海・漁業の神として信仰を集めてきたが、一方では近世まで三保半島全体の領主としての顔ももっており、住民との紛争もあった。三保の松原は日本新三景、日本三大松原の1つの名勝地であり、2013年にはユネスコの世界文化遺産「富士山」の構成資産に認定されている。

　神社前の神の道と名づけられた松並木を南へ向かうと、羽衣の松に着く。三保の松原のほぼ中心に位置する羽衣の松は、天女が舞いおりたという羽衣伝説で知られている。羽衣伝説は『駿河国風土記』にも記されていた古くからの伝承で、室町時代に、この伝説に駿河舞を結びつけて完成したのが、世阿弥の謡曲「羽衣」である。この謡曲をもとにした「三保羽衣薪能」は毎年、羽衣の松を能の鏡板にみたてた特設舞台で披露される。また、御穂神社に伝わる「羽衣の舞」は、毎年2月15日・11月1日の祭礼の際に舞殿で奉納さ

三保の史跡

港と伝説の清水区

甲飛予科練之像

れる。また、三保の松原の案内施設の静岡市三保松原文化創造センター「みほしるべ」もある。

　羽衣の松から海岸沿いの遊歩道を、三保半島の先端に向かって20分ほど歩くと、清水灯台(三保灯台)の白い塔がみえてくる。清水灯台は八角形の塔で、地上から塔頂まで18mほどの高さである。この灯台は、1912(明治45)年に設置された、日本では最初の鉄筋コンクリート造りの灯台で、Aランクの保存灯台の1つである。

　灯台の海側には幅20m・長さ500mの小さな滑走路がある。大正時代につくられた三保飛行場である。現在は、災害救難のための赤十字飛行隊訓練基地となっている。かつては、東京の羽田と清水を結ぶ、水上機による旅客航路があった。東京航空輸送社が運行したこの航路に、1931(昭和6)年、日本初の客室乗務員が登場したことは、あまり知られていない。

　灯台の近くに、甲飛予科練之像がたっている。1944(昭和19)年9月から約10カ月間この地にあった、予科練教程専門の練習航空隊、清水海軍航空隊を記念したものである。隊員たちは訓練にはげんだが、戦況の悪化から1945年6月に航空隊は解隊となり、全員が水際特攻隊へ編入された。三保半島には、特攻兵器の格納庫であったといわれる倉庫がいくつか残されている。

草薙神社とその周辺 ⓭
054-345-8426

〈M ▶ P. 122, 140〉静岡市清水区草薙349 Ｐ
JR東海道本線草薙駅・静岡鉄道草薙駅 🚶20分

日本武尊伝説の地
清水港への分岐点追分

　草薙駅の南丘陵には、静岡県立大学・静岡県立中央図書館・静岡県立美術館が並び、文教地区となっている。静岡鉄道草薙駅の南側を東西に走る道路は、旧東海道である。この道を渡って坂をのぼっていくと、右手に瓢箪塚古墳がみえてくる。全長40mほどの前方後円墳で、6世紀初期の古墳時代後期につくられたと推定され、被葬者は廬原の首長の1人と考えられている。この付近には、ほかに

138　富士川から大井川へ

草薙神社

もいくつかの古墳が点在していたが，開発が進み，現在は道を隔てた東北側に，円墳1基を残すのみとなっている。

坂をのぼりきり，県立大学に沿って右手に進むと静岡県立美術館にでる。同館は絵画・彫刻・書跡など1337点を所蔵している。このなかには池大雅筆の紙本著色蘭亭曲水龍山勝会図，後嵯峨上皇幸西園寺詠甎花和歌 幷 序，山背国愛宕郡天平四年計帳残巻，写経奉請状天平勝宝四年四月の4点の国の重要文化財がある。

道を県立大学まで戻り，坂をのぼりきったところを左手にくだり，つつじケ丘団地入口バス停を右手に進むと，草薙神社（祭神日本武尊）がある。草薙神社は，日本武尊がこの付近で豪族にだまされ焼打ちにあったとき，天叢雲剣で辺りの草を薙ぎ払い，向かい火をして難をのがれたという伝説からうまれた古社で，『延喜式』式内社である。同じく式内社の東久佐奈岐神社（祭神弟橘媛）が，清水区山切にある。

9月20日前後に行われる秋の例大祭では，ロケット式の草薙神社の龍勢花火（県民俗）が打ちあげられる。戦国時代にはじまったとされるが，その技法は口秘伝でうけつがれ，江戸時代後期から例大祭で行われるようになった。

草薙神社の北東には，首塚稲荷がある。これは，日本武尊に討たれた豪族の首を埋めてつくった塚がその起源といわれている。

旧東海道にでて東へ20分ほど歩き，分かれ道を左にしばらくいくと，右手に十七夜山千手寺（黄檗宗）がある。境内には句碑が多い。また寺の奥には，夢のお告げで浅

久能寺観音道の道標

港と伝説の清水区

草薙神社周辺の史跡

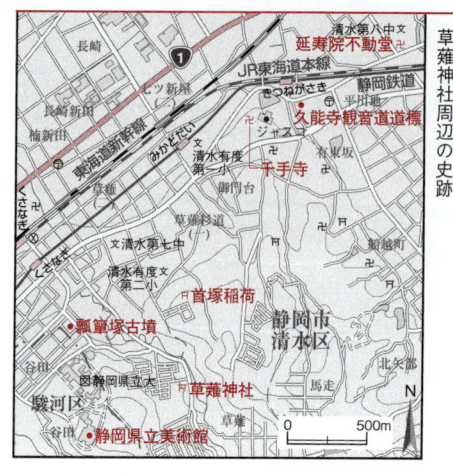

畑（現、静岡市葵区）から不動を移してまつったという伝説をもつ上原鎮守十七夜宮がある。千手寺の近くに「久能寺観音道」ときざまれた石造の道標がある。この道標は1778（安永7）年にたてられたもので、東海道から分岐して久能寺に至る道を示したものである。

この道標から、旧東海道を東に20分ほど歩いた左手に、延寿院不動堂（真言宗、県文化）がある。木造平屋建て・茅葺き形銅板葺きで、室町時代末期から江戸時代初期の形態を保っている数少ない建物である。1668（寛文8）年に、清水区大内にある霊山寺の本堂を移築したものと伝えられている。当初は茅葺きであったが、解体・復元工事の際に、茅葺き形銅板葺きに改められた。

延寿院の東方には追分羊羹店がある。店の創業は1695（元禄8）年と伝えられ、追分羊羹は今でも静岡県の名物の代表格である。追分羊羹は、竹の皮で包んだ蒸し羊羹で、品名がそのまま店名となっている。追分の名のとおり、追分羊羹店の辺りは港へ至る道の分岐点であり、店前には「是よりしみづ道」の道標がたっている。

鉄舟寺 ⑭
054-334-1203

〈M ▶ P. 122, 136〉静岡市清水区村松2188 P
JR東海道本線清水駅 港南厚生病院線 忠 霊塔行鉄舟寺 1分

山岡鉄舟の菩提寺
久能寺経は国宝

バスをおりると、鉄舟寺（臨済宗）の山門がある。鉄舟寺はもと久能寺といって、現在の久能山にあった。推古天皇の時代に久能忠仁によって創建され、奈良時代に行基によって中興されたと伝えられるが、実際は平安時代初期の創建と考えられている。戦国時代に、武田信玄が駿河に進出すると、久能山に城を築いたため、1575（天正3）年、寺は現在の場所に移された。明治維新後は寺領もなくなり、無住となってしまった。しかし、1883（明治16）年、旧幕臣であった山岡鉄舟（鉄太郎）がこれを惜しみ、臨済寺の今川貞山を中興

富士川から大井川へ

鉄舟寺

開山に迎えて再興し、寺号も鉄舟寺と改めた。鉄舟が没すると、魚商の芝野栄七が遺志をつぎ、1910(明治43)年になってようやく完成した。もとは天台宗であったが、現在は臨済宗に属している。境内には鉄舟の墓がある。

　鉄舟寺にはさまざまな文化財が残されている。東京国立博物館に寄託されている1141(永治元)年作の法華経(久能寺経)(国宝)、「康治元(1142)年」の銘がある錫杖(国重文)、行基作と伝えられる木造千手観音菩薩立像、舞楽面陵王、紙本墨書大般若経(いずれも県文化)、源新羅三郎義光伝来薄墨笛などがある。宝物館でその一部が公開されていたが、現在は閉館中である。

龍華寺 ⓯　〈M ▶ P. 122, 136〉静岡市清水区村松2085　P
054-334-2858　　JR東海道本線清水駅🚌港南厚生病院線忠霊塔行龍華寺🚶1分

高山樗牛の菩提寺
ソテツと眺望がみごと

　鉄舟寺の南方300mほどのところに、観富山龍華寺(日蓮宗)がある。龍華寺は1670(寛文10)年、日近上人により開かれた。鉄舟寺と並んで有度丘陵北麓の山裾にあり、富士山の眺めがみごとである。観富園という須弥山式庭園があり、その山側には明治の文豪高山樗牛の墓と、彫刻家朝倉文夫の制作になる樗牛の胸像がある。樗牛は山形県の出身であるが、2度興津で療養し、日蓮上人を尊敬していたこともあって日蓮宗のこの寺に埋葬することを遺言して没した。墓には「吾人は須らく現代を超越せざるべからず」の言葉がきざまれている。また、境内の清水港側には、樹齢1100年と推定されるソテツ(国天然)がある。

　龍華寺門前の道を清水港方向へ500mほどいった南側に、海長寺(日蓮宗)がある。平安時代に開山されたと伝えられており、「天福元(1233)年」の銘がある鉄製釣燈籠、元(中国)で制作された「元統元(1333)年」銘のある紺紙銀字妙法蓮華経(ともに県文化)を所蔵している。

港と伝説の清水区

高山樗牛の墓(龍華寺)

龍華寺門前に戻り南へ700mほどいくと、天王山遺跡がある。現在は遺跡の場所を示す石碑と案内板だけだが、縄文時代晩期の土器・石器・住居跡・墓跡などが発掘され、出土遺物は一括して県指定になった。

| 霊山寺 ⓰ | 〈M ► P. 122〉静岡市清水区大内597　P　JR東海道本線清水駅🚌北街道線静岡駅方面行大内観音入口🚶50分 |

駿河21番の観音霊場　仁王門は重要文化財

巴川をはさんで有度丘陵の対岸の山裾沿いに、北街道とよばれる県道67号線が走っている。この道は中世の東海道で、沿道には多くの寺社が点在している。

その1つに霊山寺(真言宗)がある。駿河三十三観音霊場21番の札所である同寺は、地元では「大内の観音さん」として親しまれており、奈良時代に行基が開山したと伝えられる。寺は帆掛山の中腹、標高150mの山中にあるため、登山道の入口にある駐車場から30分ほどのぼる。途中、仁王の力石とよばれる大きな石がある。疲れたときにこの石の足跡を踏むと、足の疲れがとれるという。

仁王門(国重文)は、1516(永正13)年に建立された寄棟造・茅葺き屋根のどっしりとした建物で、両脇の木造金剛力士像(県文化)は鎌倉前期の制作である。

仁王門をくぐり、右手に鐘突堂をみながら石段をのぼると、1756(宝暦6)年に再建された本堂にでる。本堂にある鰐口(県文化)は、今川氏につかえ、のち穴山梅雪の家臣になった石井対馬守が、1582(天正10)年に奉納したものである。

本堂の右側を奥へ進むと、帆掛山山頂へ続く山道がある。この道を30分ほどのぼると、標高304mの山頂にある一本松公園に着く。公園名の由来となっている一本松は、昔は沖をいく船からもみることができたという。そのため山を船に、一本松を帆柱にたとえ、

富士川から大井川へ

身延道

コラム

日蓮宗総本山への参詣の道

駿河国(現,静岡県中央部)から身延を経て甲斐国(現,山梨県)へつうじる身延道は,河内路・駿甲脇往還ともよばれ,また,駿河側からは甲州往還,甲斐側からは駿州往還ともよばれた。現在は,甲州街道・身延街道の名が使われている。身延道の名は,日蓮宗の総本山身延山久遠寺への参詣道であったことによる。

江戸時代,東海道から甲斐国の万沢宿(山梨県南巨摩郡南部町)までは道筋が3筋あった。興津(静岡県清水区)から小島・宍原(同市清水区)を経て万沢へ,由比(同市清水区)から内房(富士宮市)を経て万沢へ,岩渕(富士市)から南・北松野(富士市)・内房を経て万沢に至るものである。東海道を西からくだる旅人は興津から,東からのぼる旅人は岩渕からはいり,由比からの道はあまり利用されなかったようである。

興津からの道は,戦国時代今川・武田両氏が利用した道で,江戸時代になると身延山への参詣者も多くなり,1724(享保9)年に甲府勤番が,1790(寛政2)年に駿府勤番が設けられると役人の往来も加わった。このため宍原宿では,1747(延享4)年に人足22～23人・馬15～16匹を備え,常に5人5匹を待機させていた。険しい山道が続く身延道では,荷物の運搬は東海道の2～3倍の労力を必要としたといわれる。

JR東海道本線興津駅から南の国道1号線(旧東海道)にでて東に進むと,右手身延道との分岐点に8本の碑や道標と「身延道」の案内板がたっている。このうちもっとも大きい「南無妙法蓮華経」ときざまれた題目碑は,1654(承応3)年のものである。「身延山道」ときざまれた1693(元禄6)年の道標には,「宍原江四里 萬沢江三里 南部江三里 身延江三里」ときざまれており,興津から身延まで13里(約51km)であったことがわかる。身延道は,現在の国道52号線に沿って北上するが,但沼(静岡県清水区)まではほとんど一致することはなく,ときに交差しながら52号線の左右を北上する山道である。

但沼で興津川を渡ると,宍原までは南流する小河内川を何度も渡りながら北上するため,かつては四十八瀬の難路といわれた。

宍原は身延道の駿河側唯一の宿で,1659(万治2)年に書かれた『身延のみちの記』にも「ししばらにて みなやすむ」と記されている。この辺りでは,身延道は52号線の左側を北上する。この道の右側の白い塀の家が,宍原村の名主を代々つとめ,問屋も兼ねた鈴木家である。

宍原をでると,身延道は52号線と合流する手前で右手の山道には

いるが，現在は使われていない。かつてこの道は険しい山道のため，長峯三里とよばれた。52号線は身延道の東を北上して富士宮市内房地区にはいり，駿河と甲斐の国境を東流する境川の辺りで，西に向きをかえ万沢へと向かう。この国境（県境）付近で52号線と合流する道が，岩渕から北上してくるもう1つの身延道である。

岩渕からの身延道は身延まで11里（約43km）で，富士川の右岸をとおる県道10号線に沿う道である。富士川橋の西のたもと，南下する県道396号線の西側が旧東海道である。旧東海道から北にはいると，光栄寺（日蓮宗）がある。石段のかたわらに，1731（享保16）年にたてられた題目道標があり，「身延山道　北松野江一里半　万澤江三里

半　南部江三里　身延江三里」ときざまれている。道標の前の道が身延道で，県道10号線とたびたび交差しながら松野から内房へはいり，東流して富士川に流れ込む境川に沿って西上し，興津からの身延道と合流する。

現在，この身延道は，道標や常夜灯などが点在するものの，家屋や新道の建設，あるいは廃道となった部分もあって，道筋が不明になっているところが多い。

身延道興津入口

帆掛山の名がついたといわれている。現在は往時の一本松はなく，新しいマツが植えられている。

一本松公園から，西方にある梶原山公園へいくことができる。公園の名は，梶原景時父子の終焉の地であることからつけられ，父子の供養塔がたっている。

梶原堂 ⑰　〈M▶P.122〉静岡市清水区大内841-64
JR東海道本線清水駅🚌北街道線静岡駅行大内西🚶5分

梶原一族滅亡の地　駿河武士活躍の跡

大内西バス停より西へ進み，右手にある「梶原景時を祀る梶原堂」の石柱の道を右折し，案内板にしたがって進むと，左手に梶原堂がみえる。梶原堂は，この辺りで非業の死をとげた，梶原景時一族の霊をまつったものである。

梶原景時は源頼朝の信任が厚く，頼朝の死後も幕府内で重んじら

富士川から大井川へ

梶原景時一族の供養碑(高源寺)

れたが、2代将軍頼家に小山朝光を讒言したことから、和田義盛・三浦義村・畠山重忠ら66人の有力御家人によって鎌倉を追放された。1200(正治2)年、再起をはかるために京へ向かう途中、庵原・飯田・吉川・渋河・船越・矢部など、現清水区内の地名を名字とする武士たちと合戦になり、一族郎党33人がここに滅び、首は東海道の路頭にさらされた。はじめは梶原山龍泉寺という寺に一族はまつられていたが、火災にあい寺院は廃寺となったため、1962(昭和37)年、現在地に移されてこの堂がたてられた。堂の右手には崩れた数基の墓があるが、景時以下一族の墓であるという。

　なお、ここより南東にあたる現清水区吉川に本拠をおいた吉川氏は、承久の乱(1221年)でも活躍し、地頭として安芸国(現、広島県)に赴任した。その子孫は戦国大名毛利氏の一族となり、江戸時代は、長州藩の配下にあって周防国岩国(現、山口県岩国市)で6万石を領した。

　梶原堂から再び北街道へでて東へ向かい、塩田川で左折して川を30分ほどさかのぼると、光福寺(曹洞宗)に着く。本堂(県文化)は、1927(昭和2)年にたてられた、日本最古の鉄筋コンクリート造りの建物で、和洋折衷の独創的な外観が特徴的である。

　光福寺近くの柏尾バス停から清水駅方面行きのバスに15分ほど乗り、高橋バス停でおりると、高源寺(臨済宗)がある。北街道に面した境内には、「不盡乾坤燈外燈龍没」ときざまれた梶原景時一族の供養碑がある。

港と伝説の清水区

③ 駿河区東部から谷津山周辺へ

登呂遺跡・片山廃寺跡・久能山の国史跡を中心に，静岡市の原始から近代までの史跡めぐりが楽しめる。

久能山東照宮 ⑱
054-237-2438

〈M ▶ P. 122, 147〉静岡市駿河区根古屋390
JR東海道本線静岡駅🚌静岡久能山線久能山下行終点
🚶25分

徳川家康の霊廟極彩色の権現造

　久能山下バス停から約200m戻ると，右手に鳥居がみえる。ここから1159(いちいちごくろう)段の石段をのぼると久能山東照宮である。

　標高270mの久能山(国史跡)は，有度山の山頂平坦部である日本平(国名勝)の南に位置する。『久能寺縁起』には，推古天皇の時代(592〜628)に久能寺が開かれたとあるが，実際の創建は平安時代初期と考えられている。1568(永禄11)年，武田信玄が駿河に侵攻したとき，その要害に目をつけ，久能寺を現在の清水区村松に移して久能山城を築いた。1582(天正10)年武田氏が滅ぶと徳川家康のものとなり，家康が1616(元和2)年4月駿府城で没すると，その遺言によってここに葬られた。2代将軍秀忠は，朝廷より東照大権現の神号を贈られた父家康のために，弟の駿府城主頼宣(紀州〈現，和歌山県〉徳川家の祖)を総奉行として，翌5月から霊廟の造営にかかり，翌年12月に完成した。これが現在の東照宮である。

　鳥居から15分ほどのぼると一の門に着く。この辺りからは眼下に駿河湾がのぞめる。門をはいると，門の守衛にあたった与力の詰所である門衛所がある。さらに2分ほどのぼると，右手に武田信玄の家来山本勘助が掘ったと伝えられる勘助井戸がある。その上が久能山東照宮博物館で，国宝の真恒の太刀や，家康が没する直前試し斬り

久能山東照宮拝殿

146　富士川から大井川へ

神廟(徳川家康廟)

をして「我この剣をもって永く子孫を鎮護すべし」といって枕もとにおいたという三池の太刀をはじめとする刀剣13口，家康が関ヶ原の戦いで着用した歯朶具足とほか2領の具足，スペイン国王フェリペ3世が1611(慶長16)年に家康に献上した置時計をはじめとする徳川家康関係資料73種(いずれも国重文)など，総数2000点におよぶ文化財が所蔵され，展示されている。

博物館のさきの楼門(国重文)は，後水尾天皇宸筆の「東照大権現」の扁額を掲げていることから，勅額門ともよばれている。門をはいると神厩・手水鉢・鼓楼・神楽殿・神庫・日枝神社(いずれも国重文)が左右にたち並び，一段高い正面に唐門と透塀(いずれも国重文)に囲まれて，拝殿・石の間・本殿(いずれも国宝)がたっている。建築様式は本殿と拝殿とのあいだに石の間を設けた権現造である。総漆塗り・極彩色の社殿は華麗な桃山時代建築の遺風が感じられる。本殿の左脇から石段をのぼると，神廟(国重文)がある。この石造りの塔が家康の墓である。

久能山東照宮周辺の史跡

登り口に戻り，バス路線を静岡駅方面へ200mほどいくと，右手に宝台院別院(浄土宗)がある。同寺は家康の遺命によって東照宮の祭主と守衛をつとめた榊原照久の菩提寺で，本来の寺号は照久寺である。墓地には照久とその一族の墓が並ぶ。また，旧幕府軍(伝習隊)戦没者115名の供養碑がたっている。

登呂遺跡 ⑲
054-285-0476

〈M ▶ P.122〉静岡市駿河区登呂5-10-5
JR東海道本線静岡駅🚏登呂線登呂遺跡行終点，または静岡久能山線久能山下行登呂遺跡入口🚶5分

バスを終点で下車すると，南に登呂遺跡(国特別史跡)の復元住居や高床倉庫がみえる。第二次世界大戦中の1943(昭和18)年に，軍用

駿河区東部から谷津山周辺へ

復元された住居(登呂遺跡)

弥生時代後期の代表的遺跡　畔と水路を伴う水田跡

機増産のために建設されていた住友金属工業プロペラ製作所静岡工場で、軟弱地盤への盛土を確保するために、用地南側の水田を掘削したところ、数多くの土器や丸木舟などの木製品が出土した。戦後の1947年、改めて学際的な専門家による発掘調査が行われ、平地式住居や高床倉庫・水田、森林の跡、日常生活の様子が手にとるようにわかる土器や、木製品類が多量に出土した。遺跡は登呂遺跡と命名され、稲作がはじまった弥生時代の平和な農村の姿をありのままに伝える遺跡として、日本中に知られるようになった。また、この調査を契機に日本考古学協会が結成され、1954年には国の特別史跡に指定された。

点在する復元建物をみながら遺跡の南側に進むと静岡市立登呂博物館がある。2階には登呂遺跡出土遺物(国重文)などが展示され、1階には登呂村の生活をわかりやすく説明する体験参加型の展示がなされている。遺跡からは、南北にのびる水路と大畦(おおあぜ)を中心に広大な水田跡がみつかっているが、その主要部分が博物館の東南側に、約8haの水田跡として復元され、赤米(あかごめ)などが栽培されている。

博物館西隣の木立のなかに、型絵染(かたえぞめ)で人間国宝に認定された静岡市生まれの染色作家芹沢銈介(せりざわけいすけ)の業績を紹介した静岡市立芹沢銈介美術館がある。館内には、型紙を使い、布や紙に模様を染める伝統的な型染めの技法をいかしながら、沖縄の紅型(びんがた)に学び、明るくおおら

復元された高床倉庫(登呂遺跡)

かで切れのある独自な感性で，さまざまな事象を模様化した芹沢作品の世界が展開されている。

片山廃寺跡 ❷⓪

〈M ▶ P. 122〉静岡市駿河区大谷片山・大谷宮川
JR東海道本線静岡駅🚌美和大谷線片山🚶2分

駿河国分寺跡か奈良時代の大寺院跡

登呂遺跡の東北約2kmに，静岡大学キャンパスがある。そのすぐ下，バス停のある大谷街道と東名高速道路が交差する場所に，片山廃寺跡（国史跡）がある。

1930（昭和5）年に，礎石や布目瓦が発見されたことから，1948年の登呂遺跡周辺調査以降，数度の発掘が行われた。南から順に，金堂跡・講堂跡・僧房跡が一直線に並ぶ構造が確認され，奈良時代の大型寺院，とくに所在が不明であった駿河国の国分寺跡ではないかとの期待が高まった。そのため，東名高速道路が遺跡上を通過すると決定された際には，緊急発掘調査が実施され，土地が買い上げられて，遺跡保存のために高速道路の高架化が実現した。

遺構の中心部分を十文字に道路が分断するため，寺域は想像しにくいが，現在，高架南側の大谷街道の左右の土地が史跡公園化され，とくに東側を中心に，金堂や講堂の一部の基壇と礎石が，その配置がわかるように再現されている。寺が存続したのは，奈良時代後期から平安時代前期に，火災で焼失する時期までと推定されている。

なお，廃寺跡より約500mほど南の丘陵山麓にある宮川瓦窯跡群から，1971年に登窯2基と平窯1基が発掘された。片山廃寺跡と同種の瓦が出土したことから，1974年に片山廃寺跡瓦窯跡として国の史跡に追加指定されている。

片山廃寺は，国分寺には必ずあるはずの塔跡がいまだに確認されていないため，古代の有度郡（現，駿河区）の有力豪族の氏寺ではないかとの見方もある。また一方で，十分な伽藍規模をもつことや，瓦などの遺物の検討から，国分寺跡以外には想定できないとの見方もある。

菩提樹院 ❷①
054-261-3272

〈M ▶ P. 122, 151〉静岡市葵区 沓谷1344-1　Ｐ
静岡鉄道長沼駅🚶10分，またはJR東海道本線東静岡駅🚌静岡県立病院線静岡農業高校前🚶4分

長沼駅から500mほど北へ進むと，谷津山東端に愛宕霊園がある。

駿河区東部から谷津山周辺へ

伝由井正雪の首塚（菩提樹院）

由井正雪の墓と伝駿河国分寺五重塔礎石

その東側，幅広い道路の両側に寺院が並ぶ一角に，菩提樹院（臨済宗）がある。これらの寺院は，1947（昭和22）年に市内中心部の寺町（現在の常盤公園付近）より都市計画のため移転してきたものである。

　菩提樹院ときざまれた大きな花崗岩の門柱をはいると，すぐ右手に，由井正雪の首塚と伝えられる五輪塔がある。

　軍学者として名高かった由井正雪は，1651（慶安4）年7月26日，市内梅屋町の旅籠で捕り方に包囲され自刃した。江戸幕府の武断政治による浪人の増加をうれい，江戸・駿府・大坂で幕府転覆のため蜂起する計画であったという。この慶安事件は，その背後関係も含めて不明な点も多く，さまざまな憶測をよんでいる。正雪は駿府宮ヶ崎の出身（由比説もあり）といわれ，このとき宮ヶ崎に住んでいた両親や親類も捕らえられた。安倍川の河原にさらされた首を縁者の者が盗んで，菩提樹院に首塚を築き（はじめは正念寺との説もある），その後，寺の移転とともに現在の場所に移された。

　本堂正面左手には，手水鉢のように中央に円形の穴があいた大きな石がある。これは駿府城内興津河内守屋敷の鎮守祠にあったといわれ，もとは駿河国分寺の五重塔の礎石との伝承もある。

龍雲寺 ㉒
054-261-4861
〈M▶P. 122, 151〉静岡市葵区沓谷3-10
JR東海道本線静岡駅🚌北街道線沓谷三丁目🚶4分

戦国大名寿桂尼の墓

　菩提樹院をでて右手に進み，宗長寺横の橋を渡って川沿いに左に進むと広い道路にでる。そのさきを左にはいると龍雲寺（曹洞宗）がある。同寺は，1565（永禄8）年に今川氏7代氏親の正室であった寿桂尼を開基として開かれたという。往時の寺の景観を伝えるものはないが，本堂左手の道を奥に進み墓地をぬけた畑地に，寿桂尼の墓所がある。

　権大納言中御門宣胤の女として生まれた寿桂尼は，氏親のもと

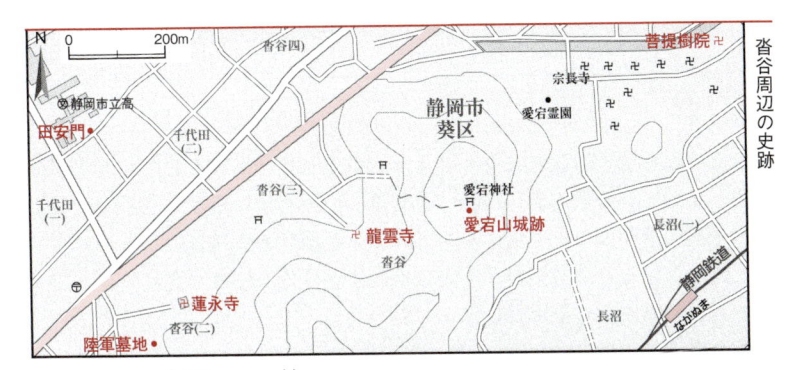

へ嫁ぎ，8代氏輝・9代義元の母として今川氏の全盛期を見守った。また，京文化と駿府との接点でもあった。

桶狭間で義元が討たれたのちは，その子氏真をささえて家臣団をまとめ，1568年3月に没した。駿府の尼御台とよばれ，幼い当主の後見をしたことから「女戦国大名」との評価も得ている。今川館の鬼門（北東）にあたるこの寺に葬られたのは，寿桂尼の遺言によるともいう。1568年の末には武田信玄が駿河に侵攻し，氏真は掛川に逃亡，今川氏はその本拠地をあっけなく失うことになった。墓所には2基の五輪塔と，その右手奥に3基の五輪塔がある。現在前のものが寿桂尼のものといわれているが，1861（文久元）年に書かれた『駿河志料』には，3基の五輪塔のうち1つが「氏親室なりと云」とある。

伝寿桂尼の墓（龍雲寺）

龍雲寺をでてすぐ右にまがり，小さな鳥居から愛宕神社の参道を10分ほどのぼると，愛宕山城の大手口にあたる枡形虎口にでる。これをすぎると，社殿のある本丸の高台に着く。高台より一段下に二の丸，三の丸が続き，広い三の丸からは旧清水方面が眺望できる。愛宕山城は，今川氏が駿府の守りとして築いた城の1つである。

駿河区東部から谷津山周辺へ

蓮永寺 ㉓
054-245-1536

〈M ▶ P. 122, 151〉静岡市葵区沓谷2-7-1 **P**
JR東海道本線静岡駅🚌北街道線三松🚶2分

お万の方再興の寺 日露戦争戦死者の墓地

　龍雲寺から広い道路に戻り，さきへ進むと三松のお寺として市民に親しまれている蓮永寺（日蓮宗）がある。山門をはいると，左手の長い土塀の前が広い駐車場になっている。正面にある題目碑左手の仁王門をはいると，参道奥左手から正面にかけて，庫裏・書院・客殿・本堂の順にたち並んでいる。

　蓮永寺は，寺伝によれば，1283（弘安6）年に，日蓮六老僧の1人日持上人が，庵原郡松野村（現，富士市）に建立し，衰微していた永精寺を，1615（元和元）年徳川家康の側室であったお万の方（蔭山の方）が，この地に移したのがはじまりという。

　お万の方は小田原北条氏の家臣正木左近大夫邦時の女で，家康10男頼宣（紀州徳川家の祖），11男頼房（水戸〈現，茨城県〉徳川家の祖）の生母である。1616（元和2）年に家康が没すると出家し，法号を「養珠院」とした。養珠院は家康の位牌を安置して，盛大な三回忌をこの寺で営んだ。寺にはそのときの位牌や，養珠院寄贈の岩蒔絵文台及び硯箱（県文化）が伝えられている。

　本堂右手をさらに進むと，墓地の奥に一段高い一角がある。その中央にある，高さ4.61m・最大幅3.66mの花崗岩製の宝篋印塔がお万の方の供養塔である。また供養塔を囲むように古びた墓が並んでいるが，これらは明治維新のときに，江戸から静岡に移住した旧幕臣たちのものであり，そのなかには幕末の駿府代官岸本十輔の墓もある。供養塔右手の山ぎわには，1870（明治3）年に静岡で死去した勝海舟の母信子の墓があり，佐久間象山の妻となった妹のじゅんも追葬されている。その左手奥には，静岡事件の中心人物の1人である湊省太郎の墓もあ

お万の方供養塔（蓮永寺）

富士川から大井川へ

る。

　なお，外からみることはできないが，境内には書院がある。書院は，明治維新後アメリカから招かれ，静岡学問所で英語・物理・化学・数学を教えたエドワード・ワレン・クラークが，最初に寄宿したところで，馬車で学問所へかよったことが知られている。

　山門西側の道を南に進むと，一段高くなった広場がある。その奥の木立に囲まれたところに，石柱が規則正しく林立している。これは，かつて駿府城跡を本拠地とした静岡歩兵第34連隊が，日露戦争の戦死者を埋葬した陸軍墓地である。静岡連隊は，1904（明治37）年に遼陽会戦最大の激戦地首山堡の攻防戦に参戦，連隊長の関谷銘次郎中佐以下，部隊の半数をこえる1000人以上の死傷者をだした。なかでも，橘周太少佐率いる大隊の戦闘は凄惨をきわめ，戦死した橘は軍神としてまつられ，軍歌にも歌われた。

　墓地の西側に墓碑が1基ある。これは第一次世界大戦の青島（チンタオ）戦で捕虜となり，静岡の収容所で死亡したドイツ人兵士グスターブ・ガイバイスのものである。碑には「彼は祖国のために最後まで雄々しく生きた」とドイツ語できざまれている。

　寺をでて北街道を横断し，そのまま唐瀬街道を北へ5分ほどいって右手にまがると，静岡市立高校の正門脇に田安門（国登録）がある。これは明治維新後，駿河静岡藩主となった御三卿田安家出身の徳川家達が居住した屋敷の門を移築したものである。もとは，静岡浅間神社前にあった同社宮司新宮家の役宅門であった。

清水寺 ㉔
054-246-9333

〈M ▶ P.122〉静岡市葵区音羽町27-8

静岡鉄道音羽町駅 🚶 2分

山号・寺号が京都と同じ
県文化財の観音堂と厨子

　音羽町駅から北に向かうと，谷津山の西麓に「清水さん」とよばれる音羽山清水寺（真言宗）がある。1559（永禄2）年に今川家の重臣朝比奈元長が京都の仁和寺尊寿院の道因を開山として創建した。なお清水寺から勧請したため，山号・寺号ともに京都の清水寺と同じであるともいう。駿府在城中の徳川家康は，たびたびこの寺を訪れたという。武田信玄の駿河侵攻の際に兵火に見舞われたが，1616（元和2）年に本堂の再建落慶供養が行われた。その後伽藍の修築と被災を繰り返し，1854（安政元）年の大地震で類焼した。

駿河区東部から谷津山周辺へ

清水寺観音堂

　寺号のかかった高い石の門をとおり石段をのぼると、右手に本堂・庫裏(ともに国登録)、正面には薬師堂、左手に鐘楼(国登録)、その奥に観音堂(県文化)がある。観音堂は、1602(慶長7)年に家康が寄進したと伝えられる。桁行4間(約7.3m)・梁間3間(約5.5m)の木造桟瓦葺き・宝蔵造の建物で、桃山時代の特徴を残す。内陣にある総朱塗り、一部に金箔を貼った観音堂厨子(県文化)も、家康に奉納されたとみられる。また本堂や庫裏は、鉄筋コンクリート造りで、1931(昭和6)年に、中国の寺院風に建立されたものである。境内には、1770(明和7)年に時雨窓六花庵社中がたてた「駿河路や　花たちばなも　茶のにほひ」の芭蕉句碑をはじめ、多くの句碑や石碑もある。また清水寺の北隣には、1909(明治42)年開園の、県内で最も古い清水山公園があり、製茶貿易を振興し茶聖(茶業王)とよばれた大谷嘉兵衛の胸像や1933(昭和8)年にラジオ普及のため設置されたJOPK放送塔もある。

　公園北側の交番横の山ぎわに沿った細い道を東に5分ほどいくと、清水寺を創建した朝比奈元長の菩提寺元長寺(曹洞宗)がある。さらに山ぎわを5分ほどいくと、沓谷霊園がある。霊園の中段には、関東大震災の混乱時に憲兵に殺害された、無政府主義者大杉栄の墓がある。墓碑は、社会主義者で小説家でもあった荒畑寒村が記している。霊園の東南にある長源院山門の右手の細い山道を10分ほどのぼると、古墳時代前期の谷津山1号墳(柚木山神古墳)がある。全長約110mの前方後円墳で、静岡地域では最大規模を誇る。石室は竪穴式石室で破壊されるも、ヘギ石の一部が残る。古墳から山道を南に下ると静岡鉄道静岡清水線の柚木駅にでる。その東側方向には広大な静岡県護国神社があり、様々な慰霊碑や遺品館がある。

静岡中心街を歩く

④

徳川家康が大御所政治を展開した駿府城は、天下の覇府であった。城跡を中心に、徳川氏ゆかりの史跡を訪ねる。

ほうたいじ
宝泰寺 ㉕　〈M ▶ P. 122, 162〉静岡市葵区伝馬町12-2
054-251-1312　JR東海道本線静岡駅 🚶 4分

駿府役人の菩提寺

　静岡駅前の松坂屋デパート東側の最初の交差点を東におれると、左手に宝泰寺(臨済宗)がある。この辺り一帯は北側をとおる旧東海道に沿って、東から宝泰寺、新光明寺、法伝寺が並んでいたが、都市計画によって、移転したり縮小されて現在の寺域になった。

　宝泰寺は、もとは真言宗であったが後醍醐天皇の皇子無文元選により臨済宗に改宗、その後、1557(弘治3)年に雪峯禅魯が中興したと伝える。江戸時代には、将軍の代替わりごとに来日した朝鮮通信使の休息や宿泊のための施設として利用された。本堂右手の庭園には、2基のキリシタン灯籠がある。また、本堂左手前の大鬼瓦は、かつての本堂の規模を想像させる。

　本堂左手奥にたつ大型の石碑は、江戸時代後期の漢学者山梨稲川の業績をたたえるもので、碑文は朱子学者松崎慊堂、書は考証学者狩谷棭斎によるもので、「三絶の碑」とよばれている。三絶とはすぐれた3人の学者の意味である。稲川は中国でも評価された漢詩人で、その墓は静岡駅南約500mの崇福寺にある。

　また、本堂左手の墓地入口南側には、今川・武田・徳川の3氏につかえ、軍功を残した岡部正綱の墓や、駿府町奉行などの駿府役人をつとめた旗本の墓、明治維新に際し江戸を脱出した旧幕府艦隊の1艘で、銚子沖で遭難した美賀保丸乗員をとむらった「壮士之墓」などがある。

三絶の碑(宝泰寺)

静岡中心街を歩く　155

西郷・山岡会見の地 ❷⑥ 〈M ▶ P. 122, 162〉静岡市葵区伝馬町1-1
JR東海道本線静岡駅 🚶 8分

松坂屋デパート東側の道を北に進むと、旧東海道の伝馬町通りにでる。この辺りは東海道五十三次の19番目の宿場である府中宿があったところである。通りを左折すると静岡東急スクエアの前に「伝馬町の由来」の碑があり、その向かい辺りに上(望月)本陣があった。府中宿は上・下伝馬町に分かれ、1843(天保14)年には、問屋場1軒・本陣2軒・脇本陣2軒・旅籠43軒があった。ここから西へ少し歩くと、右手に「西郷・山岡会見之史跡」の碑がある。

1868(慶応4)年1月、鳥羽・伏見の戦いで勝利した新政府は、翌2月、有栖川宮熾仁親王を大総督とする東征軍を、徳川慶喜追討のために派遣した。3月5日駿府城にはいった親王はここに本営をおき、参謀の西郷隆盛は、当時この地にあった松崎屋源兵衛の旅籠を宿所にした。3月9日、旧幕府精鋭隊頭山岡鉄舟(鉄太郎)は、上野寛永寺(東京都台東区)に謹慎していた慶喜の赦免を懇願するため、勝海舟の添え状をもって西郷を訪れた。西郷は慶喜助命のための7項目の条件を示し、鉄舟は慶喜への寛大な処遇を強く主張した。この会談をふまえて、3月14日江戸の薩摩藩邸で西郷隆盛・勝海舟の会談が行われ、翌15日に予定されていた江戸城総攻撃は回避された。これによって、江戸城は無血開城され、江戸は戦火から救われることになった。このため、ここは近代初頭における記念すべき地となったのである。

山岡鉄舟は剣術にすぐれ、無刀流を開いた達人であり、禅や書に通じた人物であった。明治維新後は静岡藩権大参事となり、無禄移住した旧幕臣たちの救済にも奔走した。のちに西郷は、海舟に「山岡は命も名も官位も金も要らない始末におえぬ人だ」と語ったという。

「西郷・山岡会見之史跡」の碑

富士川から大井川へ

華陽院 ㉗
054-252-3673
〈M ▶ P. 122, 162〉静岡市葵区鷹匠2-24-18
静岡鉄道日吉町駅🚶3分

竹千代が学んだ寺 家康の祖母の菩提寺

日吉町駅をでて線路をこし右折すると、華陽院(浄土宗)がある。華陽院の南の辺りは、江戸時代には華陽院門前町とよばれた。府中寺ともよばれるこの寺は、徳川家康の外祖母源応尼の菩提寺としてよく知られている。源応尼は、今川氏の人質となった竹千代(家康の幼名)の世話をするために、この辺りに移り住んだという。わずか8歳の竹千代にとっては唯一の身寄りであった。また竹千代は、この寺の知短和尚に学んだともいう。

源応尼は1559(永禄2)年に死去し、この寺に葬られた。その後、天下人になった家康は、1609(慶長14)年五十回忌の法要を営み、華陽院殿玉桂慈仙大禅定尼を諡号とした。家康は同寺の再興にあたり、知源院の寺号を華陽院にしたと寺伝は伝えるが、華陽院の名は今川氏時代よりみえ、むしろ知源院は同寺の塔頭であったと考えるほうが妥当であろう。家康は翌年、4歳で早世した5女市姫(一照院殿)もこの寺に葬った。墓地には小さいながらも落ち着きのある源応尼の宝篋印塔と、それとは対照的な背の高い市姫の宝篋印塔が並んでいる。そのすぐ近くに、家康の側室の1人といわれるお久の方の墓もある。

華陽院を出て南側にある伝馬町通りは旧東海道である。新静岡セノバ手前に、静岡平和資料センターがある。体験画や焼夷弾など、1945(昭和20)年6月19日夜の静岡大空襲に関する資料を展示している(金・土・日曜日のみ開館)。

源応尼の墓(華陽院)

駿府城跡 ㉘
〈M ▶ P. 122, 162〉静岡市葵区追手町・駿府町・城内町
JR東海道本線静岡駅🚶10分、または新静岡バスセンター🚶5分

静岡駅北口の地下道をでて、御幸通りを北に進み、江川町交差

静岡中心街を歩く

徳川家康永眠の城 巽櫓と門に往時をしのぶ

　点の地下道を渡ると，右手に駿府城跡の三ノ丸堀がみえる。そのさきで堀を渡ったところが大手門跡である。駿府城の地には，戦国大名今川氏の館があったと推定されている。

　徳川家康は，1585(天正13)年松平家忠に駿府城の築城を命じ，翌年浜松城から移り，1589年に完成させた。しかし，翌年江戸へ転封となり，かわって，豊臣秀吉配下の中村一氏が，駿河1国14万5000石をあたえられて城主となった。その後，江戸幕府を開いた家康は，1605(慶長10)年将軍職を2代秀忠にゆずり，駿府を大御所政治の中心に位置づけ，1607年2月から天下普請として諸大名を動員し，駿府城の大改修工事を行った。駿府城は，本丸・二ノ丸・三ノ丸からなり，南北726m・東西655m・面積51万m²の典型的な平城である。天下人として駿府城から全国を動かした家康は，外交をはじめキリスト教の禁教，大坂の陣による豊臣氏の滅亡，「武家諸法度」「禁中並公家諸法度」の制定など，幕府権力を確立することにつとめた。

　大手門をはいった右手の旧青葉小学校跡地は，駿府城代屋敷跡である。駿府城は1624(寛永元)年に，2代将軍秀忠の2男徳川忠長が城主となり55万石を領したが，兄の3代将軍家光との確執に敗れ，1632(寛永9)年に改易されてからは大名は配置されず，明治維新を迎えるまで旗本の城代が派遣された。

　城代屋敷跡をすぎると，右手に巽櫓がみえる。ここが駿府城の東南にあたる。二ノ丸の堀沿いに進むと東御門にでる。静岡市は駿府城整備計画をたて，指図をもとに，2重3階の隅櫓である巽櫓を1989(平成元)年に復元した。また発掘調査も行い，多聞櫓と櫓門で囲まれた枡形門である東御門を1996年に復元した。堀から発見さ

駿府城東御門

158　富士川から大井川へ

徳川家康像（駿府城本丸跡）

れた青銅製の鯱（しゃち）など，関係資料が内部展示されている。また城の北西隅には2014年に坤櫓（ひつじやぐら）が復元されている。現在，三ノ丸跡には，県庁・裁判所・税務署・文化会館・体育館などの公共施設がおかれ，二ノ丸・本丸跡は，駿府城公園として市民の憩いの場になっている。

1896（明治29）年，名古屋の第3師団管轄下に新設された歩兵第34連隊を誘置するにあたり，本丸堀が埋められ，その石垣上部は天守台とともに撤去された。このため長い間本丸の様子を知ることができなかったが，発掘調査により本丸堀の一部を再現したので，その概要を知ることができる。本丸堀に沿って北東に進むと，右手に「歩兵第三十四連隊址」の石碑がみえる。碑のさきに，二ノ丸堀と本丸堀を結ぶ堀底まで石敷きされた二ノ丸水路がある。二ノ丸水路の北東側には，発掘調査で二ノ丸御殿と台所跡が確認された。現在は北御門にかけて，城郭の大名庭園を模した紅葉山庭園（もみじやま）になっている。

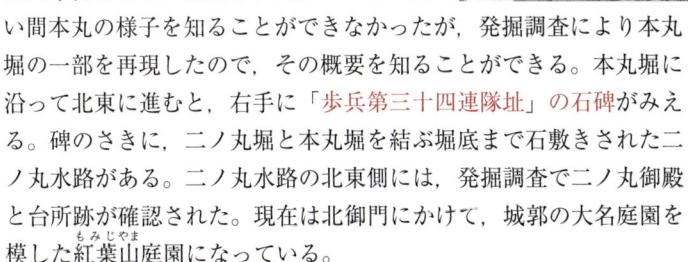

発掘された江戸城をしのぐ天守台　再建されなかった天守閣

本丸御殿跡付近は，今は洋風の公園となり，四季の花々が植えられている。その奥の徳川家康像は，市観光協会が1973（昭和48）年にたてたもので，家康は1616（元和2）年4月この辺りで75年の生涯を閉じた。銅像横に，紀州から献上された家康手植のミカン（県天然）がある。銅像の後方が天守閣跡で，発掘調査で江戸城をしのぐ規模の天守台の遺構が出現している。この天守閣は，1607（慶長12）年12月に失火によって焼失，翌年再建されたが，1635（寛永12）年に町屋からの火災で再度焼失した。天守閣は資料も少なく，天守台上部も破壊されているため，その姿は不明な部分が多いが，5重7階の天守閣を周囲の櫓が取り巻く，天守丸構造をとっていたと推定されている。駿府城天守台は，近年，発掘で徳川以前の豊臣時代の天守台跡も発見されていて，さらなる成果が期待される。

ここから西に進み清水御門跡をでて，二ノ丸堀に沿って左手に進むと，静岡市民病院前にでる。その角に「戸田茂睡生誕之地」の碑

静岡中心街を歩く

がある。茂睡は近世和歌の先覚者で、駿河大納言徳川忠長の重臣であった渡辺監物の6男として三ノ丸の屋敷で生まれたため、1940(昭和15)年に佐々木信綱撰文でこの碑がたてられた。

御幸通りに面した中町ビル一帯は、三ノ丸を埋め立て、石垣の一部が撤去されているが、もとは四脚御門のあった場所である。近世の城郭には珍しい名称で、今川館の四脚門に由来するとの説もある。

市民病院前から二ノ丸堀沿いに東にのびる「家康公の散歩道」の法務局合同庁舎前に、横長の「静岡学問所之碑」がおかれている。新政府より駿河・遠江で70万石をあたえられ、家名存続を認められた徳川家達は、1868(慶応4)年8月駿府城代屋敷にはいり、ここに駿府(静岡)藩が誕生した。

藩は、当初から教育による人材育成を重視し、1868(明治元)年9月8日国学・漢学・洋学を学べる学問所を定番屋敷(現、合同庁舎一帯)に開設する旨を布告した。一時、元勤番組頭屋敷(現、市民文化会館付近)に移ったが、再び定番屋敷に戻った。教授には、学問所頭の漢学者向山黄村と洋学者津田真一郎(真道)、以下中村正直(敬宇)、外山捨八(正一)らが就任、またアメリカ人エドワード・ワレン・クラークも招かれて物理・化学などを教えた。幕府が設けた開成所や横浜仏語伝習所、昌平黌などがそっくり静岡に移り、当時の日本最高水準の教育の場であった。しかし人材不足に悩む明治新政府は、学問所の優秀な教授たちをつぎつぎに官吏に登用し東京へ召還。1872年8月府県設置の学校を廃止する告示により閉校となった。

学問所の碑の東側にみえるのが静岡県庁である。中央の本館(国登録)は、コンクリート造り4階(一部5階)建て・瓦葺き。1937(昭和12)年に竣工、現在も3階中央が県議会場として使用されている。

静岡中心街 ㉙ 〈M ▶ P. 122, 162〉静岡市葵区追手町・呉服町・紺屋町
JR東海道本線静岡駅🚶11分

県庁本館前の交差点、三ノ丸の堀沿いの右手の歩道に、「教導石」ときざまれた石柱がある。1886(明治19)年にたてられたもので、右側に「尋ル方」、左側に「教ル方」ときざまれている。わから

高札がたった札之辻 最高水準の静岡学問所

ないことを紙に書いて右側に貼っておくと，わかる者がその答えを書いて左側に貼りだしてくれたという。題字は山岡鉄舟によるものである。

この交差点の左向かいが静岡市役所である。象牙色（ぞうげいろ）のタイル貼り4階建てで，中央に2層の塔をもつ建物が本館（国登録）で，1934（昭和9）年に完成した。この歩道脇に「駿府町奉行所址」の石柱と「静岡の由来」の石碑が並んでいる。ここには江戸時代，駿府町奉行所（まちぶぎょうしょ）がおかれた。また「静岡の由来」碑には，市民に伝承された1869（明治2）年に，学問所頭向山黄村の意見で，駿河府中（駿府）より静岡に改称されたという話が記されている。

この碑を左手にみて七間町（しちけんちょう）通りを進むと，静岡駅前から西北にのびる呉服町通りとの交差点にでる。この右前方にある静岡伊勢丹前の歩道に「札之辻址（ふだのつじあと）」の石柱がある。江戸時代，この交差点（辻）に高札場（こうさつば）が設けられていた。

呉服町通りを北西に向かうと，本通り（ほんとお）との交差点手前に，静岡銀行本店（国登録）がある。4本のドーリア式円柱をもつこの建物は，1931（昭和6）年に，静岡三十五銀行本店として建設されたものである。この向かいの日本銀行静岡支店の辺りは，徳川家康につかえた後藤庄三郎光次（ごとうしょうざぶろうみつつぐ）の屋敷跡で，ここに金座（きんざ）がおかれ，駿河小判（こばん）が鋳造された。現在これを物語るものは，支店右横の歩道のさきにたつ小さな金座稲荷神社（いなり）とその前の「金座址」の碑のみである。

道を「札之辻址」まで戻り，そのさきの信号を左折してしばらく進むと，右手の料亭浮月楼（ふげつろう）の角に「徳川慶喜公屋敷跡」の小

教導石

静岡市役所本館

静岡中心街を歩く

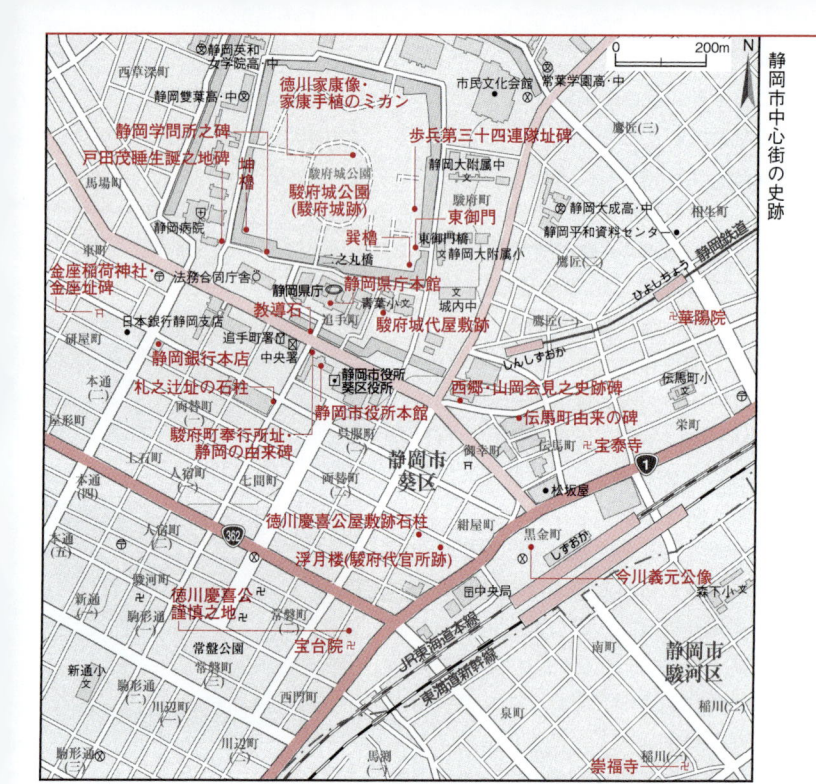

さな石柱がある。この料亭一帯は，駿府（紺屋町）代官所の跡である。町方を支配した町奉行に対し，駿府代官は天領（幕府直轄地）の地方（農村）の支配にあたった。その範囲は，江戸時代中期には5万9101石，後期には駿河・遠江・信濃のうち，8万石余りであったという。

1869（明治2）年10月，謹慎をとかれた慶喜は，宝台院よりこの代官屋敷に移り住んだ。以後政治にはいっさいかかわらず，ときおり旧幕臣が訪れるなかで，狩猟やカメラ・油絵・自転車などの多彩な趣味に熱中した。屋敷南側に広がる回遊式の池は，慶喜が作庭師小川治兵衛に命じて改修させた今に残る名園である。慶喜は1888年，東海道本線が屋敷のすぐ南側に建設されると，西草深の新邸宅に移った。

浮月楼前の道を進み，駅前通り（国道1号線）にでて左へ進むと，国道362号線と交差する大きな交差点にでる。その交差点を渡り，

西郷局の墓(宝台院)

昭和通りを左に進んで最初の道を左折すると、左手に宝台院(浄土宗)がある。徳川家康の側室で、2代将軍秀忠の生母である西郷局の菩提寺である。西郷局の遺骸ははじめ、柚木の龍泉寺に埋葬されたが、秀忠は1626(寛永3)年に寺をこの地に移し、母の菩提をとむらうため大伽藍を建立した。1628年に朝廷より従一位と宝台院殿の法号が追号され、寺号も宝台院と改称された。

300石の寺領をあたえられ、手厚く保護された宝台院は、3万2000m²余りの境内に七堂伽藍を構えた駿府第一の寺となった。しかし、1940(昭和15)年の静岡大火と1945年の大空襲によって灰燼に帰し、境内は大幅に縮小されてその面影はまったくない。山門(国重文)だけは、菊川市中内田の応声教院に移築されていたため、同院でみることができる。境内の墓は、駿河区安居の宝台院別院に移され、現在残るのは、西郷局の五輪塔のみである。この五輪塔の横にたつ「徳川慶喜公謹慎之地」の石柱は、死一等を減じられて水戸(現、茨城県)に謹慎していた前将軍徳川慶喜が、1868(慶応4)年7月宝台院に移って謹慎を続けたことを物語る。

宝台院の鉄筋コンクリート造りの本堂2階には、本尊の木造阿弥陀如来立像(国重文)が安置されている。白本尊と呼ばれ芝増上寺の黒本尊とともに家康公の守り本尊として大切にされてきたものである。

静岡駅に戻ると北口広場の竹千代(家康)像の横に、今川義元公像(堤直美作)がある。今川義元公生誕500年祭で2020(令和2)年はじめて県内で設置されたものである。

今川義元公像

静岡中心街を歩く

⑤ 賤機山麓をめぐる

賤機山麓には26棟の重要文化財をもつ静岡浅間神社や臨済宗の古刹臨済寺，旭姫の菩提寺瑞龍寺などがたち並んでいる。

静岡浅間神社 ㉚
054-245-1820
〈M ▶ P. 122, 166〉静岡市 葵 区宮ヶ崎102-1
JR東海道本線静岡駅🚌中原池ヶ谷線赤鳥居🚶1分

社殿26棟が国重文
極彩色の浅間造

賤機山丘陵の南端にある静岡浅間神社は、「おせんげんさん」の愛称で市民に親しまれているが、正式には神部神社、浅間神社、大歳御祖神社の3本社と4つの境内社を総称したよび方である。

往古より駿河国の総社として、時の権力者から保護されてきた静岡浅間神社であるが、とくに天下人になった徳川家康が浅間神社への保護を強め、家康を崇敬した3代将軍家光は、1634(寛永11)年より大造営を行った。その社殿の華麗さを、儒学者貝原益軒は「日本にて神社の華麗なること、日光を第一とし、浅間を第二とす」と評したという。その社殿も城下からのたびたびの火災で焼失し、現在の社殿は1804(文化元)年に着手し、1866(慶応2)年に再建されたものである。26棟の社殿が、国の重要文化財に指定されている。

浅間通りに面してたつ赤鳥居をくぐると、安倍の市の守護神である大歳御祖命を主神とする『延喜式』式内社の大歳御祖神社がある。神門・拝殿・本殿(国重文)と並んでいるが、神門と拝殿は、1945(昭和20)年静岡大空襲のときに焼失し、再建されたものである。

たち並ぶ石灯籠を右手にみながら進むと、「100段」とよばれる長い石段がある。その右にたつのが境内社の1つで、八千戈命を主神とする八千戈神社(国重文)である。神仏分離以前は摩利支天堂とよばれ、家康が陣中につねに持参し、勝利を祈った念持仏の摩利支天をまつったものである。

この右隣に宝蔵(国重文)がある。回

静岡浅間神社楼門

164　富士川から大井川へ

伝左甚五郎作「水飲み竜」

廊と社務所の間から道路にでて水路に沿って左手に進むと，右手に石鳥居，左手に神部神社と浅間神社の総門(国重文)がある。総門をはいると右に神厩舎，正面に楼門とそれに連なる回廊(いずれも国重文)がある。この楼門の竜の彫刻は，名工として知られる左甚五郎の作と伝えられ，安永の火災(1773年)のとき，池の水を吐いて御殿にかけたという伝説があり，水飲み竜とよばれている。楼門をくぐると舞殿，その背後が楼閣造の大拝殿(ともに国重文)で，浅間造の代表的なものである。

神部神社・浅間神社大拝殿

大拝殿背後の2つの中門と透塀に囲まれた漆塗り極彩色の建物が，神部神社と浅間神社の本殿(ともに国重文)で，2社同殿の珍しい構造となっている。向かって右側の神部神社は，駿河国総社で大己貴命(大国主命)を主神としている『延喜式』式内社である。左側の浅間神社は，平安時代の901(延喜元)年に，醍醐天皇の勅願により富士山本宮浅間大社(現，富士宮市)から勧請したもので，木之花咲耶姫命を主祭神としている。

北回廊をでると，正面に境内社の1つで，少彦名命を主神とする少彦名神社(国重文)がある。100段をのぼり，さらに右手をのぼっていくと大山祇命を主神とする麓山神社の拝殿と本殿(ともに国重文)にでる。

また100段をのぼって左手へ進むと，賤機山古墳(国史跡)がある。直径約32m・高さ約7mほどの円墳で，6世紀につくられたと考え

賤機山麓をめぐる

賤機山山麓の史跡

られている。奥壁高約3.8m・玄室長6.5mの県内最大の横穴式石室をもち、なかには大型の家形石棺がおかれている。

静岡浅間神社には数々の宝物が伝えられている。そのなかには、豊臣秀吉が小牧・長久手の戦いで、和睦のしるしに家康に送ったとされる太刀銘長船住人長光(国重文)、家康着初めの腹巻と伝えられる紅糸威腹巻、家光奉納の狩野探幽筆三十六歌仙懸額・三十六歌仙図額・東海道図屏風(いずれも県文化)、家光奉納の御神服類(静岡浅間神社古神宝類30件として県文化)も含まれる。神池東側には静岡市文化財資料館があり、宝物類や絵馬、今川家・徳川家関係の資料、山田長政奉納の戦艦図絵馬写や肖像画などの資料が展示されている。建物左手には「従三位関口君之碑」や「九尾翁頌徳碑」が建つ。また毎年、この地方の春を告げる例大祭として、4月1日から5日まで廿日会祭が行われるが、その際に奉納されるのが稚児舞(県民俗)である。

浅間通りを直進すると、右手に「山田長政屋敷跡」の石柱と銅像がたっている。駿府に生まれた山田長政は、はじめ沼津城主大久保忠佐の駕籠かきになったが、やがてシャム(タイ)に渡り、アユタヤ

(アユチャ)の日本人町の頭領となった。その後シャム王の信任を得てリゴール(六毘)王に任じられたが、宮廷の権力争いに巻き込まれて毒殺された。

総門前の石鳥居の右手建物の裏側は西草深公園となっており、東北隅に「阿倍の市道」を詠んだ万葉歌碑がたっている。神社に沿ったこの辺り一帯は、かつて静岡浅間神社の神官たちの屋敷が並んでいたところである。とくに公園になっている場所は、徳川宗家を継いだ徳川家達が、1868(慶応4)年8月わずか6歳で駿府藩主となり、1871(明治4)年の廃藩置県によって東京に戻るまで滞在した屋敷跡である。その屋敷門(通称田安門、国登録)は、葵区千代田の静岡市立高校正門脇に移築されている。

また、この公園の東側一帯には、広大な徳川慶喜邸があった。静岡駅近くの駿府代官屋敷(現、浮月楼)に住んでいた慶喜は、1888(明治21)年に東海道線の騒音をさけてこの地へ移り、1897年に東京に戻るまでここに滞在した。

富春院と臨済寺 ㉛㉜
054-245-5319 / 054-245-2740

〈M ▶ P. 122, 166〉静岡市葵区大岩本町26-22／大岩町7-1 P(臨済寺)
JR東海道本線静岡駅🚌中原池ヶ谷線大岩本町中央図書館前🚶1分、または臨済寺前🚶4分

今川氏輝の菩提寺
国名勝の庭園

石鳥居前から静岡浅間神社沿いに北へ7分ほど歩くと、左手に富春院(臨済宗)の朱塗りの山門がある。山門の扁額「華屋山」の筆者は中村正直(敬宇)で、山門の脇には正直がこの地に寄寓したことを記念して、1926(大正15)年に有志によりつくられた「尚志」の碑がたっている。若くして幕府儒官になった正直は、幕府崩壊直後に留学先のイギリスより帰国、新設された静岡学問所の教授に登用された。正直は静岡でS.スマイルズの『自助論』の訳書『西国立志編』、

臨済寺本堂

賤機山麓をめぐる 167

J.S.ミルの『自由論』の訳書『自由之理』を出版して、明治時代初期の人びとに大きな影響をあたえた。この碑のさき10mほどの路地を左折すると、「中村敬宇先生旧宅跡」の石柱がたっている。

富春院前の道路を隔てた北東側の城北公園は、1922（大正11）年より旧制静岡高等学校が、1949（昭和24）〜68年までは新制の静岡大学人文学部や理学部が駿河区大谷に移転するまでおかれていたところである。角にある「留魂記」はこれを記念して、静岡大学同窓会によりつくられたものである。富春院前を北進し、1つ目の信号機を左方向に進むと、そのさきが臨済寺（臨済宗）である。臨済寺は今川・徳川両氏ゆかりの名刹で、臨済宗妙心寺派の駿河国の三中本山の1つとして重きをなしてきた寺である（公開は原則年2回）。

背後の賤機山の尾根沿いに賤機山城が設けられていたこの地は、今川氏7代氏親の時代には、母北川殿（北条早雲の妹）の屋敷がおかれていたという。のち氏親の5男梅岳承芳（今川義元）が善得院を創建、1536（天文5）年に兄氏輝がここに葬られると、その法号臨済寺殿によって臨済寺と改称した。兄玄広恵探との家督争いに勝利し、還俗して今川義元と名乗った承芳は、禅の兄弟子であり師匠がわりでもあった太原崇孚（雪斎）を招き臨済寺の住持とした。1548年崇孚は、氏輝十三回忌に師の大休宗休を京都妙心寺より招いて開山とし、自身は第2世となった。

崇孚は、人質時代の家康の教育をまかされていたといわれ、また義元の軍師としてみずから出陣、外交交渉でもその手腕を発揮し、武田・北条との三国同盟を実現するなど、義元を補佐して今川氏の全盛期をつくりあげた。

義元亡きあと、武田信玄の駿河侵攻により臨済寺は罹災したといわれ、また1582（天正10）年には、徳川家康の駿河侵攻により兵

今川氏輝の墓（臨済寺）

富士川から大井川へ

火に見舞われたという。駿河を平定した家康は、勅命をうけて再建に取りかかり、慶長年間(1596〜1615)にも修復が行われた。

明治初年の神仏分離令により、静岡浅間神社から移された仁王像のたつ山門をはいり、幅の広い石段をのぼると正面が本堂(国重文)である。慶長年間に家康が再建したもので、入母屋造・杮葺きで桃山時代末期の様式を備えている。本堂裏にある池泉回遊式の庭園(国名勝)は、桃山時代から江戸時代初期に築造されたものである。参道には今川義元をまつる今川廟やさまざまな石碑がある。墓地には今川氏輝・大休宗休・太原崇孚、駿府城で没した豊臣時代の城主中村一氏、旧幕臣で初代静岡県知事をつとめた関口隆吉らの墓がある。寺宝には「絹本著色大休和尚画像」、家康寄進の「千鳥図屏風」、第4世住持鉄山宗純の「鉄山和尚語録」、家康の重臣榊原康政が鉄山に寄進した鉄山釜(いずれも県文化)などがある。

瑞龍寺 ㉝
054-271-2634

〈M ▶ P.122, 166〉静岡市葵区井宮48 P
JR東海道本線静岡駅🚌安倍線材木町 🚶 3分

秀吉の妹旭姫の菩提寺
伝薩摩藩手伝い普請の堤

静岡浅間神社の赤鳥居を右(西)へ、交番の前をとおって右手に進み、材木町バス停のさきを右折すると、その奥に瑞龍寺(曹洞宗)がある。草創の時期はあきらかではないが、1560(永禄3)年に能屋梵芸が開山となり、寺域を広めたという。

天下取りをめざした豊臣秀吉は、徳川家康を懐柔するために、佐治日向守(副田甚兵衛ともいわれる)に嫁いでいた異母妹の旭(朝日)姫を離縁させ、築山殿の死後正室をもたなかった家康のもとに1586(天正14)年5月嫁がせた。このとき家康45歳、旭姫44歳であった。同年12月、旭姫は家康とともに、浜松城から完成した駿府城に移り、駿河御前とよばれるようになった。

しかし、旭姫は1588(天正16)年母の大政所の病気見舞いに上洛、みずからも病になり、1590年京都聚楽第で亡くなった。家康は葬られた京都の東福寺から遺骨を分骨してもらい、旭姫がたびたび訪れたというこの寺に石塔をたてて供養した。瑞龍寺の寺号は、瑞龍寺殿の法号によるものである。

秀吉も小田原征討の帰途立ち寄り、妹の菩提に膳椀や八貫文を寄進したという。また、家康も明兆筆の十六羅漢図3幅を寄進、

旭姫の供養塔(瑞龍寺)

1602(慶長7)年には寺領16石をあたえたという。本堂左手山裾の墓地上段にある墓は、1702(元禄15)年に住持がたてた供養塔という。

境内には、本堂右手にキリシタン灯籠が、また山門左手には長安寺より移した松尾芭蕉の句碑「けふばかり 人も年よれ はつしぐれ」があり、時雨塚とよばれている。

材木町バス停から北に徒歩3分のところにある円通庵には、南宋に学び、帰国後鎌倉建長寺の住持となった臨済宗の高僧大応国師(南浦紹明)の産湯の井戸と伝えられるものがある。

また、材木町バス停のつぎの妙見下バス停で下車すると、左手に大堤がみえる。遊歩道になっている堤沿いに歩くと、すぐに「薩摩土手之碑」がある。大御所徳川家康が、駿府城の拡張と城下町の整備を行うにあたって、安倍川の流れを西に固定し、水害から城下を守るために、1606(慶長11)年ごろ建設したものである。規模は、高さ5.4m・基底部21.6m・馬踏(上部)10.8mの大きさで、権現堤ともよばれている。賤機山の麓妙見下を基点に、中野新田までの長さ約4.4kmにわたって、霞堤の方式でつくられた。家康が薩摩藩に命じてつくらせたというのでこの名があるが確証はない。

薩摩土手之碑

⑥ 安倍川流域と丸子路

近世川越人足が活躍した安倍川，五十三次20番目の宿場丸子。
ここには名物安倍川餅やとろろ汁の楽しみがある。

安倍川義夫之碑と安倍川架橋碑 ㉞ ㉟

〈M ▶ P.122〉静岡市葵区弥勒2丁目
JR東海道本線静岡駅🚌中部国道線安倍川橋🚶1分

正直な川越人足の物語
私財でかけた安倍川橋

　安倍川橋バス停の通りは本通りといって，1609（慶長14）年まではこの道が東海道であった。しかし，徳川家康が同年，東海道をすぐ南の新通りに移し，以後この道が東海道となった。バス停のさきで左からの道と合流するが，これが新通りである。この新通りに面して安倍川餅を売る店の横に，「安倍川義夫之碑」と説明板がたっている。碑には「難に臨まざれば忠臣の志を見ず，財に臨まざれば義士の心を知らず」ときざまれている。

　1738（元文3）年安倍川を渡ろうとした旅人が，渡し賃を値切って断わられると，自力で川を渡っていった。ところが川越人足の1人が，旅人が着物を脱いだ辺りで，150両もの大金のはいった財布を拾い，追いかけて届けてやった。旅人は紀州（現，和歌山県）の漁師で，どうしてもお礼をうけとらない人足を駿府町奉行所に訴えた。これをうけた町奉行は，正直な人足に褒美金をあたえたという。碑は1929（昭和4）年に，人足の志を顕彰するため，静岡・和歌山両県の有志の募金によってたてられたものである。

　なお十返舎一九の『東海道中膝栗毛』にも登場する名物の安倍川餅は，慶長年間（1596〜1615）にはじまるといわれる。安倍川上流でとれた金に似せた黄粉餅で，家康にも献上されたという。

　安倍川橋バス停脇の弥勒公園のなかほどに「由井正雪公之墓址」の碑がたっている。この辺りには，かつて河原で処刑され

安倍川義夫之碑

安倍川流域と丸子路　　171

安倍川架橋碑

た罪人を葬る正念寺があったという。河原にさらされた正雪の首を埋めた塚は，はじめ正念寺にあったとも伝えられる。河原では，正雪の親類ほか43人も処刑されたという。

公園の東端にある交番の裏に，「安倍川の川会所跡」の説明板と安倍川架橋碑がある。江戸時代この辺りに，上り方の川越を管理する川会所がおかれ，川札を求める旅人や札を銭にかえようとする川越人足で賑わった。川越の場所はほぼ現在の橋の位置で，対岸の手越村(現，駿河区手越)にも下り方の川会所がおかれていた。

晴れた日は水が少ないようにみえるが，川幅約650mの安倍川は，2000m級の南アルプス連峰から，急勾配で一気に駿河湾にそそぐ全国屈指の荒れ川で，今でも大雨が降ったときには川幅いっぱいに濁流が広がる。江戸幕府は，大井川とともに安倍川にも架橋を禁じ，徒渡しと定めた。

1871(明治４)年，安倍川は渇水期には仮橋，そのほかは渡船との併用が定められた。しかし，不便だったため，本格的な橋の建設をのぞむ声が強まった。これをうけた大里村(現，駿河区大里)の豪農宮崎総五は，独力での建設を願いでて許可され，700円余りの工事費で1874年に全長約500m・幅3.6mの木橋を完成させた。橋は安水橋とよばれ，渡し賃は半減，また大井川・天竜川・富士川に架橋する先鞭にもなった。しかし，たびたびの出水により修理費は増加し，わずかな渡し賃収入のなかで，1896年県に移管されるまで，総五は私財をつくして橋を維持した。なお，鉄橋になり安倍川橋と改められたのは，1923(大正12)年のことである。

増善寺 ㊱

054-278-6333

〈M►P. 122〉静岡市葵区慈悲尾302 Ⓟ
JR東海道本線静岡駅🚘約30分

安西橋を渡り，安倍川右岸堤防沿いに北上し，静岡市斎場入口前

コラム

恋川春町と十返舎一九

駿河がうんだ2人の戯作者

　田沼時代(1767〜86)に活躍した黄表紙作家恋川春町は、駿河小島藩1万石滝脇松平氏の家臣で、本名を倉橋格といい、100石取りの江戸詰の藩士であった。恋川春町の名は筆名で、藩邸の所在地小石川春日町(現、東京都文京区)からとったものである。

　1775(安永4)年代表作『金々先生栄華夢』をあらわし、1787(天明7)年には120石に加増されて御年寄となった。しかし、藩の重臣といっても120石では生活が苦しく、内職である執筆活動を続け、1789(寛政元)年には老中松平定信の寛政の改革を風刺した『鸚鵡返文武二道』をあらわした。これによって、定信に喚問された春町は、主家に累がおよぶことを恐れ御役御免を願いでて許されたが、この年7月、江戸で46年の生涯を閉じた。

　文化・文政年間(1804〜30)に活躍した滑稽本作家十返舎一九は、駿府町奉行同心重田与八郎の子として駿府に生まれた。本名は貞一、通称を与七といった。町奉行小田切直年につかえたが、直年の大坂町奉行栄転にともなって大坂に移った。ところがここで一九は、武士を捨て浄瑠璃作家若竹笛躬の門人となり、近松余七と名乗った。

　1794(寛政6)年江戸にでて洒落本・黄表紙などを書いていたが、1802(享和2)年、弥次郎兵衛・喜多八を主人公とする滑稽本『東海道中膝栗毛』をあらわして滑稽本作家としての地位を確立した。同書は21年にわたり正続32篇86冊にのぼる大ベストセラーになった。1831(天保2)年に江戸で、67年の生涯を閉じた一九の辞世は、「此の世をば　どりゃお暇に　線香の　煙とともに　灰左様なら」であった。

今川氏親の菩提寺

の道を小川沿いに進むと、増善寺(曹洞宗)の山門がみえる。7世紀後半に、法相宗の宗祖道昭がこの地に保檀院を開いたのにはじまると伝えられる。

　1480(文明12)年石雲院(現、牧之原市)の辰応性寅が再興、曹洞宗増善寺に改めた。性寅は今川氏親に禅を手ほどきした人物で、寺は氏親の帰依をうけ、明応年間(1492〜1501)に今川氏の菩提寺として大伽藍を整えたという。1526(大永6)年氏親が没すると、ここに葬られ、9日間にわたる盛大な葬儀が営まれたことが「今川氏親公葬記」などに記されている。氏親は分国法「今川仮名目録」を制定し、今川氏を守護大名から戦国大名に発展させた人物である。

安倍川流域と丸子路

柘植平右衛門正俊の墓(増善寺)

1568(永禄11)年,武田信玄の駿河侵攻による兵火に見舞われ,大伽藍も灰燼に帰したという。境内には氏親の霊廟をはじめ,1635(寛永12)年に没した駿府城代松平豊前守勝政,同勝易とその夫人,徳川家康につかえ,1611(慶長16)年に駿府で没した旗本柘植平右衛門正俊の墓などがある。

増善寺から安西橋に戻り,橋を渡らずに右手に進んで左手の藁科川にかかる牧ヶ谷橋から上流をみると,川のなかほどに鉢を伏せたようにこんもりとした木枯の森(県名勝)がみえる。木枯の森へは,橋がないので渇水期に河原を渡るしか方法がない。清少納言が『枕草子』に記した「森は……木枯の森」はここであろうといわれているが,異説もある。小野小町の「人知れぬ 思い駿河の 国にこそ 身をこがらしの 森はありけり」(『古今六帖』)や,藤原定家の「きえわびぬ うつろふ人の 秋の色に 身をこがらしの 森の下露」(『新古今和歌集』)など,多くの歌に詠まれている。

木枯の森の頂にある木枯神社(八幡神社)の横に,1788(天明8)年にたてられた「木枯森碑」がある。これは木枯の森の由来を顕彰したいと考えた羽鳥村名主石上藤兵衛の依頼により,駿府の国学者野沢昌樹らが国学者本居宣長に撰文を依頼したものである。

木枯の森

洞慶院 ㊲

〈M▶P.122〉静岡市葵区羽鳥99　P
054-278-9724
JR東海道本線静岡駅🚌藁科線羽鳥🚶30分，またはJR静岡駅🚌35分

郷土玩具オカンジャケ　梅の名所

羽鳥バス停から久住谷川沿いの道を北上すると，洞慶院（曹洞宗）がある。同院はもと喜慶庵（真言宗）と称したが，今川氏の重臣福島伊賀守善忠の助力で，1453（享徳2）年に石叟円柱が再興した。寺号を善忠の法号である洞慶院殿により改称した。石叟は再興にあたって，師の如仲天誾を開山とし，みずからは2世となった。

3世大巌宗梅により，洞慶院の伽藍は整えられ，禅の修行道場として石叟三派とよばれる名僧を輩出，多くの末寺を形成し，寺は栄えた。境内には梅園が広がり，ウメの名所として知られる。また，この地域に伝わる，若竹の節をたたいてつくった郷土玩具のオカンジャケは，寺のみやげ物になっている。

洞慶院の背後にある尾根の山頂には，南北朝時代に南朝方として今川氏の駿河国進出に激しく抵抗した，狩野貞長の本拠安倍城跡がある。城跡への登山道はいくつかあるが，洞慶院前の小川沿いからのぼる道がもっとも整備され，約1時間で到達することができる。標高435mの山頂には，本曲輪を中心に，段曲輪や空堀が形成されているが，遺構はあまり明確ではない。

なお，洞慶院の南東，木枯の森の北の建穂地区には，かつて駿河国有数の大寺であった建穂寺（真言宗）があった。同寺は7世紀に法相宗の宗祖道昭により開かれ，奈良時代に僧行基が再興したとの寺伝をもつ。鎌倉・室町時代にも寺勢は盛んで，幼い大応国師（南浦紹明）もここで学んだという。1579（天正7）年には21の塔頭が存在したという同寺も，1747（延享4）年の火災で衰微し，1870（明治3）年の火災により廃寺となった。現在，町内会や有志によって建設された観音堂に，木造不動明王立像（県文化）をはじめとする諸仏が安置されている。

丸子宿と丁子屋 ㊳㊴

〈M▶P.122, 176〉静岡市駿河区丸子7-10-10
JR東海道本線静岡駅🚌中部国道線丸子橋入口🚶1分

丸子橋入口バス停は，国道1号線沿いにある。1号線に面する丁

安倍川流域と丸子路

丁子屋

五十三次20番目の宿場 名物はとろろ汁

芭蕉句碑（丁子屋）

子屋駐車場から南にでると、旧東海道に面して茅葺き屋根の丁子屋があり、店前に「名物とろろじる」ときざまれた巨石がある。

とろろ汁は、白味噌の味噌汁にすり鉢ですった山芋（やまいも）をとかした郷土料理で、丸子宿の名物となった。歌川（うたがわ）（安藤）広重（ひろしげ）の浮世絵『東海道五十三次』や十返舎一九の『東海道中膝栗毛』にも取りあげられ、松尾芭蕉（まつおばしょう）の句にも詠まれている。江戸時代には十数軒あったといわれる店も、今は数軒が残るのみである。

丁子屋は丸子宿の西端、高札場（こうさつば）や枡形（ますがた）の外側に位置する。江戸時代初期から続く老舗であるが、現在の建物は1971（昭和46）年に大鈩（だたら）の300年前の古民家を買いとり、移築・改装したものである。

丁子屋敷地内にある芭蕉句碑は、1691（元禄（げんろく）4）年に、江戸にいく弟子の乙州（おとくに）への餞別の句「梅（うめ）わかな 丸子宿（まりこのしゅく）の 登路（とろろ）、汁」である。1814（文化11）年に地元の俳人社中により長栄寺（えいじ）門前にたてられたものが移された。その裏手の木立のなかに、1982（昭和57）年にたてられた「十返舎一九東海道

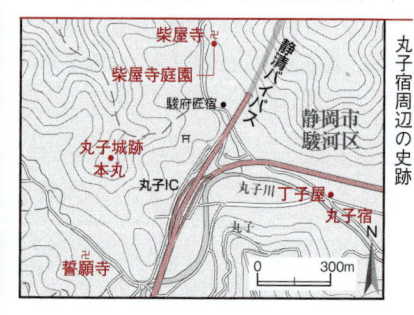

丸子宿周辺の史跡

176　富士川から大井川へ

中膝栗毛の碑」がある。

　丸子は鎌倉時代初期の1189(文治5)年，手越(現，駿河区)の住人手越平太家綱が鎌倉幕府より，麻利子を恩賞地としてあたえられ駅家をおいたと『吾妻鏡』にあるのが初見である。丸子宿は東海道五十三次の20番目の宿場で，1843(天保14)年には，問屋場1軒・本陣1軒・脇本陣2軒・旅籠24軒で，県内22宿のなかでは，由比宿とともにもっとも小規模な宿であった。

　丸子宿の面影はほとんどないが，丁子屋前から旧東海道を東に向かうと左手に高札場跡があり，商店街にはいると右手に，丸子宿唯一の本陣である横田本陣跡の標柱がある。丁子屋前に戻り，丸子橋を渡る道は宇津ノ谷峠に向かう旧東海道，直進する道は柴屋寺から歓昌院坂に向かう道である。

柴屋寺 ❹
054-259-3686

〈M ▶ P.122, 176〉静岡市駿河区丸子泉ヶ谷3316　P
JR東海道本線静岡駅🚌中部国道線吐月峰入口🚶15分

連歌師宗長の草庵
庭園は国の名勝・史跡

　吐月峰入口バス停から歩道橋を渡り，稲荷神社元宮の横，静清バイパスの下をぬけると，静岡市の伝統工芸品展示・体験施設「駿府匠宿」がある。そのなかの工芸館には，竹千筋細工や雛人形・挽物・漆器・蒔絵などの駿府の伝統工芸品が展示されている。施設横の沢沿いにやや湾曲した道を北に向かうと，簡素な竹林に囲まれた柴屋寺門前にでる。

　天柱山柴屋寺(臨済宗)は，別名吐月峰ともいい，戦国時代の1506(永正3)年，連歌師宗長がこの地に営んだ草庵柴屋軒を前身とする。

　宗長は島田の刀鍛冶五条義助の子として生まれ，18歳で出家，駿河守護今川義忠につかえた。義忠の戦死後，京にでて大徳寺の一休宗純に参禅，また連歌師飯尾宗祇の弟子にもなり，しばしば師の旅に随行した。宗祇・肖柏・宗長の師弟

宗長木像(柴屋寺)

安倍川流域と丸子路

3人が詠んだ『水無瀬三吟百韻』は，連歌の代表作として知られている。義忠のあとをついだ今川氏親につかえた宗長は，宗祇の死後，今川氏重臣斎藤安元の援助で草庵柴屋軒を結んだ。氏親も1507年ここを訪れている。情報にもつうじていた宗長は連歌ばかりでなく，1517年には，氏親の依頼をうけて武田氏との和睦交渉にもあたるなど，その行動は政治・軍事面にもおよんだ。

　氏親の死後はかつてのように今川氏に用いられることはなく，静寂な生活のなかで，1532（享禄5）年3月，85年の生涯を閉じた。

　柴屋寺庭園（国名勝・国史跡）は，京都銀閣寺の庭を模して宗長みずからが作庭したと伝えられ，竹林は嵯峨から移植したという。方丈よりみた庭園は，山号にもなっている北西の天柱山を借景に取り入れた西側の部分と，茶室をはさんだ北側の枯山水の庭の部分から構成されている。同寺の竹細工は有名で，茶道で使う灰吹は吐月峰と書いて「はいふき」と読むほどである。

　門前の小道をさらに北に向かうと，歓昌院（曹洞宗）がある。その右手ののぼり道は歓昌院坂とよばれ，峠をこえて木枯の森の方向にぬける古代からの道である。また駿府匠宿の横からは丸子城跡への登山道がつくられている。

　丸子城跡は，標高140mの三角山を中心に，曲輪・土塁・空堀をめぐらせた典型的な中世の山城である。城が築かれた年代はあきらかではないが，斎藤安元が柴屋寺のある丸子泉ヶ谷に館を構えていたことから，斎藤氏との関係が考えられる。

誓願寺 ㊶　〈M ▶ P. 122, 176〉静岡市駿河区丸子5665　P
054-259-8611
JR東海道本線静岡駅🚌中部国道線二軒家🚶7分

片桐且元の菩提寺 鐘銘事件の舞台の1つ

　二軒家バス停から国道1号線を横断して北側に渡ると，案内板がある。案内板から沢沿いの道を歩き小橋をわたると，誓願寺参道にでる。大鈩山誓願寺（臨済宗）は，源頼朝が両親の追善供養のため，建久年間（1190〜99）に創建されたと伝えられている。その後，武田信玄が重臣穴山梅雪に命じて再建させ，1602（慶長7）年には徳川家康が寺領として30石を寄進している。

　本堂左手の墓地奥にひっそりと，豊臣秀吉・秀頼父子につかえた片桐且元夫妻の墓がある。且元は賤ヶ岳七本槍の1人で，幼い秀頼

コラム

安倍地域の民俗芸能

芸

盆踊と神楽と七草祭 ヤマメずしの民俗行事

　安倍川や藁科川の山間部には，今も貴重な民俗芸能が数多く伝えられている。安倍川の上流，旧安倍郡大河内村には，古式の盆踊りが伝承されていた。

　山葵や茶の特産地で知られる有東木は，安倍川の上流，梅ヶ島の手前，標高550mの丘陵段上に広がる山村である。毎年8月14・15日夜になると，東雲寺境内で，有東木の盆踊（国民俗）を踊る音色が静かに響く。男踊りと女踊りが交互に舞われ，途中で先祖の霊の拠り所であるトウロウ（灯籠）がその踊りの輪に加わるゆったりとした古風な踊りである。明治時代以前の文書記録はないが，詞章には近世初期のさまざまな流行歌の要素を残している。下流の平野にも平野の盆踊（県民俗）が伝えられている。

　安倍川・大井川流域の山間部には，駿河神楽とよばれる伊勢流の湯立て神楽が伝承されている。とくに秋祭りの10月12日より下旬にかけて，藁科川上流の山間部，清沢地区の神社で順次行われる舞は，総称して清沢の神楽（県民俗）とよばれている。

　飾りをつけた，神を迎える道浄（舞台）を設け，湯立てを中心とし，幣束や弓などの採り物を使った素朴な舞に，面をつけて行う面行の舞が加わり，あわせて24演目という多彩な構成になってい

る。近世後期には演じられてきたと推定されるが，文献などの記録はなく，どの範囲の演目であったのかもわからないのが残念である。

　清沢地区よりさらに藁科川上流，大川地区の中心である日向は，中世より秋葉街道沿いに位置し，発達してきた山村である。その福田寺観音堂では，もっとも寒い旧暦1月7日の夜，日向の七草祭（県民俗）が奉納されている。祭りは，養蚕の繁栄を祈る「駒んず」，道化役が登場する「浜行き」「若魚」，福の種（米）の豊作を祈る本祭り「数え文」の奉誦の順に行われる。五穀豊穣を祈願する田遊び系の民俗芸能で，1644（寛永21）年の奥書をもつ古い詞章本が伝えられているのは貴重である。

　井川地区田代の諏訪神社の例祭は，毎年8月26・27日に行われる。その際供されるのが，ヤマメ祭（県民俗）である。収穫と漁獲に感謝し，翌年の豊作と豊漁を祈願して，ヤマメの腹にアワのかゆを詰めたヤマメずしをつくり，供物とする民俗行事である。

有東木の盆踊

安倍川流域と丸子路

片桐且元夫妻の墓(誓願寺)

の補佐役となった。秀吉の菩提をとむらうためにはじまった、京都方広寺(ほうこうじ)の再興奉行をつとめていた且元は、1614(慶長19)年鐘銘(しょうめい)のなかの「国家安康(こっかあんこう)」は「家康」の文字を離すことによって家康を呪詛するものだとの難題を家康から突きつけられた(方広寺鐘銘事件)。この釈明のためにやってきた且元は駿府にはいることを許されず、この誓願寺に滞在した。豊臣方と事(こと)を構える決意でいた家康は、且元にあわず側近の本多正純(ほんだまさずみ)・金地院崇伝(こんちいんすうでん)にこの件を責めさせた。目的を達せずに大坂に戻った且元は、豊臣氏より裏切り者扱いされ大坂城を退去した。大坂冬・夏の陣では徳川方に参陣し、1万2000石を加増されて4万石となったが、淀殿(よどどの)・秀頼母子が自刃(じじん)した20日後の1615(元和元)年5月28日、京都で60年の生涯を閉じた。

　墓がたてられた経緯はわからないが、墓石には且元の子孫で、茶人であり作庭家としても知られる石州(せきしゅう)(片桐石見守貞昌(いわみのかみさだまさ))の銘がある。本堂裏手のひょうたん池のある庭園は、江戸時代初期に石州が作庭した借景式の庭と伝えられている。

　また、緑に囲まれた誓願寺は、梅雨時にモリアオガエルの産卵が行われるので知られている。

⑦ 宿場町岡部と東征伝説の焼津

宇津ノ谷峠西麓の町岡部と古くからの漁港焼津は、古代の東海道がとおり、日本武尊東征伝説や古典の世界に誘ってくれる。

蔦の細道と宇津ノ谷峠 ⑫⑬

〈M ▶ P.122, 181〉 静岡市と藤枝市岡部町の境
JR東海道本線静岡駅🚌中部国道線藤枝駅行 坂下🚶5分、またはJR東海道本線藤枝駅🚌中部国道線新静岡行坂下🚶5分

国道1号線バイパスの宇津ノ谷トンネル岡部側入口にある坂下バス停から東側の谷におりたところに、旅人が峠越えの安全を祈願した坂下地蔵堂(鼻取地蔵堂、曹洞宗)がある。

地蔵堂の境内には、駿府代官で儒学者でもあった羽倉外記(簡堂)の撰文による蘿径記碑がある。1830(文政13)年、外記が荒廃した蔦の細道の消滅を恐れ、古道を顕彰するために建立したもので、書は江戸三筆の1人である市河米庵によるものである。

地蔵堂のさきで道は二手に分かれる。右手は、古代・中世の東海道といわれる蔦の細道。左の石畳ののぼり道は、近世の東海道(旧東海道)である。蔦の細道をとおって宇津ノ谷峠をこえ、帰途、近世の東海道をとおってこの分岐点に戻ることができる。

ハイキングコースとして整備された蔦の細道入口付近は、現在つたの細道公園とな

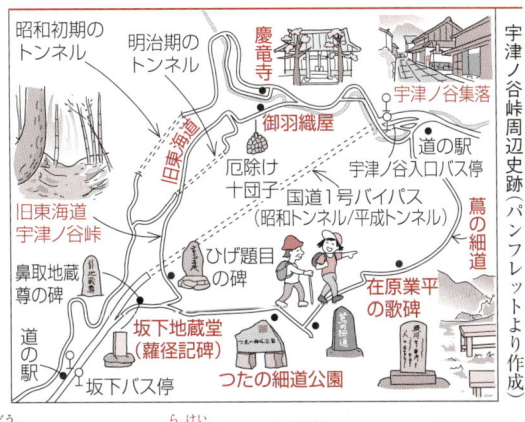

宇津ノ谷峠周辺史跡(パンフレットより作成)

蔦の細道(岡部側登り口)

宿場町岡部と東征伝説の焼津

宇津ノ谷の集落

っている。公園は谷を流れる木和田川に沿ってつくられ、川には1910(明治43)年の豪雨による谷筋崩壊を契機につくられた石積みの木和田川砂防堰堤8基と、木和田川流路工2本が設けられている(ともに国登録)。堰堤のつくりはオランダ式のロックヒル工法で、その形状から「兜堰堤」ともよばれている。川沿いに整備された散策路には砂防資料展示施設も設けられ、歩きながら砂防について学習できるようになっている。

蔦の細道は在原業平の『伊勢物語』が名称の由来である。『十六夜日記』の阿仏尼をはじめ、中世以降の文人たちは、業平の「駿河なる　宇津の山辺の　うつつにも　夢にも人に　あはぬなりけり」の歌の世界を追体験しようと、この峠越えで歌を詠んだ。今でも細い険しい峠道であるが、ハイカーには人気のコースとなっており、頂上には業平の歌碑もある。

峠をくだると、道の駅宇津ノ谷峠の脇にでる。前の国道1号線バイパスを渡ってしばらく進むと、宇津ノ谷の集落にはいる。この道は旧東海道で、舗装された道路をはさんで古い町並みが続き、軒には屋号を記した看板がつるされている。そのなかに「御羽織屋」とよばれる石川家がある。1590(天正18)年豊臣秀吉の小田原攻めに際し、主人の気のきいた応対への褒美として、秀吉から拝領した紙製の陣羽織に由来するもので、参勤交代の大名も拝観しており、その芳名帳などとともに奥の部屋に展示されている。御羽織屋の横の小道をはいると、延命地蔵を安置する慶竜寺(曹洞宗)にでる。この地蔵は、峠で人びとを苦しめた鬼を退治したと伝えられ、これにちなんでつくられたのが名物十団子である。境内には許六の「十団子も　小粒になりぬ　秋の風」の句碑がたっている。

御羽織屋の前の旧東海道は上りになり、左におれると明治期のトンネル(明治宇津ノ谷隧道、国登録)にでる。1876(明治9)年に開通

富士川から大井川へ

した日本最初の有料トンネルで、東海道の本道となった。道を戻って右に進み、左手にはいる山道（東海道宇津ノ谷峠越、国史跡）をのぼると、地蔵堂跡にでる。これからさきは下りとなり、「南無妙法蓮華経（れんげきょう）」ときざまれたひげ題目碑（だいもくひ）をすぎると、まもなく蔦の細道との分岐点にでる。

岡部宿（おかべしゅく）と大旅籠柏屋（おおはたごかしばや） ㊹㊺

054-667-0018（大旅籠柏屋）

〈M ▶ P. 122, 183〉藤枝市岡部町岡部817
P
JR東海道本線静岡駅🚌中部国道線藤枝駅行岡部北口🚶1分、またはJR東海道本線藤枝駅🚌中部国道線新静岡行岡部北口🚶1分

江戸時代の旅館柏屋　岡部氏発祥の地

岡部宿は東海道五十三次21番目の宿場で、1843（天保14）年には、問屋場2軒・本陣2軒・脇本陣2軒・旅籠27軒があった。このうち現存するのは、山内（やまうち）家が住宅として使用してきた旅籠の建物を、旧岡部町が整備し、一般公開した大旅籠柏屋（国登録）だけである。柏屋は宿内の旅籠のなかでも筆頭格に位置し、主人の山内氏は代々問屋や年寄などの宿役人（としより）をつとめていた。1836（天保7）年にたてられた母屋（おもや）は、旅籠での生活が疑似体験できるよう工夫され、奥には物産館があり、なまこ壁が美しい2棟の土蔵は、ギャラリーや和風レストランとなっている。

大旅籠柏屋

柏屋の南隣の内野（うちの）本陣跡をすぎると、山側に向かうカラー舗装の道路がみえる。これが旧東海道で国道からはずれたために古い町並

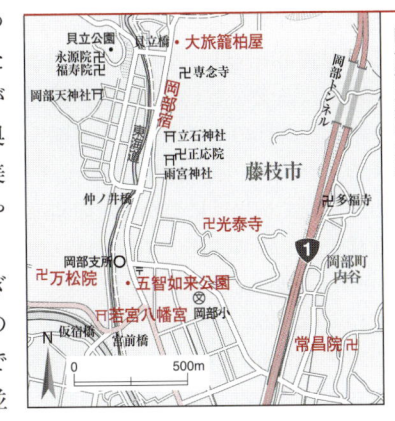

岡部宿周辺の史跡

宿場町岡部と東征伝説の焼津　183

日露戦争戦死将兵の木像
(常昌院)

みが残り、格子窓の民家もみられ街道の風情が感じられる。山の麓には2体の木喰仏を安置する光泰寺(曹洞宗)がある。木喰五行上人は甲斐国(現、山梨県)の出身で、全国を行脚しながら1000体以上の仏像を彫ったことで知られている。上人が岡部に滞在したのは、1800(寛政12)年の6月から8月の2カ月間で、13体を制作して付近の寺院に奉納した。町内にはこのほかに、十輪寺・梅林院(ともに曹洞宗)にも2体ずつ木喰仏が現存する。

藤枝市岡部支所の南側には冠木門がたつ広場があり、五智如来公園となっている。ここはかつて誓願寺という浄土宗の寺があった場所で、奥に地元産の三輪石でつくられた大型の五智如来像が2組、計10体が安置されている。古い方の1組は、1705(宝永2)年に田中藩主内藤弐信の家老脇田正明が、言語に障害のあった姫の完治の礼に寄進したものである。

公園のさきの信号を右折し岡部川を渡ると、右手に若宮八幡宮(祭神大鷦鷯命・品陀和気命・息長帯比売命)がある。八幡宮は岡部宿の産土神であるとともに、岡部氏の氏神でもある。現在の社殿は、和泉岸和田(現、大阪府岸和田市)藩主岡部長敬が、1686(貞享3)年に造営したものである。岡部氏は藤原南家為憲流と伝えられ、清綱が岡部の地に土着して岡部氏を称したのにはじまるという。清綱の子泰綱は源頼朝につかえて御家人となり、子孫は今川・武田氏を経て徳川氏につかえ、岸和田6万石の大名となった。

八幡宮から徒歩7分、右手の急な参道をのぼると万松院(曹洞宗)がある。岡部氏の菩提寺で、塀に囲まれた岡部氏の墓所内には2基の宝篋印塔と1基の五輪塔がたっている。境内からみえる朝日山城跡(藤枝市仮宿)は岡部氏の居城と伝えられ、標高112mの頂上が本丸跡である。

藤枝市岡部支所前の交差点から焼津方面に1.2kmほど進むと，「兵隊寺」と書かれた常昌院(曹洞宗)の看板がみえる。この寺の本堂には，1904(明治37)〜05年の日露戦争に，旧志太郡内から出征して戦死した将兵223人の軍服姿の木像がまつられている。

焼津漁港とその周辺 ㊻　〈M ▶ P. 122, 186〉焼津市中港
JR東海道本線焼津駅🚶7分

小泉八雲が愛した港町ダルマ市・虚空蔵山

　焼津駅南口をでると，焼津の町を「神様の町です」と口癖のようにいって愛したという小泉八雲(ラフカディオ・ハーン)の記念碑がある。八雲は，1897(明治30)年にはじめて訪れて焼津の海が気にいり，以来ここを避暑地と決めて，死去する1904年まで6度夏をすごした。そして『焼津にて』『海のほとり』『漂流』『乙吉のだるま』など，焼津にちなんだ短編を残した。しかし，八雲が海水浴を楽しんだ浜はなくなり，滞在中に下宿した鮮魚商の山口乙吉の家も明治村(愛知県犬山市)に移築されている。

　焼津駅南口の左手，焼津高校の横の道を直進すると，遠洋漁業の根拠地焼津漁港にでる。焼津は古い漁港で，慶長年間(1596〜1615)に初鰹を徳川家康に献上したという記録がある。江戸時代は漁業とともに海運業も発達した。

　港の一角にたつ焼津漁業資料館は，焼津漁業協同組合が創立30周年を記念して開設した資料館で，漁港や漁法の歴史や変遷，漁師の暮らしなどを知ることができる。

　資料館から港に沿って須原橋を渡り，新屋公園をすぎて黒石川にかかる新川橋を渡ると，そのたもとに「贈従四位小泉八雲先生風詠之地」の石碑と案内板がたっている。碑の前の北浜通りは八雲通りともよばれ，このさき右手に「小泉八雲滞在の家跡」の碑がたっている。

　焼津漁港から国道150号線を大崩海岸へ向かう途

焼津漁港から虚空蔵山をのぞむ

宿場町岡部と東征伝説の焼津　　185

焼津駅周辺の史跡

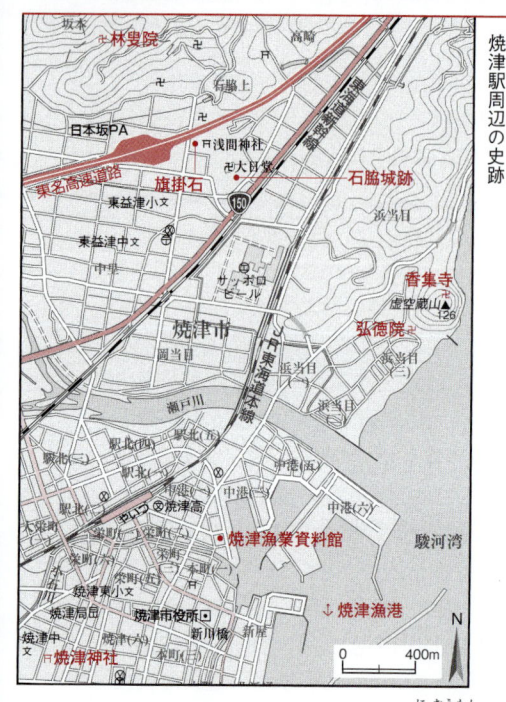

中、右手にみえるおにぎり形の山が虚空蔵山で、その山頂にあるのが当目山香集寺（曹洞宗）である。もとは平安時代初期に空海（弘法大師）によって開かれたとされる真言宗の寺で、本尊の虚空蔵菩薩は日本三大虚空蔵尊の１つに数えられている。毎年２月23日の縁日にはダルマ市が開かれ、多数の参拝者で賑わっている。「当目山」の石碑から長い石段をのぼると、赤い仁王門がある。棟瓦に立葵の紋が残っているところから、田中藩主本多氏の修復がうかがえる。左右の金剛力士像（仁王像）は、1706（宝永３）年に田中藩主内藤弌信が寄進したものである。参道の石段は、地元産「当目石」を用いたものだが、段差があって険しい。20分ほどのぼると山頂で、視界は狭いが大崩海岸や富士が一望できる。また、日本最初の船舶無線電信の実験を記念した、船舶無線電信発祥地記念塔がある。

　香集寺を奥の院として管理しているのが、麓の弘徳院（曹洞宗）である。弘徳院は、1954（昭和29）年３月１日に、ビキニ環礁における米国の水爆実験によって死の灰をうけて死亡した、第五福竜丸の無線長久保山愛吉が眠る寺として知られる。久保山は「原水爆の被害者は、私を最後にしてほしい」といい残した。毎年３月１日になると、核廃絶を誓う人たちがその墓前をめざして平和行進をする。なお、焼津市文化センターの２階にある焼津市歴史民俗資料館には、事件の記録や久保山が家族にあてた手紙などが展示されている。

富士川から大井川へ

林叟院から石脇城跡へ ❹❼❹❽

054-628-3487(林叟院)

〈M ▶ P. 122, 186〉 焼津市坂本1400 P
JR東海道本線焼津駅🚌玉取・小布杉行
坂本🚶7分

地震伝説の寺
北条早雲の居城

　坂本バス停のさきの坂本橋を渡って参道を進むと、左に「札の辻」の地名標示がある。そのさきが林叟院(曹洞宗)である。高草山麓に位置するため、花沢の法華寺と同様、山号を「高草山」と称するが、もともとは小川港の近く、会下島の海浜に開かれた寺であった。

　開基は、今川家の家臣で小川城主の長谷川正宣(法栄)。正宣は、1471(文明3)年に遠州高尾山石雲院(曹洞宗、牧之原市)から賢仲繁哲を招いて開いたが、1497(明応6)年に異叟(異相の老人)の予言をうけて現在地に移転した。こうして、翌年おそった明応の大地震に伴う水没から難をのがれることができたため、異叟を守護神として境内にまつり、寺名を林雙院から林叟院に改めたという。

　長谷川正宣は、今川家の家督争いで駿府を追われた今川義忠の息子竜王丸(氏親)をかくまったことで知られている。やがて、石脇城の伊勢新九郎(北条早雲)の尽力により氏親は7代当主となるが、氏親は歴代今川当主のなかでただ1人曹洞宗に帰依した。その背景には、氏親の擁立に新九郎と同じ備中国(現、岡山県)の伊勢氏出身である繁哲和尚の功績があったからだと思われる。こうして氏親の保護のもと、繁哲和尚とその弟子たちが志太郡下に曹洞宗を広めた。なお参道奥の墓地には、長谷川正宣と夫人の墓石がある。

　「札の辻」標示の手前を左折し、山に沿って20分ほど進み、右折して東名高速道路の下をぬけると、左側にしめ縄を張った2つの巨石がある。これは旗掛石とよばれ、この辺りの地名石脇の由来になったものである。徳川家康が高草山周辺で鷹狩をした際、この石に旗をたてかけたことに由来するという。

　このさきを山に沿って回

林叟院

宿場町岡部と東征伝説の焼津

ると、左側に石脇城跡の入口がある。この山城は伊勢新九郎の居城で、妹北川殿（きたがわどの）が駿河国守護今川義忠の夫人になっていた縁により来駿したとき、義忠からあたえられた城だという。頂上の大日堂（だいにちどう）がある辺りが一の曲輪（くるわ）（本丸）跡で、二・三の曲輪跡がある。

法華寺（ほっけじ）㊾
054-626-0905

〈M ▶ P.122〉焼津市花沢2　P
JR東海道本線焼津駅🚗15分、または東名高速道路焼津ICより国道150号線バイパス経由、日本坂（にほんざか）トンネル手前信号左折

県内唯一の伝統的建造物保存地区
日本坂越えの古東海道

焼津の里

焼津市日本坂トンネル付近は東海道本線・東海道新幹線・国道150号線バイパス・東名高速道路などの鉄道や主要幹線道路が寄り添うようにして走る。トンネル手前の信号を山側に600mほど進むと、奈良時代から平安時代前期にかけての古道「やきつべの道」である。古代の人びとは、蔦の細道とこの道から、宇津ノ谷峠や日本坂峠をこえて駿河国府（現、静岡市）へと向かった。峠の入口の集落花沢の里は、隠れ里のような静かなたたずまいである。花沢川の西側に形成された集落では、傾斜地を石垣で調節し、その上に下見板張りの長屋を連続させている。2014（平成26）年、静岡県で唯一、国の重要伝統的建造物保存地区に選定されている。

集落の突き当りには、天平（てんぴょう）年間（729〜749）に行基（ぎょうき）が開いたといわれる法華寺（天台（てんだい）宗）がある。本尊は千手観音（せんじゅかんのん）で、行基作と伝えられ、駿河三十三観音霊場10番札所である。1570（元亀元（げんき））年正月の武田信玄（しんげん）による花沢城攻めの際に全焼した。現在の本堂（観音堂）は、1706（宝永3）年に再建されたものである。もと奥の院の東照寺（とうしょうじ）（廃寺）の本尊であったという木造聖（しょう）観音立像（県文化）は、藤原時代の寄木造（よせぎづくり）である。日本坂越えはこの寺の門前からはじまるため、旅人は観音菩薩に道中の安全を祈願したのであろう。

また法華寺は、「乳観音っさ」ともよばれる子育観音の寺として知られている。これは、1983(昭和58)年に倒壊するまで寺の象徴であった大イチョウがあり、大樹より垂れ下がる乳根への崇拝に由来する。現在、乳根の一部が仁王門裏に保存されている。

焼津神社と荒祭り ㊿
054-628-2444　〈M▶P.122, 186〉焼津市焼津2-7-2　P
JR東海道本線焼津駅 🚶10分

日本武尊伝説の地　東海一の荒祭り

　日本武尊(倭建命)が東征のおりに、この地の豪族の火攻めにあい、天叢雲剣(草薙剣)で草を薙ぎ払って、逆に向かい火を放って窮地を脱したという故事が、「焼津」の由来と伝えられる。焼津駅からいちょう通りを南西に10分ほどいき、焼津市産業会館前の信号を右折すると、焼津神社がある。焼津神社は日本武尊を祭神とし、平安時代の『延喜式』(927〈延長5〉年完成)にも記載された式内社で、中・近世では「入江大明神」ともよばれた。

　焼津神社では、毎年8月12・13の両日に大祭が開かれる。「アンエットン」のかけ声勇ましく、白装束の男たちが荒々しく練り歩くことから、「東海一の荒祭り」とよばれている。初日には、神ころがしの神事が行われる。2人の神社総代が幼児の頭と足をもち上げてくるくると転がすもので、このとき泣き声が大きいほど丈夫に育つとされている。2日目には、神輿渡御の神事が行われる。行列の先頭が獅子木遣り(県民俗)で、雌雄2頭の獅子頭からのびる50mもある獅子幕を、手古舞姿の少女たちが、木遣り歌をうたいながらもち歩く。その後に、総勢300人をこえる神役の行列と、数千人の白装束の若者の大集団が、神輿をかついで荒波のごとく繰りだす。

　焼津市の南部、一色の成道寺(曹洞宗)には、絹本墨画淡彩芦葉達磨図(国重文)が所蔵されている。

焼津神社

宿場町岡部と東征伝説の焼津

8 宿場と城下町の藤枝

中世以来の宿駅藤枝は，江戸時代には東海道五十三次22番目の宿場であるとともに，田中藩の城下町でもあった。

同心円状の円郭式縄張り
12氏21代の田中藩主

田中城跡と史跡田中城下屋敷 (51)

054-644-3345(史跡田中城下屋敷)

〈M ► P. 122, 193〉藤枝市田中 P
JR東海道本線藤枝駅 🚌 中部国道線新静岡行藤枝大手 🚶 6 分

藤枝大手バス停から大手交差点を右折し，国道１号線を渡ると道は二股に分かれる。ここに「田中城跡」の標石がある。道を右に進むと，つぎの交差点左角に「外堀跡」「松原木戸跡」の標識がある。ここに田中城の大手口である松原木戸があった。

田中城は，本丸を中心に四重の堀を同心円状にめぐらした円郭式縄張りの典型として，また武田氏の城に代表される三日月型の馬出を６カ所も配置した城として知られている。基本的には戦国時代の城を近世城郭としたため地味な域であったが，兵法が盛んに講じられた近世では「甲州流(武田流)の城」として注目されていた。

城の起源は不明だが，戦国時代末期には今川氏の支城として「徳一色城」とよばれ，駿府を防衛する西駿河の拠点として存在していた。1570(元亀元)年正月に武田信玄の攻撃をうけた際，徳一色城は長谷川能長・正長が守っていたが，焼津の花沢城が落城して孤立したため開城し，武田氏の城となった。このあと「田中城」と改称され，縄張りの改修も行われた。1575(天正３)年の長篠の戦い以後，たび重なる徳川家康の攻撃にたえたが，1582年２月，武田氏の滅亡直前に開城した。

「従是西田中領」の牓示杭

関ヶ原の戦いの翌年，1601(慶長６)年には，酒井忠利が１万石で入城して円形の外曲輪を設け，本丸は，家康専用の「田中御殿」として整備

史跡田中城下屋敷

された。家康は、駿府に隠居すると田中での鷹狩を頻繁に行ったが、1616(元和2)年正月に、田中城で腹痛をおこして床につき、同年4月に駿府城で75年の生涯をおえた。腹痛の原因は、京都の御用商人茶屋四郎次郎から聞いてつくらせたタイの天ぷらを食べすぎたことによるという。

　その後、田中城は、駿府藩領や幕領となるが、1633(寛永10)年に松平(桜井)忠重が2万5000石で入城すると、以後、水野・藤井松平・北条・西尾・酒井・土屋・太田・内藤・土岐の2万5000石から5万石程度の譜代大名9氏12代がつぎつぎといれかわった。1730(享保15)年の本多正矩の入城以後は、本多氏7代4万石の城として続き、明治維新を迎えた。1868(明治元)年、安房国長尾(現、千葉県南房総市)へ転封された。

　現在、城跡は、中心部が西益津小・中学校の校地になっており、周辺も宅地化が進み、わずかに堀や土塁の一部が残るのみである。

　松原木戸をはいると、左手に藩校日知館があったが、現在は標識のみでその面影はない。これよりさきは標識や説明板が随所にたてられている。前方左手の「三日月堀跡」に続いて「三之堀・土塁跡」、「大手一之門跡」などの標識がある。そのさき右手の橋のところは二の丸の堀の一部である。堀に沿って右手に進み、三の丸跡の西益津中学校門をはいると、左手に説明板、右手体育館脇に「従是西田中領」の榜示杭と石碑がたっている。もとの道に戻りさきに進むと、右手に西益津小学校校門がある。この校舎の辺りが本丸跡で、校門前の北東へ向かう道には、平島二の門・同一の門・同木戸跡がある。校門のさき右手に三の丸の「三日月堀跡」、左手に「家老遠藤胤孝屋敷跡」の標識がある。その前の六間川は外堀で、川に沿って左折すると、右手前方が史跡田中城下屋敷である。ここは藩主の別荘だったところで、かつて城内にあった本丸櫓・茶室・仲間部

宿場と城下町の藤枝

屋・厩などのほか，長楽寺村(現，岡出山・藤枝・本町・郡 ほか)の郷蔵が移築・復元されている。

蓮華寺池公園と若王子古墳群 �52
054-645-1100(藤枝市郷土博物館)

〈M ▶ P. 122, 193〉藤枝市若王子
JR東海道本線藤枝駅🚌中部国道線
新静岡行白子🚶5分

郷土を学習する博物館
28基の群集墳

　白子バス停の辺りは，藤枝宿9町の1つ白子町にあたり，この道路が旧東海道である。

　バス停前の小川眼科医院の玄関脇に，「白子由来記」の小さな石碑がたっている。小川家の祖先小川孫三は，伊勢国(現，三重県)白子浜の住人であった。1582(天正10)年の本能寺の変のあと，堺見物をしていた徳川家康が，追っ手をのがれて伊賀(現，三重県)越えをした際，家康を白子浜から船で三河まで送り届けた。家康は恩賞として孫三に朱印状をあたえ，藤枝に他国の商人を集めた諸役免除の町をつくることを許した。こうして誕生した白子町では，江戸時代になると諸役免除の恩恵に浴した商人たちが，毎年家康の命日に「御朱印祭り」を開いて，家康と孫三の遺徳をたたえたという。

　医院から旧東海道を戻り，信号を右折するとそのさきが蓮華寺池公園である。蓮華寺池は，周囲約1.5kmの人工池で，現在は，四季をつうじて花鳥を楽しめる緑地自然公園として知られている。もとは1613(慶長18)年ごろに農業用水の溜池として掘られたもので，幕末には田中藩の砲術訓練にも使われた。その名称は，廃寺となった蓮華(花)寺に由来する。公園内の富士見平とよばれる眺望のよい丘陵には，4世紀末から6世紀にかけてつくられた若王子古墳群(県史跡)があり，28基にもおよぶ群集墳が古墳の広場として保存・整備されている。ここからの出土資料を展示しているのが，園内に

蓮華寺池公園

192　富士川から大井川へ

蓮華寺池周辺の史跡

ある藤枝市郷土博物館である。館内には田中城や志太郡衙関係の資料もあり，市内の歴史を総合的に学ぶことができる。また博物館裏には，1970(昭和45)年まで市内を走っていた軽便鉄道の蒸気機関車(第二次世界大戦中設計のSL)が屋外に展示されている。

古墳の広場から北西へ尾根づたいに，清水寺(真言宗)に向かうハイキングコースがある。2.2kmの道程は，健脚ならば70分でたりるが難所もある。清水寺は行基開創といわれる古刹で，平安時代には花山天皇の勅願寺，同末期には源頼朝の祈願寺にもなったという。駿河観音霊場の1番札所であり，縁日は2月の第3日曜日前後の3日間で，富士市の毘沙門天・浜松市の鴨江観音とともに，県内三大縁日の1つに数えられる。寺宝に，聖武天皇追善のために書写された紙本墨書縁生論(県文化)があり，また仁王門に掲げられた「音羽山」の扁額は，陸奥白河(現，福島県)藩主松平定信の筆によるものである。

蓮華寺池公園から北西へ3kmの下之郷にある長慶寺(曹洞宗)は，今川家3代泰範の菩提寺で，今川義元の軍師太原崇孚(雪斎)が晩年を送った寺でもある。境内には泰範と雪斎の墓がある。

また，長慶寺から3km北上した北方の安楽寺(天台宗)には，1538(天文7)年につくられた鰐口(県文化)が所蔵されている。

蓮生寺と鬼岩寺 53 54
054-641-2156 / 054-641-2932

〈M ▶ P.122, 193〉藤枝市本町1丁目／藤枝市藤枝3丁目

JR東海道本線藤枝駅🚌中部国道線新静岡行蓮華寺池公園入口🚶1分

蓮華寺池公園入口バス停をおりたところに，熊谷山蓮生寺(浄土

宿場と城下町の藤枝

真宗)がある。この山号・寺号は、この寺を開いた、1184(寿永3)年の一の谷の合戦で有名な熊谷次郎直実(法名蓮生)に由来する。当初浄土宗の寺院であったが、1233(貞永2)年に親鸞聖人が立ち寄った際に、浄土真宗に改宗したと伝えられる。参道入口の右に「親鸞聖人旧跡」、左に「熊谷入道古跡」の古い標石がたっている。江戸時代には、田中藩主本多家の菩提寺として保護され、山門は1811(文化8)年に本多正意が寄進したものである。なお、本多家の墓石19基は、1985(昭和60)年に本堂西側にまとめられた。

バス停近くの信号を渡って小路をはいると天満宮があり、鳥居の脇に「増田五郎君之碑」ときざまれた頌徳碑がある。これは百姓一揆の首謀者として処刑された増田五郎右衛門のために、1885(明治18)年、自由民権運動家の小沢一太郎らによってたてられたものである。

頌徳碑から旧東海道に戻り、そのさきの信号を右折して約300mいき、さらに右折すると、その奥に鬼岩寺(真言宗)がある。726(神亀3)年に行基が開いたとされ、寺号は、平安時代に弘法大師(空海)が、鬼を法力によって裏山の岩に封じ込めたという伝説に由来する。南北朝時代から戦国時代にかけて、志太地域を代表する寺として栄えた。とくに1388(嘉慶2)年に、室町幕府3代将軍足利義満が、富士遊覧の際に宿舎としたとされ、その後、6代将軍義教もこれにならって下向し、公家衆や連歌僧たちとともに宿泊した。

境内には、中世の繁栄を物語る400基余りもの中世石塔群があり、なかには、南北朝時代の銘のある五輪塔や宝篋印塔もある。また、不動堂の左横には、行基菩薩腰掛岩と鬼かき石がある。後者は鬼の爪とぎ石ともよばれ、弘法大師伝説に関係するものである。

藤枝宿と大慶寺 ㊳㊴
054-641-1229(大慶寺)

〈M ▶ P. 122, 193〉藤枝市藤枝3丁目/藤枝市藤枝4丁目
JR東海道本線藤枝駅🚌中部国道線新静岡行上伝馬🚶1分

東海道五十三次の22番目の宿場である藤枝宿は、田中城の城下町でもあった。田中城は湿地に築かれたため周囲に城下町が形成されず、1km近く離れた鎌倉時代以来の藤枝宿が城下町になった。藤

義民増田五郎右衛門

コラム

田中藩領一揆の主人公
命日は首斬正月

　増田五郎右衛門は，田中藩領（本多氏4万石）駿河国志太郡細島村（現，島田市）の庄屋であったという。

　1816（文化13）年は不作の年で，そのうえ8月3日から4日の台風で，遠江から駿河西部にかけた田畑は大きな被害をうけた。このため，年貢減免を求める百姓一揆が，浜松・掛川・横須賀藩領や中泉代官支配地におこった。

　田中藩領でも年貢の減免を願いでたがうけいれられなかったため，五郎右衛門が中心となって一揆をおこした。1816年11月23日，志太・益津両郡内70余カ村の農民4000〜5000人が田中城大手に押し寄せた。このため，藩もその要求をのみ，3割（2割説あり）の年貢減免を認めた。しかし，一揆の圧力に屈した藩は，首謀者の探索にのりだし，五郎右衛門らを捕らえて獄につないだ。1818（文政元）年6月28日源昌寺原で，五郎右衛門は斬首に処された。

　五郎右衛門の処刑を悲しんだ農民は，以後，6月28日（1873〈明治6〉年の太陽暦採用後は7月28日）を「首斬正月」といって農作業を休み，細島村の全仲寺（曹洞宗）に墓参して，その菩提をとむらうようになった。第二次世界大戦後日本の民主化を促進していたGHQ（連合国軍最高司令官総司令部）の静岡民事部民間報道課長モーセス・バークは，民主主義を理解させる材料としてこれを取り上げ，県と志太郡に働きかけて，民主祭りとしての「五郎右衛門祭」を開催させた。

　なお，五郎右衛門の頌徳碑は，藤枝5丁目の天満宮境内と島田市東町の八幡神社境内にあり，後者は1926（大正15）年に，地元の青年団の建碑運動によってたてられた。「義人碑」の文字は，時の首相若槻礼次郎の筆である。近くの全仲寺には「顕正院義山玄忠居士　故増田五郎右衛門之碑」ときざまれた新しい墓石がたっている。

枝宿は東西に長くのびた町で，全長約1.9kmにおよぶ。その中心は上伝馬町で，1843（天保14）年に，問屋場2軒・本陣2軒・旅籠37軒があった。現在は商店街となっており，その面影はない。

　上伝馬交番に向かって右角辺りが，下り（江戸方面）の荷物をあつかった上伝馬の問屋場跡で，歌川（安藤）広重の浮世絵版画「東海道五十三次　藤枝」に描かれているところである。その右隣が上（青島）本陣と下（村松）本陣跡であるが，両家とも移転しており，本陣跡を示す標識もない。

　道路（旧東海道）を右の歩道に渡って，最初の小路をはいったその

宿場と城下町の藤枝

久遠の松(大慶寺)

奥が大慶寺(日蓮宗)である。同寺は日蓮が比叡山での修行の往復にこの地で休息し、その際に里人の奇瑞を感じてたてた法華堂が前身とされ、近世には田中藩の祈願寺として保護された。境内には、日蓮手植えと伝えられる久遠の松(県天然)がある。樹高25m・根廻り7mにもおよぶクロマツの巨木で、樹齢は700年をこえるとされ、日本名松百選の1つに数えられている。また本堂右手の庫裏は、老中田沼意次の失脚にともなって解体された、相良城の御殿の廃材を用いたものである。鐘楼左手の墓地には、田中藩主太田資直をはじめ、田中藩士の墓石が並んでいる。

志太郡衙跡 ❺
054-646-6525
(志太郡衙資料館)

〈M▶P.122〉藤枝市南駿河台1-12 P
JR東海道本線藤枝駅🚌中部国道線新静岡行志太温泉入口
🚶8分、または🚌駿河台線保健センター前🚶3分

珍しい古代の郡役所跡
国の史跡と県の文化財

志太温泉入口バス停からやや戻ったところの信号を右折し、しばらく進むと、塩出谷川沿い対岸に、志太郡衙跡(国史跡)がみえてくる。1977(昭和52)年、区画整理事業の過程で、水田から掘立柱建物や多数の食器・道具類が発見された。当初は地名をとって御子ヶ谷遺跡とよんだが、遺構や出土品の調査が進むなかで、ここが駿河国志太郡の郡衙跡であることがあきらかになった。全国でも確認例の少ない発見だけに注目を集めた。

郡衙とは奈良・平

志太郡衙跡

富士川から大井川へ

名物「瀬戸の染飯」 コラム

東海道の名物の1つ『信長公記』にも記載

　瀬戸の染飯は，瀬戸村（現，藤枝市上青島・下青島）の東海道沿いの茶店で売られていた名物である。強飯をクチナシで染め，小判形につぶして干した携帯食で，形は時代や店によって異なっていたようである。クチナシは腰を強くするということから，旅人に好まれたというが，この辺りの農家では田植えのときに，足腰が痛まないようにとクチナシで染めた強飯を食べていたのが，旅人にもうけいれられて名物になったと思われる。

　1553（天文22）年の道中日記にも記され，また『信長公記』には，織田信長が甲斐の武田氏を滅ぼし安土へ凱旋する途中の，1582（天正10）年4月15日の条に，「瀬戸の染飯とて皆道に人の知る所」と記録されており，すでに戦国時代には，名物として知られていたようである。

　江戸時代になると，葛飾北斎の浮世絵や『東海道名所図会』『東海道中膝栗毛』などにも紹介され，清水の追分羊羹，安倍川餅，丸子のとろろ汁とともに，駿河路の名物の1つとして定着している。

　なお現在は，にぎりめしとして再現され，販売されている。

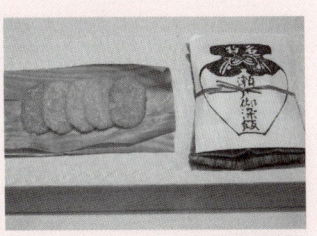

瀬戸の染飯

安時代に，国の下におかれた郡の役所のことで，郡司とよばれた郡の役人には，長官の大領をはじめ，少領・主政・主帳がいた。国司が都から派遣されたのに対して，郡司は地方の豪族が任命されたため，世襲となることが多かったと思われる。志太郡衙跡からも，「郡」「大領」「少領」「主帳」「厨」といった，郡名・役職名・施設名などが書かれた墨書土器が発見された。

　現在，周辺は住宅地になっているが，本来は，東・西側に丘陵，南側も湿地をはさんで丘陵，北側は広大な湿地帯が広がり，その間の微高地に掘立柱建物30棟をはじめ，井戸・板塀・門・石敷道路などがせまい範囲に整然と配列されていた。これらの建物は，数回にわたって建て替えが行われ，同時期のものは10棟前後であったと思われる。ただし，税として徴収された稲をおさめた正倉はみつからず，別の場所にあった可能性もある。

志太地域の民俗芸能

コラム 芸

無形民俗文化財の宝庫

焼津・藤枝・島田の3市からなる志太地区は、無形民俗文化財の豊富なところである。藤枝市岡部町新船の六社神社の龍勢花火（県民俗）もその1つで、この手づくりのロケット花火は、10mほどの竹竿をつけ、白煙を吐いて空をかけのぼるようすは、昇竜を思わせるものがある。

藤枝市滝沢の八坂神社の田遊び（県民俗）は、氏神である八坂神社で、毎年2月17日の夜に奉納される。田遊びは1年間の豊作を祈る儀式で、演目はいろいろな農作業をあらわしているものが多い。

毎年3月17日の夜、氏神である大井八幡宮に奉納される焼津市の藤守の田遊び（国民俗）は、全国的に有名である。演目は長刀からはじまる22番のほかに、番外として天狗と鯛釣りがある。このうちもっともはなやかなのは21番の猿田楽で、「ショッコ」という造花をつけた藁製の帽子をかぶって激しく舞う。夜空に大きくゆれる花は、秋の豊作を象徴するものと考えられる。

藤枝市瀬戸ノ谷の高根白山神社は「お高根さん」とよばれ、農業・漁業の神として中世以来信仰されてきたが、毎年10月29日の例祭に奉納される古代神楽（県民俗）も、よく知られている。

焼津市では、焼津神社の荒祭りの際に行われる獅子木遣り（県民俗）、島田市では、大井神社の帯祭りの際に行われる大名行列と鹿島踊り、東光寺の猿舞がある（いずれも県民俗）。

猿舞いは毎年4月14日、東光寺の守護神日吉神社の祭礼の際に奉納されるもので、猿の面をつけた2人の舞人と7人の楽人によって行われる。

1990（平成2）年より進められた「ふるさと歴史の広場」づくり事業により、大屋根をもつ掘立柱建物や、正門・板塀・井戸・石敷道路が復元され、1994年にはガイダンス機能を備えた志太郡衙資料館も設置された。同館には、出土した墨書土器や木簡などからなる志太郡衙関連遺跡出土文字資料（県文化）や、駿河国の住民が、中央政府に税（調・庸）として納入した地方の特産物などの複製が展示されている。

9 大井川川越の町島田

「越すに越されぬ」大井川が貫流する島田は，古来東海道とともに発展してきた。川越遺跡をはじめ交通関係の史跡が多い。

宗長庵跡と俳聖芭蕉遺跡 ㊿㊾

〈M ▶ P. 122, 200〉島田市栄町島田駅構内／本通3丁目
JR東海道本線島田駅 🚶 1分

連歌師宗長の生誕地　五十三次23番目の宿場

　戦国時代の代表的連歌師宗長は，島田の刀鍛冶五条義助の3男としてこの地に生まれた。連歌師宗祇に師事し，宗祇の死後，1506(永正3)年，現在の静岡市駿河区丸子に柴屋軒(吐月峰柴屋寺)を営んだ。島田駅改札口をでて左側にある宗長庵跡は，塚本如舟(孫兵衛)が，宗長を慕って結んだ庵の跡であり，宗長の「こゑやけふ　はつ蔵山の　ほととぎす」の句碑がたっている。その横には，1694(元禄7)年に大井川の川留にあった松尾芭蕉が詠んだ「さみだれの　空吹きおとせ　大井川」の句碑がある。

　駅前東側の道路を北に進むと，旧東海道と交差する。その角の島田信用金庫本店前に，芭蕉が1694年に詠んだ「駿河路や　花橘も茶の匂ひ」の句碑がたっている。旧東海道を東に進むと，右手の静岡銀行島田支店の前に「俳聖芭蕉翁遺跡塚本如舟邸阯」の碑がある。ここが大井川の川庄屋をつとめ，俳人としても名高い島田宿の文化人であった如舟の屋敷跡である。芭蕉は東海道を旅するなか，この如舟邸に2回宿泊している。1回目は1691(元禄4)年10月のことで，如舟の求めに応じ，「宿かりて　名を名乗らする　しぐれ哉」の一句を残している。2回目は1694年5月で，川留にあって4泊している。芭蕉が如舟と唱和した連句の真蹟が伝えられており，如舟邸跡の碑に，それを模した「やハらかに　たけよことしの　手作麦　如舟，田植とともに　たびの朝起　元禄七五月雨に降こめられて

宗長庵跡

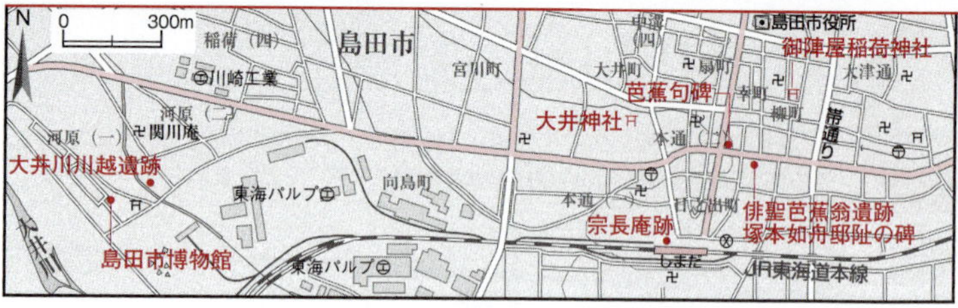

島田駅周辺の史跡

あるじのもてなしに心うこきて聊筆とる事になん　はせを(芭蕉)」の句がきざまれている。

この辺りは，東海道五十三次の23番目の宿場である島田宿の中心であったが，現在は商店街となり，その面影はない。宿内を本通といい，西の入口の１丁目から東の入口の７丁目まであり，この辺りは本通３丁目にあたる。1843(天保14)年には宿内に，問屋場１軒・本陣３軒・旅籠48軒があり，この碑の前辺りに，上(村松)本陣，東隣に中(大久保)本陣，そのさきに下(置塩)本陣があったが，今は標識もない。

本通３丁目から北に向かって，「帯通り」という江戸時代の宿場通りを模した通りがある。この付近には，江戸時代に島田代官の陣屋がおかれていた。

島田代官として名高いのが長谷川氏である。長谷川氏は代々藤兵衛を名乗り，５代にわたって代官職を世襲した。長谷川氏の初代長盛は，徳川家康につかえて島田の代官となり，３代長勝は私財を投じて大井川の水を引き，3100石余りの新田を開いたという。その後，５代勝峯は，水難にあって荒廃した村々の復旧や新田開発に功績を残したが，負金を理由に逼塞を命じられ，代官長谷川氏の支配はおわった。

島田代官は1794(寛政６)年に廃止され，島田陣屋は，駿府代官紺屋町役所の出張陣屋となった。現在陣屋の面影を伝えるものは，陣屋内にあったといわれる御陣屋稲荷神社のみである。また，御陣屋稲荷神社の西隣にある快林寺(曹洞宗)には，1782(天明２)～88年にかけて島田代官をつとめた岩松主税の墓がある。

大井神社 (60)

0547-35-2228

〈M ► P. 122, 200〉 島田市大井町2316 P
JR東海道本線島田駅 徒歩 5分

宗長庵跡から北へのびる通りを直進し，本通を左におれると右側

大井神社

にみえるのが大井神社である。水の女神弥都波能売命、土の女神波邇夜須比売命、日の女神天照大神を祭神とする。島田の氏神として崇敬篤く、古くは『日本三代実録』貞観7(865)年12月21日条に同社の神階についての記録がみられる。はじめは、大井川上流の谷畑大沢(現、川根本町)にまつられていたが、13世紀ごろ島田宿下島に移ったという。1604(慶長9)年の大水害のとき、野田村に一時移転し、1615(元和元)年下島に戻った。島田宿が復興整備されると、1689(元禄2)年現地に鎮座し、下島の神社跡地を御旅所、下島を御仮屋と称するようになったという。

島田宿の氏神三女神 三大奇祭の帯祭

鳥居をくぐると参道の両側に石垣がある。これは川越人足たちが大井神社の加護に報いるために、大井川から運んだ川原石を積んだものといわれている。境内の建物はいずれも新しく、本殿も1863(文久3)年の再建である。

1695(元禄8)年の亥年に盛大な祭礼が行われるとともに、下島の故地へ神輿の渡御が行われ、以来、寅、巳、申、亥の満3年目ごとの10月に大祭が執行され、日本三大奇祭「帯祭」とたたえられている。神輿の渡御に伴い、大名行列(県民俗)が行われ、豪華な丸帯を大小の刀にかけた大奴25人が、雅やかに進む姿は圧巻である。また、鹿島踊り(県民俗)が奉納され、祭礼期間中は、華麗な元禄絵巻が展開される。

また、島田市の北東東光寺地区にある東光寺(天台宗)の猿舞(県民俗)も有名である。これは、元来4月申の日に行われていたが、現在は4月14日に奉納されている。祭りの日、笛・太鼓の奏でられるなか、東光寺にしつらえた舞台で舞を奉納する。演じるのは2人の稚児である。同寺は、1351(正平6〈観応2〉)年の足利尊氏の禁制や、今川氏関係の文書を所蔵している。

大井川川越の町島田

大井川川越遺跡

0547-37-1000（島田市博物館）

〈M ▶ P. 122, 200〉島田市河原1・2丁目 P
JR東海道本線島田駅 金谷島田病院線金谷駅行 向島西 徒歩5分

旅すに越されぬ大井川と川越の博物館

　向島西バス停手前の道を大井川へ進むと，復元された番宿（人足の集合所）などの建物がみえてくる。ここが大井川の川越施設を中心とする河原町で，島田宿大井川川越遺跡（国史跡）である。

　1601（慶長6）年，徳川家康は東海道に宿駅伝馬制度を設け，街道を整備した。この際，天竜川のように渡船が認められた川もあったが，大井川・安倍川などは徒歩での通行と定められた。このため，俗謡に「箱根八里は馬でも越すが，越すに越されぬ大井川」とうたわれたように，江戸時代，大井川は東海道最大の難所で，増水のために川留となると，旅人は水が引くまで何日も待つことになった。

　川越業務の起源は室町時代にさかのぼるといわれるが，制度として確立するのは，1696（元禄9）年のことである。この年，島田代官野田三郎左衛門は，川越の管理と統制のために，2人の川庄屋を任命した。川越の事務を取りあつかったのが川会所である。川会所は川庄屋の下に，年行事・添役・待川越などをおいて，毎日大井川の水深をはかって渡賃を決めていた。大井川を渡るには，川札を川会所で買い，川越人足に渡して肩や連台に乗って川をこした。渡賃は水深に応じて，股通（人足の股くらいの深さ）から脇通（脇の下くらいの深さ）まで料金が定められており，脇通の4尺5寸（約136cm）をこすと川留になった。川留とは川越が禁止されることであり，水が引いて許可されることを川明といった。

　現在，番宿のなかには，住居として利用されているものもあり，見学できるの

大井川川会所

富士川から大井川へ

は，右側の十番宿・川会所，左側の三番宿・仲間の宿・札場などである。このさきの島田市博物館では「旅と旅人」をメインテーマとし，江戸時代後期の大井川・島田宿・川越の様子を展示している。また，近くには，川留を題材にした浄瑠璃・歌舞伎の「朝顔日記」にちなんだ朝顔堂や，八百屋お七の恋人の吉三を供養した吉三地蔵をまつる関川庵がある。十番宿に隣接して博物館別館があり，旧桜井邸や海野光弘版画記念館がある。

慶寿寺 ⑫
0547-35-1739

〈M ▶ P.122〉島田市大草767
JR東海道本線島田駅🚌大津線天徳寺行慶寿寺入口🚶2分

眼病の寺鵜田寺
今川範氏の菩提寺

　慶寿寺への途中，島田市民病院西側にある鵜田寺（真言宗）は，「野田のお薬師さん」「目薬師さん」とよばれて，眼病に悩む人びとの信仰を集めている。創建は758（天平宝字2）年と伝えられ，本尊の木造薬師如来坐像（県文化）は，寄木造で平安時代末期の作と推定されている。この薬師如来は，822（弘仁13）年ごろ編纂された『日本霊異記』と1322（元亨2）年成立の『元亨釈書』に，この辺りの河辺の砂中から掘りだされ，御堂をたてて安置されたことが記されている。直径40.6cmで県内最大級の鰐口（県文化）には，『元亨釈書』の引用文と「大永五（1525）年乙酉五月八日」の銘がある。

　鵜田寺の前の，市民病院にはいる道路の右に「髪の塚」がある。その背後に，富士の巻狩のとき工藤祐経を討った曽我十郎祐成の愛人虎御前の墓と伝えられる宝篋印塔がある。また，虎御前は島田髷の考案者ともいわれ，毎年9月の第3日曜日には，ここで島田髷祭りが行われる。

　慶寿寺入口バス停から参道を西に進むと，今川氏4代範氏の菩提寺である慶寿寺（真言宗）がある。寺伝によれば，今川範氏が京都泉涌寺から南江和尚を招いて建立したという。寺宝の絹本著色釈迦十六善神像（国重文）は，鎌倉時代末

慶寿寺（中央）と大津城跡

大井川川越の町島田　203

期の仏画師詫磨了尊筆と伝えられている（現在は島田市博物館で保管）。石段をあがると左手に，今川一族の墓と伝えられる古い石塔群がある。また，本堂裏手にある老木が慶寿寺のシダレザクラ（県天然）で，別名孝養桜といい，範氏が父母の遺徳と仏恩を感謝して植えたものという。

今川氏は足利氏の一門で，3代範国が足利尊氏にしたがって戦功をあげ，遠江・駿河の守護に任命されると，両国内の南朝勢力の掃討につとめた。1352（文和元）年，今川氏は駿河における南朝方の拠点の1つであった大津城を攻略し，ここを駿河支配の拠点と定めた。この慶寿寺一帯が大津城跡と伝えられ，寺の辺りが二の丸，裏山が本丸といわれているが，南の野田の城山説も有力である。

静居寺 ⑥
0547-37-2305
〈M ▶ P.122〉島田市伊太3083　P
JR東海道本線島田駅🚌相賀線上相賀行旗指西🚶13分

7棟の県文化財
島田宿役人の菩提寺

旗指西バス停の西の信号を北へ進み，右手の細い道から島田バイパス旗指ICの下をくぐると，静居寺（曹洞宗）の無碍門がみえる。その前方の惣門（県文化）は，17世紀後半の建造物と推定され，京都から移築したものと伝えられている。

惣門は礎盤の上にたつ4本の粽付円柱でささえられ，正面と背面の妻入部分にみごとな唐破風がある。これを向唐門様式といい，県内では数少ない建築様式である。

静居寺は，16世紀のはじめに賢仲繁哲によって創建された。繁哲は備中国（現，岡山県）の人で，これより前に焼津市の林叟院を開いている。惣門をはいって進むと「青原山」の扁額を掲げた楼門（鐘楼，県文化）があり，これをくぐると正面に本堂，右に庫裏，左に禅堂（いずれも県文化）がたっている。

静居寺惣門

204　富士川から大井川へ

禅堂は一部後世の改変がみられるが、1684(貞享元)年の建立で、同寺ではもっとも古い建物である。本堂の裏が開山堂、その背後に、1851(嘉永4)年建立の八角形の経蔵(いずれも県文化)がある。その内部に、1689(元禄2)年制作の輪蔵があり、禅宗様の手法でまとめられている。

なお、静居寺には、大井川の川庄屋をつとめ、俳人としても名高い塚本如舟をはじめ、島田宿旧家の墓が多い。また、江戸時代初期に伊太村に居住して代官をつとめた、浅原四郎右衛門の菩提寺でもある。

智満寺 64
0547-35-6819

〈M ▶ P.122〉島田市千葉254 P
JR東海道本線島田駅🚌大津線天徳寺行終点🚶70分、または国道1号線藤枝バイパス野田IC🚗10分

全山文化財の古刹
国天然の十本杉

千葉山は標高478mで、島田駅から北へ約7kmのところにある。この山の中腹にあるのが、古刹千葉山智満寺(天台宗)である。

771(宝亀2)年に鑑真の法孫にあたる広智が、光仁天皇から千手観音像と智満寺の寺号を賜わって開いたのにはじまるという。その後、源氏復興を祈願した源頼朝が、1189(文治5)年に千葉常胤に命じて諸堂を再建させた。千葉山の山号はこの常胤に由来する。長い石段をのぼっていくと、慶長年間(1596～1615)に徳川家康が建立した仁王門(県文化)がある。さらに石段をのぼると、今川範氏が延文年間(1356～61)に建立したといわれる中門(県文化)がある。中門をくぐると、正面に1589(天正17)年家康によって改築された本堂(国重文)がある。本堂には、本尊の木造千手観音像(国重文)や木造慈恵大師坐像・元三大師厨子(いずれも県文化)が安置されている。本尊は平安時代の作と推定され、開帳は60年に1度の秘仏である(次回は2054年)。

本堂左手の鳥居をくぐると、

智満寺本堂

大井川川越の町島田

日吉神社と奥の院への参道が続く。その左手の薬師堂(県文化)も、家康が本堂改築のときに建立したもので、堂内には木造薬師如来像と、それを安置する薬師如来厨子(県文化)がある。

本堂北側の宝物館にある木造阿弥陀如来及諸尊刻出龕(国重文)は北条政子の寄進といわれ、また、紙本墨書称讃浄土経(県文化)は、奈良時代に中将姫が千巻写経して奈良の当麻寺におさめたうちの1巻と伝えられている。なお、木造阿弥陀如来及諸尊刻出龕を拝観するには、事前の申し込みが必要である。

境内には、樹齢1000年ともいわれるスギの巨木群がある。このうち大きなものが智満寺の十本杉(国天然)とよばれ、それぞれに由来があって、頼朝杉・常胤杉などの名称もつけられている。なお、十本杉のうち、子持杉と開山杉、頼朝杉は倒木のため残っていない。また、智満寺では毎年1月7日の夜「鬼はらい」の行事が行われている。松明をもち、恐ろしい形相をした赤・青・白の鬼が、参拝者の厄をはらうものである。

大津線終点にある天徳寺(曹洞宗)は、開山は1390(明徳元)年といわれ、1600(慶長5)年に現在の場所に移った。山門(県文化)はそのときの建立と伝えられる。墓地の奥まった一段高いところには、島田代官長谷川一族の墓石がたち並んでいる。

諏訪原城跡 ⑥

〈M ▶ P. 122, 208〉 島田市菊川字城山 P
JR東海道本線金谷駅 🚶 20分

旧東海道金谷坂石畳
徳川・武田攻防の城

金谷駅前の道を東に向かい、東海道本線のガード下をくぐると、境内に芭蕉の句碑「道のべの木槿は馬に食はれけり」がある長光寺(日蓮宗)にでる。道を西へ向かうと、すぐに不動橋がある。この橋が、東海道五十三次の24番目の宿場である金谷宿の西の入

芭蕉句碑

武田・徳川の攻防

コラム

つわものどもの古城跡

　戦国時代、駿河・遠江を支配していた今川氏の勢力は、桶狭間の戦いで今川義元が織田信長に討たれると、急速に衰えていった。

　1568（永禄11）年に武田信玄が駿河に侵攻すると、今川氏真は駿府をささえきれずに遠州掛川城にのがれた。しかし、信玄の動きに呼応して遠江に侵攻した徳川家康に攻められ、翌年、氏真は小田原の北条氏をたよって駿東郡戸倉城（現、駿東郡清水町）に去り、今川氏は事実上滅亡した。

　武田氏・徳川氏両者の間には、今川領国への侵攻にあたり、大井川を境として駿河・遠江を分けあう約束があったようであるが、武田氏は当初から積極的に遠江に介入し、1582（天正10）年に武田氏が滅亡するまで、大井川流域は武田・徳川両氏の激烈な抗争の舞台となった。

　吉田町にある小山城は、1571（元亀2）年に、遠州侵攻の兵をおこした武田信玄によって築かれたという。小山城の南側にある能満寺（臨済宗）は、1262（弘長2）年の開基と伝えられる。境内のソテツは、大阪府堺市の妙国寺・静岡県清水区の龍華寺のソテツとならんで、日本三大ソテツの1つといわれ、国の天然記念物に指定されている。

　川根本町の小長谷城は、13世紀の築城と伝えられる。武田信玄の駿河侵攻以降、武田氏にしたがったが、武田氏の滅亡後、廃城となった。城跡付近には、城主小長谷氏一族の墓と伝えられる五輪塔などがある。

口である。そのさきの国道473号線を横断すると、旧東海道金谷坂の石畳が続いている。坂ののぼり口にある石畳茶屋には、金谷宿に関する展示がある。かつてこの石畳はコンクリート舗装がなされ、30mほどが露出するのみであったが、1991（平成3）年に、「平成の道普請」と銘うって「町民一人一石運動」が展開され、約600人が参加して延長430mの区間の石畳が復元された。坂をのぼりきると左手に、「馬に寝て　残夢月遠し　茶の烟」の芭蕉句碑と、「明治天皇御駐蹕趾」の碑がある。明治天皇は、1868（明治元）年の遷都行幸と1878年の北陸東海道巡幸の際、ここで休息している。

　碑から右手に300mほど進むと、諏訪原城跡（国史跡）に着く。諏訪原城は、1573（天正元）年に武田勝頼が標高218mの台地上に築いた平山城である。曲輪の配置を巨大な空堀で強調し、出入口の前面に円形の馬出しを備えて虎口を強化した構造をもち、武田流城郭の

大井川川越の町島田　　207

金谷駅周辺の史跡

典型例として名高い。1575年7月から8月にかけて、城をめぐって武田・徳川両軍の激しい攻防戦が展開され、8月24日に城は陥落、武田軍は退却した。その後、徳川家康によって牧野(牧野原)城と改名されたが、1582(天正10)年7月4日以後の史料はないのでまもない時期に廃城になったと考えられる。

芭蕉句碑に戻りさきへ進むと、茶祖栄西禅師の像がたつ牧之原公園にでる。公園からは眼下に、金谷・島田が広がり、遠くに富士山をのぞむことができる。周囲の牧之原茶園は、島田・牧之原・菊川3市にまたがり、旧幕臣と1870(明治3)年の大井川渡船によって失業した川越人足・地元農民によって開かれたものである。

牧之原公園から南方へ10分ほど歩くと、ふじのくに茶の都ミュージアムに着く。博物館と茶室・庭園があり、中国・トルコ・ネパールなどの喫茶習慣を学んだり、世界各国の茶葉に触れたりして、さまざまな茶文化を体験できる。また、牧之原の開拓の歴史も紹介している。

金谷駅前の道を東へ向かい、最初の信号を左折して金谷小学校グラウンド横の階段をあがり、県道島田金谷線を横切ると、医王寺(曹洞宗)がある。1692(元禄5)年に再建されたという薬師堂とその天井画(いずれも県文化)は渡辺崋山の弟子の永村茜山の作である。茜山は崋山門下の俊秀で、1838(天保9)年羽倉用九(外記・簡堂)の伊豆七島巡検に随行し、幕府に「伊豆七島図巻」を提出した。1840年に崋山が三河の田原に蟄居すると、江戸をのがれて諸国をめぐり、縁あって、金谷宿の永村家に養子にはいった。墓は医王寺から300mほど西の洞善院(曹洞宗)にある。

東海道菊川坂石畳と菊川宿 ⑥⑥ ⑥⑦ 〈M ▶ P.122, 208〉島田市菊川
JR東海道本線金谷駅🚶25分

諏訪原城跡からさらに西に向かい、菊川の集落へとおりていく600mの坂道が、旧東海道の菊川坂である。急な坂道が多く、小夜

川根地域の民俗芸能

コラム **芸**

山間に伝わる盆踊りと神楽

　大井川上流の川根地域には、起源の古い伝統芸能が継承されている。この地域は山間部ではあるが、南北朝時代には南朝の拠点となり、江戸時代には秋葉街道のルートの1つが開けていたため、比較的古くから山間交通が発達していたと思われる。そのために、さまざまな神事が伝えられ、時代とともに変化しながらも、山村なるがゆえに比較的古い形を保ったまま継承されてきたのであろう。

　徳山の盆踊り（国民俗）は、毎年8月15日に川根本町徳山の浅間神社境内で行われ、「鹿ん舞」「ヒーヤイ踊り」「狂言」からなる芸能である。本来は起源も意味も異なるまったく別の芸能であるが、現在は「ヒーヤイ踊り」を中心に組みたてられている。

　田代神楽（県民俗）は、川根本町田代の大井神社に奉納される神楽で、かつては1月15日に行われていたが、現在は3年に1度9月15日に奉納されている。「駒の舞」「狩人」「ボタ切」「猿の舞」など、夕刻から深夜まで豊富な内容の舞が演じられる。

　梅津神楽（県民俗）は、川根本町梅地・犬間両地区に伝わる湯立神楽で、両地区が1年ごと交互に地区の氏神に奉納している。梅地地区では、1月14日夕刻から深夜まで谺谺石神社に奉納され、犬間地区では1月3日夕刻から若宮神社に奉納される。この地域ではかつて砂金がとれたといわれ、演目の1つである「金丸の舞」の金丸とは、鉱山神であるという。

の中山という難所をひかえた菊川は、中世から菊川宿として開け、江戸時代には、金谷宿と日坂宿を結ぶ間宿となっていた。間宿とは江戸時代、隣の宿場が遠い場合に、旅人の休憩などのために宿場に準ずるものとして指定された村のことである。1994（平成6）・1999・2000年の3回にわたって発掘調査が行われ、菊川坂が菊川の集落に至るおよそ160mにおいて石畳を検出した。この東海道菊川坂石畳（県史跡）は、江戸時代後期の現状を良好に残し、諏訪原城跡か

東海道菊川坂石畳

県史跡の石畳 哀話を残す2人の公家

ら菊川宿を経て小夜の中山に至る旧東海道の名所・旧跡を結ぶ道筋として，近年訪れる人が多くなった。なお，現在，菊川坂600m全体に石畳が敷設されているが，発掘調査によって検出された石畳160m以外は，再現されたものである。

　菊川の集落には，藤原宗行の漢詩と日野俊基の和歌を記した石碑がある。藤原宗行は後鳥羽上皇の側近で，1221（承久3）年に承久の乱の責任を問われて捕らえられ，鎌倉に護送される途中で処刑された。漢詩は菊川宿に宿したときに詠んだ辞世であるという。

　日野俊基は後醍醐天皇の側近である。和歌は，1331（元弘元〈元徳3〉）年，鎌倉幕府打倒の企てが失敗した際に捕らえられ，鎌倉に移送される途中，菊川宿に宿した際に，宗行卿の故事を耳にして詠んだ哀歌といわれる。

Kakegawa

大井川から天竜川へ

御前埼灯台

横須賀城跡

①小夜の中山	⑦平田寺	⑬横地氏城館跡	⑲新野古城跡
②日坂宿	⑧西山寺	⑭高田大屋敷遺跡	⑳桜ケ池
③大井海軍航空隊跡	⑨天神山男神石灰岩	⑮吉岡彌生記念館	㉑掛川城跡
④勝間田城跡	⑩釣月院	⑯高天神城跡	㉒大日本報徳社
⑤大鐘家住宅	⑪御前埼灯台	⑰黒田家住宅	㉓和田岡古墳群
⑥相良城跡	⑫応声教院	⑱正林寺	㉔可睡斎

大井川から天竜川へ

◎大井川から天竜川地区散歩モデルコース

1. JR東海道本線金谷駅_5_二軒屋原バス停_3_お茶の郷博物館_8_大沢原バス停_5_大井海軍航空隊之跡碑_20_勝間田城跡_70_石雲院_100_蓬莱橋_40_JR東海道本線島田駅
2. JR東海道本線藤枝駅_50_片浜バス停_10_大鐘家住宅_10_片浜バス停_10_相良庁舎入口バス停_1_相良城本丸跡・牧之原市史料館_5_仙台河岸_25_平田寺_40_天神山男神石灰岩_40_西山寺_25_相良油田油井_60_般若寺_20_相良バスターミナル_60_JR藤枝駅
3. JR東海道本線菊川駅_15_段横地バス停_35_横地氏城館跡_60_高田大屋敷遺跡_40_黒田家住宅_80_高天神城跡_20_高天神入口バス停_30_JR東海道本線掛川駅
4. JR東海道本線掛川駅_10_掛川城・大日本報徳社_10_龍華院大猷院霊屋・掛川古城跡_20_八幡宮前バス停_2_事任八幡宮_10_日坂宿_80_小夜の中山_60_諏訪原城跡_30_JR東海道本線金谷駅
5. JR東海道本線袋井駅_15_可睡斎_40_油山寺_30_久野城跡_30_富士浅間宮_70_法多山尊永寺_20_JR袋井駅
6. JR東海道本線袋井駅_10_浅羽支所バス停_3_袋井市郷土資料館_10_七軒町バス停_5_横須賀城跡_10_撰要寺墓塔群_20_城下の町並み・三熊野神社_10_新横須賀バス停_25_JR袋井駅
7. 天竜浜名湖鉄道遠州森駅_25_天宮神社_15_蓮華寺・森町立歴史民俗資料館_15_森山焼窯元_60_小國神社_50_天竜浜名湖鉄道遠江一宮駅
8. JR東海道本線磐田駅南口_3_中泉御殿跡・遠江国府跡（推定）_3_JR磐田駅北口_1_善導寺の大クス_15_遠江国分寺跡・府八幡宮_5_国分尼寺跡_20_旧赤松家の門・塀・土蔵_15_旧見付学校・磐田文庫・淡海国玉神社_5_見付端城跡・遠江国府跡（推定）_10_矢奈比売神社（見付天神社）_10_阿多古山一里塚_40_JR磐田駅
9. JR東海道本線磐田駅_7_堂山古墳_7_御厨古墳群_15_新豊院山古墳群_10_銚子塚古墳・小銚子塚古墳・長者屋敷遺跡_3_米塚古墳群_20_兜塚古墳_5_京見塚古墳群_3_土器塚古墳_7_JR磐田駅

㉕油山寺
㉖法多山尊永寺
㉗横須賀城跡
㉘天宮神社
㉙小國神社
㉚遠江国分寺跡
㉛国分尼寺跡
㉜旧赤松家の門・塀・土蔵
㉝旧見付学校・淡海国玉神社
㉞矢奈比売神社（見付天神社）
㉟御厨古墳群・堂山古墳
㊱銚子塚古墳
㊲長者屋敷遺跡
㊳熊野の長フジ
㊴掛塚湊・天竜川
㊵社山城跡
㊶岩室廃寺跡

牧之原台地から御前崎岬へ

大井川を渡って遠江国にはいると、牧之原台地が広がる。田沼氏の城下町相良など史跡も多く、自然と歴史が巧みにおりなされる。

小夜の中山 ❶

〈M ▶ P. 212, 214〉掛川市佐夜鹿
JR東海道本線掛川駅🚌東山線日坂🚶80分、国道1号線日坂から約3km

日坂バス停から東方へ100mほど進むと、小夜の中山へ向かう旧道入口に至る。小夜の中山は、東海道が牧之原台地をこえる峠にあたり、箱根・鈴鹿峠と並ぶ東海道の難所であった。日坂宿からは約3kmの登りが続く。途中の街道には一里塚や、松尾芭蕉が休んだ「涼み松」など名所・旧跡や、紀友則・藤原家隆らの歌碑が点在する。峠は見晴らしがよく、峠頂上にある小夜の中山公園には、西行の有名な歌「年たけて　また越ゆべしと　おもひきや　命なりけり　小夜の中山」の歌碑がある。

旧国道1号線の小泉屋脇と、峠の久延寺(真言宗)境内に2つの夜泣き石がある。前者はもとは、東海道の沓掛からの上り口にあったものである。夜泣き石伝説は、東海道を旅していた身重の女が山賊に殺され、その霊魂が石に移って泣いたため、傷口から生まれた女の子どもが救われたというもので、峠には子どもを育てるのになめさせたと伝える水飴(子育飴)を売る扇屋という茶店がある。

命なりけり小夜の中山

日坂宿 ❷

〈M ▶ P. 212, 214〉掛川市日坂 🅿(事任八幡宮)
JR東海道本線掛川駅🚌東山線八幡宮前🚶1分

掛川市街から旧国道1号線を東へ約7km、八幡宮前バス停をおりてすぐに、うっそうとした社叢に囲まれた事任八幡宮(祭神己等乃麻知媛命・誉田別命・息長足比売命・玉依比売命)がある。『枕草子』や『東関紀行』に「言うがまま願い事をかなえる」と記された言霊の社であり、クスとスギの巨木がかぶさるように社殿をおおう、荘厳な雰囲気である。

神社前の交差点を左折し旧東海道にはいると、日坂宿である。日坂は東海道の25番

東海道の難所と宿場町

日坂宿の史跡

目の宿で，街道の難所「小夜の中山」の西麓に位置する。1843(天保14)年の記録では，本陣・脇本陣のほか，旅籠33軒があり，小さいながらも大井川の川留めのときなどには賑わったようである。町並みの形態は今もかわらず，国道やバイパスの開通で，車のとおりが少なく閑静である。江戸時代の面影を残す建物に，旅籠川坂屋・萬屋・藤文があり，宿場の西端に位置する川坂屋は整備され，土・日曜日，祝日の10～16時のみ公開されている。

大井海軍航空隊跡 ❸

〈M ▶ P. 212〉牧之原市布引原ほか
JR東海道本線金谷駅🚌萩間線大沢原🚶5分，東名高速道路相良牧之原ICから北へ約2km

戦争遺跡 風化させてはならない歴史

大沢原バス停をおりてすぐの交差点を左折し，つぎの交差点を右折して少しいくと，道路沿いに「大井海軍航空隊之跡」の碑がある。碑は，1942(昭和17)年4月に開隊された航空隊隊門付近にたっている。大井海軍航空隊は，飛行練習生に実戦的訓練を行っていたが，1945年には，ここで訓練をうけた者が特攻基地に配属され，出撃していった。

航空隊は約200ha(約60万5000坪)の敷地を有し，隊門が東側に配置され，西側に滑走路が展開していた。現在でも，周辺の茶畑のなかや民家や道路のかたわらには，防空壕や司令台，滑走路跡などの関連施設を確認することができる。また，本土決戦に備えた地下要塞建設のために掘られたトンネルも多く残っている。

大井海軍航空隊之跡碑

勝間田城跡 ❹

〈M ▶ P. 213〉牧之原市勝間田2160-5ほか
JR東海道本線金谷駅🚌勝間田線陽光院前🚶10分，東名高速道路相良牧之原ICから北西約5km

陽光院前バス停から，西側にみえる山が勝間田城跡(県史跡)である。バス停から勝間田川にかかる橋を渡り，案内板に沿って山裾の

牧之原台地から御前崎岬へ

勝間田城跡

豪族勝間田氏の城跡　勝間田氏の本貫

道をしばらくいくと，城跡への登り口に至る。城跡は標高100〜120mの地に，本曲輪，二の曲輪，三の曲輪，出曲輪からなり，土塁や堀などが良好な状態で保存されている。南北朝時代に，この地の豪族勝間田氏によって築城されたといわれるが，明確なことはわかっていない。応永年間（1394〜1428）ごろまでにはつくられたようであるが，1476（文明8）年に駿河守護今川義忠に攻められ，落城した。その後，戦国時代に武田氏が二の曲輪を中心に手を加えたともいわれる。

勝間田氏は信仰心が篤く，勝間田城跡から南東に8kmほど離れた道場地区に，1291（正応4）年この地方には珍しい時宗遊行派の清浄寺を建立した。その裏山の熊野神社へのぼる参道の脇には，勝間田氏の墓とされる南北朝時代の宝篋印塔や五輪塔がある。また勝間田氏は，1455（康正元）年，勝間田城跡の北東方向にある坂口の石雲院（曹洞宗）の開山で，崇芝性岱禅師へ援助を行っている。

勝間田城跡から南東へ3kmほどのところにある勝間田公園は，コバノミツバツツジ（通称ミヤマツツジ）の群生地（県天然）であり，4月初〜中旬ころ満開となる。

静岡県を代表する古民家建築

大鐘家住宅 ❺
0548-52-4277

〈M ▶ P. 213, 219〉 牧之原市片浜1032
JR東海道本線藤枝駅🚌藤枝相良線片浜🚶10分

国道150号線の片浜バス停から，山側の道を榛原方面へ進む。この道は，田沼

大鐘家長屋門

216　大井川から天竜川へ

相良の無形民俗文化財

コラム

行

相良に残る伝統の祭

大江の大江八幡宮（祭神誉田別尊・大雀命・玉依姫命）の御船神事（国民俗）は、1500石の樽廻船と1000石の菱垣廻船を実物の10分の1の大きさで精巧に模した船（いずれも県文化）を使って行われる。江戸時代の享保年間（1716～36）にはじまった、廻船業関係者が事業の発展と海上安全を祈る神事である。毎年8月14・15日の例祭に、木遣歌にあわせて柱起こし、帆揚げの出航の所作が行われる。そして練り歌にあわせて船を操り、海上を航海するように練り歩いて、神輿の先導をする。

また、波津の飯津佐和乃神社（祭神素戔嗚尊・高皇産霊命・猿田彦神・菅原道真）の御船神事（県民俗）は、1896（明治29）年にはじめられた。こちらは9月15日の例祭に行われる。こうした御船神事は榛原の鹿島神社・神明神社でも行われている。

蛭ケ谷の田遊び（国民俗）は、「田打講」または「御田打祭」あるいは「ほた引祭」などといわれる神事である。萩間の蛭児神社（祭神蛭児之命）で毎年2月11日の夕刻から、農耕作業を象徴した所作と唱言により、5時間にわたり演じられる。その起源は鎌倉時代ともいわれるが、詳細は不明である。昔からこの祭事を拝めば、種々の災禍を免れるといわれ、また子宝に恵まれない女性が、帯を寄進する風習もみられる。

また、平安時代後期の1038（長暦2）年に勧進されたといわれる菅ケ谷の一幡神社（祭神息長足比売命）には、御榊神事（県民俗）が伝わっている。この神事は、鎌倉時代以前から神事に奉仕する「名」とよばれる特定の家が28戸あり、毎年2月10日の古例祭は、これらの家のみによりとり行われる。神事は農耕稲作儀礼の予祝行事にかかわるもので、九州・中国地方の一部とこの一幡神社だけに残っている。古い伝統を厳密に伝える神事である。

意次が整備したといわれる田沼街道である。バス停から10分ほどで、大鐘家の長屋門・主屋（国重文）にたどり着く。

大鐘家は、慶長年間（1596～1615）に、越前（現、福井県）よりこの地に移住したとされ、17世紀後半から代々大庄屋をつとめた。長屋門は18世紀後半の建造とされるが、主屋は18世紀初めの建築とみられ、静岡県を代表する古民家建築である。初夏になると、約1万坪（3万3000㎡）の敷地に、ハナショウブやアジサイが咲き乱れ、観光客で賑わう。

牧之原台地から御前崎岬へ

相良城跡 ❻

0548-53-2625(牧之原市史料館)

〈M ► P. 213, 219〉 牧之原市相良275
JR東海道本線静岡駅🚌特急静岡御前崎線，またはJR東海道本線藤枝駅🚌藤枝相良線相良庁舎入口🚶1分

田沼意次の城　田沼家ゆかりの地相良

　相良庁舎入口バス停からすぐの路地を右にはいると，目の前に牧之原市役所相良庁舎がみえてくる。そこが相良藩5万7000石の藩主田沼意次の居城，相良城本丸跡である。

　1758(宝暦8)年に，田沼意次は1万石で入封した。1767(明和4)年側用人となり，加増されて居城を築くことを許され，翌年より着工し，12年をかけて相良城が築城された。二の丸跡にたつ相良小学校の入口の土手に残る松並木や，港橋付近に残る，仙台藩主伊達重村より寄贈された石材で築いた「仙台河岸」とよばれる石垣などに，往時の面影を残している。意次は，領内では養蚕や蠟の原料となるハゼの栽培を奨励し，相良湊を整備・拡張して，千石積みの船の入港を可能とするなど，その発展につとめた。また「田沼街道」とよばれている道路の整備は，港橋から旧榛原町，吉田町をぬけ，金谷・島田宿の渡し場以外での渡河を江戸幕府によって禁止されていた大井川を，その下流の富士見橋付近で船を使って渡り，藤枝市志太で東海道と合流するものであった。意次の政治は，賄賂政治と評されることもあったが，近年その政策は，重商主義的で進歩性があるとされ，意次は開明的政治家と再評価されている。

　田沼意次は1784(天明4)年，若年寄であった嫡子意知が江戸城内で斬られ死亡したことで批判が高まり，1786年老中を罷免された。翌年，所領の駿河・遠江・三河のうち2万7000石が収公され，隠居・蟄居を命じられた。家督をついだ孫の意明は，奥州下村(現，福島県福島市)1万石に移封となったため，相良城は幕府に没収され，1788年破却された。現在，跡地には石垣が残るのみである。

　なお，本丸跡にある牧之原市史料館には，田沼家ゆかりの品々をはじめ，旧相良町町内の文化財が展示されており，相良の歴史を知ることができる。

平田寺 ❼

0548-52-0492

〈M ► P. 213, 219〉 牧之原市大江459
JR東海道本線藤枝駅🚌藤枝相良線新橋🚶15分

　新橋バス停から萩間川にかかる新橋を渡り，5分ほどいくと道が

大井川から天竜川へ

大きく二手に分かれる。右側の道を進むと、聖武天皇勅書(国宝、非公開)が伝わる平田寺(臨済宗)に着く。享保年間(1716〜36)のころに書かれたという「平田寺草創記」によると、1283(弘安6)年足利尊氏の叔父といわれる龍峯宏雲を開山として創建したとされる名刹である。

聖武天皇勅書は、奈良時代の749(天平感宝元)年閏5月20日付で、奈良の大安寺・薬師寺・元興寺・興福寺・東大寺の五大寺をはじめとする12大寺に対して下されたもので、聖武天皇直筆の「勅」の1字と、左大臣橘宿禰諸兄・右大臣藤原豊成らの副署が添えられている。この勅書の平田寺への伝来については不明であるが、遅くとも1818(文政元)年には平田寺の所蔵となっていることが狩谷棭斎『古京遺文』の記述からわかる。

平田寺にはほかに、1295(永仁3)年の「相良庄預所沙弥某寺田野畠充文」を最古とする中世文書など47点の「平田寺文書」(県文化)、「延慶三(1310)年」の銘がきざまれた宝塔(県文化)がある。また、田沼家の菩提寺でもあり、本堂は1786(天明6)年に、田沼意次の寄進により再建されたものである。

西山寺 ❽
0548-54-0111

〈M ▶ P.213, 219〉牧之原市西山寺202
JR東海道本線金谷駅🚌萩間線女神TDK前🚶15分、相良バスターミナルより約3km

金谷駅から南方へ約17kmのところにある相良バスターミナルより国道473号線を800mほど北上し、3つ目の信号で左折して600mほどいくと、県内最古の1066(治暦2)年の藤原写経である大般若波羅蜜多経(大般若経)65巻(県文化、非公開)が伝わる般若寺(曹洞

西山寺本堂

宗)がある。

　国道473号線をさらに北上,逆川橋を渡りTDK工場の手前を左折して1kmほど進むと,825(天長2)年,弘法大師の開創と伝えられる西山寺(真言宗)がある。本堂(薬師堂,県文化)は,1636(寛永13)年に再建され,1712(正徳2)年現在地に移転となった。1735(享保20)年に改造・修補されたが,宝形造・茅葺き屋根で,斗栱や蟇股などに桃山時代建築の特徴が残る。本堂の寄木造の薬師如来坐像(県文化,非公開)は本尊であり,弘法大師作と伝えられる。また「建武元(1334)年」銘の鋳銅製の磬(仏具,県文化)も伝わる。

　西山寺より西へ約2kmに,相良油田油井(県天然)がある。1872(明治5)年に,旧静岡藩士村上正局が発見し,翌年,日本石油事業の先駆者石坂周造らと菅ケ谷に開坑,採油された太平洋岸では唯一の油田である。現在,油田の里公園として整備され,資料館が設けられている。油井は今は,機械掘井戸が1坑残るのみである。近代化産業遺産(経済産業省)に登録されている。

天神山男神石灰岩 ❾

〈M ▶ P. 213, 219〉牧之原市男神字市坂651-1
JR東海道本線金谷駅🚌萩間線JA萩間支所🚶15分

真っ白い石灰の山
日本唯一の新第三紀サンゴ礁

　JA萩間支所バス停から東方へ15分ほどいくと,天神山がある。男神石灰岩(県天然)は,約1500万年前の新第三紀の石灰岩体である。サンゴ・石灰藻などの石灰質生物遺体が集まって形成されてお

天神山男神石灰岩

大井川から天竜川へ

り、かつてこの付近が、熱帯であったことを示すもので、日本唯一の新第三紀のサンゴ礁である。山麓にある男神神社(祭神伊邪那岐命)は、889(寛平元)年に、朝廷より正四位下の神階をさずけられたという遠江国雄神と考えられている。

釣月院 ⑩
0548-58-0225
〈M ▶ P.213〉牧之原市地頭方868
JR東海道本線藤枝駅🚌藤枝相良線地頭方辻🚶10分

室町時代の建築様式

地頭方辻バス停からバス路線を相良方向に150mほど戻り、左折してゆるやかな坂をあがったところに、釣月院(曹洞宗)がある。1468(応仁2)年の創建と伝えられる。1589(天正17)年に、隣接する堀野新田字寺之前に再興され、1682(天和2)年には本堂(県文化)が竣工、1773(安永2)年に現在地へ移築された。室町時代の建築様式をうけ、とくに柱の面の幅や海老虹梁の錫杖彫などにその特徴がみられる。本堂のなかには、『元亨釈書』の著者として知られる鎌倉時代末期の僧、虎関師錬の書と伝わる「釣月禅院」の扁額が現存する。また、鎌倉時代につくられたといわれる、木造阿弥陀如来立像の千体仏(現存843体)も知られる。

釣月院より西に2kmほどいった堀野新田バス停から、浜岡方面に2〜3分歩いたところにある了見寺(浄土宗)には、オリザニン(ビタミンB₁)の発見者として有名な、旧相良町堀野新田出身の化学者鈴木梅太郎夫妻の墓がある。

釣月院本堂

御前埼灯台 ⑪
〈M ▶ P.213〉御前崎市御前崎1581
JR東海道本線静岡駅🚌特急静岡御前崎線、またはJR東海道本線菊川駅🚌御前崎線灯台入口🚶3分

静岡県最南端　広がるウミガメ上陸地

駿河湾と遠州灘を分ける御前崎岬の前方には暗礁が多く、昔から航海の難所であった。この岬の先端、静岡県最南端の地にたつのが御前埼灯台である。現在の灯台は1874(明治7)年、イギリス人技

牧之原台地から御前崎岬へ　221

御前埼灯台

師R.H.ブラントンの設計・指揮監督のもとに完成した。高さ22.5m, 灯塔本体はレンガを積みあげ, 基礎および構造物基部は伊豆石(いずいし)を使っている。1945(昭和20)年7月の空襲によりレンズが破壊され, 灯塔も銃弾をあびた。1949年に復旧され, 10秒ごとに1閃光(せんこう)して約36kmさきまでを照らしている。日本の灯台50選の1つで, Aランクの保存灯台でもある。

灯台下の海岸は, 干潮になると広い岩場があらわれ, 磯遊びができる。その海岸沿いの道を1.5kmほど西に進んだ道沿いに, 白羽(しろわ)の風蝕礫産地(ふうしょくれきさんち)(国天然)がある。本州唯一の風蝕礫(形から単稜石(たんりょうせき), 三稜石(さんりょうせき)ともいう)の産地である。同じ場所に「白羽の磯の歌」がきざまれた万葉歌碑もある。また灯台下から東に1kmほどいくと, ウミガメの人工孵化場(ふかじょう)がある。孵化場前の, 駿河湾に面した海岸は, ウミガメの産卵地(国天然)である。

② 小笠平野と掛川城下町

土方・内田・横地・新野各氏の古代末から中世，徳川と武田の攻防戦，山内一豊がかかわる掛川城下，多くの人間ドラマが繰り広げられた。

応声教院 ⑫
0537-35-2633

〈M ▶ P. 212, 229〉 菊川市中内田915　P
JR東海道本線菊川駅🚌共立菊川病院福祉循環線西回り御門 🚶 3分，東名高速道路菊川ICから南西へ約3km

御門バス停前の小高い丘の上に松風霊山応声教院（浄土宗）がある。この寺は855（斉衡2）年，比叡山の名僧慈覚大師により，文徳天皇の勅願所とする天台宗天岳院として創建された。のちに法然上人が浄土宗に改宗し，応声教院に改名したと伝えられる。

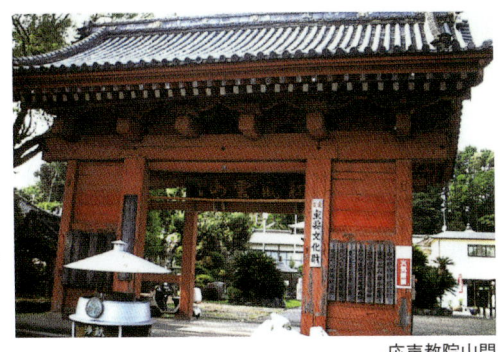

応声教院山門

寺の石段をあがったところにたつ朱塗りの山門（国重文）は，1628（寛永5）年，江戸幕府2代将軍徳川秀忠が生母西郷局のために静岡市に造営した宝台院（浄土宗）のもので，1918（大正7）年に当院に移築された。間口9.9m・奥行4.5m，切妻造・本瓦葺きの八脚門は，太い柱に4本の冠木，6本の梁が組まれる簡潔な構造で，雄大かつ力強い桃山時代の作風である。

桃山様式の重厚な八脚門

横地氏城館跡 ⑬

〈M ▶ P. 212, 229〉 菊川市東横地　P
JR東海道本線菊川駅🚌共立菊川病院福祉循環線段横地 🚶 35分，東名高速道路菊川ICから県道245号線を南東へ約4km

横地氏築城の中世山城

水田と茶畑が広がるのどかな東遠地方には，中世の歴史を伝える史跡や地名が数多い。横地氏城館跡（国史跡）はそのなかでも規模の大きい山城の1つである。城跡へは，菊川ICから県道245号線を南東方向へいき，菊川総合病院前を通過して東横地にはいると案内板も多い。登り口はいくつもあるが，城の南側の丑池付近に広い駐車場がある。

横地城跡「東の城」北西尾根の堀切

横地城跡は、牧之原台地から西へのびる台地上の丘陵に立地し、標高は最高所で103m、大きさは南北約500m・東西約500mにわたる。

城主の横地氏は平安時代中期、八幡太郎 源 義家の庶子、横地太郎家永にはじまるとされ、15代にわたり在地領主として牧之原西麓を支配した。歴代当主は鎌倉・室町将軍につかえ、『吾妻鏡』『保元物語』にもその名が記された名族だが、1476（文明8）年、14代秀国のときに今川義忠との戦いに敗れ、城は落城、横地氏もこの地を追われた。

城跡は4区画に分けられる。「東の城」は最高所にあり、いくつもの谷をはさむ複雑な尾根地形を利用し、小規模な曲輪と堀切で北と東からの敵に備えるつくりになっている。「中の城」は曲輪1つのみで東の城と尾根で結ばれる。「西の城」は南北にのびる大きな尾根に雛壇状に曲輪を設け、要所に土塁・堀切を配して西からの敵の侵入に備えている。

「千畳敷」は南側に位置する大きな平場だが、防護施設がみつかっていない。その南にさがった大手曲輪が、城の大手口と推定される。城の西側はゆるやかにくだり、奥横地集落へと向かう。

縄張図（『横地城跡総合調査報告書』による）

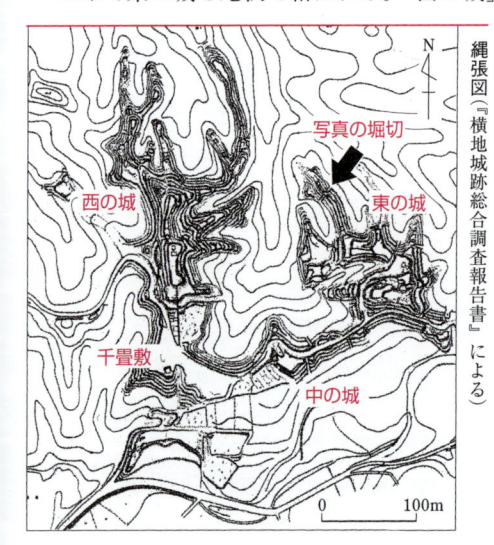

近年は周辺地区の発

掘調査が進み，城の南側の谷から西側の奥横地集落にかけての広い範囲で，鎌倉～戦国時代の建物跡が確認されている。近くには横地氏一族の墓や複数の寺院跡のほか，「殿ヶ谷」「藤丸館」「御堂」などの古い地名も多く残り，東横地地区全体が横地城の城下を形成していたことがわかってきた。城下も含め，中世山城の全体像が復元できる貴重な遺跡群である。

高田大屋敷遺跡 ⑭

〈M ▶ P. 212, 229〉菊川市下内田
JR東海道本線菊川駅🚌共立菊川病院福祉循環線高田ひかり団地前🚶5分，東名高速道路菊川ICから南へ約3km

鎌倉時代の地頭居館跡

　横地城館跡から西に約3km，上小笠川と菊川の合流点の北400mに，高田大屋敷遺跡（国史跡）がある。横地城方面からは高田橋を渡って上小笠川の西岸にでたのち，古川神社を目印に遺跡に向かう。

　地元では土塁などの存在から「高田の大屋敷」とよばれてきたが，圃場整備に伴う1988（昭和63）年以降の発掘調査で，南北約93m・東西約70mの方形の居館跡が確認された。幅6m・高さ1mの土塁は，粘土をつきかためた版築でつくられており，その西側の水田は10m幅の人工の堀であった。

　遺構は鎌倉時代のもので，文献資料から「内田荘」を支配した地頭内田氏の居館である可能性が指摘されている。内田氏は平安時代末期から14世紀までこの地をおさめ，のち山陰の島根に本拠を移した。鎌倉時代にさかのぼる豪族居館は全国的にも珍しい。古川神社横の空き地には，今も土塁や堀がみられるが，十分な遺構の整備・保存がのぞまれる。

遺跡の概観（『第8次発掘調査報告書』による）

小笠平野と掛川城下町

吉岡彌生記念館 ⓯

0537-74-5566

〈M ▶ P.212〉掛川市下土方474
JR東海道本線掛川駅🚌大東支所行東京女子医大入口🚶5分，東名高速道路掛川ICから県道38号線を南へ約7km

女子医学教育の先駆者

　東京女子医科大学大東キャンパスに隣接して，吉岡彌生記念館がある。吉岡彌生は，1871(明治4)年土方村に生まれ，21歳で医術開業試験に合格。当時としてはまれな女性医師となり，のちに，東京女医学校(現，東京女子医科大学)を創設した人物である。

　吉岡彌生記念館は，1998(平成10)年この地に看護学部が設立されるのに伴い建設されたもので，女子医学教育をつうじて，女性の地位向上をめざした彌生の生涯と，その業績を展示・紹介している。また，北側に隣接して，彌生の生家である鷲山医院の家屋・長屋門・蔵が移築・復元され，当時の生活をしのぶことができる。

高天神城跡 ⓰

〈M ▶ P.212〉掛川市上土方嶺向　🅿
JR東海道本線掛川駅🚌大坂行高天神入口🚶20分，東名高速道路掛川ICから県道掛川浜岡線，掛川大東線を南へ約10km

武田・徳川の激戦の城

　小笠山から南にのびる丘陵の東南端に高天神城跡(国史跡)がある。東遠江の要に位置する高天神城は，戦国時代末期武田，徳川の二大勢力が覇をきそう激戦の舞台であった。城の築城年代には諸説あるが，室町時代後期には今川氏によって築かれていたようである。城主小笠原長忠は，今川義元が桶狭間で敗死すると徳川氏につき，城は徳川家康の支配となった。1571(元亀2)年，武田信玄が2万5000騎で包囲するが攻略は失敗し，1574(天正2)年，武田勝頼が再度包囲して開城させ，武田氏の遠江における最大の拠点となった。

搦手口方面からみた高天神城跡

その後，家康は城の周囲に六砦を築き，城を兵糧攻めにして高天神城を奪還，攻防戦はおわりをつげた。

城の規模は，東西・南北ほぼ500m，標高132mで，急峻な東峰と広い西峰にそれぞれまとまった曲輪群をもつ。2つの峰は尾根で結ばれており，城の北側，搦手口の駐車場からのぼると，中間の鞍部にでる。城の施設の多くは武田勢によって構築されたようであり，東峰は本丸を中心に御前曲輪，三の丸などを階段状に配している。本丸北側下には，武田支配の際に，徳川家の家臣大河内政局が8年間捕らえられていたという石牢が残る。

一方の西峰は，城のよび名の由来となった高天神社のある西の丸を中心に，二の丸・堂の尾曲輪・井楼曲輪などから構成される。周辺は近年の発掘調査で，門跡や木橋跡・土橋跡があらたにみつかり，堂の尾曲輪では長大な横堀や土塁のほか，尾根を分断するいくつもの堀切が確認されている。高天神城の落城の際は，いずれも堂の尾曲輪から敵の進入を許しており，それを意識してか，尾根伝いに迫る敵を阻止するために二重・三重の備えがみられる。

（堂の尾曲輪の遺構の調査（『史跡高天神城跡』による）

黒田家住宅 ⓱
0537-73-7270

〈M ▶ P. 212, 229〉 菊川市下平川862-1　P
JR東海道本線菊川駅🚌御前崎線平田本町🚶7分，東名高速道路菊川ICより県道掛川浜岡線南へ約7km

（江戸時代の代官屋敷）

平田本町バス停から西方へ7分ほどいくと小笠平野のほぼ中央に，黒田家住宅（国重文）がある。黒田家は永禄年間（1558〜70）に越前（現，福井県）から小笠に移った豪族で，江戸時代には4000石の旗本であった本多日向守の代官としてこの地を支配した。建物は江戸時代の建造だが，周囲を水濠に囲まれた方1町の屋敷地は，中世以来の武家屋敷の雰囲気を残している。

敷地南側の長屋門は，18世紀中ごろの建造とみられ，11本もの千

黒田家長屋門

木をおく茅葺きの屋根は、桁行68尺(約20.6m)におよぶ大規模なものである。母屋は1854(安政元)年の地震後の再建だが、内外とも代官屋敷の格式を伝えるつくりとなっている。米蔵・東蔵を含めた敷地全体が国の重要文化財に指定されており、よく整備されている。隣接する代官屋敷資料館では、黒田家に伝わる武具・甲冑・調度類が公開されている。また、北西へ徒歩2分のところにある塩の道公園内には、歴史街道館があり、小笠出身の画家杉山良雄の作品を展示している。

正林寺 ⑱
0537-73-2221

〈M ► P. 212, 229〉菊川市高橋497 P
東名高速道路菊川IC🚗20分

今川氏親の父 義忠の菩提寺

菊川ICから県道245号線を南東へ8kmほどいくと、牧之原台地の西麓に、正林寺(曹洞宗)がある。応仁の乱(1467〜77年)の最中の1476(文明8)年に、駿河国守護今川義忠は、横地・勝間田両氏とたたかい、これを破るが、その帰路、この地で横地氏残党に不意をつかれ討死した。その義忠の菩提をとむらうためにたてられたのが昌林寺、現在の正林寺である。石灯籠の並ぶ風格のある山門をはいると境内は広く、義忠の墓が本堂の西をのぼった山腹にある。正林寺には義忠の位牌と五輪塔が安置されているほか、今川家家臣の墓、義忠自作の木像、今川義元の母寿桂尼の画像が残され、今川氏の歴史を今に伝えている。

なお、正林寺の南にある坂を塩買坂という。米麦と海岸部の塩や魚を交換する「塩易え」からきた地名という説もあり、塩の道に由来する。

正林寺北側の尾根道を西に1.5kmほどいった、小笠平野を一望する丘陵上には、舟久保古墳(県史跡)がある。墳長49mの古墳時代中期の前方後円墳で、周濠をもつ。前方部は削平されているが、径26m・高さ3.5mの後円部が残る。

塩の道

コラム

物流の道・信仰の道

「塩の道」は海岸地方と内陸の山村を結ぶ道で、全国各地にある。塩と海産物が運ばれるとともに、山村の産物が港をめざす輸送路であったことから「塩の道」とよばれてきた。県内では富士川沿いの身延街道と、遠州相良から菊川・掛川を経て信州に至る「信州街道」がよく知られる。信州街道は、浜松市天竜区春野町の秋葉神社へ参詣する人びとがかよう道でもあったため、「秋葉道」「秋葉街道」ともよばれる。

遠州の「塩の道」は、牧之原市波津を起点に、闇坂をのぼって牧之原にはいり、塩買坂をくだって川上の「市場」に着く。ここは街道の宿場町で、風呂屋・倉掛け・ぜんかい（銭替）などの地名や、米屋・塩屋の屋号が残り、物資の集散で栄えた様子がうかがえる。道はここから丹野川・菊川を渡って北上し、陣場峠をこえて掛川にはいり、森・犬居・秋葉・水窪、さらに国境をこえて信州へと延々と続く。

交通機関の発達で、塩の道はその役割も薄れ、車道にとってかわられ、旧道の一部はわかりにくくなっている。しかし、各所に残る秋葉参詣の常夜灯や、江戸時代の石の道標に、往時の街道の面影をたどることができる。

また近年、塩の道公園（菊川市）のように、街道沿線の自治体で、かつての交流の歴史や民俗文化を掘りおこし、再評価する活動が行われている。

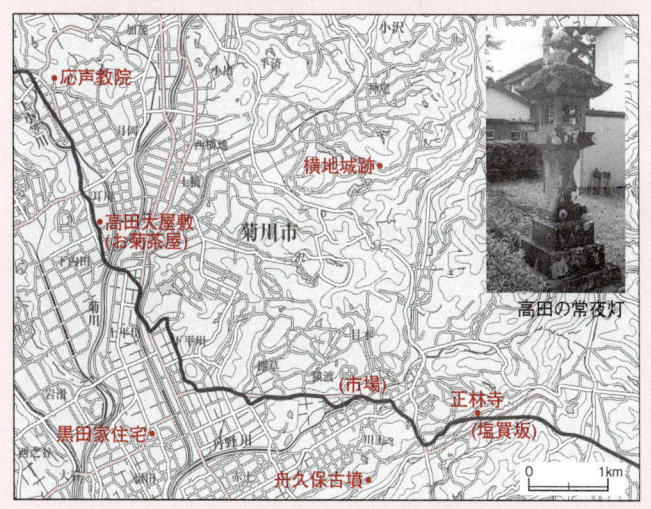

高田の常夜灯

塩の道（菊川市内）とおもな史跡

小笠平野と掛川城下町

新野古城跡 ⓳
〈M ▶ P.212〉御前崎市新野字篠ヶ谷 　Ｐ （山麓空き地）
東名高速道路菊川IC🚗20分

御前崎市新野から比木地区は牧之原台地の南端にあたり，侵蝕が進んだ複雑な丘陵地形を利用した山城がいくつもつくられている。新野古城はその１つで，八幡平城ともよばれる。城跡は菊川ICから県道川上菊川線を南へ約９kmほどいき，想慈院の裏をのぼったところにある。新野の地は，塩の道と塩買坂につうじる交通の要であり，もとは地元の豪族新野氏の居城であったが，のちに武田氏の支配下にはいり，高天神城へつながる軍道をおさえる城として整備された。

城は南北約400mほどの大きさで，標高106mの山頂に主郭，北側尾根上に二の曲輪がつく。主郭は東南側を長い二重の横堀で囲い，南，北，西にのびる各尾根筋に深い二重の堀切を設けている。

名族新野氏の居城

桜ケ池 ⓴
0537-86-2309（池宮神社）
〈M ▶ P.212〉御前崎市佐倉5162 　Ｐ
JR東海道本線菊川駅🚌御前崎線桜ケ池🚶すぐ，国道150号線バイパス浜岡原発から北へ約１km

桜ケ池（県名勝）は，バスをおりてすぐのところにある。三方を原生林に囲まれた広さ２万㎡ほどの湖で，美しい湖畔には池をまつった池宮神社，池宮神社資料館がたつ。桜ケ池に古くから伝わる竜神伝説は，平安時代末期に，比叡山の高僧皇円阿闍梨が人びとを救うため，難行苦行を重ね，その末に，弥勒菩薩に教えを請い，竜蛇に姿をかえて桜ケ池の底深く沈んだというものである。数年後，阿闍梨の弟子である法然上人が当地を訪れた際に，阿闍梨の安泰と五穀豊穣を祈り，檜造りのお櫃に赤飯をつめて池に沈めたことから，お櫃収めの神事（県民俗）がはじまった。彼岸の中日に，心身を清めた氏子の若者たちが，池中央まで立ち泳ぎではいり，鑽火で炊かれた赤飯のはいったお櫃を沈める奇祭である。

桜ケ池は，信州諏訪湖につながるといわれ，また浜松市天竜区水窪町池の平の山中に，７年に１度あらわれるまぼろしの池が湖底でつながっているという伝承もある。

竜神伝説と奇祭お櫃収め

大井川から天竜川へ

掛川城跡 ㉑

0537-22-1146

〈M ▶ P. 212, 232〉 掛川市掛川　ⓟ（大手門駐車場）
JR東海道本線掛川駅 🚶10分

木造天守閣再建 山内一豊の城と城下

　掛川駅から北へいくと，小高い丘の上に掛川城の天守閣がみえてくる。掛川城は文明年間(1469～87)，駿河国守護今川義忠が遠江支配の拠点として重臣朝比奈泰熙に築かせたもので，標高57mの竜頭山上にある。今川氏滅亡後は，徳川家康の家臣石川家成が城主となり，武田氏侵攻に対する防御の拠点となった。掛川城は別名「雲霧城」とよばれる。これは家康が今川支配下にあったこの城を攻めたとき，本丸の井戸より霧が立ちこめ，城をつつみ込んで攻撃を防ぎ，城をまもったという伝承に由来する。

　豊臣秀吉の天下統一と徳川氏の関東移封後は，豊臣配下の山内一豊が入城し，城と城下町の整備が進んだ。はじめて天守閣がたてられたのもこのころである。江戸時代には，譜代大名を中心に，11家26代の大名が城主となったが，1746（延享3）年以降は，太田道灌の子孫である太田家が城主となり，老中や寺社奉行など幕府の要職をつとめ，明治維新まで続いた。

　城の建物は1854（安政元）年のいわゆる安政大地震で大半が損壊しており，御殿・太鼓櫓・蕗の門などは，1855年から1861（文久元）年にかけての再建である。二の丸に位置する掛川城御殿（国重文）は，藩の儀式・政務を行うとともに藩主の公邸でもあった。京都の二条城などとともに，御殿建築としては全国で数カ所しか残存していない貴重なものである。287坪（約947㎡）もの広さの建物は，格式ある書院造の広間から足軽用の板敷きの部屋まで複雑に構成されていて，江戸時代の藩の政治や，大名の生活がしのばれる。御殿の北側には，1998（平成10）年に二の丸美術館や茶室もたてられた。

　掛川市は，1994（平成6）年に木造の天守閣と大手門，

三の丸方面からみた掛川城天守閣

小笠平野と掛川城下町

掛川城周辺の史跡

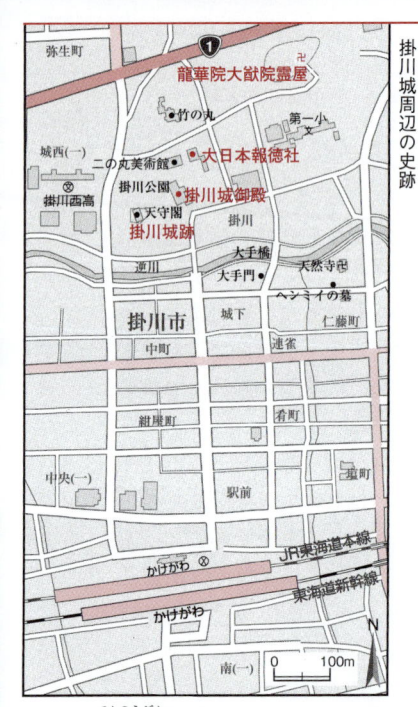

大手門番所を再建し，本丸脇には太鼓櫓を移築するなど城跡の整備を進めている。発掘調査で堀や石垣も復元・修築され，説明表示板が各所に設けられた。

城の周囲を散策すると，江戸幕府3代将軍徳川家光をまつった龍華院大猷院霊屋（県文化），もとは家老太田家の屋敷であった竹之丸，江戸参府から帰途の1798（寛政10）年に，この地で客死したオランダ商館長ゲースベルト・ヘンミイの墓（天然寺，仁藤町）などがあり，城下の雰囲気がしのばれる。なお，龍華院のある天王山には，現在地に移る前の掛川古城跡がある。

市内瓦町には獅子舞かんからまち（県民俗）が伝わっている。3年に1度の掛川祭の大祭のときに，花幌とともに龍尾神社の御輿渡御の先導をつとめ，祭りの期間中，各所で披露される。雄獅子2頭が雌獅子を争うさまを演じる一人立ちの獅子舞は，県内ではほかに類例がない。その起源は朝比奈泰熙が，掛川城築城時に獅子頭と舞を奉納したことにはじまる。江戸時代には，格式の高い舞として，舞手は草鞋履きで城の御殿にあがることを許されたという。

大日本報徳社 ㉒
0537-22-3016

〈M ▶ P.212, 232〉掛川市掛川1176　P（大手門駐車場）
JR東海道本線掛川駅 🚶15分

明治時代末期建造の大講堂 全国の報徳社の中核

掛川城二の丸に隣接して，大日本報徳社がある。報徳社は，幕末に「報徳思想」を掲げて，農民の救済と疲弊した農村の復興につとめた，篤農家二宮尊徳の教えを広めることを目的とした団体で，当地では1875（明治8）年，岡田佐平治・良一郎父子によって設立された。明治時代後期，地方改良運動に伴って報徳運動が全国に拡大

大日本報徳社大講堂

すると、1911年掛川に大日本報徳社が設立され、名実ともに全国の報徳運動の中核となった。

1909年建立の正門(県文化)をはいると、広場をはさんで正面に大講堂(国重文)、左右に仰徳記念館、仰徳学寮・冀北学舎(いずれも県文化)がある。大講堂は1903(明治36)年に建設され、外観は堂々たる和風建築だが、建物上部に大胆にガラス窓を配し、内部大広間の3面に2階席を設けるなど、奇抜な工夫がなされている。仰徳記念館は、1884年に建設された有栖川宮別邸が下賜されたもので、室内は暖炉を備えた洋風のつくりである。

敷地南側にある淡山翁記念報徳図書館(県文化)は、1927(昭和2)年につくられた鉄筋コンクリート造り建築であり、室内には当時流行のアールデコ風装飾が取り入れられている。

和田岡古墳群 ㉓　〈M ▶ P. 212, 234〉掛川市各和
天竜浜名湖鉄道細谷駅🚶30分、東名掛川ICから北西へ約9km

沖積平野をみおろす大型古墳群

掛川市街地の北西、和田岡地区に和田岡古墳群(国史跡)がある。5世紀代の古墳群で、原野谷川の右岸、沖積平野をみおろす河岸段丘上に、36基の古墳が点在する。

春林院古墳は全長30mの円墳で、細谷駅から北西約1kmの、春林院の本堂裏手をのぼった杉林にある。春林院古墳の北にでて、茶畑を西に400mほど進むと、こんもりとした杉林がみえる。これが吉岡大塚古墳である。墳長55mの前方後円墳で、径41m・高さ7.2mの後円部をもち、周溝も保存状態がよい。吉岡大塚古墳から南に1kmの丘陵上には行人塚古墳、瓢塚古墳と多数の小型の円墳があり、さらに南1.5kmの丘陵頂部には墳長66m、古墳群中最大の各和金塚古墳がある。これら5つの大型古墳は築造時期に差はあるが、春林院古墳以外はいずれも前方後円墳で、その大きさや出土遺物か

和田岡古墳群のおもな古墳

ら，この地域の首長墓と考えられる。当地をおさめたとされる「素賀国造（そがのくにのみやつこ）」に結びつく古墳とも考えられ，5世紀のこの地域の首長墓の変遷がたどれる点でも重要な遺跡である。掛川市内にはほかに，横穴式石室（よこあなしきせきしつ）をもつ平塚古墳（ひらつか）（掛川市五明（ごみょう））がある。

③ 東海道ど真ん中袋井から遠州の森へ

袋井には遠州三山とよばれる名刹、森町には古代の舞楽を伝える三社、大須賀地区は城下町として、特色ある地域を形成している。

可睡斎 ㉔
0538-42-2121

〈M ▶ P.212〉 袋井市久能2915-1 P
JR東海道本線袋井駅🚌可睡斎行、可睡経由・市民病院経由可睡斎🚶5分

三遠駿豆四カ国の僧録寺院 火防の信仰

　バス停をおりると、北に向かって参道がのびている。その奥に萬松山可睡斎（曹洞宗）がある。現在、遠州地域の寺院の約8割が曹洞宗で、江戸時代には9割をこえていた。可睡斎の前身は、室町時代にこの地域の曹洞禅興隆の基礎をつくった如仲天誾を開山として、1401（応永8）年に建立された。可睡斎の名にはほほえましい伝承がある。11代目住持仙麟等膳は、幼いころの徳川家康を保護した。のちに浜松城主となった家康は、旧恩を謝すため等膳を城に招いたが、その席上で、等膳は居眠りをしてしまう。無礼なりとの声があがるなか、家康は懇意なればこそと許し、「和尚、睡る可」といったという。これ以後、等膳は可睡和尚と愛称され、寺号もそれまでの東陽軒から可睡斎へと改められたという。江戸時代の可睡斎住持は、代々伊豆・駿河・遠江・三河4カ国の曹洞宗の僧録（禅宗寺院組織の取締り役）をつとめ、10万石の待遇をうけていた。

　広い境内には、聖観世音菩薩をまつる法堂（本堂）

可睡斎護国塔

可睡斎法堂と秋葉総本殿

東海道ど真ん中袋井から遠州の森へ

を中心に諸堂がたち並び、森のなかにぼたん苑・放生池・奥の院などが点在している。放生池の西の丘にある白い護国塔(県文化)は、1911(明治44)年に、日露戦争の戦没者供養のために建立されたもので、高さ17m、ガンダーラの仏塔にならった形をしている。基壇は石造、上部は当時国内で珍しかった鉄筋コンクリート構造である。

そのほか可睡斎には、「永正十五(1518)年」銘の、掛川城からの移設とされる法堂の梵鐘(県文化)、曹洞宗の開祖道元によるものとされる紙本墨書示了然道者法語(県文化)などがある。法堂脇の秋葉総本殿は、明治初年の廃仏毀釈のなか、火防信仰の中心地であった秋葉山(現、浜松市天竜区春野町)内の秋葉寺が廃寺となって引きついだもので、以来火防霊場として信仰を集めている。毎年12月15日には火防大祭があり、勇ましい火渡りの神事が行われる。

可睡斎から約2km北の春岡の西楽寺(真言宗)には、1735(享保20)年の墨書のある入母屋造り、柿葺きの本堂(県文化)と平安時代後期の木造薬師如来坐像・木造阿弥陀如来坐像及び両脇侍坐像(いずれも県文化)がある。また、上山梨の正福寺(浄土真宗)には、「文明六(1474)年」銘の梵鐘(県文化)がある。

油山寺 ㉕
0538-42-3633
〈M ▶ P.212〉袋井市村松1 P
JR東海道本線袋井駅🚗15分

重要文化財の城郭門と三重塔 眼病平癒の信仰

可睡斎参道の入口にある交差点を東へ、ハイキングコースを標識に沿って約2.5km歩くと、医王山薬王院油山寺(真言宗)の門前に着く。油山寺は、天平年間(729〜749)に行基が開山したとされる、眼病平癒信仰で有名な寺である。この地には滝や湧水の類が多く、湯(油)の滝とよばれた鉱泉もあった。孝謙天皇が眼病の際に、行基のすすめでこの鉱泉を用い、平癒したという伝承を由来としている。

油山寺山門

油山寺三重塔

　油山寺の山門(国重文)は，1659(万治2)年に建立された掛川城の大手門を，1873(明治6)年移築したもので，間口9mの入母屋造・瓦葺き，軒両端に鯱をのせる豪壮なものである。県内唯一の現存する江戸時代初期の城門建築で，全国的にも貴重なものである。境内のうっそうとした森にはいると，まず正面に，横須賀城(掛川市)から移築した1699(元禄12)年築造の書院(県文化)，浅羽(袋井市南部)の代官屋敷を移築した1764(宝暦14)年築造の方丈(県文化)が向かいあっている。方丈をあとに境内のゆるやかな流れに沿って森のなかを進むと，るり滝，そのさきの急な石段をのぼるとまず1190(建久元)年，源頼朝が建立したと伝える三重塔(国重文，現在のものは再建)，さらに石段のさきに1739(元文4)年建立の薬師堂とよばれる本堂(県文化)がある。本堂内の厨子(国重文)には，油山寺本尊の秘仏薬師如来がおさめられている。暗い堂内で金色に輝く室町時代の宮殿厨子で，今川家寄進と伝えられる。

　三重塔は相輪まで高さ23.8mあり，1574(天正2)年から1611(慶長16)年まで約40年かけて建立されたもので，時間経過から1・2層は和様式，3層は唐様で，軒の垂木の技法にも変化がみられる。

　油山寺の南東約2.5kmに位置する袋井市国本の丘陵上，東名高速道路のすぐ北側に富士浅間宮(祭神木花咲耶姫)がある。伝承では，平安時代初期に坂上田村麻呂が創建したという。本殿(国重文)は1590(天正18)年の建立である。左右の脇障子の彫刻が巧みで，檜皮葺きの屋根が美しい小社である。

　また，油山寺の南西約2.5km，東名高速道路のすぐ北に位置する鷲巣の地の丘陵上には，戦国時代の久野城跡がある。鷲之巣城・座王城ともよばれ，今川氏の遠江侵攻に際し，1494(明応3)年今川氏の重臣久野宗隆により当初築城されたものである。丘陵先端部の地形をうまく利用した平山城で，現在は堀切・土塁・素掘りの井

戸・曲輪の跡などが残っている。

法多山尊永寺 ㉖
0538-43-3601

〈M ▶ P. 212〉 袋井市豊沢2777 Ｐ
JR東海道本線袋井駅🚌法多山行終点🚶15分、またはJR東海道本線愛野駅🚗5分

重要文化財の仁王門
厄除け信仰

袋井市街地の東南にある小笠山の谷奥に、法多山尊永寺(真言宗)がある。バス停をおりるとすぐ南側が、みやげ物店が並ぶ参道となっている。法多山は厄除けの寺とされるが、その理由は創建伝承にある。奈良時代、聖武天皇は東方からあらわれた観音の夢をみて、その指示にしたがったところ、災厄を免れた。天皇の命をうけた行基は観音の居場所を東方に探し、この地にたどり着いて、725(神亀2)年から聖観世音菩薩像をまつったという。これが法多山の本尊とされ、厄除け観音として信仰を集めるようになった。平安時代末期の院政期には、歴代の院から勅願寺とされて繁栄をきわめ、1山12坊という東海地方随一の伽藍となった。法多山の山号はここからきている。また、遠州高野山ともよばれた。鎌倉時代を代表する密教法具の名品である、法多山の金銅五種鈴(国重文)は、東京国立博物館に展示されている。

門前を歩くと、重厚な仁王門(国重文)がみえてくる。入母屋造・杮葺きで、1640(寛永17)年の棟札があるが、仁王門は木鼻を用いないなど簡素な古式の技法が使用され、室町時代末期の建立で、他所からの移築だという説もある。仁王門をくぐると杉並木の長い参道が続く。参道の奥には200段以上の長い石段がある。石段をのぼりつめたところに、1983(昭和58)年にたてられた新本堂を中心に、諸堂が周囲を囲む広い空間がある。

本堂横の太子堂を舞台に、毎年正月7日、室町時代からの伝統をもつ法多山の田遊祭(県民俗)が

法多山尊永寺仁王門

238　大井川から天竜川へ

厄除け団子とマスクメロン

コラム

近世のブランド / 近現代のブランド

　袋井の名物といえば、法多山尊永寺の厄除け団子とメロンがあげられる。

　厄除け団子は、江戸時代後期の1854(安政元)年に、寺侍の八左衛門が、法多山から将軍家に毎年正月おさめる護符にそえる献上品として考案した。それまで献上品はいつも浜松の浜納豆で、なにか地元のものはないかという話になったという。そこで地元産のしん粉と小豆で、小さくし団子の上に餡子をのせた「観音名物団子」をつくり、献上した。将軍家からも好評で、参詣客にも販売され、しだいに「厄除け団子」とよばれて、門前の名物となった。

　また、袋井はメロンの生産高が日本一で、単価も最高価をつける高級マスクメロンを栽培している。マスクとは香料のムスクのことである。日本のメロン栽培は、明治政府がイギリスから導入したのがはじまりで、袋井では大正10年代に温室栽培で開始された。第二次世界大戦中燃料がなく苦労したが、高度経済成長期に温室数が急増して今に至っている。しかし、最近では高知や夕張などでも生産高が増加し、シェアは低下傾向にある。

法多山名物厄除け団子

行われる。田遊行事は、東海地方では一般に「おこない」とよばれ、各地に伝承されている。年初にその年の農業の成功・五穀豊穣を祈願し、ひととおり農作業の過程を舞にして行う予祝儀礼である。石段下に茶店があり、名物の厄除け団子と地元名産の豊沢茶で一服できる。

　袋井駅から法多山に向かう道の途中、駅から南東へ徒歩で10分ほどの住宅街に、大門大塚古墳(県史跡)がある。直径26mの円墳で、現存の高さは4.5mある。古墳時代後期の6世紀中ごろの築造で、全長3.6mの横穴式石室から、神獣鏡・大刀・金銅製馬具が出土したことから、相当な有力者の墓であったと考えられる。また、袋井駅から北へ銀座通りを10分ほど歩き、原野谷川を渡ると旧東海道との交差点に着く。ここから東西500m以上にわたって、東海道五十三次の真ん中、27番目にあたる袋井宿の名残りをとどめる町並みが続いている。

東海道と真ん中袋井から遠州の森へ

横須賀城跡 ㉗

〈M ▶ P. 212, 241〉 掛川市山崎 P
JR東海道本線袋井駅🚌横須賀車庫行・大東支所行七軒町🚶5分

整備された城跡公園
面影残す城下町

　袋井市から小笠山を左にみながら南東方向に10kmほどバスに乗ると、掛川市大須賀地区に着く。大須賀地区の北半分は小笠山で、そこから舌状に南にのびる丘陵がいくつもある。その丘陵の先端の1つに、横須賀城跡(国史跡)がある。七軒町バス停をおりると、すぐ北側の丘陵全体が城跡である。

　戦国時代末期、この地は西から徳川、東から武田が迫り、勢力を争っていた。徳川家康は、武田方に奪われた小笠山東側の高天神城(掛川市上土方)奪回をめざし、それまであった小笠山西側の馬伏塚城(袋井市浅名)よりもさらに高天神城に近いところに、1578(天正6)年横須賀城を築いて、馬伏塚城主であった大須賀康高を城主とした。家康はその翌年から高天神城を攻撃し、横須賀勢が主力となって1581年に落城させた。それ以降、横須賀城がこの地域の拠点となった。築城当初は、城のすぐ南までが海で、背後が小笠山といった天然の要害であった。また、城前の海に流れ込む逆川をつうじて、掛川城と連絡が可能であったようである。江戸幕府は、小笠山をはさんで北の掛川城を東海道のおさえ、南の横須賀城を海岸沿いのおさえとしていたと考えられる。20代を数えた城主は、5代目からはみな2万5000石から5万5000石の譜代大名となり、老中に就任した者もいた。

　横須賀城は、中世と近世の特徴をあわせもつ平山城で、東西に長く、天守閣・本丸・二の丸・三の丸とそれぞれ段差がついている。当初は古式で規模も小さかったものを、しだいに拡張していったと考えられる。横須賀城は、追手門が東西2つあ

横須賀城跡の石垣

大井川から天竜川へ

る「両頭の城」であり，石垣が天竜川の丸い川原石を用いた「玉石積み」という珍しいものである。城跡は現在，史跡公園として整備されている。城跡のすぐ北西にある撰要寺（浄土宗）には，不開門が移築されている。この撰要寺には，初代城主大須賀康高とその子忠政，本多利長一族らの墓塔群（県史跡）や，藩御抱絵師大久保一丘筆とされる洋風の絹本著色真人図（県文化）がある。

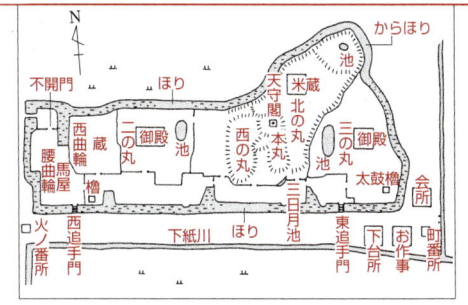

　横須賀城跡の東側の街道沿いには，今でも城下町の面影がよく残り，町並みの中心部に三熊野神社（祭神伊邪那美命・速玉男命ほか）がある。歴代の城主が信仰を寄せ社殿も整備されてきたが，現在の本殿（県文化）は，1855（安政2）年の再建である。拝殿には，歴代城主が奉納した絵馬（県文化）が掲げられている。毎年4月の第1金・土・日曜日には大祭がもよおされ，境内では農耕予祝儀礼の地固め舞と田遊び（県民俗）が，街道でははなやかな禰里（山車）の曳き回しが行われる。禰里の上では，横須賀城主が江戸祭囃子をこの地に導入・発展させた，三社祭礼囃子（県民俗）が演奏される。

　このほか大須賀地区には，城下町の北にある窓泉寺（曹洞宗）に，1711（宝永8）年建立の朱色の山門（県文化）がある。また，横須賀城跡の背後から西側の小笠山の谷あいには，奈良時代から平安時代にかけて営まれた清ケ谷古窯跡群がある。小笠山と西方の磐田原台地との間に広がる浅羽の平野は，古代は遠浅の入江の出口がふさがって湖沼化した潟湖であり，その水運を利用して，磐田原台地上にあった遠江国分寺（磐田市中央町）などに瓦や器を供給していた。

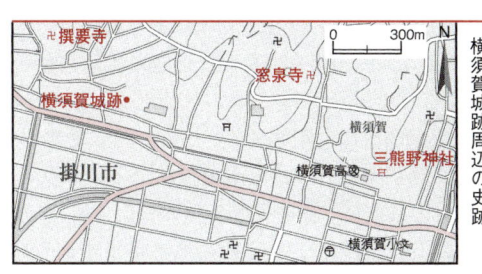

　現在，浅羽の平野には

東海道と真ん中袋井から遠州の森へ

豊かな水田地帯が広がっている。その東部の袋井市浅羽記念公園に,袋井市郷土資料館がある。資料館はモダンな外観で,古墳時代の豪族居館跡である古新田遺跡や,甲冑が出土した五ケ山古墳群の考古資料などを展示している。また公園の反対側には歴史資料を保管する袋井市歴史文化館も開設されている。

天宮神社 ㉘
0538-85-5544

〈M ▶ P. 212, 243〉 周智郡森町天宮576
天竜浜名湖鉄道遠州森駅🚶30分,またはJR東海道本線袋井駅🚌遠州森町行終点🚶5分

遠州の森 古代の舞楽を伝える

天宮神社

森町は秋葉道の宿場として,また塩の道の要衝としても栄えた由緒ある町である。格子造の家や,路地裏に残る土蔵が往時をしのばせる。町の中心部から,県道袋井春野線を3.5kmほど南にくだると飯田地区にはいる。ここに鎮座する山名神社(祭神素戔嗚尊,本殿は県文化)の天王祭舞楽(国民俗)は,応仁の乱(1467〜77年)以前の京都祇園祭の形態を伝える芸能で,八段の舞を,子どもたちが伝承する舞の手本どおりに演じる。また,山名神社の北東に広がる丘陵地には,中世の土豪山内氏の居城飯田城跡がある。さらにここから300mほど北には,山内氏の菩提寺である崇信寺(曹洞宗)がある。1401(応永8)年に如仲天誾によって開かれた古刹であり,飯田城ももとはこの崇信寺寺域にあった。

飯田より県道袋井春野線を北進して森川橋を渡り,さらに太田川に沿って1kmほど進むと,天宮神社(祭神田心姫命・市杵島姫命・湍津姫命)の森がみえてくる。705(慶雲2)年に社殿が造営され,十二段舞楽(国民俗)も奉納されたといわれる。現在の本殿と拝殿(ともに県文化,同じく県文化の鰐口も所蔵)は,1697(元禄10)年に造営されたもので,十二段舞楽は毎年4月の第1土・日曜日に行わ

天宮神社周辺の史跡

れる。また，境内のナギ（県天然）の大木は神木である。

　天宮神社から南西方向に15分ほど歩くと，天台宗の名刹蓮華寺と，隣接する森町立歴史民俗資料館に着く。蓮華寺は704（慶雲元）年に，文武天皇の勅願により行基が開創したと伝えられ，絹本著色天台大師画像（県文化）や，江戸時代後期の遊行僧木喰五行制作の子安地蔵が所蔵されている。森町立歴史民俗資料館は，1885（明治18）年に旧周智郡役所としてたてられたものを，当地に移築したものである。ここから西に1kmほどのところに，遠州七窯の1つ志戸呂焼の流れをくむ森山焼の窯元が4軒点在している。

　天宮神社から旧秋葉道を600mほど北に歩くと，城下地区にはいる。城下の町並みは独特で，街道に面した家が1軒ずつずれて並んでいるので，家の前にはそれぞれ三角形の空き地ができている。町中には，重厚な常夜灯もある。戦国時代，この辺りは天方氏の支配下にあった。太田川東岸の向天方には，天方氏の居城天方城跡があり，現在は公園化されている。また，城下の北方の大鳥居にある蔵雲院（曹洞宗）は，天方氏の菩提寺である。

　城下から大鳥居にでると，道路は三倉方面と問詰方面（太田川本流）の二手に分かれる。大鳥居から太田川沿いの県道大河内森線を4kmほど北進すると，鍛冶島にはいる。ここの自得院（曹洞宗）には，「文安三（1446）年」の銘がきざまれている鰐口（県文化）がある。

　自得院からさらに4kmほど北東に進むと，西亀久保にはいる。ここには友田家住宅（国重文）がある。1700（元禄13）年に南の畑地から現在地に移築したといわれ，県内の現存住宅ではもっとも古い部類に属し，風格のある建物である。友田家は，江戸時代には代々庄

東海道ど真ん中袋井から遠州の森へ

屋をつとめていた。また、隣接して通称隠居屋とよばれる別の友田家住宅(県文化)がある。一部改造されているものの、江戸時代の農家の雰囲気を残す貴重な住宅である。

一方の三倉川に沿って北上する県道袋井春野線沿いは、今も秋葉道の常夜灯が点在し、趣ある風情を残している。三倉は、江戸時代に秋葉道の山間の中継地として栄えたところである。また、この集落をみおろす小高い丘の斜面には、栄泉寺(曹洞宗)がある。三倉の集落をぬけると再び道は二手に分かれる。東の県道藤枝天竜線を10kmほど進むと、標高670mほどの尾根筋にある大日山金剛院(真言宗)に着く。718(養老2)年に行基が開創したと伝え、1837(天保8)年に建立されたといわれる山門は、重量感にあふれる。

小國神社 ㉙
0538-89-7302

〈M ▶ P. 212, 243〉周智郡森町一宮3956-1
天竜浜名湖鉄道 遠江一宮駅 🚶 50分

今も残る勅使参道 遠江国の一宮

森町一宮に鎮座する小國神社は大己貴命を祭神とし、555(欽明天皇16)年の創祀といわれる遠州地方きっての古社で、遠江国の豊穣と国家安泰を祈る遠州一宮である。境内には勅使参道が今も往時のまま残っており、その両側には、樹齢数百年といわれるスギの大樹がそびえたつ。毎年4月18日に近い土・日曜日には、701(大宝元)年に勅使によって伝えられたという舞楽(国民俗)が、1月3日には鎌倉時代を起源とする田遊び(県民俗)がそれぞれ演じられる。小國神社と天宮神社の舞楽は、左右一対の舞楽である。

小國神社から約4km北東の橘の里には、大洞院(曹洞宗)がある。1411(応永18)年に如仲天誾によって開かれた、全国に3400余りの末寺をもつ名刹である。境内の入口には、江戸時代後期に俠客として名を馳せた「森の石松」の供養塔がある。

小國神社参道

④ 遠江国府の地磐田と天竜川

古代から中世の遠江国の中心地磐田は史跡の町。奇祭見付の裸祭に古代がよみがえる。最古級の小学校旧見付学校がある。

遠江国分寺跡と国分尼寺跡 ㉚ ㉛

〈M▶P. 212, 246〉磐田市見付3220-1ほか
JR東海道本線磐田駅🚶10分

特別史跡の遠江国分寺跡

　磐田駅北口をでると，左手に樹高28mの大きな樹木が目にはいる。善導寺の大クス（県天然）である。北口からジュビロードとよばれる旧東海道を北へ向かって10分ほど歩くと，右手に府八幡宮（祭神 足仲彦命・気長足姫命・誉田別命）の社叢がみえ，左手の人家の間に遠江国分寺跡（国特別史跡）がみえる。

　府八幡宮の楼門（県文化）は，1635（寛永12）年の創建で，斗栱などの組物が華麗な構造をしている。府八幡宮を中心に，毎年10月の第1土・日曜日に開催される祭礼は，「見付の裸祭」と対比して「中泉のお祭」とよばれる。囃子方が乗った豪華絢爛たる屋台が多数引き回される。府八幡宮の東側は今之浦といわれる低地が広がり，かつては大之浦といわれ，大きな入江であった。

　府八幡宮の西に接している南北の道が旧東海道で，この道が遠江国分寺のほぼ東の寺域境にあたる。奈良時代の741（天平13）年，聖武天皇は，農作物の不作や疫病が流行していたため，仏教の力を借りてこれ

遠江国分寺跡

府八幡宮楼門

磐田駅周辺の史跡

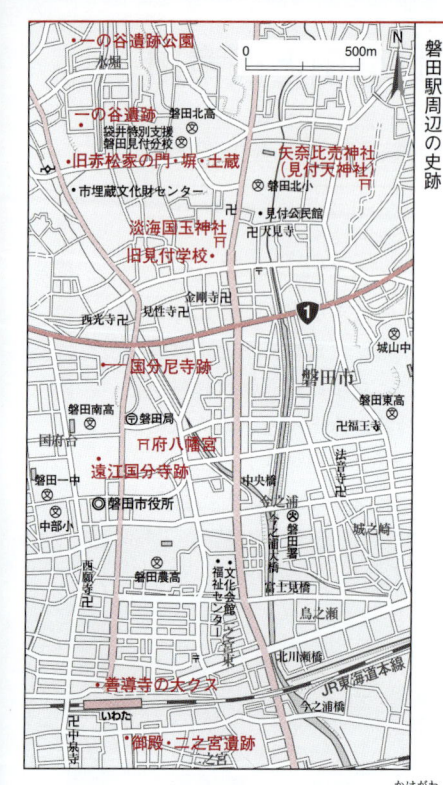

らから国をまもろうと、国ごとに国分寺・国分尼寺の建立の詔をだし、遠江国では、国府があったこの地に国分寺がつくられた。1951(昭和26)年に発掘調査が行われ、その結果、寺域を100間(約180m)四方とし、中軸線上に、南大門・中門・金堂・講堂が並び、中門と金堂は複回廊で結ばれ、回廊外に、塔(西塔1基)を配した国分寺伽藍配置が確認された。西側には、南北にのびる土塁が発見された。また、塔は七重塔と推定されている。

出土遺物では、軒平瓦に特徴的な形状と文様がみられる。これらの瓦の大部分は、掛川市大須賀地区の清ケ谷の窯で焼かれ、一部は磐田市の寺谷でも焼かれた。その後の調査で出土した墨書土器には、国分寺の正式名称である「金光明四天王護国之寺」を示す「金寺」や、講堂あるいは講師院を示す「講院」の文字が記されていた。

819(弘仁10)年8月に、遠江・相模・飛騨3カ国の国分寺が炎上したと『類聚国史』にはあるが、近年の発掘調査で、遠江国分寺は、それよりものちの時期の遺物・遺構が確認されている。

また、その後の調査で、北隣の磐田南高校の敷地内にも関連する遺構が検出されており、その寺域は東西約180m・南北約253mと考えられている。現在史跡公園になっているが、再整備計画が進行中である。

国分寺跡の北に「尼寺」という地名が残り、以前より国分尼寺が

大井川から天竜川へ

あったとされた地区で，1989（平成元）年と1992年に発掘調査が行われた。その結果，講堂跡および金堂跡と推定される遺構が発見され，国分尼寺跡であることが確認された。この尼寺の遺構の中心線が，国分寺の金堂・講堂の中心線と合致することも判明し，寺域は80間（約145m）四方と推定されている。

遠江国の国府の所在地については，近年の調査からJR磐田駅の南方に広がる御殿・二之宮遺跡が考えられている。東西2間（約3.6m）・南北7間（約13m）の大型掘立柱建物跡や，廂付きの建物跡，倉庫跡など8世紀前半の建物群が発見されている。この遺跡からは，郷（村）名や人名を記した木簡（木札），職名を記した墨書土器，人面墨書土器，奈良三彩碗など，国府を特徴づける遺物が出土している。遠江の国府は，その後，平安時代中期（10〜11世紀）に2.3kmほど北方の見付地区の磐田北小学校を中心とする地域（見付端城遺跡）に移動し，中世には遠江国の守護所として機能したとされる。

なお，御殿の地名は，徳川家康の別荘があったことからうまれた。その後，江戸時代には幕府領の支配のため，中泉代官所（中泉陣屋）がこの地に設けられていた。

御殿・二之宮遺跡（遠江国府跡）の西南750mほどの地域（磐田市天竜・石原町）に，100m四方ほどの寺域をもつ白鳳時代（7世紀後半）から平安時代にかけての古代寺院大宝院廃寺跡がある。遺構として，寺域境の溝や幢竿支柱跡（旗竿跡）が発見され，出土遺物としては，瓦・鴟尾・塼仏・瓦塔・墨書土器などがある。

旧赤松家の門・塀・土蔵 ㉜
0538-36-0340（旧赤松家記念館）

〈M ▶ P. 212, 246〉磐田市河原町3884-10
JR東海道本線磐田駅🚍二俣山東行河原町北🚶3分

旧男爵家の面影を残す建物群

見付宿西端の西坂の交差点から北へ500mほどいったところに，旧赤松家ゆかりの建造物が残されている。赤松家の建物は明治20年代に建設され，母屋などは現存しないが，門・塀（ともに県文化）・土蔵は，明治時代の和洋折衷の建築様式を現在に残す貴重な建造物である。現在は整備され，旧赤松家記念館も建設されて公開している。

門は，守衛所もかねたレンガ造りの2棟の建物が両脇にある独特

旧赤松家門・塀・土蔵

の形式になっている。屋根は切妻造・瓦葺きで，左側に守衛所がある。この門のレンガは，長手と小口を交互に積み重ねたフランス積みで，正面の窓はアーチ状という，趣向を凝らした意匠である。塀は，基礎の部分に三和土（石灰と赤土と砂利などにニガリをまぜ，水を加えて練りかためられたもの）のブロックが積まれ，上部をレンガの長手積みにし，正面から左右にのびている。

守衛所からのびるレンガ積みの塀とは別に，三和土塀がさらに南東方向へ100m近く続いている。

赤松家の当主赤松則良は，1858（安政5）年，勝海舟らとともに咸臨丸に乗り込み，太平洋を無寄港横断してアメリカに渡った幕臣の1人であった。その後，オランダへ留学し，明治維新後，日本政府の兵部省につとめ，造船技術の先駆者として大きな功績をあげ，のち男爵を授与された。

また，則良は，明治時代初めに磐田原台地の茶園造成に尽力した1人としても知られる。1868（明治元）年に徳川家ゆかりの地，磐田原の払い下げをうけ，開墾に力をそそいだ。現在の大藤・向笠地区の茶園は，赤松らの士族によって切り開かれ，大茶園としてその後引きつがれてきた。

旧見付学校と淡海国玉神社 ㉝

0538-32-4511（旧見付学校）

〈M ▶ P. 212, 246〉磐田市見付2452
JR東海道本線磐田駅🚌磐田病院行旧見付学校前🚶1分

現存最古級の小学校校舎

見付宿のほぼ中央部に旧見付学校（国史跡）がたっている。現存する日本最古の木造洋風小学校校舎で，夜間はライトアップされ，見付の中心的なモニュメントになっている。1875（明治8）年，淡海国玉神社境内に，塔屋2層付きの木造洋風2階建て校舎が建造された。学級増により，1883年には2階屋根裏を改造して3階にし，現在の

大井川から天竜川へ

コラム

一の谷遺跡公園

大規模な中世墳墓群があった 一の谷遺跡

　見付宿の北西部，乾の方角に接して磐田原台地丘陵の先端部分に，中世の大規模な墳墓群である一の谷遺跡（磐田市水堀）があった。

　中世から近世にかけて発達した見付宿は，東西に東海道が走り，その両側に町屋が続いていた。一の谷遺跡は，1984（昭和59）年から5年にわたって，区画整理事業に伴う事前の発掘調査が実施された。墓域は2haほどで，小さな丘陵の平担部や東側の斜面を利用した，900基ほどの墓がみつかった。全国でも最大規模の中世墳墓群である。乾の方角は，昔から御霊をまつる方角とされ，現在でも遠州地方の各家々では，屋敷内の北西隅に「地の神」の小祠をまつっている。

　墓の形態は，塚墓・土坑墓・集石墓・コの字形区画墓の4種類に大別される。塚墓162基・土坑墓277基・集石墓428基・コの字形区画墓20基が確認された。また，火葬場の跡46カ所，墓道もみつかっている。

　塚墓は鎌倉時代中期から南北朝時代までに，土坑墓は平安時代中期から南北朝時代まで，集石墓は鎌倉時代にはじまり，江戸時代初期まで続いた。遺物には，和鏡・鉄器・硯石・金銅製小型五輪塔・銭貨・中国製白磁を含む各種陶磁器などが出土している。

　被葬者は，国府の在庁官人層から一般町人まで，広い範囲の人びとで，見付宿の共同墓地であったと思われる。

　この遺跡の取り扱いをめぐっては，中世史の研究者を中心に，その保存について強い要望がだされたが達せられなかった。

　現在は墓域から北へ300mほどのところに，一の谷遺跡公園（JR磐田駅🚉二俣山東行原新田北🚶10分）が設けられ，代表的な墓が復元・展示されている。

一の谷遺跡公園

ような塔屋を含めて5階建てとなった。

　校舎の石垣は，横須賀城の払下げの石垣で，大きな川原石でつくられている。校舎は，間口12間（約21.7m）・奥行5間（約9m），3階2層の建物である。玄関は，古代ギリシア・ローマ建築を思わせるエンタシス様式の飾り柱を配し，外観のバランスをよくするために，左右対称の2つの入口が設けられている。外壁には漆喰がいく

旧見付学校

重にも塗られていたり，内部1階・2階の各教室には，上部の重みにたえられるように方杖（ほうづえ）という支え木がほどこされていたり，床は何百人もの子どもたちの重みにたえられるように，分厚い板の上にさらに厚さ3cmほどの斜め張りの床板が張られているなど，構造上堅固な建造物にするための工夫がみられる。そのほか，室内の明るさを補うため，天井に和紙が貼られたり，窓が分銅吊（ぶんどうつ）りの上下窓になっているなど，当時の建築の特徴がみられる。

見付学校は小学校として，1922（大正11）年まで使用され，その後，准教員養成所・裁縫女学校・病院などに利用された。1969（昭和44）年に隣接する磐田文庫とともに国の史跡に指定され，現在，内部は近代の教育資料を中心に，歴史資料の展示場として用いられている。

磐田文庫は，1864（元治（げんじ）元）年に，淡海国玉神社神官大久保忠尚（ただなお）が境内に創建した私設の文庫で，梁間（はりま）2間1尺（約4m）・桁行（けたゆき）3間1尺（約5.7m）の校木造であり，内部には和漢の版本，写本約850冊がおさめられていた。忠尚は，賀茂真淵（かものまぶち）に代表される遠州国学を学び，門下生を集めて和漢の書を講じ，また遠州報国隊の結成に加わるなど，明治維新で活躍した。

旧見付学校の東隣は，遠江国の総社である淡海国玉神社（主祭神大国主命（おおくにぬしのみこと）ほか）で，見付では「中（なか）のお宮（みや）」とよばれている。赴任した国司は，遠江の有力な神社をめぐり参拝することをならわしとしていたが，その煩雑さを解消するために，地域の神々を国府のそばにまとめて勧請（かんじょう）したのがこの総社である。見付天神裸祭が行われる際，矢奈比売（やなひめ）神社をでた神輿（みこし）が深夜の暗闇のなか，この総社に渡御し，その後，神輿は見付宿内をめぐり，再び矢奈比売神社に戻る。見付宿の東端に矢奈比売神社があり，中央部に淡海国玉神社があって，この淡海国玉神社は宿場の守護神をまつる社として信仰さ

天下の奇祭，見付天神（矢奈比売神社）裸祭

コラム 祭

よみがえる古代の祭儀の伝承

　祭は大祭の1週間前からはじまる。1週間前の日曜日に元天神社で「祭事始め」があり，この夜，ミシバオロシとよばれる，町内を榊で結界する行事が行われる。また，3日前の水曜日には，見付あげて「浜垢離」とよばれる禊ぎに氏子たちはでかける。氏子たちは，祭組（町）ごとに福田の海岸に出向き，褌ひとつになって禊ぎをする。その夜，屋台を曳きだして各町は矢奈比売神社に「お礼参り」をする。大祭前日の金曜日の夜には，「御池の清祓い」とよばれる，神社の境内をはらう行事が行われる。

　大祭当日は，夕刻6時に各町から子どもの練りがでて，矢奈比売神社に参拝し，見付の町を練り歩く。夜9時になると，町印のはいった鉢巻に，白褌・腰蓑・黒足袋に草鞋の裸の男たちが，各町内から練りだし，4つのグループ（梯団）にまとまって，矢奈比売神社に向かう。夜11時ごろ，裸の練りがつぎつぎと矢奈比売神社の拝殿に飛び込み，激しい練り（鬼踊り）が繰り広げられる。このころになると，見付の住民と観光客で拝殿の周りが埋めつくされる。午前0時30分，突然すべての灯りが消され，暗闇のなか，神輿が多くの男たちにまもられて，見付宿のほぼ中央にある淡海国玉神社（総社）に渡御する。

　翌日の日曜日には，神輿は見付宿の南西の境（境松の御旅所）へ，そして東の境（三本松の御旅所）へ渡り，夜8時に矢奈比売神社に還御する。

　昔から伝承されてきたしきたりをかたくなにまもりながら，この天下の奇祭は，見付町民の統合の象徴として機能し続けている。なお，祭には2004（平成16）年現在，28町が参加している。

れてきた。

矢奈比売神社（見付天神社）　㉞
0538-32-5298

〈M▶P. 212, 246〉磐田市住吉町114-2
JR東海道本線磐田駅　磐田市立病院行
二番町　🚶10分

天下の奇祭裸祭　学問の神見付天神

　二番町バス停から旧東海道を東へ10分いくと，見付宿の東の緑豊かな丘陵に「見付の天神様」で名高い矢奈比売神社（見付天神社，祭神矢奈比売命・菅原道真）が鎮座している。大鳥居をくぐって，うっそうとした照葉樹におおわれた急な坂道をあがると拝殿に至る。矢奈比売神社の創建年は詳らかではないが，『延喜式』式内社で，古くは北側1kmのところにある元天神社の場所にあり，いつの時

矢奈比売神社(見付天神社)

代か現在の場所に移ったと伝承されている。『続日本後紀』には、840(承和7)年に「遠江国磐田郡無位矢奈比売天神従五位下」と記されており、相殿の天満宮は993(正暦4)年に勧請された。

この矢奈比売神社を中心に、見付宿では毎年旧暦の8月10日直前の土・日曜日に裸祭が開催される。「見付の裸祭」として県外にも知られる奇祭で、「見付天神裸祭」として国の重要無形民俗文化財に指定されている。

悉平太郎(早太郎)の銅像(矢奈比売神社)

また、神社には、悉平太郎(早太郎)伝説がある。これは毎年秋に、神前にそなえられた娘を食う怪物を、信州伊那(現、長野県駒ヶ根市)の光前寺(天台宗)で飼われていた早太郎という猛犬が、これをかみ殺し、災いをのぞいたという人身御供伝説である。

御厨古墳群と堂山古墳 ㉟

〈M ▶ P.212〉磐田市新貝ほか
JR東海道本線磐田駅🚌東新町 行 神明前
🚶10分

県内最大の大型古墳群 全長107mの松林山古墳

2001(平成13)年に御厨古墳群という名称で、松林山古墳・高根山古墳・御厨堂山古墳・秋葉山古墳・稲荷山古墳の5基の古墳が国指定史跡になった。現在、磐田市内には多くの古墳が存在し、国史跡としてはほかに、銚子塚古墳 附 小銚子塚古墳(寺谷)や新豊院山古墳群(向笠竹之内)が、県史跡では米塚古墳群(藤上原)・土器塚古墳(中泉)が知られている。

大井川から天竜川へ

松林山古墳

　御厨古墳群は，磐田原台地東南部にあり，古墳時代前期から中期にかけての代表的古墳群である。場所は，磐田市新貝で東海道本線と東海道新幹線が並走する線路北側に，稲荷山古墳（墳長46.5mの前方後円墳）・秋葉山古墳（直径50mの円墳），南側に松林山古墳（墳長107mの前方後円墳）・高根山古墳（直径52mの円墳）・御厨堂山古墳（墳長34.5mの前方後円墳）が存在する。

　松林山古墳は，1931（昭和6）年に学術調査が行われた。県内最大級の前方後円墳で，墳形・石室・出土遺物などに，東海地方における古式古墳の標識的位置を占める。主体部は板状割石の小口積みの竪穴式石室で，内部からは鏡（4面）・石釧・水字貝製釧・硬玉製勾玉などの玉類，大刀・剣・鉾・鏃・短甲などの武器武具類，鉇・斧・刀子・鋸・鑿・鎌・砥石などの農工具類が多数出土した。4世紀中葉の築造で，ヤマト政権との結びつきが強い豪族の墓とされる。また，ほかの古墳のうち，高根山・稲荷山・秋葉山の各古墳は，葺石がしきつめられていたことがわかっている。

　御厨古墳群から東海道本線沿いに，西へ約900mのところに堂山古墳がある。残念ながら，現在は墳丘部の大部分を失っている。磐田駅北口にモニュメントとしてかざられている「鞆形埴輪」は，堂山古墳出土の形象埴輪である。堂山古墳出土品は，一括，県の文化財に指定され，また北北東2kmほどのところに存在していた明ヶ島古墳群から出土した祭祀用土製品の一部1064点が，2013（平成25）年，国の重要文化財に指定されている。これらの出土品の一部は磐田市埋蔵文化財センター（見付）の展示室でみることができる。

　堂山古墳は西向きの前方後円墳で，墳長110m・後円部径63mの規模で，県内最大級の古墳である。墳丘には葺石がしきつめられ3段に分けられて，それぞれ平担な部分に埴輪列がめぐらされていた。中心部は明治時代にこわされ，そのときに鏡3面と玉などが発見さ

れた。また，1956（昭和31）年に，古墳の土取り工事が行われ，埴輪列と埴輪棺2基，埴輪転用棺3基が発見されている。埴輪は，円筒や朝顔形埴輪のほか，蓋（きぬがさ）・鶏（にわとり）・鞆（とも）・短甲・靫（ゆぎ）・盾（たて）・冠帽（かんぼう）などの多彩な形象埴輪が出土している。築造年代は古墳時代中期中葉，5世紀中葉とされている。

銚子塚古墳と長者屋敷遺跡 ㊱ ㊲

〈M ▶ P.212〉磐田市寺谷（てらだに）2208ほか
JR東海道本線磐田駅🚌磐田市立病院行二階家・神増原行銚子塚口🚶10〜20分

県内最大級の前方後円墳と前方後方墳

　天竜川をのぞむ磐田原（いわたばら）台地の西縁には，多くの古墳があるが，銚子塚古墳附小銚子塚古墳（国史跡）は，JR磐田駅前の市街地から北へ10kmほどのところに位置している。

　銚子塚古墳は，墳長112mの前方後円墳で，県内では最大級のものである。台地縁辺に平行するようにつくられ，前方部を南に向けている。後円部の北側から東側にかけては，古墳に沿って周堤帯（しゅうていたい）がめぐり，幅約15mの広い周堀がめぐっている。

　明治年間に中心部が盗掘され，その際に，小型の三角縁神獣鏡（さんかくぶちしんじゅうきょう）1面と巴形銅器（ともえがた どうき），銅鏃が出土した。鏡は東京国立博物館に収蔵されているが，この三角縁神獣鏡と同一の鋳型から鋳造されたとされる鏡が，岐阜県と山梨県の古墳からも出土している。ヤマト政権との関連のもと，地方に分与された鏡の1枚と考えられている。

　小銚子塚古墳は銚子塚古墳の西北に接し，墳長47mの前方後方墳である。この古墳は台地の縁辺に直交するようにつくられ，前方部を東に向けている。前方部の裾部は撥（ばち）のように大きく開くが，この形状は古いタイプの前方後方墳と考えられている。

銚子塚古墳

254　大井川から天竜川へ

この古墳の北300mほどのところに米塚古墳群(県史跡)がある。銚子塚古墳の南東250mほどのところに、長者屋敷遺跡(県史跡)がある。以前より土塁が残り、「長者屋敷」という字名もあったことから、中世土豪の居館跡と考えられていた。

　1969(昭和44)年に調査が実施され、土塁の規模は東西約100m・南北約80m・高さ3mで、南側は二重の土塁であることがわかった。土塁の内側には濠がめぐっており、内側は平担に整地され、大型の掘立柱建物群が存在した。この調査結果をうけて、現在では、この遺跡は奈良時代の地方官衙に関係する施設か、豪族の居館跡と考えられている。

　長者屋敷遺跡から東へ3.3kmほどいった、磐田原台地東縁の丘陵先端にあたる向笠竹之内に、弥生時代から古墳時代にかけての墳墓群である新豊院山古墳群(国史跡)がある。遠江地域における古墳の出現時期を考えるうえで、重要な遺跡である。

熊野の長フジ ㊳

〈M ▶ P. 212〉磐田市池田330
JR東海道本線豊田町駅🚌池田行公園入口🚶5分、またはJR東海道本線磐田駅🚌浜松行長森🚶20分

謡曲「熊野」にかかわる故地

　池田は、東海道における天竜川左岸の宿場で、天竜川渡河の重要な町であった。ここには平清盛の2男宗盛の愛妾熊野御前の悲話が伝わる。公園入口バス停から西方へ5分ほどいったところにある池田の行興寺(時宗)は熊野寺ともよばれる。この寺に伝わる話では、熊野は池田の庄屋の娘で、熊野権現に祈願してさずかった子であったので名づけられたといわれる。

　熊野御前を主人公にした世阿弥の謡曲が「熊野」である。熊野は宗盛の寵愛をうけ、京都清水の桜見物にでかける。しかし、病母から手紙が届いたため池田の母のもとに戻りたいと思い、宗盛に暇乞いをし

行興寺山門

遠江国府の地磐田と天竜川

たが聞き入れられず、やむなく宗盛に同行した。花の下で酒宴がはじまり、舞を舞った熊野は、俄(にわか)の雨に散る桜花に寄せて、故郷の病母を気づかい、「いかにせん　都の春も惜しけれど　馴れし東(あずま)の花や散るらん」と歌を詠んだ。哀れをもよおした宗盛は、熊野に暇をあたえた。熊野はこれも清水観音(かんのん)の加護によるものと喜んで、池田に帰ったという。

行興寺の本堂脇にある長フジは、熊野が植えたものといわれ、4月下旬より咲きだし、5月上旬に咲きそろう。この期間に長藤祭りが行われる。現在、本堂に向かって左に熊野の長フジ(国天然)の老木があり、ほかに5本の県指定の長フジがある。

また、本堂脇の熊野堂に、熊野御前とその母とされる墓がある。この堂の扉の桟(さん)には、赤い糸がたくさんかけられている。赤は人の血、または苦しみをあらわすといわれ、女性が諸痛退散を祈願して奉納するものである。

境内北側には熊野伝統芸能館があり、周辺は熊野御前にかかわる公園として整備されている。

掛塚湊(かけつかみなと)と天竜川(てんりゅうがわ) ㊴

〈M ▶ P.212〉磐田市掛塚
JR東海道本線磐田駅🚌掛塚行終点、またはJR東海道本線豊田町駅🚌掛塚行終点

河口の湊・掛塚
掛塚祭屋台囃子

掛塚は、江戸時代から明治時代前期にかけて、天竜川河口の港湾の町「掛塚湊」として広く知られていた。掛塚湊は近世以降、江戸と大坂を結ぶ太平洋側の廻船業の重要な中継港として機能し、また、天竜川をくだって運びだされる御用材などの集積地であり、ここから弁財船(べざいせん)に積みかえられ、江戸に廻送された。現在でも、掛塚の町を歩くと、往時を彷彿(ほうふつ)とさせる石蔵をもった木造の廻船問屋の建物

掛塚の石蔵

大井川から天竜川へ

に出合うことができる。これらの建造物の基礎石や、石蔵の壁また塀に使用されている石は、伊豆石である。江戸時代から明治時代前期にかけて伊豆で切りだされ、船で運ばれてきたものである。

　天竜川の中流域では、江戸において良質の木材として名がとおっていた「天竜木材」が切りだされ、天竜川の水運を利用して掛塚湊に集積された。現在の浜松市天竜区佐久間町西渡辺りで筏に組まれ、「暴れ天竜」といわれる激流をくだって掛塚まで運ばれた。また、江戸時代には、榑木を税としておさめる山村が天竜川中流域にあり、この榑木の廻送拠点として掛塚が機能した。

　しかし、1889(明治22)年に東海道本線が開通し、まもなく対岸の少し上流である浜松市東区中野町に貨物取扱駅が設置されると、その後は天竜川をくだってきた木材は、中野町で貨物列車に積まれ、移送されるようになり、掛塚湊は水運の拠点としての役割をおえることになった。

　掛塚橋の東たもとに、貴船神社(祭神 高龗神)が鎮座する。この神社を中心にして、毎年10月第3土・日曜日に掛塚の屋台祭りとよばれる大祭が、掛塚地区をあげて行われる。この祭りに曳き回される9台の屋台は、多くが江戸から明治にかけてつくられたもので、御殿屋台とよばれる。名工立川流の彫物師が腕をきそった豪華なものであり、往時の掛塚を彷彿とさせ、祭りでの屋台囃子(県民俗)も名高い。また、磐田市竜洋支所内に歴史文書館が開設されている。

社山城跡から岩室廃寺跡へ ㊵ ㊶

戦国城郭社山城跡
古代山林修業の岩室廃寺跡

〈M ▶ P.212〉 磐田市社山・岩室
天竜浜名湖鉄道敷地駅 🚶 5分
(西の谷遺跡)

　敷地駅をおりて南へ、新東名高速道路の手前を西に400mほどいったところに、西の谷遺跡があった。現在は道路工事で姿を消したが、3口の銅鐸を出土し、うち銅鐸1口(県文化)は、金属探知器などによってその存在が事前に確認され、調査された。日本における銅鐸出土地の東端部に位置している。

　西の谷遺跡より南西方向2kmほどいった、標高136mの山上に、戦国城郭である社山城跡がある。山頂には現在、八幡神社がまつられ、南北350m・東西400mの範囲に複数の大型の曲輪や土塁・堀

遠江国府の地磐田と天竜川　257

天竜川側からみた社山城跡

切・横堀・虎口・帯曲輪・腰曲輪などが良好な状態で残っている。本曲輪からは天竜川や三方原台地などが一望のもとに見渡せる。

社山城についての記録は少ないが，16世紀初頭の文亀年間(1501〜04)に，遠江の支配権をめぐって今川氏と斯波氏との抗争があり，連歌師宗長の「宗長手記」にそのときの様子が記述されていて，二俣とともに社山の名がでてくる。現在の遺構からは，武田氏による大改修と，その後にはいった徳川氏による改修が考えられている。

敷地駅から北北東へ3kmほどいった，標高180mの丘陵上に岩室廃寺跡がある。途中には，鎌倉幕府の御家人野辺氏に関係する野辺神社(祭神大山咋命，旧社名山王権現)や，貞治年間(1362〜68)に円応寂室が開創したといわれる永安寺(臨済宗)がある。永安寺境内には，戦国武将野辺越後守当信と妻子の墓と伝える五輪塔が残っている。

山岳寺院であった岩室廃寺跡は，現在，巨岩や窟が点在する獅子ケ鼻公園内にあって，御堂跡とよばれている礎石建物跡，観音堂周辺の礎石群，心礎の残る塔跡，各種の行場とされる跡，礫の散乱する経塚群，石積みの方形盛土をもった塚墓を中心とする中世墳墓群などが確認されている。奈良時代から室町時代にかけての遺構で，その規模などから遠江国分寺や国府と深い関係をもった山寺といわれているが，その全容は定かではない。

Hamamatu

新生浜松と浜名湖

浜名湖

浜松城跡

新生浜松と浜名湖

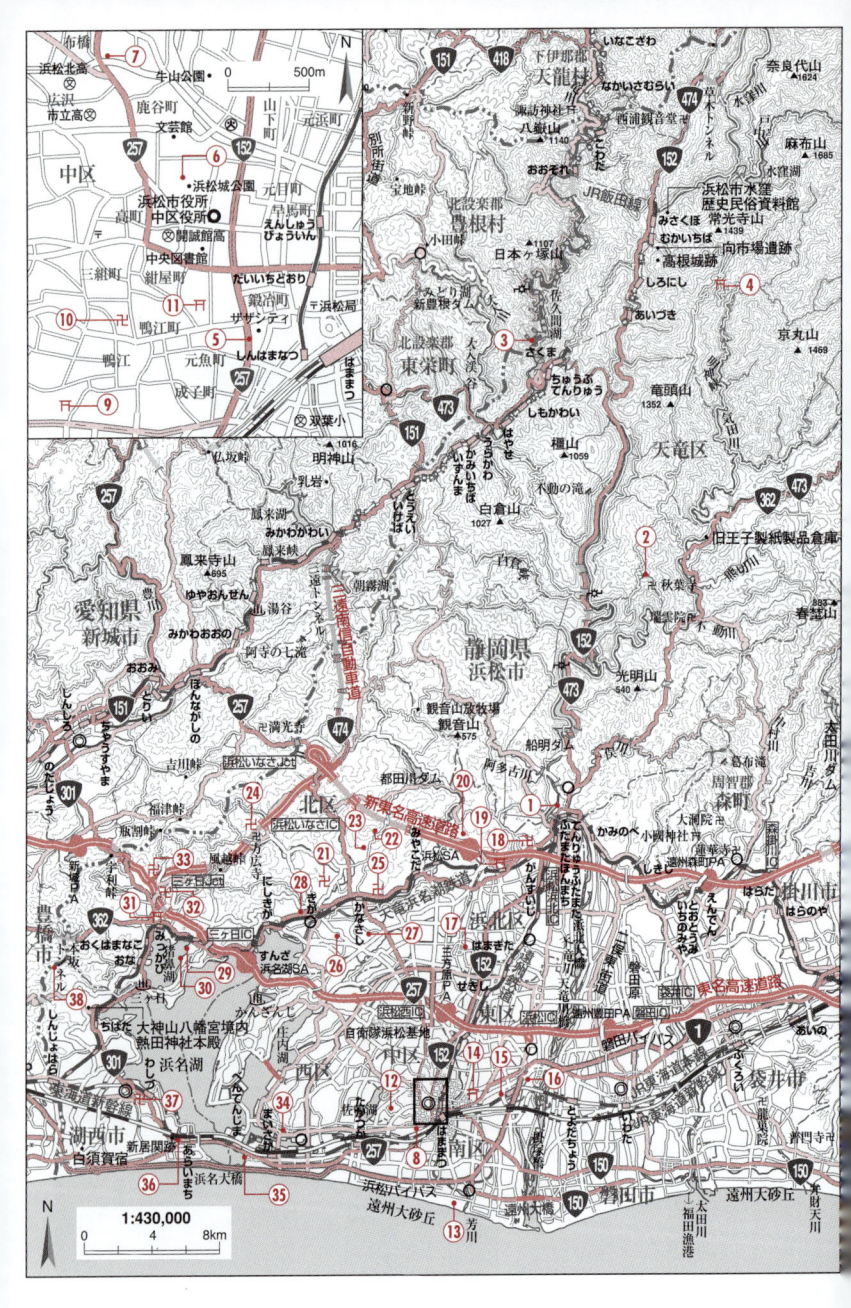

◎浜松市周辺散歩モデルコース

1. 天竜浜名湖鉄道二俣本町駅_20_鳥羽山城跡_25_二俣城跡_10_清瀧寺_15_内山真龍資料館_15_光明寺・光明山古墳_20_秋野不矩美術館_15_天竜二俣駅(鉄道関係国指定登録有形文化財)
2. JR飯田線水窪駅_15_高根城跡_25_山住神社_35_浜松市水窪民俗資料館_15_西浦観音堂(西浦の田楽)_10_青崩入口_30_青崩峠_25_青崩入口_25_JR水窪駅
3. JR東海道本線浜松駅_10_賀茂神社_15_伊場遺跡公園・堀留運河跡_20_縣居神社・浜松市立賀茂真淵記念館_15_鴨江寺_10_五社神社・諏訪神社_15_浜松城跡_10_蜆塚遺跡・浜松市博物館_15_JR浜松駅
4. 天竜浜名湖鉄道金指駅_15_宝林寺_60_龍潭寺_5_井伊谷宮_20_渭伊神社_30_井伊谷城跡_15_奥山方広寺_60_JR東海道本線浜松駅
5. 天竜浜名湖鉄道三ケ日駅_20_浜名惣社神明宮_10_初生衣神社_10_摩訶耶寺_25_千頭峯城跡_40_大福寺_40_三ケ日駅

姫街道(本坂通・銅鐸の道)コース　　天竜浜名湖鉄道気賀駅_5_気賀関所(復元)_10_浜松市姫街道と銅鐸の歴史民俗資料館_15_巡礼碑_15_長楽寺_10_二宮神社_10_吾跡川楊跡_15_山田一里塚_25_薬師堂_12_平石御休憩所_30_引佐峠_7_象鳴き坂_10_石投げ岩_13_大谷一里塚_10_黒坂の森(六部の森)_7_大谷代官屋敷跡_7_慈眼寺_40_竹山竹茂の碑_15_三ケ日一里塚跡_6_小池本陣跡_7_釣橋川橋_25_楠木神社_7_華蔵寺_3_板築駅跡_15_本坂一里塚_10_橘逸勢の墓・橘神社_10_太子堂_15_鏡岩_35_本坂峠_15_嵩山一里塚(愛知県豊橋市)_25_嵩山宿_30_JR飯田線豊川駅

---

①二俣城跡	社	㉒三岳城跡	㉜摩訶耶寺
②秋葉山	⑫蜆塚遺跡	㉓北岡大塚古墳	㉝大福寺
③佐久間ダム	⑬浜松まつり会館	㉔奥山方広寺・半僧坊	㉞中村家住宅
④山住神社	⑭蒲神明宮		㉟東海道舞坂宿・脇本陣
⑤浜松宿跡	⑮木船廃寺跡	㉕初山宝林寺	
⑥浜松城跡	⑯金原明善翁生家	㉖陣座ケ谷古墳	㊱新居関跡
⑦犀ヶ崖古戦場	⑰内野古墳群	㉗銅鐸の谷	㊲本興寺
⑧伊場遺跡	⑱岩水寺	㉘気賀宿	㊳大知波峠廃寺跡
⑨縣居神社	⑲高根神社	㉙野地城跡	
⑩鴨江寺	⑳大平城跡	㉚佐久城跡	
⑪五社神社・諏訪神	㉑龍潭寺	㉛浜名惣社神明宮	

① 秋葉路の里をいく

秋葉山をはじめ多くの霊山、信仰の道、塩の道など、中世の世界が今も息づき、よみがえる北遠の地。

二俣城跡 ❶ 〈M▶P.260, 263〉浜松市天竜区二俣町二俣1034
天竜浜名湖鉄道二俣本町駅🚶10分、遠州鉄道西鹿島駅🚉
山東行城下通🚶5分

松平信康自刃の城
北遠の大古墳光明山古墳

二俣城天守台跡

　二俣は北遠の要衝であり、江戸時代には、秋葉道の宿場として栄えた。江戸時代中期までは、二俣川は町の中心部にある双竜橋付近から西におれ、鳥羽山の北麓を流れて天竜川にそそいでいた。川口の地名がそれを物語っている。洪水時には、水位の関係で天竜川の水が二俣川に逆流して氾濫をおこした。二俣村の名主袴田甚右衛門喜長の尽力により、この水害を防ぐため、現在の河口に流路が変更された。双竜橋から国道152号線を真北に300mほど歩くと、二俣の地に生まれ、文化勲章を受章した日本画家秋野不矩の作品を収蔵・展示する、浜松市秋野不矩美術館に着く。

　天竜浜名湖鉄道の天竜二俣駅は、旧国鉄(二俣線)時代から拠点駅として利用されてきた。駅構内に残る1940(昭和15)年建設の機関車転車台・機関車扇形車庫・運転区事務室・運転区浴場・運転区休憩所(いずれも国登録)は、情感あふれる鉄道の原風景としてのたたずまいを残している。天竜二俣駅から真西に800mほど歩くと、丘陵上の二俣城跡(国史跡)に着く。戦国時代、武田・徳川の攻防にあった城で、徳川家康の長男信康が自刃した城としても知られる。野面積みの天守台をはじめ現存する遺構の多くは、1590(天正18)年に浜松城主になった豊臣秀吉配下の堀尾吉晴の改修によるものといわれる。二俣城のすぐ南側には鳥羽山城跡(国史跡)がある。発掘調査

新生浜松と浜名湖

により堀尾氏時代の枯山水の庭園をはじめ，建物跡・井戸跡・暗渠跡など多くの遺構が確認された。軍事的機能をもった二俣城に対し，鳥羽山城は居住・政治機能をになっていたといわれる。二俣城の北約500mほどのところには，信康の菩提寺である清瀧寺（浄土宗）がある。1668（寛文8）年建立の重厚な山門が目をひく。なお二俣城は1334～1567（建武元～永禄10）年ごろまでは，現在の浜松市天竜区二俣町の浜松市天竜総合事務所の場所にあった。天竜総合事務所から北に500mほど歩くと，大谷にはいる。ここの内山真龍資料館は，真龍の生家跡にたてられ，長屋門のみが往時の姿をとどめている。内山家は代々大谷村の名主をつとめた。真龍は江戸時代後期の国学者で，『遠江国風土記伝』の著者である。

　内山真龍資料館からさらに1kmほど南東に歩くと，光明寺（曹洞宗）と光明山古墳（県史跡）に着く。光明寺は，かつては北方に位置する光明山頂（540m）付近にあった。光明山は，秋葉山・春埜山と並ぶ北遠の三霊山の1つであり，光明寺は，717（養老元）年に行基が開創したといわれる。1931（昭和6）年に全山が炎上したため，1935年に現在地へ移転した。光明山頂付近には，光明寺の重厚な石垣や石段が今も残り，往時の姿を彷彿とさせる。また，この地は，戦国時代には今川・武田・徳川各氏の抗争地点として城（光明城）が築かれていた。現在の光明寺に隣接する光明山古墳は，墳長82mにもおよぶ前方後円墳であり，5世紀中ごろから後半にかけての築造と推定される。

　鹿島はかつて天竜川の渡船場として栄えたところである。鹿島橋東側の北鹿島には，筏問屋を経営していた田代家がある。江戸時代末期建築の母屋（「安政六（1859）年」の棟札がある）は重厚である。家伝によれば，同家の先祖は，天竜川をはさんで向かい側の高台に鎮座する椎ケ脇神社（祭神闇淤加美）の神主であったという。鹿島橋

秋葉路の里をいく

を渡り、県道天竜東栄線を15kmほど北進すると、懐山地区にはいる。泰蔵院（臨済宗）では、その年の安全・五穀豊穣・子孫繁栄などを祈る懐山のおくない（国民俗）が演じられる。

　二俣より国道152号線を16kmほど北進すると秋葉ダムに着く。佐久間ダムの調整用ダムとして1958年に完成した。ダムの東岸の戸倉から渡し船で西川に渡り、市ノ瀬・石打・熊をとおり鳳来寺にぬける道は、かつての鳳来寺街道（秋葉道）であった。市ノ瀬にはこの道を利用した尾張藩出身の俳人横井也有の句碑が今も残っている。市ノ瀬の北側には、戦国時代に今川氏の支城であった中尾生城（中日向城）跡がある。標高479mの山頂には、城山稲荷がまつられている。

秋葉山 ❷

上社053-985-0111
下社053-985-0005、秋葉寺053-985-0010

〈M ▶ P. 260, 266〉浜松市天竜区春野町領家841
遠州鉄道西鹿島駅🚌秋葉神社経由春野車庫行下島🚶2時間（上社）

火防・秋葉信仰の本宮 北遠の山城群

　森町三倉の集落から県道袋井春野線を車で9kmほど北進して、新不動橋を渡る。さらに橋のたもとを右折して東に14kmほど進むと、標高872mの山陵にある春埜山大光寺（曹洞宗）に着く。718（養老2）年に行基が開創したと伝える。太白坊大権現を奉安する祈願道場の御真殿の前には、1対の山犬像がすえられており、神仏習合の形式を現在にとどめている。また境内には、行基が植えたと伝えられる樹齢1300年の神木の春野スギ（県天然）がある。

　春埜山をくだり、再び袋井春野線を進むと、犬居にはいる。ここは鎌倉時代から戦国時代にかけて天野氏の本拠地であった。天野氏は、鎌倉時代に山香荘の地頭として伊豆より当地に入部したが、その後、在地領主として力をつけ、戦国時代には国人領主に成長した。

秋葉神社上社

秋葉道

コラム

信仰の道をたどると信者の思いを感じる

　1685（貞享2）年ごろ、遠州で秋葉三尺坊大権現は火防の神として信じられ、御幣を神輿のようにつくった輿に乗せ、大勢の人びとが「秋葉祭」ととなえ、鐘や太鼓で囃したてて村から村へ送ることが大流行した。幕府は秋葉祭禁止令をだし取り締まったが、火防の神としての秋葉信仰は全国的に隆盛した。東海地方を中心とした広汎な地域で「秋葉講」が結成され、秋葉山をめざしていたるところから人が集まった。

　秋葉山への道筋は遠州の各地域からいく筋もあったが、東海道の掛川宿から森・一ノ瀬・小奈良安・犬居・坂下・秋葉山と進む道は、主として関東方面からの参詣者が利用した道であった。掛川市の鳥居町にはかつて大鳥居があり、歌川広重は「東海道五十三次」の掛川に大鳥居を描いている。また、浜松宿から北上して貴布祢・鹿島・二俣・光明山・和田之谷・犬居・秋葉山と進む道も利用者が多かった。浜松市中区の田町には、かつて青銅製の大鳥居（一の鳥居）があった。第二次世界大戦中の1942（昭和17）年に、金属供出の対象となって解体・撤去されるまで、浜松における秋葉信仰のシンボル的存在であった。また、同市北区小松には1822（文政5）年にたてられた御影石づくりの二の鳥居がある。高さ7.3mの、秋葉道に残る最大の石造物である。

　信州方面からはいる道も重要であった。飯田・八幡・越久保・和田を経て青崩峠をこえ、水窪・西渡と南下して下平山にでて、そのさきの戸倉から登山する道である。ほかに三河の御油宿を起点にして、大木・新城・大野・熊・石打・市ノ瀬を渡り、西川から戸倉へ渡し船で渡ったのち、秋葉山にのぼる道があった。この道筋には、鳳来寺・光明寺・豊川稲荷などの霊場があった。そして、それぞれの街道筋には多くの常夜灯がたてられ、道者や旅人の足もとを照らした。

　昭和時代にはいり、国鉄飯田線（現、JR飯田線）の開通や、車社会への移行に伴い、国道や県道が平坦地や川沿いに建設されて、交通事情は大きく様変わりした。しかし、かつての秋葉道はその姿をかえつつも各地に残り、この道を丹念にたどれば、いにしえの人びとの暮らしが垣間みえてくる。

　犬居の町の北方の鐘打山（265m）には、犬居城跡（県史跡）がある。城跡からの眺望はすばらしい。また、気田川をはさんで城跡の向かい側（東岸）にある古刹瑞雲院（曹洞宗）は、718（養老2）年、行基の開創と伝えられ、天野氏の菩提寺である。

秋葉路の里をいく

秋葉山周辺の史跡

犬居から国道362号線を南下し、気田川にかかる秋葉橋を渡ると、秋葉坂下(九里橋)に着く。ここから秋葉山(885m)への表参道がはじまる。秋葉山は、現在は秋葉神社(祭神火之迦具土大神)と秋葉寺(曹洞宗)に分かれているが、江戸時代までは神仏習合であった。秋葉神社は山頂の上社と山麓の下社に分かれ、秋葉寺は山腹の杉平に位置する。秋葉神社には、銘安縄・同弘次・同来国光の3振の太刀(国重文)がある。秋葉寺は、718年に行基が開創したと伝える。本尊は聖観音像で、はじめは大登山霊雲院とよばれていた。

秋葉坂下から再び秋葉橋を渡って国道362号線を北進し、熊切川に沿った県道春野下泉停車場線を4.5kmほど進むと、長蔵寺に至る。ここに、1938(昭和13)年につくられた、コンクリート造りで長方形の出征兵士送迎台がある。再び362号線に戻り気田に向かって3.5kmほど進むと、里原に縄文時代から弥生時代の里原遺跡があり、気田川をはさんで対岸の仇山に、仇山古墳群がある。気田は日本の木材パルプ発祥の地であり、地区の中心にある春野中学校の敷地内には、1889(明治22)年に建設された、赤レンガ造の旧王子製紙製品倉庫(県文化)が今も残っている。近くの山路には、天野氏の支城であった篠ヶ嶺城跡がある。なお、戦国時代と推定される平尾の城山や堀之内の城山などの山城跡が、近年春野地区で複数発見され、注目を集めている。

佐久間ダム ❸
053-965-1350(佐久間電力館)

〈M ▶ P.260, 267〉浜松市天竜区佐久間町佐久間2189-2
JR飯田線 中部天竜駅 🚌 8分

中部天竜駅の北方約2.5kmのところにある佐久間ダムは、1956(昭和31)年に完成した。このダムは最大出力35万kwと、水力発電所と

佐久間ダム

しては日本一の発電量を誇る。展望台からの景観はすばらしく、ダムの雄大さを満喫できる。

天竜川はダムから少し南下した辺りから東に向かって数度蛇行を繰り返し、その両岸には河岸段丘が形成されている。平沢地区には、縄文時代から弥生時代の平沢遺跡、宥泉寺（曹洞宗）、戦国時代の国人領主奥山氏の支城であった水巻城跡がある。また、中部天竜駅構内一帯は縄文時代の半場遺跡で、配石遺構や大量の石斧が出土した。

天竜川と水窪川が合流する地点が西渡であり、かつては船着き場として賑わった川の港であった。ここで荷揚げされた荷は、「浜しょい」とよばれた女性たちにより、明光寺峠（約400m）までかつぎあげられた。そして峠で、荷は車引きや馬追いに引き渡され、水窪まで運ばれた。かつての信州街道（秋葉道）は、この峠から山の中腹づたいに水窪まで続いていた。また、西渡のやや上流には、1970（昭和45）年まで操業し、銅を産出していた古河鉱業の久根鉱山跡がある。西渡から水窪川に沿った国道152号線を北進すると城西地区にはいる。JR飯田線城西駅の東側にそびえる山が若子城跡であり、ここも国人領主奥山氏の支城であった。

水力発電日本一の佐久間ダム

佐久間ダム周辺の史跡

秋葉路の里をいく 267

山住神社 ❹
053-987-1179

〈M ▶ P.260〉浜松市天竜区水窪町山住230
JR飯田線向市場駅🚗20分,または遠州鉄道西鹿島駅🚗水窪行水窪橋🚗20分

復元された中世の山城高根城
能衆により伝承される西浦の田楽

山住神社

水窪は北遠の最北端に位置する。江戸時代には月に6回の市がたつなど,信州街道(秋葉道)の商業の中心地として栄えた。町の入口の国道152号線左手に,市神がまつられている。JR飯田線の向市場駅付近は向市場遺跡で,縄文時代から弥生時代にかけての土器や石斧・石棒・砥石などが出土した。水窪町内には,このほかにも,神原遺跡(神原)・上村遺跡(上村)・西浦桂山遺跡(桂山)などの縄文時代の遺跡があり,いずれも日当りのよい河岸段丘に位置している。また,向市場駅北西約300mの水窪橋のたもとには,1783(天明3)年建立の,男女一対の双体道祖神がまつられている。

町の東南端の通称三角山(420m)の山頂には,高根城(久頭郷城)跡がある。ここは,国人領主奥山氏の本拠地であった。近年,本格的な発掘調査が実施され,城跡の本曲輪部分に,井楼櫓・礎石建物・城門などが復元され,中世の城郭としてみごとによみがえった。城跡からは町が一望できる。

向市場駅から県道水窪森線を11kmほど東進すると,山住峠(1100m)に着く。峠に鎮座する山住神社は,709(和銅2)年伊予国(現,愛媛県)大山祇神社より,大山祇神を勧請したことにはじまると伝えられる。境内には,樹齢1300年と推定される神木のスギ(県天然)が2本ある。また神社の前には,民俗採訪のため北遠地方を旅した折口信夫の歌碑がたつ。山住神社から町の中心部に引き返し,水窪川に沿って2kmほど北進すると,浜松市水窪民俗資料館に着く。ここには,県の有形民俗文化財である藤布織機一式および製品一括

北遠の民俗芸能

コラム 芸

今も脈々と息づく古式ゆかしき伝統芸能

　天竜川流域のなかでも，愛知県・長野県との県境域は民俗芸能の宝庫であり，柳田国男や折口信夫らの民俗採訪者には得がたい地域であり，今でも伝統芸能が脈々とうけつがれている。水窪町の西浦の田楽(国民俗)は，伝承によると，719(養老3)年に行基がこの地にきて，聖観音の仏像と数個の仮面をつくり，この田楽をはじめたという。旧暦の1月18日，満月の光がこぼれだすのを合図にはじまり，翌19日の日の出まで，かがり火の揺らぐなかで延々と舞が続く。舞の曲目は，地能33番・はね能12番・番外2番(獅子舞・しずめ)の計47番で，観音堂の別当職をつとめる高木家を中心に，能頭・能衆とよばれる人たちによって演じられる。舞い手はすべて男性である。

　浜松市天竜区佐久間町の川合・今田・峯の3地区には，花の舞が伝わる。これらの舞は，愛知県北設楽郡内で行われている花祭の流れをくむ湯立神楽である。舞は，清め祓いの神事・素面の舞・面形の舞・湯清めの神事の4部門で構成され，面形の舞は鬼面を基本とする。川合花の舞(県民俗)は，毎年10月の最終土曜日から翌日曜日にかけて川合八坂神社で行われ，演目は十数種におよぶ。今田花の舞は，11月の第2土曜日から翌日曜日にかけて一の宮神社と二の宮神社で毎年交替で行われ，峯花の舞は，11月の第2土曜日に峯八坂神社で行われる。

　浜松市天竜区懐山地区の泰蔵院では，毎年1月3日に懐山のおくない(国民俗)が演じられる。この芸能は鎌倉時代を起源とし，社寺の修正会の饗宴を背景として，成長・発展してきたといわれる。呪師・猿楽系と生業系の2系統をおもな柱とした20余りの演目が伝承され，生業系演目には，猿追い・綿買い・塩買いなど変化に富んだものが多い。

　浜松市天竜区春野町の勝坂地区では，毎年10月下旬に清水神社と八幡神社で勝坂神楽が演じられる。1601(慶長6)年を起源とし，子孫繁栄・五穀豊穣などを祈願して行われる獅子神楽である。舞にはほろ舞とぬさ舞の2つがあり，舞い手はすべて男性で，色鮮やかな女物の着物をまとって舞う。

をはじめ，数百点の貴重な文化財が展示されている。

　水窪の中心部から国道152号線を7kmほど北進すると，西浦地区にはいる。西浦所能の観音堂で毎年旧暦の1月18日夜から翌朝にかけて西浦の田楽(国民俗)がもよおされる。さらに5kmほど翁川に

秋葉路の里をいく　　269

沿って北進すると，長野県との県境にあたる青崩峠(あおくずれ)（県史跡，1082m）に着く。この峠をはさんで，信州と遠州とを結ぶ道を，信州側では秋葉街道，遠州側では信州街道といった。かつては，車引き・馬追い・秋葉道者(どうじゃ)・商人などが行き交った。また，大正時代から昭和時代初期にかけては，少女たちが製糸工女(こうじょ)として水窪から青崩峠をこえ，信州へ出稼ぎにでかけた。

❷ 浜松中心地域をめぐる

徳川家康の築城にはじまる城下町で，江戸と京都の中間の宿場町。現在は「やらまいか！」の進取の気質に富む町である。

浜松宿跡（はままつしゅくあと）❺ 〈M ▶ P.260, 271〉浜松市中区連尺町・伝馬町・旅籠町ほか
JR東海道本線浜松駅 🚶 8分

浜松城下の一大宿場町名残りをとどめる町名

　浜松駅北口前の道を西へ歩くと，国道257号線の伝馬町交差点にでる。この国道が旧東海道にあたり，道に沿って浜松宿があった。浜松宿は，東海道五十三次のうち，江戸から数えて29番目の宿場町である。明治時代初期の大火や第二次世界大戦中の空襲などによって，歴史を物語るものはほとんど残っていないが，連尺町・伝馬町・旅籠町といった町名が，今でも宿場町の名残りをとどめている。浜松宿には東海道で箱根とともにもっとも多い6軒の本陣があり，

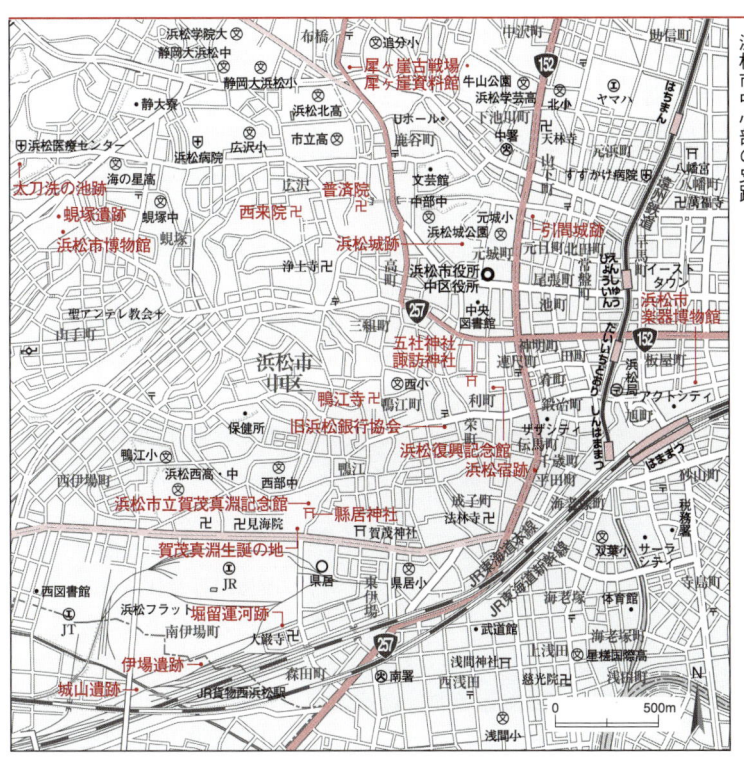

浜松市中心部の史跡

浜松中心地域をめぐる　　271

旅籠の数も94軒（三島74，吉原60，見付56，沼津55，金谷51，江尻・袋井50「東海道宿村大概帳」による）と，県内でもっとも多い宿場町であった。浜松は，城下町であるとともに宿場町でもあったことに特徴がある。この宿は，浜名湖北岸を迂回する本坂道（姫街道）と秋葉山へつうずる秋葉道（秋葉街道）の起点でもあった。

浜松城跡 ❻
053-453-3872（浜松城）

〈M ▶ P. 260, 271〉浜松市中区元城町100-2
JR東海道本線浜松駅 🚌 舘山寺温泉行市役所前 🚶 3分

家康が築いた出世城 多くの幕閣をうむ

　伝馬町交差点から8分ほど北へ歩くと浜松市役所に着く。市役所の北西にある浜松城跡一帯は浜松城公園となっている。1568（永禄11）年，三河から遠江へ侵攻した徳川家康は，引間（引馬）城にはいった。市役所の北，約300mにある浜松市体育館から道をへだてた東側の東照宮のある丘付近が引間城跡とされている。家康は，室町時代に築かれた引間城をさらに南西の丘陵地まで拡張し，遠江支配拠点の浜松城とした。家康は，1570（元亀元）年から17年間にわたる青壮年期をすごし，岡崎城から浜松城へ本拠を移したときに，引間という地名を「浜松」に改めたという。浜松在城中に姉川，長篠，小牧・長久手の戦いが行われ，とくに信濃から遠江に侵攻した武田信玄と対決した三方原の戦いでは苦戦を強いられたり，織田信長から武田氏と内通しているとの嫌疑をかけられた正室築山殿（築山御前ともいう）や長男信康を失うなどの試練に耐え，やがて三河・遠江・駿河・甲斐・信濃5カ国を領する有力大名へと雄飛をとげた時期でもある。

浜松城

　浜松城は，家康の関東移封（1590年）後，城主となった豊臣系の堀尾吉晴・忠氏父子によって大規模な改修が行われ，その後の大名によってもいく度か修築されている。天正年間（1573〜92）にほぼ完

軽便鉄道奥山線亀山トンネル

成したと推定される浜松城は，天守台から東に向かい，本丸・二の丸・三の丸としだいに低くなる梯郭式とよばれるものであった。また，天守が本丸ではなく天守曲輪とよばれる小さな曲輪に築かれたことが特徴である。

江戸時代にはいると，城主には代々譜代大名がなり，浜松城は出世城とよばれるように，老中・大坂城代・京都所司代・寺社奉行など幕府の要職をつとめる者を多くだした。なかでも老中まで昇進し，天保の改革を行った水野忠邦は有名である。立身出世を願った忠邦は，肥前国（現，佐賀県）唐津藩から，わざわざ収入の少ない浜松藩を希望して移ったといわれている。

明治維新後，城郭は取りこわされて荒廃していたが，1958（昭和33）年に，天守台跡へ鉄筋コンクリート造りの天守閣が再建された。

浜松城公園東の浜松市体育館とその北側のホテルとの間には，軽便鉄道奥山線の跡が現在道路となって西へのびている。明治時代末期に，当時の浜松町と引佐郡内とを結ぶ軽便鉄道が計画され，1914（大正3）年に浜松・金指間が開通し，路線は徐々に延長されて，1923年に奥山までの全線が開通した。蒸気機関車の煙突がラッキョウに似ていたことから，「ラッキョウ軽便」の愛称で親しまれた。第二次世界大戦後，電化やディーゼル化がなされたが，1964（昭和39）年に廃止された。

奥山線跡を西へ約500mほど歩くと，亀山トンネルの前にでる。これは浜松最初のトンネルで，くぐりぬけると左手に普済寺（曹洞宗）がある。この寺は，遠州における曹洞宗の拠点として多くの末寺をもち，徳川家康の遠江侵攻の際には陣がおかれた。三方原の戦いでは伽藍が炎上し，1603（慶長8）年，家康によって再建されたが，その後も失火や第二次世界大戦の空襲などで焼失し，当時をしのぶ建物は，重厚な山門のみとなっている。

普済寺前から西へ約300mいくと，西来院（曹洞宗）がある。この

浜松中心地域をめぐる　　273

寺には，家康によって1.5kmほど西方の佐鳴湖畔で殺害された正室築山御前の霊廟所がある。廟所の西側には，家康の異父弟松平源三郎康俊の墓がある。

犀ヶ崖古戦場 ❼
053-472-8383（犀ヶ崖資料館）

〈M ▶ P. 260, 271〉浜松市中区鹿谷町・布橋一丁目
JR東海道本線浜松駅🚌気賀行・奥山行さいが崖🚶1分

徳川と武田の激戦地　布橋の伝説と大念仏

さいが崖バス停すぐ南に犀ヶ崖古戦場（県史跡）がある。1572（元亀3）年，三方原台地上において徳川家康と武田信玄との間で激しい合戦があった。これが三方原の戦いであり，家康にとっては生涯最大の負け戦である。かつての犀ヶ崖は，東西約2km・幅約50m・深さ約40mにおよぶ大きな谷間であった。浜松城近くまで攻め込んだ武田軍のなかには，地理不案内のため誤ってこの崖へ転落する者が続出したという。

この話から，武田軍が追いおとされたのは，徳川軍が崖に渡した白い布を橋と思いこんだからだという伝説がうまれ，これにちなんだ「布橋」という地名がうまれた。その後，戦死者の亡霊がイナゴとなって農作物に害をあたえると信じられたため，家康は僧侶をまねき，鉦と太鼓を鳴らして舞わせ，念仏をとなえて供養させたと伝えられる。これが遠州大念仏の由来である。

遠州大念仏は遠州地方の郷土芸能の1つであり，初盆の家を組とよばれる集団が訪れ，演じられてきた。犀ヶ崖南側にある宗円堂は，戦死者の霊廟であるとともに遠州大念仏の道場でもあった。1982（昭和57）年この建物を改修して犀ヶ崖資料館が開館し，遠州大念仏や三方原の戦いに関する資料が展示されている。また，資料館の敷地内や近くには，三方原の戦いで奮戦し討死した，家康の家臣本多肥後守忠真の戦功や夏目次郎左衛門吉信の忠義をたたえた碑もある。

伊場遺跡 ❽

〈M ▶ P. 260, 271〉浜松市中区東伊場2-22-1　P
JR東海道本線浜松駅🚌宇布見・山崎行伊場遺跡入口🚶10分

バス停東の雄踏街道交差点からJR浜松工場東側の道を南に進み，堀留運河にかかる橋を渡った辺りから西側一帯が伊場遺跡である。この遺跡は，三方原台地の崖下に広がる古い海岸砂丘上に立地する，縄文時代から室町時代にまでおよぶ複合遺跡である。1949（昭

伊場遺跡公園

24)～50年の調査で、弥生時代後期の集落の存在が確認され、一時、県指定の史跡となった。昭和40年代にはいって浜松駅周辺の鉄道高架化関連事業に伴う調査によって、その全容が明らかになるとともに、遺跡保存運動が全国的規模で、長期にわたり展開された。

発掘調査の結果、弥生時代の集落の周囲には、全周約400mにおよぶ三重の濠が設けられていたことが判明し、濠の内側から住居・倉庫・方形周溝墓などが確認された。また木製農具が出土したことから、近くには水田もあったと考えられる。そのほか、多量の土器や儀式用とみられる彩色された木製の鎧や銅鏃が発見された。一時途絶えた集落は、古墳時代にはいると再び形成され、住居は楕円形から方形へとかわり、住居内からは炉にかわってかまど跡が検出されている。

伊場遺跡がとりわけ全国の注目を集めることになったのは、飛鳥時代から奈良・平安時代にかけての遺物のなかに、地名や人名などの文字の書かれた木簡や墨書土器が大量に含まれていたことである。こうした文字資料やその他の遺物・遺構を検討することにより、伊場遺跡周辺には、古代遠江国敷智郡の役所であった郡衙が存在したと考えられるようになった。

さらに、伊場遺跡公園西の陸橋付近にあたる城山遺跡からは、具注暦木簡や唐三彩の陶枕などの貴重な遺物が出土している。伊場遺跡周辺には、梶子・梶子北・中村・鳥居松といった多くの遺跡があり、現在、伊場遺跡群とよばれる1つの大きな遺跡ととらえられている。現在、木簡や墨書土器は一括して伊場遺跡群出土古代官衙関係資料(県文化)に指定されている。

伊場遺跡公園は、北の堀留運河跡と南の東海道本線の線路にはさまれた伊場遺跡の一部が公園として整備され、公開されたものである。公園内には、弥生時代の集落を防御するためにつくられた三重

縄文～室町時代の複合遺跡 木簡・墨書土器が出土

浜松中心地域をめぐる

堀留運河跡

の濠や多くの木簡が出土した古代の大溝（おおみぞ）が一部保存され、見学できる。また、古墳時代のかまどをもつ住居や、奈良時代以降の官衙風の建物が復元されている。

堀留運河は、1871（明治4）年、旧幕臣の井上八郎（延陵）と田村弘蔵らが中心となって開削されたものである。両人の名にちなんで「井ノ田川」と名づけられたが、一般には堀留運河とよばれた。浜松宿上新町（現、中区菅原町）から入野川までの水路がつくられ、さらに入野川は浜名湖につうじており、浜松と浜名湖の間が直接船で結ばれたのである。この運河を利用して、盛んに旅客や物資が輸送されたが、東海道本線の開通により衰退し、その役割をおえた。かつての船溜（ふなだまり）は埋め立てられてしまったが、伊場遺跡北側の運河跡は当時の面影をとどめている。

縣居神社（あがたいじんじゃ） ❾
053-453-3401
〈M ▶ P. 260, 271〉浜松市中区東伊場1-22-1
JR東海道本線浜松駅 🚌 宇布見・山崎行商工会議所 🚶 8分

国学の方法を確立 晩学で大成した碩学

バス停の西、伊場遺跡北約500mの雄踏街道交差点北西角が江戸時代の国学者**賀茂真淵生誕の地**であり、賀茂真淵翁顕彰碑が建立されている。ここから北の灯籠坂とよばれる急な坂道をのぼると、左手に**縣居神社**（祭神 賀茂真淵大人命（うしのみこと））がある。高林方朗（たかばやしみちあきら）ら遠江の国学者が中心となり、浜松藩主水野忠邦の支援を得て、1839（天保10）年、現在中区東伊場一丁目にある賀茂神社境内に縣居翁霊社（おうれいしゃ）が創建

縣居神社

276　新生浜松と浜名湖

された。1884(明治17)年に縣居神社と改称され、1920(大正9)年には、現在の場所へ独立移転した。賀茂神社境内には、縣居神社遺址の碑がある。縣居神社境内には、水野忠邦みずからが碑名の筆をとった縣居翁霊社の碑があり、また神社では正平版論語(県文化)を所蔵している。

　賀茂真淵は1697(元禄10)年、遠江国敷知郡伊場村(現、中区東伊場一丁目)で賀茂神社の神官岡部家に生まれた。浜松宿本陣の梅谷家の婿養子になるが、37歳で京にのぼり荷田春満に国学を学んだ。その後、江戸にでて各種の講会で講義し、50歳のときに、江戸幕府8代将軍徳川吉宗の2男田安宗武につかえた。とくに『古事記』『万葉集』の研究で業績をあげ、名声を高めた。伊勢国松坂(現、三重県松阪市)の宿屋に泊まっていた真淵を本居宣長が訪ね、教えをうけたという「松坂の一夜」の話は、戦前の小学校教科書に取りあげられた。

　縣居神社の西側に隣接する浜松市立賀茂真淵記念館は、真淵を長くたたえ紹介するため、ゆかりの地に開館されたものである。真淵の著書や書簡・和歌をはじめ、遠江国学の関係資料などが展示されている。

鴨江寺 ⑩
053-454-5121

〈M ▶ P. 260, 271〉浜松市中区鴨江4-17-1　P
JR東海道本線浜松駅🚌鴨江・医療センター行鴨江観音🚶1分

お彼岸のお鴨江まいり　芋掘長者や戒壇の伝説

　賀茂真淵記念館から北へ約700mほど歩くと、鴨江寺(真言宗)に至る。702(大宝2)年、行基によって開かれたと伝えられる、浜松市内でも由緒のある寺院であり、観音の霊験により、男女が結ばれ富裕となった創建にまつわる芋掘長者の伝説がある。また、長暦年間(1037～40)に、鴨江寺が勅許を得ずに戒壇をつくったため、比叡山延暦寺の僧兵に攻められて激戦のすえに敗れ、戒壇は破壊されたという伝承もある。南北朝時代には、この辺りに南朝方の鴨江城があり、北朝方によっておとされたという記録も残る(『瑠璃山年録』残篇裏書)。

　甲府から岐阜へと移されていた長野の善光寺如来像が、徳川家康により1583(天正11)年から10年余り鴨江寺に安置され、「死ねば善光寺へいく」と古くよりいわれていたことから、「死ねばお鴨江へ

鴨江寺山門

いく」という信仰がうまれ、この地方に広まったという。地元では「鴨江観音」や「お鴨江さん」とよばれ親しまれており、春秋の彼岸には多くの参拝者で賑わう。

鴨江寺前のバス通りを東へ徒歩300mほどで、旧浜松銀行協会（国登録）に着く。この建物は1930（昭和5）年にたてられ、白壁、濃緑のスペイン瓦、半円のアーチ窓、玄関の彩色タイ

旧浜松銀行協会

ルなどが地中海沿岸の建物を連想させる。設計者は浜松市出身の建築家中村與資平である。中村は大陸に渡って、朝鮮や満州の奉天・長春の銀行、デパートなどの建築を手がけ、帰国後は、豊橋市公会堂など、国内各地に欧米風の斬新な建物をつくりあげた。ほかに現存するおもな建物として、静岡銀行浜松支店・静岡市役所本館などがある。

五社神社・諏訪神社 ⓫
053-452-3001

〈M ▶ P. 260, 271〉浜松市中区利町302-5　🅿

JR東海道本線浜松駅🚌鴨江・医療センター行教育文化会館🚶2分

秀忠誕生ゆかりの神社　徳川家による篤い崇敬

　旧浜松銀行協会から道をへだてた北東側、はまホール（浜松市教育文化会館）北隣に鎮座するのが五社神社（祭神太玉命ほか）・諏訪神社（祭神建御名方命ほか）である。1960（昭和35）年に両社は合祀されたが、もとは別々の独立した神社であった。五社神社は、徳川家康が浜松在城中に、3男として誕生し、のちに江戸幕府2代将軍

五社神社・諏訪神社

となった徳川秀忠の産土神(うぶすながみ)として崇敬され，浜松城内から現在地へ遷座したという。諏訪神社も徳川家康の崇敬が篤く，もとは五社神社の南隣，今のはまホールの位置にあったという。3代将軍徳川家光(いえみつ)の命により建造された豪華絢爛(けんらん)たる社殿をもっていたが，1945(昭和20)年の空襲で，両社とも全焼した。その後，1982(昭和57)年に再建された。

　はまホール向かいの五社(ごしゃ)公園には，明治維新の際に新政府軍に従軍して東海道を進み，江戸へ入城した遠州報国隊(えんしゅうほうこくたい)の活躍を記念した戊辰之役報国隊紀念碑(ぼしんのえきほうこくたいきねんひ)がある。五社公園の北には浜松復興記念館がある。戦災復興事業の記録を保存し，後世に伝えるために設置されたものである。

蜆塚遺跡(しじみづかいせき) ⑫
053-456-2208(浜松市博物館)

〈M ▶ P.260, 271〉浜松市中区蜆塚4-22-1　P
JR東海道本線浜松駅🚌蜆塚・佐鳴台行博物館(みなもだい)🚶3分

縄文時代へ逆もどり
浜松の歴史のルーツ

　蜆塚遺跡(国史跡)は，佐鳴湖から約800m東にあたる標高30mの三方原台地上に位置し，東海地方を代表する縄文時代後～晩期の集落遺跡で，バス停の北西約200mにある。蜆塚という地名の由来となった大規模な貝塚(かいづか)が残っているのがこの遺跡の特徴であり，遺跡を含む蜆塚公園内には至るところで白い貝殻が地表に露出している。1955(昭和30)年から4回にわたる本格的な発掘調査が行われた結果，貝塚・住居跡・墓地などの配置状況が明らかとなり，重要な遺跡であることが認識されて国指定史跡となった。

　貝塚は4カ所あり，直径約90mの円周上に並ぶ。今からおよそ4000年前から1000年間も台地上へ貝殻の集積が続けられ，これらの貝塚ができた。そのうち第1貝塚は，発掘当時の貝層断面を合成樹脂で固めてそのまま保存し，ガラス越しに貝殻の堆積状況や貝層中に含まれる獣骨・魚骨や石器・土器などを観察することができる。貝塚の内側には，何回もたてかえられた28軒分以上の住居跡が重なりあい，時代により居住場所をやや移動しながらも，東西2つに分

浜松中心地域をめぐる　　279

蜆塚遺跡

かれてまとまっている。さらに貝塚と住居跡に重なるように墓域が配され，屈葬された人骨が20体余り発見された。出土品としては，大量の縄文土器から石器・骨角器などさまざまなものがある。

公園南側の一角には浜松市博物館がある。常設展示では，浜松を中心とする地域の原始・古代から現代に至る歴史を紹介し，実物資料だけでなく，復元模型や複製品を用いて楽しく学べるように工夫されている。

公園内には，発掘された住居跡や墓の一部が保存されており，復元された平地式住居も見学できる。また，古墳時代後期の円墳が3基あり，さらに浜松市内から移築された江戸時代後期の民家旧高山家住宅もあって，史跡公園として整備されている。

蜆塚遺跡から北西へ約400m離れて，県西部浜松医療センターがある。その駐車場内に，徳川家康の正室築山御前が殺害された際，刀の血を洗ったという太刀洗の池跡がある。今川義元の姪であった築山御前は，家康と同盟を結んだ織田信長から武田氏との内通を疑われ，家康により殺された。この辺りの谷間を今でも「御前谷」という。

蜆塚遺跡西側の道へ戻り約2km南へ進むと，雄踏街道へでる。彦尾交差点の手前，右手の丘の上に入野古墳がある。三方原台地南端に位置する直径44m・高さ5.9m以上の大型円墳で，古墳時代中期のものと考えられている。

浜松まつり会館 ⓭
053-441-6211

〈M ▶ P. 260〉浜松市南区中田島町1313　P
JR東海道本線浜松駅🚌中田島砂丘行終点🚶1分

広大な遠州灘海浜公園の一角，中田島砂丘入口手前に浜松まつり会館がある。浜松まつりの凧揚げ合戦であげられる大凧や，市中を引き回される御殿屋台の実物が展示され，臨場感あふれる浜松ま

浜松まつりの凧揚げ

コラム / 祭

浜松っ子の血が騒ぎ、おどる祭り

浜松まつりの凧揚げの起源は、永禄年間(1558〜70)、浜松を支配していた引間城主飯尾豊前守の長男誕生を祝って、その名を記した凧を城中であげたことにはじまるといわれてきたが、確かな記録にはない。遠州地方には、長男が生まれるとその成長を願って端午の節句に「初凧」をあげるという風習があった。この民俗行事は、江戸時代中期以降に普及していったものと考えられている。

現在浜松まつりは、毎年5月3〜5日の3日間開催されている。昼間の勇壮な凧揚げ合戦は、中田島砂丘に設けられた凧揚げ会場で行われる。近年は浜松市内の160以上の町が参加し、凧には町ごとに異なる文字や絵柄の凧印が描かれている。夜になると、浜松市中心部で御殿屋台の引き回しが行われる。御殿屋台のはじまりは、凧揚げ合戦の帰りに大八車へ凧や凧枠などを乗せて、提灯をふりかざしながら引いたものであったという。

大凧や御殿屋台を展示 まつりの興奮を体感

つりを映像や音声で体験することができる。

浜松まつり会館から南へ150mほどで中田島砂丘入口に着き、そのさきの海岸にでる。この遠州灘海岸に沿って、東西に中田島砂丘が広がる。鳥取砂丘や九十九里浜と並ぶ砂丘といわれており、5〜8月ごろアカウミガメが産卵に上陸することでも有名で、その保護もなされている。

中田島砂丘から海岸に沿って西へ約3km、国道1号線米津交差点の南約150mに米津台場跡がある。これは最後の浜松藩主井上正直によって、1856(安政3)年ごろ築かれた砲台の跡である。当時、遠州灘に出没する外国船に備えて大砲を設置するため、東・中・西に3基築かれた台場は、高さ27m・周囲72mの円丘であったという。現在残る台場跡が中央で、東・西ともすぐ近くにあったと考えられる。この台場から発射されたという石製の砲弾が、近くの新津小学

米津台場跡

浜松中心地域をめぐる 281

校に保存されているが、波打際まで届かなかったとも伝えられる。

蒲神明宮（かばしんめいぐう）⓮

〈M ▶ P.260, 283〉浜松市東区神立町471-1　P
053-461-8591
JR東海道本線浜松駅🚌労災・篠ヶ瀬行西遠学園🚶7分

源範頼にまつわる伝承 古式ゆかしい式年遷宮

　西遠女子学園の北に袖紫ヶ森（そでしがもり）とよばれるうっそうとした森があり、ここに浜松でもっとも古い由緒をもつ神社の蒲神明宮（祭神天照皇大御神・豊受比売神ほか）が鎮座する。平安時代、藤原鎌足から10代目にあたる越後国の人藤原静並は、伊勢神宮の神託をうけ遠江国へ移り住み、蒲24郷を開発。さらに伊勢神宮を勧請して蒲神明宮を創建し、開発した土地は伊勢神宮に寄進して蒲御厨になったという。蒲御厨は11世紀の史料にその名がみえる。鎌倉時代には北条氏が地頭となり、室町時代になると幕府御料所から東大寺領へかわり、のちには戦国大名今川氏に支配され、その権力基盤となった。藤原静並の子孫と称する蒲氏は、荘官となって蒲御厨の経営にあたり、また明治維新まで蒲神明宮の神官もつとめた。

　神明宮拝殿の前にある向かって右側の石灯籠には、小山みいの功績をたたえる碑文がある。みいは女性ながら、幕末から明治時代にかけて織布業を営み、遠州織物の発展につくした人物である。

　神明宮から南へ10分ほど歩くと、旧東海道であった国道152号線に面して一の鳥居がある。一の鳥居から東へ約1.2kmでスポーツ・イベント施設である浜松アリーナに着く。

　アリーナの南約200mにある光禅寺（臨済宗）には、木造大日如来坐像（県文化）が安置されている。この地方には珍しい平安時代中期の仏像であり、ヒノキの一木造で、端麗な顔立ちと撫肩に特徴がある。毎年成人の日の午前のみしか拝観できない。この寺はもと真言宗の広福寺と称し、蒲氏の氏寺であったという。

蒲神明宮

蒲神明宮から南東へ 2 kmほどの飯田小学校西側にある稲荷山龍泉寺（曹洞宗）は，源 範頼の別荘地跡で，室町時代に，範頼の菩提をとむらうために建立されたと伝えられている。墓地内にある大きな五輪塔は範頼の供養塔である。範頼は，源頼朝の異母弟，義経の異母兄で，平氏追討の大将軍として活躍した人物である。義朝を父に，遠江国池田宿の遊女を母として蒲御厨で生まれたので，蒲冠者と称したという。

木船廃寺跡 ⓯

〈M ▶ P. 260, 283〉浜松市東区和田町 木船
JR東海道本線天竜川駅 🚶 8分

> 白鳳時代の瓦が出土
> 古代長田郡の中心地か

天竜川駅の西600mほどの一帯が，白鳳時代の寺院跡といわれてきた木船廃寺跡である。排水路工事中に発見されたという礎石は，ヤマハ和田工場西側の木舟薬師境内で手水鉢に転用されている。「永田」という大字内に位置することや，近くの遺跡から出挙に関係した木簡や円面硯などが出土していることから，この付近に，古代遠江国長田郡の役所である郡衙が存在した可能性も指摘されている。なお，明治時代に，木船廃寺跡の南側から弥生時代の銅鐸 2 口が発見されている。

天竜川駅の北東約300mに妙恩寺（日蓮宗）がある。この寺は，

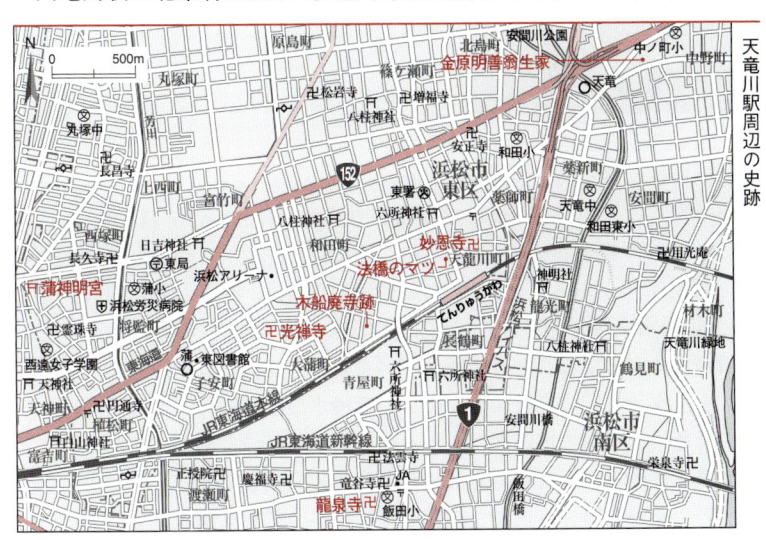

> 天竜川駅周辺の史跡

浜松中心地域をめぐる

木船廃寺の礎石

1311(応長元)年日蓮上人の孫弟子日像上人が開山となり,金原法橋によって建立されたと伝えられる。1568(永禄11)年,三河から遠江への侵攻を開始した徳川家康は,この寺へはいって陣を構え,引間城を攻撃したという。境内には,明治・大正時代に治水に貢献した金原明善の墓もある。

この寺から西へ約300mの民家にはさまれた小道沿いに,法橋のマツ(県天然)がある。高さ約14m・幹廻り約5mの巨大な樹木は,金原法橋遺愛のマツで,広大な寺の庭前にあったものと伝えられ,樹齢は約700年に達するという。

法橋のマツ

金原明善翁生家 ⓰
053-421-0550

〈M ▶ P. 260, 283〉浜松市東区安間町1　P
JR東海道本線浜松駅🚌磐田駅・見付行安間🚶3分

時代の先覚者 治水治山に私財を投入

バス停の西側安間橋手前を左折し,旧東海道を約200m進むと金原明善翁生家がある。金原明善は,1832(天保3)年長上郡安間村(現,浜松市東区安間町)の大地主の家に生まれ,幼いころから,天竜川の水防が必要なことを痛感していたため,1875(明治8)年治河協力社を設立し,全財産をなげうって治水事業につくした。ついで,天竜川上流域の広範囲にわたる植林事業にもつとめた。また,実業家や社会事業家としても活躍した時代の先覚者であった。

この生家から道をへだてた南側の建物はかつて記念館として明善

浜松の産業

コラム

産

進取の気風　やらまいか精神の源

　遠州織物は、江戸時代後期に農家の副業として木綿の生産が盛んになり、農家でこれを原料にして織物がつくられたことにはじまり、笠井(現、浜松市東区笠井町)の市を中心に取引されていた。その後、高機を使用した織屋が出現し、浜松藩主が井上氏にかわると、上州館林(現、群馬県館林市)から結城縞を模倣したあらたな技術が伝えられて、さらに進歩したといわれる。

　明治時代にはいり東海道本線が開通すると、浜松が生産と取引の中心となり、動力織機が導入されて生産力は飛躍的に高まり、販路は全国へと拡大されて、遠州織物の名を広めた。こうして現在まで浜松の繊維産業へと続いている。

　1887(明治20)年、和歌山県出身の山葉寅楠は小学校のオルガンの修理をたのまれたことをきっかけに、国産初のオルガンの製造をはじめ、のち日本楽器製造株式会社(現、ヤマハ)を設立した。その後、ピアノの製造もはじめ、楽器産業の基礎を築いた。寅楠に幼くして弟子入りした河合小市は、楽器の分野でピアノアクションという鍵の動きをハンマーに伝える仕組みなど、数々の発明をなした。退社後、1927(昭和2)年に独立して河合楽器研究所を設立し、さらに河合楽器製作所へと発展をとげた。

　やがて楽器製造は浜松を代表する産業に成長し、現在の浜松市は「楽器のまち」から「音楽のまち」をめざし、さまざまな活動に取り組んでいる。

　地元の楽器産業を背景として設置された浜松市楽器博物館は、JR浜松駅から東へ約500m、高さ200mの高層タワーをもつ複合施設アクトシティの北側にある。ヨーロッパや日本をはじめ、世界各国から収集された多数の楽器が展示され、ヘッドホンで楽器の音を聞くことができ、自由に演奏できる体験ルームもある。

　1946(昭和21)年、浜松市光明出身の本田宗一郎が地元では「ポンポン」とよばれるオートバイを世に送りだすと、あらたな交通手段として注目された。1950年代の浜松には、オートバイメーカーが乱立した。熾烈な競争の結果、勝ち残ったホンダ・スズキ・ヤマハの大手3社は、世界有数のメーカーへと躍進をとげた。さらに四輪自動車製造に進出するメーカーもあらわれて、オートバイ・自動車産業は、工業都市浜松の中心的産業へと発展し、現在もこれらの製造部品をつくる工場が市内各地でみられる。

　浜名湖でのウナギの養殖の歴史は古く、すでに1890年代には試みられている。その後、多くの困難を乗りこえて、明治時代末期には養鰻の基礎が確立され、大正時代

浜松中心地域をめぐる

にはいると、浜名湖の養鰻池は500〜600haと大幅に増加した。当初は、ある程度成長した原料ウナギ（3〜8gのウナギ）を育てていたが、昭和時代初期には、卵からかえってまもないシラスウナギを育てることに成功した。また餌には蚕のサナギやイワシがあたえられていたが、今では配合飼料が普及している。

近年、シラスウナギの不漁による価格高騰や、安価な外国産ウナギの輸入急増などの問題がおこり、養殖産業の処すべき課題は多い。1980年代にはいって、静岡県は養殖ウナギ生産量トップの座を鹿児島県など他県にゆずってしまったが、養殖ウナギ発祥の地ならではの技術がうんだブランドとして、依然高く評価されている。

なお、浜名湖では明治30年代からスッポンの養殖も行われ、滋養強壮に富んだ珍味が全国各地に出荷されている。

金原明善翁生家

の業績を顕彰し、その遺風を長く後世に伝えるために設立されたが閉館した。2011（平成23）年、築200年を経た明善の生家が改修され、新たに記念館を兼ねて遺品、遺墨、文書等関係資料などが公開されている。

記念館のある安間町の東隣が中野町（なかのまち）である。この地名は、東海道の江戸と京都の中間に位置することからついたという。今でも中野町をとおる旧東海道沿いに、昔ながらの町並みが続いている。

3 「浜北人」のふるさとをめぐる

本州唯一の旧石器時代人「浜北人」の出土地であり、また三方原台地縁辺部には、特徴のある古墳群が数多く分布する。

内野古墳群（うちのこふんぐん） ⑰　〈M ▶ P. 260〉浜松市浜北区内野643-1（赤門上古墳）
JR東海道本線浜松駅🚌内野台行内野古墳🚶5分（赤門上古墳）

古墳時代前期の大型前方後円墳

　三方原（みかたがはら）台地の東縁段丘上には、南北に長く古墳群が連なる。内野地区にも有力な古墳群（内野古墳群）が存在したが、多くは宅地開発により姿を消している。いくつか残されている古墳を歩いてみよう。

　内野古墳バス停をおりるとその北側に、内野北幼稚園に接して径16mの円墳山の神古墳（やまのかみ）がある。そこから少し北に歩くと、稲荷（いなり）神社があり、境内裏手に稲荷山古墳がある。径30mと比較的大きな円墳で、両古墳とも古墳時代中期の築造と考えられる。さらに台地の縁に沿って南に250mほど歩くと、内野古墳群の盟主ともいうべき赤門上古墳（あかもんうえ）（県史跡）に至る。墳長56.3mの前方後円墳で、前方部のひらきがややせまい墳形からみて、古墳時代前期末、4世紀後半の築造と考えられる。1961（昭和36）年に調査が行われ、後円部の主体部から、京都府山城町椿井大塚山古墳（やましろちょうつばいおおつかやま）や奈良県天理市黒塚古墳（てんりくろづか）と同笵（はん）の三角縁四神四獣鏡（さんかくぶちししんしじゅうきょう）、鉄剣、直刀（じきとう）などが出土している。

　そのほかにこの古墳群で注目すべきは、住宅団地の北側にのびる谷の奥にある二本ケ谷積石塚群（にほんがやつみいしづか）（県史跡）である。墳丘が積石で築かれている珍しいもので、13基が確認され、いずれも径10m以内の小円墳である。谷底に近い立地や構造が特殊なことから、渡来人との関係が深いとされる。周囲は公園化され、保存・復元された積石塚古墳を見学することができる。

　赤門上古墳から台地をく

赤門上古墳

だって少し南に歩くと，内野神明宮（祭神天照大神・豊受姫大神ほか）がある。『延喜式』式内社の長上郡朝日波多加神社に比定されている。「神明宮」というのは伊勢神宮の末社であり，この内野の地は伊勢神宮の荘園である宇治乃御厨であるとされる。付近にはこのほかにも，御薗御厨（現，浜松市浜北区東美薗・西美薗）・小松御厨（現，浜松市小松）などがあった。

岩水寺 ⑱
053-583-2741

〈M ▶ P. 260, 289〉浜松市浜北区根堅2238　P
天竜浜名湖鉄道岩水寺駅🚶15分，または遠州鉄道遠州岩水寺駅🚶25分

本州唯一の旧石器時代化石人骨出土地

天竜浜名湖鉄道岩水寺駅から北へ1kmほど歩くと，岩水寺（真言宗）に至る。岩水寺は，725（神亀2）年，行基によって創建されたという伝承をもち，平安時代初期には真言宗の寺になったという。1572（元亀3）年武田信玄軍によって堂宇を焼失，古記録がすべて失われたため，くわしいことはわからない。本堂には，本尊薬師如来と子安地蔵菩薩（国重文）がまつられている。本堂の背後には，白山神社・金城稲荷神社・薬師堂・太子堂・地安坊・奥の院が連なり，多くの参拝客が訪れている。

岩水寺背後の丘陵は，県立の森林公園になっている。それに連なる東西の丘陵にも史跡が多い。岩水寺の西には，石灰岩採石場跡に根堅遺跡がある。1960年代に行われた調査により，旧石器時代末期（1万8000年前）と考えられるヒトの頭骨・上腕骨などが出土した。「浜北人」とよばれるこの人骨は，近年の放射性炭素（14C）年代測定法などの科学的分析によって，旧石器時代人骨であることが再確認された本州唯一の化石人骨である。なお，岩水寺参詣道から西へ住宅地の坂をのぼっていくと，遺跡全体を見渡せる。道を奥へ進み，森

根堅遺跡

岩水寺周辺の史跡

林公園のなかを大きく迂回して1.5kmほど歩くと、岩水寺裏山山頂にたつ田村神社に着く。平安時代初期、桓武天皇から征夷大将軍に任じられた坂上田村麻呂をまつった小さな社殿があるが、ここから古代「麁玉郡」の肥沃な平野部が一望できる。その南側の斜面には、横穴式石室をもった径15mの円墳将軍塚古墳がある。このほかにも西鹿島から宮口付近までの東西の丘陵上には、横穴式石室をもつ古墳時代後期から終末期の古墳が多く、麁玉古墳群とよばれる。多くは新東名高速道路の工事により消失したが、岩水寺から東に1kmほどはなれた県立林業技術センター駐車場の南斜面には向野古墳が残っている。径18mの古墳時代終末期の円墳で、石材の平担面をきれいに整えて構築した両袖式横穴式石室をみることができる。

高根神社 ⓵

〈M ▶ P. 260, 289〉浜松市浜北区尾野2850　Ｐ（金刀比羅神社）
天竜浜名湖鉄道宮口駅🚶10分

巨石信仰に由来する古式の神社

　宮口駅の北側200mほどのところに、赤坂興覚寺と六所神社にはさまれて興覚寺後古墳（六所神社古墳）がある。墳長35mの前方後円墳で、後円部に全長8mほどの片袖式横穴式石室がみられる。古墳時代後期前半（6世紀前半）の築造と考えられ、麁玉古墳群のなかで最初に築かれた横穴式石室と考えられる。

　ここから東に少し歩くと、北側に高根山がそびえ、その南麓に『延喜式』にみえる麁玉郡の式内社多賀神社に比定されている高根神社（祭神保食神）の鳥居がみえる。高根神社がある高根山（135m）は、南の平野部から眺めると山容が美しく、いかにも神威を感じさせる山である。参道をのぼっていくと、1502（文亀2）年につくられ

「浜北人」のふるさとをめぐる

たといわれる高根神社拝殿がある。拝殿と本殿は隣接しておらず，拝殿右手背後の岩壁上の小さな祠(ほこら)が本殿である。もともとはその岩壁全体が神体だったと考えられ，高根神社本殿の１段上に岩本大神をまつる祠がある。巨石信仰に伴う神社の原初的な形態をうかがうことができる。

　高根神社から山の中腹を東に進むと，数分で金刀比羅神社(祭神大物主命(おおものぬしのみこと)・金山彦命(かねやまびこ)ほか)に至る。南麓の大宝寺の守護神として山門脇にまつられていた金毘羅大権現(こんぴらだいごんげん)が，安永(あんえい)年間(1772〜81)の火災により焼失，その後，高根山中に移転し再建されて現在の形となった。拝殿・祓殿(はらいでん)・神楽殿(かぐらでん)，社務所の一部，摂社(せっしゃ)多賀神社が，天保(てんぼう)から元治(げんじ)年間(1830〜65)の建造で，これだけまとまって江戸時代末期の神社建築が残っているのは貴重である。

大平城跡(おいだいらじょうあと) ❷⓪　〈M▶P. 260, 289〉浜松市浜北区大平(おいだいら)字城山(しろやま)110-2ほか　Ⓟ
天竜浜名湖鉄道浜松フルーツパーク前駅🚶30分

南北朝時代の標本的な城郭遺構

　浜北駅からでる浜北コミュニティバス(大平線)があるが，本数は極端に少ない。車を使わないならば，むしろ天竜浜名湖鉄道浜松フルーツパーク駅から北に向かって歩いたほうがよいだろう。県道沿いに大きな案内板がたっている。その背後の丘陵全体が大平城跡である。大平城は，南北朝の内乱期に，井伊谷(いのや)(現，浜松市北区引佐町(いなさちょう))を本拠とした井伊(いい)氏の支援をうけた後醍醐(ごだいご)天皇の皇子宗良(むねよし)親王がこもり，北朝方と激戦を繰り広げた地として有名である。

　1338(暦応(りゃくおう)元・延元(えんげん)３)年，伊勢から遠江にはいった宗良親王は，南朝方に味方する強大な在地領主である井伊氏のもとに身を寄せた。井伊氏は三岳城(みたけじょう)(国史跡，浜松市北区引佐町)を本城とし，支城として南に鴨江城(かもえじょう)(浜松市中区鴨江)，西に千頭峯城(とうがみねじょう)(県史跡，浜

大平城跡

天宝堤

コラム

奈良時代の堤防跡

『続日本紀』天平宝字 5 (761) 年 7 月19日条に, 遠江国荒玉河 (天竜川) の堤が決壊し, 大量の人員を動員して修築したという記事がある。

奈良時代の大工事であったと思われる, この「天宝堤」のわずかな痕跡が, 遠州鉄道小林駅の南, 県立浜名高校前の国道152号線沿いに残っている。石碑と案内板がたてられているので, すぐにみつけられる。

現状は, 長さ10m・幅 5 m・高さ 1 mほどの小さな土手であるが, 奈良時代の土木工事の遺構が残っているのは珍しい。

松市北区三ケ日町), 東に大平城を配して防御ラインをきずき, 北朝方と攻防を続けた。1340年正月, 三岳城が落城, ほどなく大平城も落城して, 宗良親王は信濃へおちのびた。

案内板の左手の階段をのぼると五体力神社(祭神宗良親王)があるが, その奥をさらにのぼると平担な場所(出曲輪跡)にでる。そこから北側にみえる丘陵頂部が本曲輪跡である。自然地形をうまく利用した縄張りで, 西側と北側の斜面は断崖, 南側を流れる灰ノ木川が天然の堀を形成している。東側のみ尾根が続いているが, そこに大規模な空堀(深さ 4 m・幅 9 m)を掘って尾根を切断している。

④ 湖北をめぐる

井伊谷は，名族井伊氏の本貫の地である。湖北より出土する多くの銅鐸は，姫街道とともに歴史のロマンをよびおこす。

龍潭寺 ㉑
053-542-0480

〈M▶P. 260, 292〉浜松市北区引佐町井伊谷1989　P
JR東海道本線浜松駅🚌奥山行神宮寺🚶10分

井伊氏の菩提寺と宗良親王の墓所

龍潭寺庭園

井伊谷の地は，古代からの名族井伊氏の本拠地で，徳川家康幕下の名将井伊直政や幕末の大老井伊直弼を輩出した家として知られる。そもそもは藤原冬嗣6世孫で，遠江国守となった藤原共資の子共保が，11世紀前半にこの地に土着したのがはじまりと伝えられる。以後，24代直政が関ヶ原の戦いの戦功で，家康から近江国佐和山（のちに彦根）をあたえられるまで，500年以上もこの地をおさめた。

神宮寺バス停より南に約650mほど歩くと龍潭寺に着く。龍潭寺（臨済宗）は，古くは地蔵寺といい，奈良時代に行基によって創建されたとの寺伝がある。初代共保以来井伊氏の菩提寺とされ，1507（永正4）年に20代直平が黙宗瑞淵禅師を招いて寺域も拡大，臨済宗の寺として寺号を龍泰寺と改めた。さらに1560（永禄3）年，

龍潭寺周辺の史跡

渭伊神社境内遺跡(天白磐座遺跡)

桶狭間の戦いで22代直盛が討死した際に、その法号にちなみ龍潭寺と寺名を改めたという。境内に初代から24代直政までの墓所があり、見学できる。

敷地内には本堂・開山堂・山門・井伊家霊屋・稲荷堂・庫裡があり、伽藍全体が県指定建造物となっている。また庭園(国名勝)は、小堀遠州の作庭による江戸時代初期の名園として知られ、数多くの石組みを配した築山と横に長い心字池によって構成された池泉鑑賞式庭園である。寺宝としては、中国南宋の百科事典『宋版錦繡万花谷』(国重文)が有名である。全国に4冊しか現存しない貴重本で、そのうち3冊を当寺が所蔵する。

龍潭寺の北に隣接して、1872(明治5)年、井伊家によって造営された井伊谷宮がある。南北朝内乱期に井伊氏のもとに身を寄せて北朝方とたたかった、後醍醐天皇の皇子宗良親王をまつったものである。背後に墓所も付属するが、宗良親王の生涯については不明な点が多く、この地で亡くなったとする有力な根拠もない。

井伊谷宮をでて北へ向かい、県道303号線を奥山方広寺方面に少し歩くと、渭伊神社へ向かう小道が分岐する。渭伊神社(祭神玉依姫命、品陀和氣命、息長足姫命)は『延喜式』式内社で、引佐郡6座の1つとして記載されている古社である。社殿の背後の丘陵上に、巨石信仰の祭祀遺跡渭伊神社境内遺跡(天白磐座遺跡、県史跡)がある。約40m四方に巨石が群在しており、最大のものは高さ7m、荘厳で神秘的な雰囲気である。調査によって、古墳時代前期から平安時代までの長期にわたる祭祀遺跡であることが判明した。

三岳城跡と北岡大塚古墳 ㉒㉓

〈M ▶ P. 260, 292〉浜松市北区引佐町三岳・城山(三岳城跡) P
JR東海道本線浜松駅🚌奥山行井伊谷
🚶60分(三岳神社まで)

浜松市引佐総合事務所の背後の丘陵が井伊谷城跡で、山頂は現在

三岳城跡遠望

井伊氏と宗良親王が奮戦した南北朝時代の山城

公園となっている。ここが井伊氏の平時の本城であるが、戦時には当城の北東2.5kmにそびえる峻険な三岳山(467m)に築かれた三岳城(国史跡)にたてこもった。南北朝内乱期、遠江にはいった後醍醐天皇の皇子宗良親王は井伊氏の支援を得、この三岳城を本城として北朝方と攻防を続けたが、1340(暦応3・延元5)年、足利方の大軍と激戦の末落城した。のち戦国時代に再利用されたらしく、現在残る遺構は、その時期のものと考えられる。自然地形を巧みに利用した縄張りと、空堀・土塁・石積みなどの遺構が残り、中世の山城の典型的な形態を保存している点で貴重である。なお、城跡を見学するには、中腹の三岳神社までは車でいったほうがよい。神社から急坂を30分ほどのぼれば山頂に着く。山頂からの眺めはすばらしい。

井伊谷バス停から北東約700m、三岳山から南に派生した丘陵上に北岡大塚古墳がある。県内でも4基しか確認されていない前方後方墳で、墳長49.5m、墳形がよくわかる。この地域の古墳としてもっとも古いもので、4世紀中葉の築造と考えられる。同じ丘陵上には、3基の後期古墳もある。

北岡大塚古墳から南に連なる井伊谷川東岸の丘陵上には、このほかにも古い時期の大型古墳が分布している。北岡大塚古墳の南約1km、上野集落背後の丘陵上には馬場平古墳がある。墳長47.5mの前方後円墳で、1934(昭和9)年に地元住民によって大型の画文帯神獣鏡などの副葬品が発見された。前方部がせまい墳形などからみて、古墳時代前期後半から中期初頭の築造と考えられる。またその南約900m、国道257号線が金指から井伊谷にぬける切通し東側の丘陵上には、径40mと推定される古墳時代中期後半の大型円墳の谷津古墳がある。

新生浜松と浜名湖

横尾歌舞伎とひよんどり

コラム
芸

山村に伝わる貴重な民俗芸能

　浜松市北区引佐町には、貴重な民俗芸能が残されている。横尾地区には、江戸時代前期以来伝承されている農村歌舞伎の横尾歌舞伎(県民俗)がある。役者から三味線・義太夫などの音曲・裏方に至るまで、すべて地元住民の手になる。毎年10月、地元東四村コミュニティセンター開明座で定期公演が行われている。コミュニティセンターの隣には、横尾歌舞伎資料館があり、衣装やかつらなどが展示されている。

　引佐町渋川地区の寺野集落では、毎年1月3日、寺野三日堂(宝蔵寺観音堂)の祭礼「ひよんどり」が行われる。元亀・天正年間(1570〜92)から、村人の世襲によって400年以上にわたり伝承されてきた神事で、13番の舞が演じられる。鬼と松明による勇壮な舞がみどころである。

　また「ひよんどり」は、川名地区福満寺薬師堂でも行われている。毎年1月4日に開催され、村の若者たちの水垢離ののち、堂前で大松明を奉納するタイトボシとその堂入りをはばむヒドリの若者が激しくもみあう。どちらも松明の火が重要な役割をもつ神事で、「ひよんどり」とは「火の踊り」が転訛したものだという。両者とも国の無形民俗文化財に指定されている。

奥山方広寺・半僧坊 ㉔
053-543-0003

〈M ▶ P.260〉浜松市北区引佐町奥山1577-1　P
JR東海道本線浜松駅 奥山行終点 5分

後醍醐天皇の皇子を開祖とする禅寺

　井伊谷から県道303号線を西へ5kmほどいくと、奥山方広寺(臨済宗)がある。途中に竜ケ岩洞という鍾乳洞もある。奥山方広寺は、1371(建徳2)年に後醍醐天皇の皇子無文元選禅師が開いた臨済宗方広寺派の大本山である。1881(明治14)年の大火でほぼ全山を焼失したが、半僧坊大権現の真殿が残り厄難消除の信仰が全国的に拡大した。ただし、本堂から三重塔へ向かう道沿いにある七尊菩薩堂(国重文)は、1401(応永8)年の創建と伝えられる県内最古の建造物

奥山方広寺

湖北をめぐる　　295

である。簡素な覆屋のなかにあって、間口0.9m・奥行1.5mと小さく、流造柿葺きの屋根は優美である。また、本堂正面にかけられた山岡鉄舟書による大額、南北朝時代の本尊木造釈迦如来及両脇侍坐像(国重文)、絹本著色無文元選像(県文化)、本堂に付属した展示室には、さまざまな寺宝が展示されている。

初山宝林寺 ㉕
053-542-1473

〈M▶P. 260, 292〉浜松市北区細江町中川65-2 P
天竜浜名湖鉄道金指駅 徒歩15分

中国風情緒ただよう黄檗宗の禅寺

金指駅から国道362号線を東へ歩くと、初山宝林寺(黄檗宗)がある。宝林寺は、1664(寛文4)年、当地の領主旗本近藤貞用(金指)の招きに応じた中国明の僧独湛禅師によって開かれ、以来金指近藤家および気賀近藤家の菩提寺(境内から東に5分ほどの地に墓所がある)として栄えた。国の重要文化財に指定されている仏殿(1667年建立)、方丈(1716年建立)および県指定の山門など、明朝風の建築様式を伝える貴重な建造物が残り、大陸風の独特な雰囲気をかもしだしている。仏殿の本尊釈迦如来・脇仏および二十四菩薩などの仏像群(いずれも県文化)をじっくりみるのもよい。

なお、寺の周辺には、初山古窯跡があり、天目茶碗など16世紀なかばごろの焼物が出土している。

陣座ケ谷古墳と銅鐸の谷 ㉖㉗

〈M▶P. 260, 300〉浜松市北区細江町中川
JR東海道本線浜松駅 気賀行老ケ谷口 徒歩10分

6個の銅鐸を出土した谷中期の前方後円墳

老ケ谷口バス停をおりて県道261号線を北へ、三方原台地をくだる坂の途中に古墳への登り口があり、案内板がでている。ミカン畑の間の小道をのぼると、台地の端の見晴らしのよい場所に陣座ケ谷古墳(県史跡)がある。墳長55mの大きな前方後円墳で、墳丘はきれ

旗本近藤家

コラム

浜名湖北岸をおさめた五近藤氏

　井伊直政の家臣だった井伊谷三人衆の1人近藤康用の子秀用は、井伊直政の逆鱗にふれ浪人となるが、直政の死後、江戸幕府2代将軍徳川秀忠によって召しだされ、1万5000石の大名にとりたてられた。その後、1619(元和5)年に領地を旧地井伊谷に移してもらった秀用は、大名としての石高を維持するよりも、所領を一族に分知する方針をとり、気賀(浜松市北区細江町)、金指・井伊谷・花平(以上、浜松市北区引佐町)、大谷(浜松市北区三ケ日町)に陣屋を配置しておさめさせた。これを井伊谷五近藤とよぶ。以後、五近藤氏は、江戸時代をつうじて、本坂道(姫街道)沿いの浜名湖北岸を領有した。

いに復元・整備されている。正式な発掘調査はされていないが、大正年間(1912〜26)に大刀と銅鏡が出土している。前方部が開かない古式の墳形から、古墳時代中期末の築造と推定される。

　県道に戻り、坂をくだって信号手前を右折、台地の下端に沿って東に約1km進むと、三方原台地に深く切れ込んでいる谷の入口に達する。現在、細江テクノランドと称して工場がたち並んでいるこの谷から6個の銅鐸が出土しており、「銅鐸の谷」として有名である。

　そのなかでも滝峯才四郎谷遺跡(県史跡)は、金属探知器によって埋まった状態のまま発見され、1990(平成2)年2月の調査で発掘された。銅鐸(県文化)の埋納状況が判明した遺跡として貴重である。谷の最奥部の出土地点は、現在、どうたく公園として整備されており、出土状況が復元されている。この谷で出土した銅鐸のうち、シカと水鳥の絵が描かれていることで知られる悪ケ谷銅鐸は、東京国立博物館に所蔵されているが、そのほかのものは、気賀の姫街道と銅鐸の歴史民俗資料館でみることができる。

　なお、この谷の入口から北につながる低い段丘上には、弥生時代後期を中心とした集落遺跡である岡の平遺跡があり、埋納された銅鐸との関連が注目される。

湖北をめぐる

湖北の姫街道をたどる

老ケ谷一里塚から気賀宿へ
JR浜松駅🚌気賀三ケ日線老ケ谷口🚶3分

　県道261号線が台地の坂をおりる手前、老ケ谷口バス停から西へはいるとすぐに四つ角があり、1712(正徳2)年に建立された六地蔵がたつ。近くにある竹やぶが昔の刑場で、霊を鎮めるためにつくられたと思われる。ここから北へ向かう道が姫街道(本坂道)である。北へ800mほどいくと「文化八(1811)年」銘の秋葉灯籠があり、ここから道を右にはいってしばらく歩くと、浜松市北区細江町の祭り「姫様道中」の絵が描かれている貯水タンクがあり、その手前に老ケ谷一里塚跡がある。

　街道に沿って台地をくだると、石碑と説明板がたっている。桶狭間の戦いで、今川義元を討ちとったことで知られる服部小平太が、何者かに殺された場所である。坂をくだりきって住宅地にはいると宗安寺跡がある。小平太の霊をまつるためにたてられたというが、今は石段だけが残る。姫街道は再び県道にでるが、その正面にみえる小丘が刑部城跡で、16世紀後半、今川方に属し、家康の遠江侵攻に抵抗して落城した城である。

長楽寺から引佐峠へ
JR浜松駅🚌気賀三ケ日線長楽寺入口🚶8分

　気賀宿をでた姫街道は、呉石バス停から国道362号線と分かれて山裾を西へ向かう。東海アマノの工場から街道を離れて右にまがり、500mほど谷奥に進むと長楽寺(真言宗)がある。小堀遠州作といわれるドウダンツツジの庭園(県名勝)と、「嘉元三(1305)年」銘のある県内最古の梵鐘(県文化)をみることができる。

　街道に戻り西へ200mほど進むと、ゆるやかな上り坂になる。宗良親王の妃駿河姫をまつった二宮神社をすぎて坂をくだると、吾跡川楊跡の標識がある。南におれて国道を渡ると、『万葉集』巻7「遠江吾跡川楊」の歌碑がたてられている。街道に戻るとすぐ道は丘をのぼり、右手に「山村修理之墓」ときざまれた石碑がある。堀川城の城将であった山村修理が、落城の際にここで切腹したという。峠の頂には山田一里塚跡があり、坂をくだると道端にある小さな池が伝説の巨人「ダイダラボッチの足跡」となっている。さらにそのまま急坂をのぼると浜名湖の美しい景色が開ける。小引佐とよばれるところで、ここから街道は修復された石畳の小路になり、岩根の集落に向かってくだっていく。坂をくだりきると、集落のなかに薬師堂がある。1835(天保6)年の再建で、屋根は宝形造、前半分が板張りの外陣で、戸ははめられていない。脇に「文化二(1805)年」

コラム

眼下に浜名湖をのぞみながらの歴史の道散策

岩根の薬師堂

銘の秋葉灯籠がある。岩根沢にかかる小橋を渡ると、道は引佐峠に向かって再び坂をのぼっていく。

大谷一里塚跡から三ケ日宿へ
JR浜松駅🚌気賀三ケ日線都筑🚶20分、または天竜浜名湖鉄道 東都筑駅🚶25分

　引佐峠を東からこえた姫街道は、「象鳴き坂」とよばれる急坂をおりてゆく。江戸幕府8代将軍徳川吉宗にお目見えさせるため江戸に送られたゾウが、この急傾斜に悲鳴をあげたのが由来といわれる。

　峠をこえて十数分で大谷一里塚跡に着く。ここは石碑と案内板がたっているのみである。そこから西へ1kmほどで県道303号線にでるが、それを南に歩いてすぐに大谷川を渡ると、大谷代官屋敷がある。屋敷は江戸在住の領主大谷近藤家の代官として、現地を実質的に支配していた大野家のもので、現在でもその子孫が居住している。そこから北200mに、旗本大谷近藤家陣屋跡がある。

　代官屋敷から南に進むと、姫街道は右手の駒場の集落にはいっていき、すぐに慈眼寺（曹洞宗）の庚申堂がある。この寺は1556（弘治2）年の創建といわれるが、現在の庚申堂は、佐久米にあった阿弥陀堂を明治時代初期に移築したものといわれている。堂の格天井には、渡辺崋山の高弟福田半香らの花鳥図が描かれているが、12年ごとの未年（近年は2015年）に開帳され、ふだんは拝観できない。姫街道はここから東名高速道路をくぐって三ケ日へと向かう。

三ケ日宿から本坂一里塚へ
JR浜松駅🚌気賀三ケ日線三ケ日🚶すぐ、または天竜浜名湖鉄道三ケ日駅🚶7分

　三ケ日宿をでた姫街道は西に向かい、三ケ日高校前で左にまがり、やがて国道362号線と合流する。そこから300mほど進んだ右側の丘陵一帯が、日比沢後藤氏の居城日比沢城跡であるが、城の遺構はよくわからない。城跡東側の墓苑には、1642（寛永19）年に入会地の問題で、奉行所に越訴を行って打首となった、日比沢村と本坂村の庄屋を顕彰する供養塔がある。

　さらに西へ進むと、朱塗りの山門をもつ華蔵寺（曹洞宗）がある。境内の大日堂内には、大日如来・阿弥陀如来・釈迦如来（県文化）が安置され、25年ごとに開帳される（次回は2024年）。寺の西側三差路になっているところが、古代の駅「板築駅」があった場所とされる。

湖北をめぐる

ここから西へ約1km進み、森川橋を渡ると、姫街道は国道から右手に分かれる。丘をのぼるとすぐのところに**本坂一里塚**がある。南側の塚は失われているが、北側はほぼ原形を保っている。姫街道は再びくだって国道と合流し、本坂の集落にはいる手前で、今度は左に分岐する。しばらくいくと、気賀関所がおかれる前まで存続していた**本坂関所跡**の説明板がある。

国道に戻ると北側に、平安時代初期の三筆の1人 橘 逸勢をまつった**橘神社**がある。842(承和9)年の承和の変において、謀反の罪に問われて伊豆に配流となった逸勢が、配所におもむく途中、板築駅で病に倒れて亡くなり、この地に葬られたという。

再び姫街道に戻って少し西へいくと、石積みの土台が残されている**高札場跡**と「文化四(1807)年」銘の秋葉灯籠がある。ここから姫街道は、最大の難所本坂峠へと向かっていく。

本坂一里塚

気賀宿 ㉘

姫街道の関所があった宿場町

053-523-1456(歴史民俗資料館)
053-523-2855(復元気賀関所)

〈M ► P.260, 300〉浜松市北区細江町気賀 P(資料館・復元気賀関所)
JR東海道本線浜松駅🚌気賀行気賀四つ角🚶すぐ、または天竜浜名湖鉄道気賀駅🚶10分

気賀駅から北東に広がる市街地が、かつての**気賀宿**である。気賀駅から東に700mほど歩くと、気賀宿の中心部四つ角にでる。ここが東海道の脇往還である姫街道に設けられた**気賀関所跡**である。気賀関所は、1601(慶長6)年、徳川家康によって創設されたといわれ、

気賀宿周辺の史跡

300　新生浜松と浜名湖

この四つ角をはさんで，北に本番所，南に向番所と望楼があった。現在は，本番所の屋根の一部分だけが，表通りから小路を北へはいったところに町指定文化財として残されているのみである。なお，気賀駅の西250m，浜松市立細江図書館の隣に，気賀関所の冠木門・番所などが復元されている。江戸時代の約250年間にわたってここを管理した気賀近藤家の陣屋は，ここから北約200mの気賀小学校の辺りにあった。現在はシイの木だけが残っており，「江戸椎」とよばれている。陣屋跡の西側に細江神社（祭神牛頭天王）がある。1498（明応7）年の大地震による大津波で，浜名湖入口の守護神だった浜名郡新居町の角避比古神社の神体素戔嗚尊が気賀赤池の里に漂着し，これをまつったのがはじまりといわれ，地震・厄除けの神として信仰されている。また細江神社境内にある藺草神社は，1707（宝永4）年の大地震による被害からの復興のために，イグサ栽培を奨励して土地の特産にしたという領主近藤用随をまつっている。

　細江神社の西に隣接して浜松市姫街道と銅鐸の歴史民俗資料館があり，細江町出土の銅鐸をはじめとした考古資料，気賀近藤家や関所の資料，イグサ栽培や浜名湖の漁法などの民俗資料が見学できる。また，資料館入口の右側に旧山瀬家のコヤ（県民俗）が移築されている。これはかつての産屋で，新しい生命の誕生をみとどける小屋であった。資料館の北側には東林寺（臨済宗）があり，江戸時代初期の建造物である勅使門が残されている。

　細江神社裏手から資料館と東林寺の間をとおって西へ向かう小路は犬くぐり道とよばれ，この道を西へ100mほどたどってから街道にでたところが本陣跡で，石碑がたっている。街道をはさんだ向かい側にたてられた案内板で，本陣周辺の古図をみることができる。街道を西へ進むと枡形と「安政四（1857）年」銘の秋葉灯籠が残っており，これが気賀宿の西の入口である。さらに西に進むと獄門畷の供養碑がある。ここから南へ約600mの田んぼの真ん中に堀川城跡があるが，1569（永禄12）年，今川方の土豪斎藤為吉が徳川家康に抵抗して落城し，その後，城方に協力した700余人もの地元村民がこの場所で首を討たれたという。

湖北をめぐる

⑤ 三ケ日ミカンの里と湖西

県内有数の古刹大福寺と摩訶耶寺。三河との国境をこえて人や物が行き来した。

野地城跡と佐久城跡 ㉙㉚

〈M ▶ P.260〉浜松市北区三ケ日町都筑
Ⓟ（佐久城跡）
JR東海道本線浜松駅🚌三ケ日行野地🚶10分，または天竜浜名湖鉄道都筑駅🚶10分

戦国時代末期の湖岸の平城

　都筑駅でおりて国道362号線野地の交差点から南に100mほどの路地を西にはいっていくと，突き当り猪鼻湖東岸の小半島が野地城跡である。この城は，戦国時代以前から浜名湖北岸地域を支配していた浜名氏の本拠佐久城の支城として存在していた。徳川家康は遠江侵攻後，本多平八郎忠勝を佐久城にいれたが手狭であったため，1583（天正11）年，野地城を築城させたという。その後，1680（延宝8）年に廃城となるまで，浜名湖北岸地域の拠点として使われていた。現在はほとんどがミカン畑であるが，ところどころに空堀などの遺構が確認できる。本丸跡は野地神社と広場になっている。

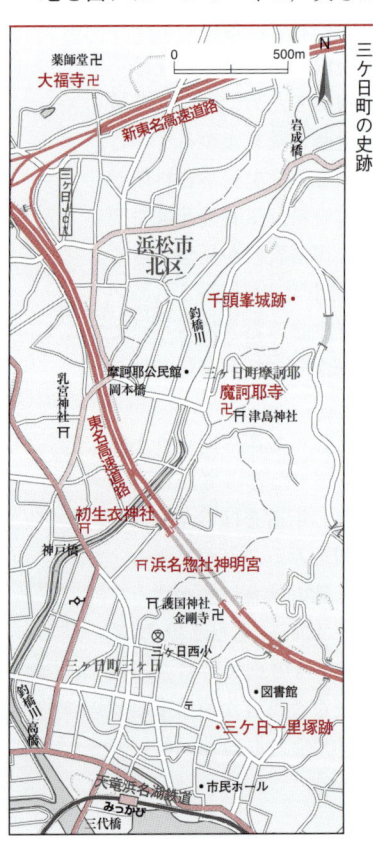

　野地城跡の約800m南にあるもう１つの小半島が佐久城跡である。浜名氏の本拠で，1569（永禄12）年，家康の遠江侵攻に抵抗して落城し，その後本多信俊が守備したが，野地城が築城されたことにより廃城となった。

三ケ日町の史跡

現在は別荘地の一画となっている。遺構としては、枡形虎口・馬出曲輪・井戸跡・土塁・空堀などが確認できる。戦国時代の平城の遺構として貴重である。

浜名惣社神明宮 ㉛
053-524-0833

〈M ▶ P. 260, 302〉浜松市北区三ケ日町三ケ日122　P
JR東海道本線浜松駅🚌三ケ日行終点🚶10分、または
天竜浜名湖鉄道三ケ日駅🚶15分

井籠造の社殿をもつ古社

　浜松市三ケ日町防災センターの脇に、三ケ日一里塚跡の石碑がある。Y字に分岐する左側の道が、江戸時代に東海道の脇往還として使われた姫街道で、ここから三ケ日宿にはいっていく。三ケ日郵便局をすぎて少し進むと問屋場跡の案内板があり、さらに西100mほどさきが三ケ日の四つ辻となる。三ケ日宿の本陣・脇本陣があった場所である。この交差点から姫街道を離れて北にまがり、500mほど歩くと浜名惣社神明宮（祭神 天照大神）に着く。『延喜式』式内社の浜名郡英多神社に比定される古社である。もとは浜名県主が、その祖神太田命（現在は境内摂社の祭神）をまつったもので、その後、10世紀なかばに、当地が伊勢神宮領となったときに神明宮にかわり、現在の祭神になったという。

　境内にはいると正面に拝殿があり、その背後の石段上に板垣に囲まれて本殿（国重文）がある。本殿の建物は井籠造で、伊勢神宮と同じ古い様式の神社建築を伝えるものという。拝殿に向かって左奥には、摂社天羽槌雄神社本殿（県文化、祭神天羽槌雄命）があり、社殿の規模は小さいが、神明宮本殿と同じ建築様式である。

　北西に300m、釣橋川を渡ったところに初生衣神社がある。機織の神である天棚機姫命をまつり、伊勢神宮に絹を貢進する神社であった。境内には茅葺きの織殿があり、現在でも毎年4月に御衣祭りが行われている。

浜名惣社神明宮

三ケ日ミカンの里と湖西　303

摩訶耶寺 ㉜
053-525-0027
〈M ▶ P.260, 302〉浜松市北区三ケ日町摩訶耶421 P
JR東海道本線浜松駅🚌三ケ日行終点🚶25分，または天竜浜名湖鉄道三ケ日駅🚶30分

唇にほんのり残る紅、千手観音
鎌倉時代初期の庭園

摩訶耶寺庭園

浜名惣社神明宮の前の道を北へ約800mで，摩訶耶寺（真言宗）に着く。726（神亀3）年，行基の開創と伝えられる古刹である。1632（寛永9）年建造の本堂には，平安時代の木造千手観音立像と木造不動明王立像（ともに国重文），木造阿弥陀如来坐像・木造金剛力士立像（ともに県文化）がある。本堂に向かって左手奥には，平安時代末期，あるいは鎌倉時代初期の作という池泉観賞式の庭園（県名勝）がある。東名高速道路の建設時，この地に出張した庭好きな技師の指摘をうけて，1968（昭和43）年に学術調査が行われ，雑木と雑草と泥に埋まっていた古庭園が発掘された。

　摩訶耶寺の裏手の丘陵が，千頭峯城跡（県史跡）である。摩訶耶寺本堂右手の道をあがっていけばよい。20分ほどで頂上の本曲輪跡に達する。南北朝内乱期，宗良親王を奉じて北朝方とたたかった井伊氏の西方の拠点で，1339（暦応2）年，奮戦の末落城したという。曲輪・土塁・空堀・虎口などの遺構の残存状態がよく，南北朝時代の山城の遺跡として貴重であるが，戦国時代，徳川氏に使用されたともいわれる。本曲輪跡からの眺望はすばらしい。

大福寺 ㉝
053-525-0278
〈M ▶ P.260, 302〉浜松市北区三ケ日町福長220-3 P
天竜浜名湖鉄道三ケ日駅🚗10分

　三ケ日駅から北へ約3kmに位置する大福寺（真言宗）は，摩訶耶寺から釣橋川を渡り，北へ1.5kmほど歩いた福長地区の北部にある。寺伝によれば，875（貞観17）年の開創で，もとは幡教寺といってこれより北東約8kmの富幕山山中（約400m）にあったが，1209（承

大福寺仁王門

元(げん)3)年に現在地に移されたという。建物は江戸時代のものが多く、境内から少し南に離れてたつ仁王(におう)門は周辺を圧する力強い建物である。寺宝の収蔵庫聚古館(しゅうこかん)には、鎌倉時代の伝藤原信実筆(のぶざね)絹本著色普賢十羅刹女像(けんぼんちゃくしょくふげんじゅうらせつにょ)、平安時代の金銅装笈(こんどうそうおい)、南北朝時代の古記録紙本墨書(しほんぼくしょ)『瑠璃山年録(るりさんねんろく)』残篇(ざんぺん)(いずれも国重文)、木造薬師如来坐像(県文化)をはじめとして、貴重な書画・工芸品がおさめられており、見ごたえがある。『瑠璃山年録』は、1310(延慶3)年より1435(永享7)年までの間、住持が寺の諸行事や雑事を記録したもので、裏面の一部に千頭峯城や三岳(みたけ)城の攻防を含む南北朝内乱に関する記録が記されている第一級の史料である。また室町時代作庭とされる庭園(えんしゅう)(県名勝)もみておこう。なお、遠州(えんしゅう)の珍味の1つで、徳川家康に好まれ、江戸幕府歴代将軍にも献上されていたという浜納豆(はまなっとう)(大福寺納豆)は当寺が元祖で、現在でも伝統的な製法をうけついで、製造・販売されている。

貴重な資料を所蔵する古刹 浜納豆発祥の寺

大福寺の東方約2km、大福寺門前からバスで5〜6分の只木(ただき)には、只木遺跡(県史跡)がある。石灰岩が露出した崖の割れ目から旧石器時代(約2万年前)の化石人骨「三ケ日人」の出土地として有名であったが、近年の科学的再検証により、化石人骨は縄文時代早期(9500年〜7500年前)のものであるという見解が有力となった。ただ、縄文時代早期の人骨も、県内ではほかに発見されていない。

中村家住宅(なかむらけじゅうたく) ㉞ 〈M ▶ P. 260, 307〉浜松市西区雄踏町宇布見(ゆうとうちょううぶみ)4912-1 P
053-596-5585 JR東海道本線浜松駅🚌宇布見山崎線(うぶみやまざきせん)宇布見領家(りょうけ)🚶1分、またはJR東海道本線舞阪(まいさか)駅🚶20分

江戸時代前期の主屋 歴史の重さを感じる

バスをおりて西へ向かって歩けば、すぐ左手にマキやクスなどの大木に囲まれた大きな茅葺(かやぶ)きの屋根がみえる。この家が中村家住宅(国重文)で、周囲には冬の強風をさける槙囲(まきがこ)いの家が多くみられる。

中村家に関する記録は鎌倉時代までさかのぼり、室町時代の1483

三ケ日ミカンの里と湖西　305

中村家住宅(主屋)

(文明15)年,当地に屋敷を構え,今川氏の代官をつとめた。また徳川家康が浜松を拠点としていた時期は家康につかえ,その2男於義丸(のちの結城秀康,母はお万の方)は,1574(天正2)年に中村家で誕生した。そのときの胞衣(後産)を埋めた胞衣塚が主屋のわきに残る。

今川氏の家臣の時期も含め,中村家は浜名湖の自由航行が許され,家康からは代官兼今切軍船兵粮奉行を命じられ,浜名湖の水上交通に大きな権限をあたえられていた。家康の関東移封(1590年)後もここに残り,江戸時代には代々庄屋をつとめた。

南面してたつ主屋(国重文)の規模は,間口21.3m・奥行11.2m,面積238.7m²である。2001(平成13)~2003年度までの解体修理に際し,中村家に保管されてきた「貞享五(1688)年」の銘がはいった鬼瓦が主屋のものであったことがわかり,建造年代もそのころとほぼ断定された。

古民家ならではの黒光する柱や,縦横に組まれた重厚な梁材・桁材がまず見どころである。また,建物を南北に分ける中心線に沿って東西方向に1間分(柱間1つ分)食い違う形で部屋を配している点に大きな特徴がある。さらに中心線以南の柱には面取りがほどこされており,部屋の性格が建物の南北で異なっていたと考えられる。敷地内には,「貞享五(1688)年」銘の石造五重塔・長屋門などのほか,展示室もある。

中村家住宅の近くには『延喜式』式内社の息神社(祭神志那都比古神・志那都比売神・宇迦之御魂命 ほか)がある。この神社には田遊祭に使用されたという「応安7(1374)年」および「永和元(1375)年」銘の獅子頭(2個)や室町時代の古面(7面)(ともに県文化,非公開)が伝えられている。付近は,静かで落ち着いた,昔ながらの生活の名残りが感じられる場所である。

新生浜松と浜名湖

東海道舞坂宿・脇本陣 ㉟
053-596-3715

〈M▶P.260, 307〉浜松市西区舞阪町舞阪2091（脇本陣）
JR東海道本線舞阪駅🚶3分（松並木入口まで）

散歩に最適 ここで東海道は海へ

　舞阪駅をでて南へ歩くと，トンネルのように茂った松並木が目にはいる。この旧東海道松並木は，1604（慶長9）年，江戸幕府が街道の両側にマツを植えさせたことにはじまり，1712（正徳2）年の記録では，宿の東端の見付石垣まで，約920mにわたって街道両側の堤上に1420本のマツがあったという（2000〈平成12〉年の調査で約700mに388本）。松並木からの道を国道1号線をこえてさらにまっすぐ進み，江戸時代の舞坂宿の跡をめざす。見付石垣（見張所の跡）・一里塚跡・問屋場跡（宿場の中心施設）などをすぎ，脇本陣に着く。1838（天保9）年建造の脇本陣「茗荷屋」が復元・整備されている。

　脇本陣からさらに西へ向かうと，そこで街道は浜名湖に至る。江戸時代の旅人はここで今切の渡船に乗り，つぎの新居宿をめざした。船着き場は約100m間隔で3カ所あり，それぞれ利用する身分が決まっていた。北雁木は大名，本雁木は武士，南雁木（渡荷場）は庶民および荷物である。このうち北雁木が復元・整備されている。舞坂・新居間の渡船路は，1708（宝永5）年以降は1里半（約5.8km）で，所要時間は約2時間を要した。関所の開

旧東海道松並木

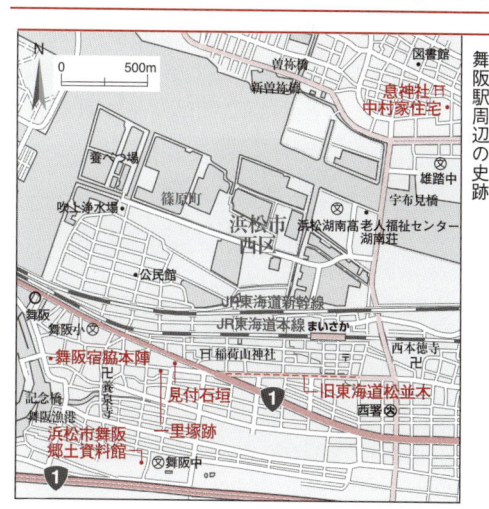

舞阪駅周辺の史跡

三ケ日ミカンの里と湖西　307

門は明け六つ(現在午前6時ごろ)、閉門は暮れ六つ(現在午後6時ごろ)であり、この時刻にあわせて船は運航された。渡船の数は120艘とされたが、大規模な通行のときなどは、漁船のほか浜名湖沿岸や三河国(現、愛知県)の村々からも船が徴発された。

　渡船の権利は、上り・下りとも新居宿の独占とされていた。舞坂宿も収入源とするため、たびたび渡船への参画を江戸幕府に願いでたが、認められなかった。舞坂では宿の厳しい財政を補うため、1820(文政3)年、江戸大森(現、東京都大田区)の海苔職人大森三次郎により、ノリ養殖が伝えられ、すぐに主要産業となった。大蔵永常著『広益国産考』(1859年刊)には、すでに舞坂のノリは大森と並び称されている。舞阪の海苔生産用具(県民俗)が、浜松市舞阪郷土資料館に所蔵・展示されている。

新居関跡 ㊱
053-594-3615

〈M ▶ P. 260, 309〉湖西市新居町新居1227-5　P
JR東海道本線新居町駅 🚶10分

交通関係唯一の特別史跡　新整備で海の関所出現

　古代、浜名湖の水は浜名川を経て遠州灘にそそいでいた。川には浜名橋、橋のたもとには橋本宿があった。橋は、862(貞観4)年の修造時で長さが56丈(約170m)もあり(『日本三代実録』)、平安時代以来著名な歌枕となっていた。清少納言も『枕草子』(第64段)で諸国の18名橋中の4番目にあげている。しかし、浜名川を含め浜名湖周辺の地形は、かなり変動があった。代表的なものは、1498(明応7)年の大地震、およびその前後に重なった風水害によるものである。このときは浜名川がふさがれる一方で今切口ができ、歩いて通行できた新居・舞坂間は、船を使うことを余儀なくされたのである。当地の支配者だった今川氏真や徳川家康はこの舟運支配につとめ、1600(慶長5)年ごろ新居に関所が設置された。新居関は、今

新居関跡

新生浜松と浜名湖

切湊へはいる廻船の荷物をも取調べたことから、ほかとは異なり、海の関所とよぶことができる。かつて湖面に面していた関所周辺は、昭和時代初期までに埋め立てられたが、近年、発掘調査に基づき、関所の船着き場の様子が復元・整備された。

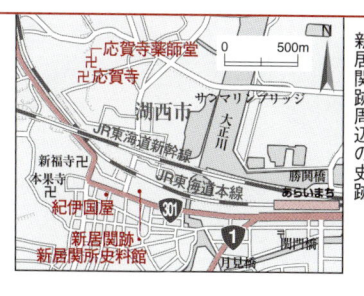

新居関跡周辺の史跡

　江戸時代初期の関所は、今日「大元屋敷」（新居港町）とよばれる場所にあった。それがたび重なる高潮などの被害により、1701（元禄14）年ごろ200mほど西方の藤十郎山（現、県立新居高校辺り）へ、そして1707（宝永4）年の大地震による津波の被害により、翌年さらに現在地へ移転した。災害により新居を通行できないとき、東海道の旅人は姫街道と気賀関所を利用した。関所の管理は当初、幕府の関所奉行による直接管理だったが、1702年三河国吉田藩（現、愛知県豊橋市）に命じられ、幕末まで続いた。重要な機能の1つは「入り鉄砲に出女」の取締り、つまり鉄砲の江戸持込みと、大名の妻子の江戸脱出の取締りである。なお男の通行には、囚人・死骸など特殊な場合をのぞき手形は不要であった。

　面番所の建物（1855〈安政2〉年改築）は、1869（明治2）年の関所廃止後も小学校や役場に使われ残ったもので、全国で唯一現存する関所建築である。全体が特別史跡に指定され、県指定の関係資料は併設の新居関所史料館で、江戸時代の交通と旅に関する資料として展示されている。また関所跡からすぐ西にあり、幕末の新居宿のなかにあって最大規模を誇った旅籠紀伊国屋が整備され、公開されている。この旅籠は紀州藩の御用宿とされ、浪花講（優良旅宿の組合）の宿としても旅人に知られていた。関所跡から北へ700mほど歩くと、応賀寺（真言宗）がある。その薬師堂（県文化）は、堂の裏手にある丘に向かう散策路からのぞむと、寄棟造の大きな美しい屋根がより印象的である。またこの寺は、木造阿弥陀如来坐像・同薬師如来坐像・同毘沙門天立像（いずれも県文化）などを所蔵している。

　関所移転後の東海道は、紀伊国屋前をとおり本陣付近で南におれ、海岸に沿ってつぎの宿場白須賀にのびていた。白須賀宿は、二川方

三ケ日ミカンの里と湖西

応賀寺薬師堂

面からくると、眼前に突如大海原が広がる汐見坂があり、街道の名所であった。もとの白須賀の町は坂下の元町にあったが、1707年の地震・津波により町は壊滅し、翌年1.5kmほど西北の、坂上の現在地に移転した。汐見坂をのぼりきったところに白須賀宿のガイダンス施設おんやど白須賀がある。落ち着いた町のなかには、曲尺手とよばれる大名行列のすれ違い場の跡や、国学者夏目甕麿・加納諸平父子の邸宅跡など、江戸時代の史跡が点在している。

本興寺 ㊲
053-576-0054

〈M ▶ P. 260, 311〉湖西市鷲津384 P
JR東海道本線鷲津駅🚶10分

県内屈指の古建築 中・近世の遺産の宝庫

鷲津駅をでて線路沿いに西へ歩くと、本興寺（法華宗）がある。本興寺は、もとは鷲津薬師堂といい真言宗の寺であったが、1383（永徳3）年に法華宗に改宗した。

惣門をくぐり、まっすぐのびる参道を進む。樹齢数百年のスギの大木2本が、本堂のある区域の結界をなすようにそびえたっている。この大スギの奥にあるのが、本堂（国重文）である。県内で3番目に古い木造建造物で、間口・奥行ともに柱間は5間（間口11.1m・奥行12.7m）、大きな寄棟造・茅葺き屋根が印象的である。棟札には、「天文廿一（1552）年修復」とあり、この年が建立の下限である。内部は、密教の寺院建築によくみられる須弥壇のある内陣と、内

本興寺本堂

310　新生浜松と浜名湖

陣をコの字型に取り巻く外陣にわかれる形である。

　建築様式は，日本古来の和様に鎌倉時代に中国から伝来した大仏様（柱の側面に差し込まれた形の挿肘木など）や禅宗様（正面の大扉の桟唐戸など）を加えた折衷様である。本堂を取り囲むように，千仏堂や客殿のほか，江戸時代の建造物が並んでいる。

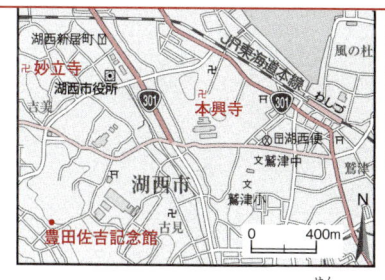

　本堂の右手前の大書院には，江戸時代後期の文人画家谷文晁が晩年に描いた紙本水墨四季山水障壁画（県文化）があり，このために本興寺は文晁寺ともよばれている。遠州流の庭園をみながら奥書院（県文化）へいく。この建物は，1698（元禄11）年に三河吉田城（現，愛知県豊橋市）にあったものを，当時の城主が城門とともに寄進したものといわれる。こじんまりとした書院造を基本としながら数寄屋感覚の空間をつくりだしている，簡素な住宅風建物である。なお，絹本著色法華経曼荼羅図・紺紙金字法華経2点（いずれも国重文），および紙本水墨四季山水障壁画など6点（いずれも県文化）を含む寺宝は，毎年4月に一定期間公開される。

　本興寺の西南2.2kmほどの山口に，豊田佐吉記念館がある。佐吉はトヨタの創始者である。ここには展示室のほか，後背の里山一帯に，復元生家や展望台などがある。鷲津駅より西方2kmほどの吉美の妙立寺（日蓮宗）には，江戸時代の山門や紺紙金字法華経（国重文，非公開）などの寺宝がある。また，市の西方にひろがる丘陵地帯には，1000基余りの須恵器の窯跡（湖西古窯跡群）が確認されている。7～8世紀ごろ，湖西地域の須恵器は太平洋に沿って青森県八戸市にまで達し，東国最大の生産拠点となっていた。

本興寺周辺の史跡

大知波峠廃寺跡 ㊳

〈M ▶ P.260〉湖西市大知波字南山1450ほか　P
天竜浜名湖鉄道知波田駅 ⧖ 45分（親水公園まで）

謎の古代山林寺院
2001年に国史跡指定

　知波田駅をでて国道を北上，多米峠入口の信号を左（峠方面）へ，つぎの信号（豊川道の道標あり）を右へ，1kmさきの分岐を左に沿って進むと，「おちばの里親水公園」に着く。公園から，さらに豊川道の道標に沿って山道を50分のぼると，大知波峠（340m）の大知

大知波峠廃寺跡復元図(山岸垣人復元案・須崎陽子作画・湖西市教育委員会)

波峠廃寺跡(国史跡)に着く。大知波峠は,三河・遠江の国境をなした弓張山脈(湖西連峰)の尾根上にある。

　峠の静岡県側に位置する寺の跡は,境内の一段低いところに池と巨岩があり,これを囲むような形で諸堂跡がある。付近で採取した岩石で諸堂の礎石や石垣が築かれているが,現在その多くは保存上埋めもどされていて,雄大な遺構をみることはできない。この寺は,出土遺物により10〜11世紀ごろ栄えたとみられ,礎石建物は12棟(うち6棟は仏堂)が確認されている。ただし,すべての建物が1度に建立されたわけではなく,10世紀前半に池の北側にある仏堂からはじまり,その後諸堂がたてられていったことがわかっている。

　池周辺などから大量の土器,とくに墨書土器が多く発見されており,水に関する宗教行事が行われたと推定されている。なお瓦は一切発見されていない。

　11世紀末に寺が廃絶すると,12世紀後半,跡地に方三間の堂がたてられた。現在,大知波峠から愛知県側に1.5kmほどくだった豊橋市嵩山町長彦の十輪寺地蔵堂に,地蔵菩薩像(秘仏)がある。伝承では,この菩薩像は大知波峠より移したとされ,かつて方三間の堂に安置されていたものである可能性が高い。当廃寺跡に関する史料はこの伝承以外になく,多くの謎を残している。

　なお峠からみえる浜名湖に突きだした半島(正太寺鼻)には,戦国時代,今川・徳川両氏の争奪となった宇津山城跡(湖西市入出)がある。また,この半島の先端から浜松市西区舘山寺町を結んだ線より北の湖面および,湖面と一体をなす後背地(湖西市・浜松市〈旧三ケ日町域含む〉)は県名勝に指定されている。さらに,知波田駅に戻る途中左手の小高いところに,大神山八幡宮境内社熱田神社本殿(県文化)がある。安土・桃山時代の技法を残した17世紀の建造と考えられ,「天正六(1578)年」銘をはじめとする3点の棟札がある。

あとがき

　『静岡県の歴史散歩』の全面改訂の依頼をうけてから4年余の歳月が経過した。静岡県日本史教育研究会では，旧版の中心メンバーにより，全体構想の策定と新しい執筆者の選定・依頼をおこない，各執筆者による現地調査と執筆，編集委員による編集作業等を経て，今ここに，内容・体裁など旧版とは面目を一新した本書をようやく刊行する運びとなった。

　ふりかえってみると，最初の『静岡県の歴史散歩』は，1978年，静岡県高等学校社会科教育研究協議会日本史部会の会員が執筆を担当して，文庫版で刊行された。その時中心となったメンバーに，博物館学芸員らを新たに加えて，静岡県日本史教育研究会が結成され，文庫版の改訂の依頼をうけて，1992年，新書版の『新版　静岡県の歴史散歩』が刊行されたのである。

　この間，1985年にはじまった静岡県史編さん事業は1998年までに全35巻を刊行して完結し，県内の市町村史類も相次いで刊行された。一方，静岡県内では，東海道ベルト地帯を中心に道路網の整備が進むなか，山村・漁村では過疎化の進行が著しく，とどまるところを知らない自然環境の破壊とともに，文化財を取りかこむ環境は大きく変容しつつあるといっても過言ではあるまい。さらに，平成の大合併により，従来の行政区画は大きく変化した。そうした意味で，今回の全面改訂版の刊行は誠に時宜を得たものといえよう。伊豆・駿河・遠江の三国にまたがり，東西日本の中間に位置する静岡県には，今なお豊かな自然と貴重な文化財が数多く残されている。多くの方々に最新の情報を伝える本書を活用していただき，静岡県の歴史と文化財に理解を深めていただければ幸いに思う。

　最後に，本書の刊行にあたり，貴重な写真を提供してくださったり，資料調査・収集にご協力いただいた関係の皆様方に心からの謝意を表する次第である。

　　2006年7月

　　　　　　　　　　　　　静岡県日本史教育研究会代表　　織田元泰

【静岡県のあゆみ】

自然と文化

　静岡県は太平洋に面し、日本列島のほぼ中央部に位置する。地質学的には東北日本と西南日本を分けるフォッサマグナ（大断層）と、その西縁の糸魚川－静岡構造線が静岡県を南北方向にとおり、西南日本を内帯と外帯とに分ける断層帯の中央構造線も静岡県をとおっている。このために静岡県の地形は複雑で、伊豆半島の天城山と神奈川県境の箱根山、そして山梨県境にある日本最高峰富士山が火山活動を続け、山梨県・長野県境の赤石山脈には、3000m級の高峰が連なり、これらの山地に深い谷をきざんで、狩野川・富士川・安倍川・大井川が駿河湾に、天竜川が遠州灘にそれぞれ流入し、海岸平野を形成している。富士山の直下には深さ2500mに達する駿河湾が湾入し、この駿河湾トラフを震源の一部とする東海大地震がほぼ100～150年ごとに発生、河川の洪水とともに静岡県に大きな災害をもたらした。温暖な気候による自然の恵みをうける一方で、人びとは厳しい自然災害とたたかい続けてきたのである。

　文化面でみると、静岡県は方言・アクセントなど言葉において、愛知県とともに東日本と西日本の接点にあり、食べ物や風俗・習慣でも同様である。関東と上方方面とを結ぶ東海道がとおっていることから、文化面のみならず、政治・経済・社会などあらゆる面で、東西日本を結ぶ回廊の役割とともに、接点の役割をはたしてきたのである。一方、甲斐（現、山梨県）や信濃（現、長野県）との南北交流、さらに黒潮の流れによる海上の道もあり、静岡県の文化形成に独自の性格をあたえてきた。

原始

　静岡県内の旧石器時代の遺跡は350カ所近くが確認され、天竜川左岸の磐田原台地西縁一帯と県東部の愛鷹山南麓および箱根山西南麓の3カ所に集中している。愛鷹山南麓の県立総合運動公園内遺跡（沼津市）が県内で発見されている最古級の遺跡で、約3万年前と推定され、約2万4000年前と推定される箱根山西南麓の初音ヶ原遺跡（三島市）では、口径約1.3m、深さ約1.4mくらいの土壙とよばれる穴が50基以上も発見されていて、動物の落し穴説や貯蔵穴説などがとなえられている。1958（昭和33）年から61年にかけて、引佐郡三ケ日町只木と浜北市根堅（ともに現、浜松市）の石灰岩採石場から、あいついで旧石器時代と考えられる化石人骨が発見され、それぞれ三ケ日人、浜北人と名づけられた。しかし近年の研究で、三ケ日町発見の人骨は縄文時代のものと考えられるようになった。

　氷河期がおわり、縄文時代は約1万2000年前からはじまった。静岡県では約1万1000年前からはじまり、富士郡芝川町（現、富士宮市）大鹿窪の窪A遺跡から国内最古級とされる草創期の住居跡が発見され、伊豆の国市三福の仲道A遺跡からも草創期の土器が出土している。縄文時代の遺跡数は約2200カ所で、県内全体に分布

するが、概して前半は愛鷹山麓や伊豆地方など県東部に多く、後半は大井川流域や県西部に増加していく。住居跡についてみると、伊豆市大野の出口遺跡では15基、富士宮市千居遺跡では21基、袋井市長者平遺跡では18基の住居跡が、いずれも半円状か環状に並んでいる。同時期に存在したのは2～3基程度、人数は20～25人程度と推定されている。縄文時代後期から晩期の浜松市蜆塚遺跡では、シジミなどの貝類のほか、タイ・マフグ・スズキ・シカ・イノシシなどの骨が発見されており、当時の狩猟・漁撈技術の高さを示している。

　紀元前4世紀ごろ、中国大陸や朝鮮半島から稲作農耕と金属器使用を特色とする新しい文化（弥生文化）が北部九州などに伝播し、列島各地へ急速に拡大していった。静岡県でも天竜川上流の浜松市佐久間町の半場遺跡から県内最古の弥生土器が出土している。第二次世界大戦末期に発見され、1947（昭和22）年から50年にかけて本格的に発掘調査された静岡市の登呂遺跡は、弥生時代の大規模な水田跡と集落跡がはじめて検出され、日本の農耕文化の研究に大きく寄与した。その後、弥生時代の水田跡は県内では、伊豆の国市の山木遺跡、静岡市の瀬名遺跡など30か所以上が発見されている。弥生時代後期になると、浜松市の伊場遺跡で、村落跡をめぐる三重の環濠が検出されたのをはじめ、磐田市の加茂東原遺跡、賀茂郡南伊豆町の日詰遺跡などからも村落を取り囲む環濠が確認されており、いずれも防禦的性格をもつものと考えられる。

　静岡県内で現在確認されている前方後円（方）墳は99基、うち西部は78基で、とくに旧引佐郡内・浜松市・磐田市・旧浜北市・袋井市・掛川市の地域に多く築造されている。最古の古墳と推定されるのは、4世紀前半の築造と考えられる磐田市の新豊院山D2号墳である。その後、4世紀後半までに遠州地方では、浜名湖北岸の浜松市北区引佐町の北岡大塚古墳、磐田市の小銚子塚古墳と銚子塚古墳、そして松林山古墳、浜松市浜北区内野西にある赤門上古墳が築造された。また静岡市最古の柚木山神（谷津山）古墳は4世紀中ごろ、静岡市清水区庵原の三池平古墳も4世紀末までに築造され、富士市須津の浅間古墳は4世紀中ごろの築造である。なお磐田市では引き続いて大型前方後円墳である堂山古墳や、東海地方最大の円墳である兜塚古墳などが築造されるが、これらはすべて地域の有力首長の墳墓である。

　6世紀中ごろにはいると、古墳は中小の首長層の台頭を反映して、小規模化するとともに急激に増加し、いわゆる群集墳がつくられた。埋葬方法も従来の竪穴式石室から横穴式石室へと変化した。県内の古墳は約9000基が数えられ、このうち、古墳時代後期から奈良時代にかけて、山腹を穿ってつくられた横穴が約3000基、残る約6000基の古墳のうち、4～5世紀の古墳は10％をこえることはないと推定されていて、約5400基が後期から終末期ということになる。横穴では袋井市の菅ヶ谷横穴群や田方郡函南町の柏谷横穴群、そして伊豆の国市の北江間横穴群など、100基をこえる密集型の例が存在する。

古代

『日本書紀』によれば，景行天皇の命をうけて東征の途についた日本武尊は，駿河で賊にあざむかれて焼打ちされそうになったとき，携行していた草薙剣を使って難をのがれた。この話から，草薙(現，静岡市清水区)や焼津の地名伝説がうまれた。駿河地域がヤマト政権に服属していない段階の，ヤマト政権の領域拡大過程を反映した説話といえよう。『先代旧事本紀』によれば，大化改新以前の静岡県には，遠淡海(浜名湖周辺)・久努(袋井)・素賀(掛川)・廬原(静岡市清水区)・珠流河(富士・駿東)・伊豆の国があり，それぞれ国造がおかれていたという。

大化改新以後，地方支配はしだいに整備され，国・評(郡)制の施行により，現在の静岡県域では遠江・駿河2国が成立し，さらに680年，駿河国から伊豆国が分離したとされ，701(大宝元)年までには，遠江・駿河・伊豆の3国が成立した。遠江の国府は現在の磐田市内にあり，御殿二之宮遺跡が最初の国府に比定され，駿河は静岡市の駿府城内の東南部の地域，伊豆は三島市の三島大社西方の地域がそれぞれ有力視されている。『延喜式』によると，遠江国は浜名・敷智・引佐・麁玉・長上・長下・磐田・山香・周智・山名・佐野・城飼・榛原の13郡，駿河国は志太・益頭・有度・安倍・廬原・富士・駿河の7郡，伊豆国は田方・那賀・賀茂の3郡から成り立っていた。郡の役所である郡衙の遺跡は近年あいついで発見され，藤枝市御子ヶ谷遺跡は志太郡衙，浜松市伊場遺跡は敷智郡衙，袋井市坂尻遺跡は佐野郡衙の一部と推定されている。官道としての東海道には，官衙として駅家がおかれ，駅馬10匹がおかれた。JR東静岡駅南側の静岡市駿河区の曲金北遺跡からは，道幅約9m・長さ約350mの直線の道路跡が発見され，古代の東海道跡と推定されている。

741(天平13)年，聖武天皇は国分寺創建の詔を発し，国ごとに国分寺と国分尼寺が建立されることになった。遠江国の国分寺は，磐田市中央町に伽藍跡があり，尼寺はその北に存在した。駿河国の国分寺は静岡市駿河区の片山廃寺跡が有力視されているが決め手に欠け，尼寺は不明である。伊豆国の国分寺は三島市泉町，尼寺は同市南町の地がそれぞれ比定されている。

日本は，廬原国造の流れをくむ廬原君臣が奮戦した663年の白村江(朝鮮半島南西部)の戦いに敗れ，唐・新羅の侵攻に備えて対外防備を強化した。このため北部九州の防衛についたのが東国出身の防人であり，『万葉集』には遠江国出身の防人の歌7首と駿河国出身の防人の歌10首がおさめられている。駿河国出身の有度部牛麿の歌に「水鳥の　発ちの急ぎに　父母が　物言す来にて　今ぞ悔しき」とあるように，肉親に対する深い情愛がにじみでている歌が多い。この時代は自然災害があいついでおこった。715(霊亀元)年，遠江地方の地震で天竜川に洪水被害がおこり，781(天応元)年富士山が噴火，続く802(延暦21)年の噴火では足柄路が塞がれ，箱根路が開かれた。864(貞観6)年の大噴火で，熔岩流が山麓のせの海に流れこみ，精進湖と西湖に分断するなど，この時期の富士山の火山活動は活発だった。さら

に1096(永長元)年の駿河国大地震では，津波被害が記録されている。

中世
　伊豆国蛭ヶ小島(現，伊豆の国市)に流されていた源頼朝は，1180(治承4)年妻政子の父北条時政らの支援をうけて，平氏方の伊豆国目代山木兼隆を襲撃，源氏再興の狼煙をあげた。富士川の戦いで平維盛率いる平氏の大軍を破った頼朝は，やがて征夷大将軍となり，鎌倉幕府を開いた。頼朝の死後，北条時政は有力御家人をあいついで失脚させ，鎌倉幕府2代将軍源頼家を伊豆の修禅寺に幽閉して殺害，北条氏を中心とする執権政治の体制を整えた。
　1202(建仁2)年，藁科川上流の栃沢(現，静岡市葵区)で生まれた円爾弁円(聖一国師)は，久能寺などで修行後南宋に留学，帰国して博多(現，福岡県)の承天寺や京都東福寺の塔頭普門寺を開き，臨済禅の普及につとめた。もち帰った茶種を足久保(現，静岡市葵区)で栽培したのが，安倍川流域の茶の起源といわれる。鎌倉で激しい他宗派攻撃を行った日蓮は幕府に捕らえられ，伊豆川奈(現，伊東市)沖の俎岩に置き去りにされたところを地元の漁師に助けられたといわれる。日蓮の弟子日興は，身延山をでて富士郡上野郷(現，富士宮市)の地頭南条氏のはからいで大石寺を建立，さらに北山重須郷に本門寺を創建した。
　1333(正慶2・元弘3)年鎌倉幕府が滅び，後醍醐天皇による建武の新政がはじまった。1335(建武2)年，北条時行の乱をきっかけに鎌倉にはいった足利尊氏に対して，天皇の命をうけた新田義貞の軍勢は，安倍川西岸の手越河原で尊氏の弟直義の軍勢を破るが，竹之下(現，駿東郡小山町)の戦いで敗れた。京都をめぐる攻防は二転三転するが，1336年に足利尊氏は建武式目を制定し，幕府を京都に開いた。南北朝内乱期，遠江では井伊氏が宗良親王を三岳城(現，浜松市引佐町)に迎えて，北朝方の守護仁木義長らの軍勢と激しくたたかったが，1340年落城した。駿河では狩野貞長が安倍城(現，静岡市葵区)を築き，興良親王や宗良親王を迎えて守護今川範国らの軍勢と交戦したが，しだいに衰退した。
　今川氏は足利氏一門で，三河国吉良荘今川(現，愛知県西尾市)の地を本拠地としていたが，範国の代に足利尊氏につかえて活躍，1336年に遠江国守護，1338(暦応元)年には駿河国守護に任じられた。南北朝内乱期をつうじて，駿・遠両守護職は今川氏一門が占め，15世紀にはいると遠江守護に斯波氏が就任するが，駿河守護は今川氏の世襲するところとなった。
　伊豆国守護は1369(応安2)年，関東管領山内家の上杉能憲が任ぜられて以降，代々山内上杉氏の世襲するところとなり，鎌倉府の影響下にあった。1432(永享4)年，室町幕府6代将軍足利義教は富士遊覧と称して，大勢の公家・武家を率いて駿府にやってきたが，これは敵対する鎌倉公方足利持氏に対する牽制であった。1439年に今川範忠らの軍勢が鎌倉を攻略，足利持氏は自殺に追いこまれ，鎌倉公方は90年の歴史に幕を閉じた。その後の関東は，持氏の遺児成氏が下総国古河(現，

茨城県)にいて古河公方と称する一方,8代将軍義政が送りこんだ弟の足利政知は,伊豆国堀越(現,伊豆の国市)にとどまり,堀越公方といわれた。

1476(文明8)年に,駿河国守護今川義忠は遠江遠征の帰途,国人衆横地・勝間田の残党の襲撃をうけ,塩買坂(現,菊川市)で戦死した。今川氏は一時内紛状態におちいったが,幼少の竜王丸(のちの氏親)は,母の兄伊勢新九郎長氏(北条早雲)の助力により家督をついだ。1494(明応3)年以降,今川氏親は遠江攻略に着手し,1517(永正14)年に引間城(現,浜松市)を陥落させて,斯波氏の勢力を遠江から一掃した。こうして今川氏親は,駿遠2カ国を支配する有力な戦国大名となり,1526(大永6)年には戦国家法として名高い『今川仮名目録』を制定した。

興国寺城(現,沼津市)をあたえられていた北条早雲は,1491(延徳3)年堀越公方足利政知が没すると,1498(明応7)年にその子茶々丸を滅ぼし,韮山城を本拠地として伊豆国を支配,さらにこの間,1495(明応4)年小田原城の大森藤頼を滅ぼして相模国に進出した。なお,1498年7月,東海道沖を震源とする巨大地震(明応地震)が発生し,房総半島から紀伊半島に至る海岸線は,最大級の津波におそわれた。浜名湖と外海がつながったのは,このときのこととともいわれている。

このころ,山科言継ら多くの公家が戦乱の京都をさけて駿府に下向し,駿府はさながら小京都のようであった。連歌師宗長は,駿府の郊外丸子に草庵を営み,柴屋軒と称した。のちの吐月峰柴屋寺である。

臨済寺の雪斎を軍師とした今川義元は,駿遠2カ国に加えて三河を支配したが,1560(永禄3)年上洛の途中,織田信長の急襲をうけて桶狭間で戦死した。義元の子氏真は,1568(永禄11)年に武田信玄の駿府攻略で掛川城にのがれ,翌年,遠州に侵攻してきた徳川家康の軍門にくだり,ここに戦国大名今川氏は滅亡した。

三河・遠江を支配した徳川家康は,1570(元亀元)年に居城を岡崎(現,愛知県)から曳馬に移し,浜松と改めた。1582(天正10)年,武田氏の滅亡であらたに駿河国を支配し,さらに本能寺の変のあと,甲斐・信濃を攻略して5カ国を支配する戦国大名へと成長し,1586年には居城を駿府へと移した。

1590(天正18)年,豊臣秀吉は小田原の北条氏を攻略,全国統一を完成し,家康は関東へと移封された。家康の旧領は堀尾吉晴に浜松12万石,松下之綱に久野(袋井市)1万6000石,山内一豊に掛川5万石,渡瀬繁詮に横須賀(掛川市)3万石,中村一氏に駿府14万5000石があたえられた。

近世

1603(慶長8)年に江戸幕府を開いた徳川家康は,1605年将軍職を秀忠に譲り,1607年駿府に移った。以後,豊臣氏滅亡の翌1616(元和2)年に死去するまで,大御所として政治の実権を握り続けた。駿府は江戸とともに日本の政治の中心であった。家康の遺骸は遺言により,久能山(静岡市駿河区)に葬られ,東照宮が造営されたが,翌年日光(現,栃木県)に改葬された。関ヶ原の戦い後,山内一豊が掛川から浦

戸(高知)へ移されるなど,県内の豊臣系大名は遠隔地へ転封となった。1609(慶長14)年に,徳川頼宣が駿遠50万石をあたえられ駿府城にはいったが,1619(元和5)年には紀伊55万石をあたえられて転封となり,1624(寛永元)年に3代将軍家光の弟忠長が,駿遠55万石の大名として駿府城にはいった。しかし父秀忠の死後,忠長は1632年に改易され,翌年逼塞先の高崎(現,群馬県)の大信寺で自刃した。以後,駿府城は大名の居城となることはなく,上級の旗本が交代で城代として城を預かる番城となった。家光の死後,駿府宮ヶ崎町または由比(現,静岡市清水区)の出身ともいわれる軍学者由井正雪が,丸橋忠弥とともに幕府転覆を企てたが事前に発覚し,駿府梅屋町の宿で自害した。

忠長改易後,駿河・遠江の大部分が天領(幕府領)と旗本領になった。大名領は小規模ですべて譜代大名が藩主となった。駿河国3藩のうち,沼津藩は1613(慶長18)年に藩主大久保忠佐の死で廃止されたが,1777(安永6)年,水野忠友が2万石の藩主として復活,つぎの忠成のときは11代将軍家斉の老中として幕政で重きをなした。小島藩は1698(元禄11)年,松平(滝脇)信孝が1万石をあたえられて大名となり,庵原郡小島(現,静岡市清水区)に陣屋を構えた。田中藩は益津郡田中(現,藤枝市)に城があり,当初転封が多かったが,1730(享保15)年以降,本多氏が4万石の藩主として世襲した。遠江国4藩のうち相良藩は,1710(宝永7)年に本多忠晴が初代藩主として1万5000石をあたえられた。1758(宝暦8)年に藩主となった田沼意次は,9代将軍家重・10代将軍家治の代に幕政で頭角をあらわし,老中となった。世に田沼時代といわれ,新田開発や商業重視の積極的経済政策を推進し,禄高も一時5万7000石まで増加された。掛川藩は当初転封が多かったが,1746(延享3)年以降は,太田氏が5万石を世襲することになった。横須賀藩は1682(天和2)年に,西尾忠成が藩主となってからは西尾氏が世襲している。浜松藩は転封が多く,「出世城」といわれているように,藩主から老中を多くだしているが,なかでも1817(文化14)年に藩主となった水野忠邦は,やがて老中首座となり,天保改革の推進役となった。

伊豆には大名が配置されず,三島代官と韮山代官が幕領支配の中心だった。三島代官の支配高は,1687(貞享4)年には6万6510石におよんだが,のちに減少し,1758年韮山代官に吸収される。韮山代官は1596(慶長元)年以来,江川氏の世襲で1723年から一時中断し,1758年に復活した。支配地は時期によって異なるが,復活以降は常時7万石程度で,伊豆のみならず武蔵・相模も含まれていた。1835(天保6)年に代官となった江川英龍は,品川台場や韮山反射炉の築造にあたり,海防政策で幕政に重きをなした。

駿河の代官は当初国内に多数配置されていたのが,1697(元禄10)年に駿府紺屋町代官所と島田代官所に統合され,1794(寛政6)年には,さらに駿府代官に一元化された。遠江の幕領支配は,当初多数の小代官が配置されたが,享保期までに中泉

代官に統合された。

　江戸時代には県内各地で，新田開発や治水灌漑事業が盛んに行われ，農業生産力は飛躍的に発展した。深良村（現，裾野市）の名主大庭源之丞は，江戸の商人友野与右衛門の協力を得て，1670（寛文10）年箱根外輪山にトンネルを掘り，芦ノ湖の水を導き，駿東郡29カ村をうるおす箱根（深良）用水を完成した。中里村（現，富士市）の古郡重政・重年父子は，富士川の雁堤を築造，加島5000石といわれる美田をうみだし，寺谷用水は地元の土豪平野三郎右衛門が，江戸時代初期に天竜川の水を取り入れて構築したもので，海岸部の鮫島村（現，磐田市）まで3里余りの用水を開き，76カ村2万石をうるおした。

　1601（慶長6）年に東海道の宿駅が整備された。県内の宿駅は，三島・沼津・原・吉原・蒲原・由比・興津・江尻・府中・丸子・岡部・藤枝・島田・金谷・日坂・掛川・袋井・見付・浜松・舞坂・新居・白須賀の22宿があった。このうち，袋井宿はほかより遅れて1616（元和2）年の開設である。県内の大きな川には橋がなく，安倍川・大井川などは徒渉制度，富士川・天竜川は渡船制度をとっていたが，雨季の増水による川留は旅人を苦しめた。関所としては東に箱根，西に新居（今切）があり，「入鉄砲に出女」といわれるように，鉄砲改めと女改めが厳しかった。浜名湖を渡るには舞坂から新居まで船で渡るが，これとは別に見付で東海道と別れ，浜名湖の北岸を迂回して気賀の関所をとおり，三ケ日から本坂峠をこえて三河国御油（現，愛知県豊川市）で東海道と合流する経路があり，姫街道といわれた。

　関西から江戸に向けて木綿・油・酒などの物資が，菱垣廻船・樽廻船とよばれた定期船で大量に運ばれた。さらに1670（寛文10）年，河村瑞賢によって東廻り航路が開かれ，東北地方から年貢米を積んで南下してきた船は，いったん伊豆半島南部の港で風待ちをして，南西の順風をうけて江戸へ入港するのが好都合だった。下田・妻良・子浦などはこうした船の風待ち・日和待ちの港として賑わった。

　県内の河川交通は，1607（慶長12）年に京都の豪商角倉了以が幕府の命をうけて，甲州鰍沢（現，山梨県鰍沢町）から河口の岩渕（現，富士市）までの富士川舟運を開いたのがきっかけで活発化した。了以はさらに同年，伊那（現，長野県）地方と河口の掛塚港（現，磐田市）を結ぶ天竜川舟運も開き，信州で伐採された材木は，筏に組まれて掛塚港に運ばれるようになった。

　1697（元禄10）年に伊場村（現，浜松市）に生まれた賀茂真淵は，国学者杉浦国頭に入門し，さらに荷田春満の門人となり，のち江戸にでて田安宗武につかえ，その信任をえた。本居宣長は晩年の門人である。真淵の影響をうけて国学は遠州に広まり，大谷村（現，浜松市）の内山真龍，平尾村（現，菊川市）の栗田土満が代表的門人で，真龍門下には，小国重年・石塚竜麿・高林方朗らが輩出している。

　この時代は庶民文芸の発達もめざましく，『金々先生栄華夢』などの黄表紙作家恋川春町は駿河小島藩士，『東海道中膝栗毛』などの滑稽本作家十返舎一九は駿府

町奉行所同心の子である。なお臨済宗中興の祖として名高い白隠は，1685(貞享2)年原宿(現，沼津市)の生まれで，郷里の松蔭寺での修行と民衆への布教にはげんだ。

江戸時代に，静岡県内はたびたび地震災害に見舞われた。なかでも，1707(宝永4)年10月の東海地方から四国方面にかけて，大きな被害をだした宝永大地震は，県内各地に津波被害をもたらした。遠州灘に面した横須賀港(現，掛川市)は，地盤の隆起で湊の機能を失ってしまったという。さらにこの49日後に富士山が突然噴火し，風下にあたる駿東郡下では降灰による田畑の被害は甚大だった。このとき，富士山中腹に出現したのが宝永山である。1854(安政元)年11月，東海道沖を震源とする巨大地震が発生(安政東海地震という)，下田が壊滅的被害をうけたのをはじめ，県内各地は山崩れ，家屋の倒壊・火災，さらには津波により大きな被害をだした。

1854年，日米和親条約が締結され，下田は箱館(北海道)とともに開港された。アメリカの使節ペリーは下田を訪れ，下田追加条約が締結された。同年ロシアの使節プチャーチンが下田に来航，日露和親条約が締結された。このときプチャーチンの乗艦ディアナ号が安政の大地震による津波で破損，戸田港(現，沼津市)へ回航中に暴風雨で沈没した。そのため，戸田港でロシア人の指導のもと，地元の船大工らによって洋式帆船が建造され，ヘダ号と名づけられたこの船に乗って，ロシア人乗組員は無事母国へ帰ることができた。

1856(安政3)年に初代米国総領事として，タウンゼント・ハリスが下田に着任し，玉泉寺が米国総領事館となった。その後，ハリスは江戸にでて幕府当局と交渉し，1858(安政5)年，日米修好通商条約が調印されたのである。

近代

江戸幕府崩壊後，徳川家を相続した田安亀之助(徳川家達)は，1868(慶応4)年5月に，明治新政府から駿府(静岡)70万石の藩主として任命され，駿河・遠江(堀江藩領をのぞく)と三河の一部を領地とした。駿河・遠江の各藩は，上総と安房(ともに現，千葉県)へ移封となり，旗本は知行地の返納を命じられた。浜名湖畔の堀江陣屋の大沢氏はそのまま堀江藩主となり，伊豆は天領であったので，新政府直轄の韮山県となった。水戸藩(現，茨城県)に謹慎中の最後の将軍徳川慶喜は，身柄を駿府に移され，1897(明治30)年東京に転居するまでの約30年間を静岡ですごした。

駿府藩は府中学問所と沼津兵学校を設立し，前者に向山黄村・津田真道・中村正直・加藤弘之，後者に西周らのすぐれた学者が教授にあたった。1869(明治2)年，向山黄村の意見で，府中は静岡と改名された。1871年7月に廃藩置県が実施されると，静岡藩・堀江藩は静岡県・堀江県となり，同年11月に，韮山県は相模の一部と合併して足柄県となり，静岡県の遠江部分と堀江県であらたに浜松県が成立し，駿河のみ静岡県となった。1876年4月，足柄県は廃止されて旧伊豆国は静岡県に編入され，同年8月浜松県は静岡県に統合された。ここに，駿遠豆3国にまたがる今日

の静岡県が成立した。1878年1月，伊豆七島は東京府に編入された。

明治10年代にはいり自由民権運動が全国的に高揚するなか，静岡県でも静岡の参同社，浜松の己卯社など民権結社が各地に結成された。1881年10月に，政府が10年後の国会開設を約束すると，ただちに静岡県改進党，翌年には岳南自由党・自由党遠陽部・東海立憲帝政党が結成された。明治10年代後半，大蔵卿松方正義による緊縮財政が進むと，県内各地で貧窮化した農民を中心とする借金党・困民党がうまれ，地主・高利貸を襲撃する事件が頻発した。1886年には，自由民権運動急進派による静岡事件が発覚した。自由民権運動最後の暴発事件である。

1889年4月に市制・町村制が施行され，県内最初の市として人口3万8000人余りの静岡市が誕生した。1896年9月，郡制が施行され，あらたに賀茂・田方・駿東・富士・庵原・安倍・志太・榛原・小笠・周智・磐田・浜名・引佐の13郡に再編された。

東海道線は1889年2月に，国府津・静岡間が営業を開始し，同年4月には静岡・浜松間が，さらに7月には，新橋・神戸間の東海道全線が開通した。

日清戦争後の軍備拡張で，1898年に駿府城跡を兵舎として歩兵第34連隊（静岡連隊）が発足した。1904年に日露戦争がはじまると，静岡連隊は満州に出動，遼陽会戦における首山堡の激戦で，連隊長関谷銘次郎・大隊長橘周太以下多数の戦死者をだした。1907年，浜松に歩兵第67連隊が発足した。

日清戦争ごろから県内の近代工業の発展はめざましく，1896(明治29)年に富士紡績会社小山工場が設立され，同年敷知郡吉津村（現，湖西市）出身の豊田佐吉は，日本最初の動力織機を発明，さらに1926(大正15)年には自動織機を発明して，日本の織物産業に革命をもたらした。また，鼠野村（現，浜松市）出身の鈴木道雄は鈴木式織機を製作，のちに鈴木式織機株式会社を創設した。このように新鋭機械の開発があいつぎ，遠州の綿織物生産は急速に増大した。1889(明治22)年に王子製紙は，周智郡気多村（現，浜松市天竜区春野町）にわが国最初の木材パルプ工場を建設，翌1890年には富士郡鷹岡村（現，富士市）に県内最初の機械すき製紙工場の富士製紙会社入山瀬工場が建設された。以後，富士山麓の豊富な水資源を利用した製紙工業がこの地域に発展することになる。浜松で楽器製造業が発達したのは，山葉寅楠の力によるところが大きい。山葉は浜松でアメリカ製のオルガンを修理したのをきっかけに，国産第1号のオルガンの製作に成功，1888(明治21)年山葉風琴製造所，1897年日本楽器製造株式会社を設立，のち河合小市の協力により，国産第1号のピアノの生産を実現した。河合はのちに，山葉と別れて河合楽器製作所を設立した。

国内最大の輸出茶生産地である静岡県の茶の大半は，これまで横浜港から輸出されていたが，1899年に清水港が開港場に指定されたことから，港の整備が進み，明治時代末期には，清水港は日本最大の茶輸出港となり，大きく発展した。

1914(大正3)年の第一次世界大戦の勃発を機に，わが国の工業は飛躍的に発展し

た。県内でも清水港の立地をいかして、すでに1908(明治41)年には金指造船所、1919(大正8)年には三保造船所が設立され、1917年には鈴木商店製油所(のちの豊年製油)が操業をはじめた。県東部では1916年に山十組沼津製糸所、1917年には大岡村(現、沼津市)に、東京麻糸紡績会社沼津工場などが設立された。遠州織物業では足踏機から力織機への転換がいっそう推し進められた。

　1918(大正7)年8月の米騒動は、県内では11日に大池村(現、掛川市)・新居町・森町ではじまり、静岡市・浜松市・江尻町(現、静岡市清水区)・富士川町(現、富士市)で米屋を襲撃するなど各地に波及した。同年秋、田子の浦村(現、富士市)でおこった小作争議は県内各地に拡大し、小作組合があいついで結成された。1926年、鈴木織機株式会社・日本楽器製造株式会社などで労働争議が発生した。

　第一次世界大戦後、わが国の経済は深刻な不況におちいり、1923(大正12)年9月1日に発生した関東大震災が追いうちをかけた。静岡県でも東部を中心に死者360人、全半壊家屋1万1000戸余りの大きな被害をだした。1927(昭和2)年の金融恐慌では、県内の銀行でも取付け騒ぎがおこり、さらに世界恐慌の襲来により失業者は増大し、農村の疲弊は深刻だった。1931年9月に満州事変が勃発し、軍需景気で経済界は活気づいた。1932年の五・一五事件、1936年の二・二六事件は軍部独裁政治への歩みを進めるもので、興津町清見寺(現、静岡市清水区)の別荘坐漁荘にいた最後の元老西園寺公望は、反乱兵の襲撃をさけて静岡市の県警察部長官舎(のちに知事公舎)へ避難した。

　1937年に日中戦争がはじまり、郷土出身の兵士たちは、静岡連隊や豊橋連隊から中国戦線へと出陣、泥沼化していく戦争のなかで、太平洋戦争開始とともに南方へも送られ、多数の犠牲者をだした。1938〜39年にかけて、国策により日本軽金属のアルミナ工場が清水の三保に、電解工場が蒲原につくられた。戦争を機に、静岡県では重化学工業が発展していった。

　1941年12月、太平洋戦争がはじまった。戦局の悪化とともに中等学校生徒らの勤労奉仕や軍需工場への学徒動員がはじまり、農山漁村では、学童疎開や疎開者をうけいれた。1944年12月から敗戦の日まで、静岡・浜松・沼津・清水をはじめ県内各地は、B29など米軍機の無差別空襲にさらされ、浜松・清水は艦砲射撃をうけ、多くの家が焼かれて、子どもを含む一般市民に多数の犠牲者がでた。1944年12月7日、熊野灘を震源域とする東南海地震が発生し、県西部の太田川・菊川流域や旧清水市の巴川下流部に大きな被害がでた。しかし報道管制のため、県民の多くはその事実を知らされなかった。

現代

　1945(昭和20)年8月15日正午、ポツダム宣言受諾の昭和天皇の玉音放送が流れ、静岡県民は敗戦を知った。占領軍は11月に県の占領業務遂行を監視するため、軍政部(のち民事部と改称)を静岡市に設置した。食糧難と悪性インフレのなか、県民は

焦土からの復興に懸命に取り組んだ。こうしたなか，農地改革をはじめ，各方面で民主化政策が進められた。1951年9月にはサンフランシスコ平和条約が調印され，翌年4月日本は独立を回復した。

本田宗一郎によって，浜松市に1948(昭和23)年，本田技研工業が設立され，オートバイ生産が本格化し，以来，西遠地方はオートバイ産業の中心地となった。本田技研は1962年から四輪車部門の生産にも進出した。

朝鮮戦争勃発(1950年)による特需景気で，日本経済は急速に発展した。同年政府は国土総合開発法を施行し，電源開発株式会社は1956年に，最大出力35万kWの佐久間ダムを完成した。当時日本最大のダムで，大型土木機械を駆使して3年間で工事を完成させ「土木革命」といわれた。

1954年3月，アメリカのビキニ水爆実験で焼津の漁船第五福竜丸が被爆した。この事件をきっかけに，国の内外に原水爆実験禁止運動が広がっていく。1958年9月には台風22号が襲来し，一日で700mmに達する大雨で，狩野川流域に，死者・行方不明者約1300人という戦後最大の災害をもたらした。1966年になって治水対策として，狩野川放水路が完成した。

1960年から高度経済成長政策がはじまり，1961年策定の静岡県第六次総合開発は，道路・鉄道・港湾・工業用水などを中心とした工場立地の開発整備を進めるものであった。これにより静岡県は，太平洋沿岸ベルト地帯の一環として位置づけられ，「工業立県」の姿勢が明確に打ちだされた。1964年に東海道新幹線，1969年に東名高速道路が開通，1970年には田子の浦港が完成した。

工業化の進展は，一方では各地に公害問題をもたらした。1963(昭和38)年に発表された東駿河湾地区の石油コンビナート計画は，沼津・三島両市と清水町の住民の反対運動で撤回されたが，1970年には田子の浦港のヘドロ問題が表面化した。

21世紀にはいって，県内であいついで大きなイベントが開催され，内外の来県者を集めている。2002(平成14)年，袋井市の県営静岡スタジアム(エコパ)が完成し，ワールド・カップサッカー大会の会場となり，翌年には静岡国体のメイン会場となった。さらに2004年には，浜名湖畔で「しずおか国際園芸博覧会」(浜名湖花博)が開催され，目標の500万人を上回る大勢の入場者を集めた。

2001(平成13)年，静岡県は74市町村であったのが，合併特例法による平成の大合併で2010年4月現在，35市町となった。この間，2005年4月に，静岡市は全国14番目の政令指定都市となり，浜松市は2007年4月政令指定都市に昇格した。現在，静岡県の直面する最大の課題は，切迫性が懸念されている東海大地震の防災体制の強化であり，これに関連して，阪神・淡路大震災，3.11東日本大震災の教訓をくんで，文化財・歴史資料・風俗習慣など，先人の歴史遺産の活用・記録・保存に，積極的に取り組んでいく必要がある。(織田元泰)

【地域の概観】

海と湯のくに伊豆

　富士火山帯に属する伊豆は、全国4番目の温泉湧出量を誇る静岡県のなかで、95%の湧出量を占め、古くから温泉地として知られている。7世紀末に駿河国から分かれた伊豆の国名は、自噴する出湯(温泉)に由来するといわれる。

　長年にわたり、天城山や大室山などの火山活動が繰り返され、起伏に富む山地がうまれた。石廊崎や城ケ崎海岸などは、伊豆の自然を代表する名勝地であり、各地に天然の良港が発達した。日本列島に沿って北上する黒潮は、駿河湾に流入し、伊豆半島沿岸部をめぐって房総半島方面へと流れている。そのため、気候は温暖多雨であり、豊かな温泉と海の恵みは、伊豆の多彩な歴史・文化をはぐくむことになった。2012(平成24)年、伊豆半島は日本ジオパークネットワークに加盟となった。

　三島の向山古墳群は、北伊豆の田方平野を基盤に、ヤマト政権とのつながりをもつ豪族の存在を伝えている。古代、国府がおかれた三島には都から国司が派遣され、田方・那賀・賀茂の3郡を統轄した。鎮護国家の拠点として国分寺が造営され、南伊豆の白浜から遷座したとの伝承をもつ三島神は、伊豆国一宮としてまつられた。伊豆の国府と東海道の駅家を結ぶ官道のほか、各郡衙を結ぶ道も開かれた。田方平野には条里制の名残りがあり、平城京出土の木簡には、伊豆の各地からおさめられたカツオの生利節などの名がみられる。

　802(延暦21)年の富士山の大噴火により、駿河と相模・甲斐を結ぶ官道として重要な役割をはたした足柄路は通行不能となり、臨時に箱根路が開かれた。1180(治承4)年、伊豆に流されていた源頼朝が挙兵し、やがて鎌倉に幕府を開くと、京・鎌倉を往来する多くの軍勢や旅人が箱根路を通行するようになり、三島は東海道の宿として発展していった。

　1335(建武2)年の箱根竹之下の戦いは、箱根路・足柄路を舞台に展開され、60年におよぶ南北朝内乱の端緒となった。1458(長禄2)年、伊豆の堀越御所に室町幕府8代将軍足利義政の弟の政知が公方となってはいり、関東と対峙した。しかし、応仁の乱(1467～77年)のあと、諸国に争いが広まると、駿河国守護今川氏の縁戚で興国寺城主の伊勢新九郎長氏(北条早雲)は、政知の子の茶々丸を攻め滅ぼし、韮山城を築いて小田原北条氏の基礎を築いた。戦国時代、伊豆は北条氏の勢力下におかれた。

　江戸時代に伊豆は幕府領となり、中ごろ以降はすべて韮山代官江川氏の管下におかれた。東海道の三島宿は参勤交代の行列や多くの旅人で賑わい、江戸や京など諸国の文化が流入した。土肥や縄地などの金山が開かれ、下田は「出船、入船三千艘」ともいわれて、海上輸送の風待ち港としての賑わいをみせた。江戸城の修築にあたっては、熱海や東伊豆辺りから江戸に向けて築城石が運びだされた。上多賀神社に伝わる鹿島踊りは、築城石を積みだした際の行事がきっかけになったといわれ

る。

　伊豆がにわかに脚光をあびることとなったのは、幕末、下田に外国船が来航し、開国・通商の交渉がはじめられたことによる。下田街道は、幕府役人や外国人の往来で賑わい、下田でアメリカやロシアなどとの間で通商条約が結ばれた。代官江川氏は、国防強化のために韮山に反射炉を築き、近代文明の導入に尽力した。反射炉は、わが国近代産業発祥の記念碑でもある。

　明治時代にはいると、伊豆は韮山県を経て足柄県となり、1876（明治9）年に静岡県に編入されている。1889（明治22）年の市制・町村制施行以来、昭和の合併を経て存続した市町村の多くも、平成の大合併のなかで再編が進み、観光地伊豆では、あらたな発展をめざした取り組みがはじまっている。

富士の裾野

　富士の裾野をめぐる静岡県東部の地域は、東に箱根山、西に富士川をひかえ、南は駿河湾にのぞんでいる。これらの地域では、富士山から噴出した大量の溶岩や火山灰が厚く堆積しており、愛鷹山南麓には広大な浮島沼が広がっている。急流で知られる富士川は、かつて富士の平野部を幾筋にも分かれて流れ、駿河湾にそそいでいた。人びとの暮らしは、このような厳しい自然環境との関わりが深い。

　今から約70万年ほど前、愛鷹山に遅れて火山活動を開始した富士山は、たび重なる噴火を経て、今日にみるコニーデ型の成層火山となった。駿河湾に面した愛鷹山の南・東麓に、人びとが住み着くようになったのは、富士の噴火が比較的おだやかであった、今から3万年ほど前の後期旧石器時代からである。富士山西麓に残る縄文時代中期の配石遺構は、当時の人びとが盛んに噴火を続ける富士山を信仰の対象とした跡ともいわれている。古墳時代になると、富士・愛鷹山の南麓に、ヤマト政権との関係をもつスルガのクニの首長たちの勢力が存在したと考えられ、その権力の象徴として、巨大な前方後方墳や前方後円墳などが築造された。

　奈良時代に、都と東国を結ぶ官道として東海道が整備され、富士・愛鷹山麓の交通の要衝に駅家がおかれた。沼津から黄瀬川に沿って北上する東海道は、御殿場で甲斐路と分かれ、足柄峠を経て相模国に至る。この足柄路は、802（延暦21）年の富士の大噴火で閉ざされ、あらたに箱根山をこえる箱根路が開かれた。

　天高くそびえ立つ富士の山容は、じつに優美であり、古来、人びとは山の頂に神の降臨を信じた。富士宮市の富士山本宮浅間大社は、水火の徳をあわせもつ木花佐久夜毘売命をまつり、長く富士山信仰の拠点となって栄えた。村山には、村山三坊とよばれる山伏たちがいて、富士登山を統制した。2013（平成25）年、富士山は文化的価値が認められ、ユネスコ世界文化遺産に登録された。

　鎌倉時代には、東海道は京・鎌倉を往来する軍勢や旅人で賑わった。仏教界に新風を巻きおこした日蓮は、富士の実相寺で「立正安国論」を構想したといわれ、弟子の六老僧たちは各地に拠点を開いた。今川氏は駿河国守護となり、その領国経

営につとめた。箱根山西麓の大森におこった大森氏は、やがて西相模に進出し、一族からでた葛山氏は今川氏にしたがって北駿地方をおさめた。戦国時代、富士川以東は、今川氏の領国とはいえ、小田原北条氏や甲斐武田氏の勢力がおよんでいた。

東海道と狩野川が接する沼津には、江戸時代に、徳川譜代の有力大名がおかれた。北駿地方は小田原藩の支配となり、御殿場には、隠居した徳川家康の御殿が築かれた。富士の代官古郡氏は、富士川の開鑿を行い、分流していた富士川の流れを1つにまとめて駿河湾へと流し、加島平野の開発にあたった。裾野の大庭氏は、箱根山に隧道を掘り、箱根芦ノ湖の水を駿東各地の灌漑用水とした。小山では、富士の湧水を利用した阿多野用水がつくられるなど、各地で新田開発が進んだ。しかし、宝永の富士山大噴火(1707年)により、須走村は約3ｍの降砂で埋まるなど、北駿地方は壊滅的な被害をうけた。小田原藩は、廃村やむなしの方針をとったが、関東郡代伊奈半佐衛門の尽力により、復興がはかられた。

幕末、二宮尊徳は、小田原藩の依頼をうけ農村復興にあたったが、その報徳思想は、今も北駿の各地にうけつがれている。明治時代初め、沼津に静岡藩の教育機関として沼津兵学校・附属小学校がつくられ、多くの優秀な人材が集まった。

日本の近代化を進めるうえで、交通網の整備は重要な課題であり、「天下の険」とうたわれた箱根の山をいかにこえるかが難題であった。1889(明治22)年に、御殿場経由で東海道線が開通したが、熱海から三島に直結させる丹那トンネルの開通は、昭和時代の初めまで待たなければならなかった。

1960年代になると、御殿場経由で東名高速道路が開通し、東海道本線に沿って東海道新幹線が開業となり、東西を結ぶ大動脈となって高度経済成長をささえることになった。そして、2012(平成24)年、御殿場・三ヶ日間において、新東名が開通し、新たな交通体系が生まれた。

富士川から大井川へ

富士川から大井川にかけての地域は、駿河国の中・西部にあたり、静岡県の中部地域を形成している。この地域の南部は、東北から西南にかけて東海道が走り、早くから開けた地域である。この地域の中央に位置する静岡市には、弥生時代後期の代表的な遺跡である登呂遺跡があり、興津川から安倍川にかけての丘陵部には、三池平・谷津山・賤機山古墳など多数の古墳があり、大化以前の廬原国に推定されている。

県都静岡市は、奈良時代以来駿河国の国府がおかれ、府中として発展した。駿河国は志太・益頭・有度・安倍・廬原・富士・駿河(駿東)の7郡からなり、このうち廬原郡以西の5郡がこの地域にあたる。藤枝市の志太郡衙跡は、全国的にも珍しい当時の郡役所の様子を今に伝えている。この時代、東海道は大井川を渡って海寄りのコースをたどり、焼津市小川から日本坂をこえて、小坂を経て府中にはいる駅

馬の道と、山寄りのコースをたどり、藤枝市・旧岡部町から宇津ノ谷峠をこえて丸子を経て府中にはいる伝馬の道があった。この辺りは『万葉集』や『伊勢物語』にもとりあげられており、古来よりよく知られたところである。

南北朝時代から室町時代には、足利氏の一門今川氏が、三河国から遠江・駿河国の守護に任じられて両国にはいり、駿河府中はその守護所となった。やがて今川氏が守護大名から戦国大名に成長すると、駿河府中は駿府とよばれて領国経営の拠点となって発展した。今川氏滅亡後、武田氏の支配下にはいった駿河は、武田氏滅亡後、徳川家康の領国となり、駿府は三河・遠江・駿河・甲斐・信濃5カ国支配の中心として天守閣をもつ駿府城が築城された。

豊臣秀吉の全国統一によって江戸に移された家康は、関ヶ原の戦い後、江戸に幕府を開き、1607(慶長12)年から死去する1616(元和2)年までの10年間、駿府にもどって大御所政治を展開し、幕藩体制の基礎づくりにあたった。このため駿府は事実上の首都となり、城と城下町は一新され、全国有数の都市となった。

江戸時代に駿府は、幕府の直轄都市として城代と町奉行がおかれた。また、この地域には、小島藩と田中藩がおかれ、譜代の小大名が配置されたほか、幕府直轄領である天領も多かったため、駿府と島田には代官所が設けられた。東海道はこの時代、幕府によって管理・整備され、参勤交代の大名をはじめ、時代がくだるにしたがって旅人も多くなり、各宿場が繁栄した。また富士川・安倍川・大井川は、幕府の政策によって架橋されなかったため、富士川は渡船、安倍川と大井川は川越人足による徒渉によって賑わった。島田宿大井川川越遺跡は、その様子を今に伝えている。

明治維新によって徳川宗家を継いだ徳川家達は、駿河・遠江・東三河において70万石をあたえられて駿府藩主となった。このため各藩は、上総・安房(現、千葉県)に転封となり大きな変動がおこった。1869(明治2)年駿府(府中)は静岡と改称され、廃藩置県後、駿河国は静岡県、遠江国は浜松県、伊豆国は足柄県の一部となった。しかし、1876年に旧3国は合併して静岡県となり、県都静岡は、1889年の市制施行によって、県内最初の市となり、東海地方の有力都市として発展した。

大井川から天竜川へ

駿河国と遠江国の境は、ほぼ現在の大井川である。この大井川による境は、古代のある時期、ヤマト政権にとって東国とそれ以西との境でもあった。方言・習俗・文化の面でも1つの境であるといわれる。いろいろな面でどちら側からみても、「越すに越されぬ大井川」であったようである。

島田から大井川を渡って牧之原台地にあがれば、諏訪原城跡がある。この城は、徳川家康方の掛川城牽制と西南の高天神城攻略の拠点として武田氏により築かれた。周囲は茶畑で、明治時代初年以降、おもに旧幕臣の開墾によりはじまった牧之原の大茶園がさらに拡大して、丘をこえ、谷をこえて延々と広がる。その一角に、

富士山静岡空港がある。

　茶畑のなかを南下すると駿河湾に面し、田沼意次5万7000石の城下町相良に至る。史跡の多い地域であり、また信州への塩の道の起点地でもある。

　相良からさらに南下すると駿河湾と遠州灘を分かつアカウミガメの上陸地で、海の難所といわれる御前崎岬に至る。この辺り一帯は、吹く風は強く、長年にわたる飛ぶ砂によって石も削られるという(白羽の風蝕礫産地)。岬を西にめぐれば、浜岡原子力発電所の巨大な施設群が迫ってくる。

　牧之原台地の西南、平野部は菊川によって形成された肥沃な小笠平野が開け、古代末期から中世にかけて、土方・内田・横地・新野らの名族が輩出する。

　牧之原台地を西にくだって、菊川の里・小夜の中山・日坂宿・事任八幡宮と旧東海道を進む道は、かつての東海道をしのばせるに十分な雰囲気を今ももっている。

　なだらかな丘陵に囲まれた掛川は、今川氏の家臣朝比奈氏が城を築き、今川氏の最期を見守った地である。徳川家康が関東に移されると山内一豊がはいり、城と町の整備を行い、近世における宿場町とともに城下町掛川が誕生した。近代にはいり、掛川には報徳運動の全国的拠点である大日本報徳社が設置され、運動の中心となった。平成の大合併によって、武田と徳川の激しい攻防戦が繰り広げられた高天神城跡や横須賀城跡とその城下町も掛川の市域となった。

　東海道の真ん中の宿場町としての袋井の郊外には、可睡斎・油山寺・法多山の古刹があり、遠州三山の名称で親しまれ、現在も四季折々に賑わいをみせている。北の森町は、茶の香りとともに静かなたたずまいを保っている。

　天竜川の東側、北から南へゆるやかにくだる磐田原台地は、旧石器時代の遺跡の宝庫であり、台地の南端部には、縄文時代の石原貝塚・西貝塚などの遺跡が存在し、袋井市の大畑遺跡とともに、県内における貝塚遺跡の東限域にあたる。台地上には新豊院古墳群・銚子塚古墳・御厨古墳群など、県内最大級の古墳が点在している。古代から中世にかけては、遠江国の国府・守護所の所在地であり、奈良時代に国分寺・国分尼寺が建立された地である。近代の旧見付学校を含め、一級の史跡が保存されている地域である。

新生浜松と浜名湖

　新生浜松市は、天竜川を柱とする北遠(北部遠江)山間部の旧天竜市・春野・佐久間・水窪の3町および龍山村と、広大な三方原台地および天竜川右岸下流域の沖積平野を占める旧浜松・浜北の2市、そして浜名湖畔の雄踏・舞阪・引佐・細江・三ケ日の5町、計3市8町1村が大合併して、2005(平成17)年7月に誕生し、2007年4月には、政令指定都市へ移行した。

　北遠の地は、山と清流の地であって、光明山・本宮山・大日山・春埜山・秋葉山・竜頭山などの霊山があり、信仰の道が錯綜し、そのなかを塩の道が青崩峠を

こえて信州へのびている。いまだに中世世界が生きている地域である。この地域への南からの入口は、東は太田川沿いの森町、西は天竜川沿いの二俣(浜松市)である。

二俣は、遠江における大型前方後円墳の北限の地であり、戦国時代には、徳川家康にとって、織田信長の命令で嫡男信康を自刃させた地でもある。

秋葉信仰の秋葉山を中心とする北遠の地は、戦国時代に地元の天野・奥山氏らを巻き込んで、今川・武田・徳川各氏の抗争の地となった。犬居城跡・中尾生城跡・篠ケ嶺城跡・鶴ケ城跡・高根城跡をはじめ、多くの山城跡が残っている。また、ここは民俗芸能の宝庫でもあり、西浦の田楽を筆頭に、懐山のおくない・川合花の舞・勝坂神楽などが知られる。

三方原台地とその周辺部は、中世以降浜松城下を中心に急速に発展した地域であるが、化石人骨「浜北人」は、本州唯一の旧石器時代人とされる。縄文時代の蜆塚遺跡、弥生時代から奈良・平安時代にかけての伊場遺跡がある。台地東縁には、かつて大規模な古墳群が存在したが、その多くは姿を消し、北部の赤門上古墳を中心とする内野古墳群に、ややまとまって残る程度となっている。

浜松城は、徳川家康が青壮年期の17年間ほど居城としたところで、この間に、姉川・長篠・小牧長久手の戦いを経験し、また、織田信長の命令で、正室築山御前を殺害した地である。

この地方を代表する気質「やらまいか」の精神のもと、明治時代以降、織物産業、ヤマハ・カワイに代表される楽器製造産業、ホンダ・スズキ・ヤマハに代表されるオートバイ・自動車産業など、多くの近代産業がおこり、今日におよんでいる。

浜名湖北岸は、東海道の脇街道本坂道(姫街道)に沿う地域で、名族井伊・浜名氏の地である。南北朝時代の抗争にかかわる三岳城跡・千頭峯城跡・大平城跡などがあり、また宝林寺・龍潭寺・方広寺・長楽寺・摩訶耶寺・大福寺などの名刹・古刹がたち並び、古くは多くの銅鐸が運ばれた地域である。

浜名湖南西岸は東海道に沿う地域で、新居関では「入鉄砲に出女」はとくに厳しく改められた。三河との国境である湖西連峰の標高340mの山中に、古代の山岳寺院大知波峠廃寺跡があり、不明な点も多く、今後の研究が注目されている。

【文化財公開施設】　　　　　　　　　　　　　　　　　①内容，②休館日，③入館料

〈東部地域〉

熱海市立伊豆山郷土資料館　〒413-0002熱海市伊豆山708-2（伊豆山神社境内）　TEL0557-80-4252　①伊豆山神社を中心とする伊豆山地区の文化財，②水曜日，③有料

MOA美術館　〒413-8511熱海市桃山町26-2　TEL0557-84-2511　①美術・工芸など国宝・重要文化財を多数所蔵，②木曜日，年末年始，③有料

伊東市文化財管理センター　〒414-0026伊東市竹の台3-11　TEL0557-36-2182　①伊東市内の遺跡からの出土品，②月曜日（祝日を除く），③無料

河津平安の仏像展示館　〒413-0515賀茂郡河津町谷津138　TEL0558-34-0115　①谷津南禅寺に伝わる平安の仏像群を紹介，②水曜日，年末年始，③有料

上原美術館　〒413-0715下田市宇土金341　TEL0558-28-1288　①近・現代の仏像を中心に常設展示，②無休，③有料

下田開国博物館　〒415-0024下田市四丁目8-13　TEL0558-23-2500　①ペリー，ハリスらの日本開国関係資料，②無休，③有料

伊豆の長八美術館　〒410-3611賀茂郡松崎町松崎23　TEL0558-42-2540　①松崎出身の左官の名工入江長八の漆喰鏝絵など，②無休，③有料

重要文化財岩科学校　〒410-3613賀茂郡松崎町岩科北側442　TEL0558-42-2675　①教育関係資料，農機具などの郷土資料，②無休，③有料

沼津市戸田造船郷土資料博物館　〒410-3402沼津市戸田2710-1　TEL0558-94-2384　①ロシア軍艦ディアナ号の造船資料，②水曜日，年末年始，③有料

伊豆市資料館　〒410-2502伊豆市上白岩425-1　TEL0558-83-1859　①国指定史跡上白岩遺跡出土品など，②木曜日，年末年始，③有料

三島市郷土資料館　〒411-0036三島市一番町19-3（楽寿園内）　TEL055-971-8228　①三島の歴史や生活文化関連資料，②月曜日，年末年始，③無料（楽寿園入園は有料）

佐野美術館　〒411-0838三島市中田町1-43　TEL055-975-7278　①日本刀・日本画・仏像など東洋古美術コレクション，②木曜日（祝日を除く），年末年始，③有料

三嶋大社宝物館　〒411-0035三島市大宮町2-1-5　TEL055-975-0566　①三嶋大社所蔵の美術・工芸品など，②不定期（年3回），③有料

かんなみ仏の里美術館　〒419-0101田方郡函南町桑原89-1　TEL055-948-9330　①鎌倉時代の慶派を中心とする諸仏の展示，②火曜日，年末年始，③有料

沼津市歴史民俗資料館　〒410-0822沼津市下香貫島郷2802-1　TEL055-932-6266　①駿河湾の漁具と浮島沼の湿田農耕用具，②月曜日（祝日を除く），年末年始，③無料（御用邸記念公園入園は有料）

沼津市明治史料館　〒410-0051沼津市西熊堂372-1　TEL055-923-3335　①沼津出身の教育者江原素六と沼津兵学校関連資料，②月曜日（祝日を除く），月の最終平日，年末年始，③有料

裾野市立富士山資料館　〒410-1231裾野市須山2255-39　TEL055-998-1325　①富士山の自然や文学芸術，歴史など，②月曜日，祝日の翌日，年末年始，③有料

静岡県富士山世界遺産センター　〒418-0067富士宮市宮町5-12　TEL0544-21-3776　①富士山を多角的に紹介，②第3火曜日，③有料

富士山かぐや姫ミュージアム(富士市立博物館)　〒417-0061富士市伝法66-2　TEL0545-21-3380　①富士市や富士山の歴史・民俗, かぐや姫伝承, ②月曜日, 祝日の翌日, 年末年始, ③無料

〈中部地域〉

静岡県埋蔵文化財センター　〒421-3203静岡市清水区蒲原5300-5　TEL054-385-5500　①出土文化財の保管・展示, ②土・日曜日, 年末年始, ③無料

静岡県埋蔵文化財センターサテライト展示　〒422-8002静岡市駿河区谷田53-1(静岡県立中央図書館3F)　①県内調査遺跡・遺物の紹介, ②図書館休館日, ③無料

静岡県立美術館　〒422-8002静岡市駿河区谷田53-2　TEL054-282-5755　①ロダン彫刻や西洋・日本の風景画など, ②月曜日, 年末年始, ③有料

日本平夢テラス　〒424-0886静岡市清水区草薙600-1　TEL054-340-1172　①名勝「日本平」の歴史・眺望, ②第2火曜日, 年末年始, ③無料

東海道広重美術館　〒421-3103静岡市清水区由比297-1　TEL054-375-4454　①浮世絵, 由比の自然と歴史, ②月曜日, 年末年始, ③有料

フェルケール博物館　〒424-0943静岡市清水区港町2-8-11　TEL054-352-8060　①船舶模型や港湾荷役道具などの清水港関連資料, ②月曜日(祝日を除く), ③有料

静岡市文化財資料館　〒420-0868静岡市葵区宮ヶ崎町102　TEL054-254-3500　①徳川家康・山田長政・浅間神社関連資料, 賤機山古墳出土品など, ②月曜日, 祝日の翌日, 年末年始, ③有料

静岡市美術館　〒420-0852静岡市葵区紺屋町17-1(葵タワー3F)　TEL054-273-1515　①企画展のみ, ②月曜日, 年末年始, ③有料

静岡平和資料センター　〒420-0858静岡市葵区伝馬町10-25(中央ビルデング2F)　TEL054-271-9004　①展示, 映像, ②金・土・日曜日開館(11:00～16:00), ③無料

静岡市立登呂博物館　〒422-8033静岡市駿河区登呂5-10-5　TEL054-285-0476　①国特別史跡登呂遺跡出土資料, 民俗資料など, ②月曜日, 年末年始, ③有料

静岡市立芹沢銈介美術館　〒422-8033静岡市駿河区登呂5-10-5　TEL054-282-5522　①芹沢銈介の作品・民芸品コレクション, ②月曜日, 年末年始, ③有料

ふじのくに地球環境史ミュージアム　〒422-8017静岡市駿河区大谷5762　TEL054-260-7111　①自然界と人間界を巡る, ②月曜日, 年末年始, ③有料

久能山東照宮博物館　〒422-8011静岡市駿河区根古屋390　TEL054-237-2437　①重要文化財徳川家康関係資料, 徳川家歴代関係資料など, ②無休, ③有料

駿府博物館　〒422-8033静岡市駿河区登呂3-1-1　TEL054-284-3217　①近代日本画, 墨跡, 工芸品など, ②月曜日, 年末年始, ③有料

焼津市歴史民俗資料館　〒425-0071焼津市三ヶ名1550　TEL054-629-6847　①焼津の歴史, 第五福竜丸・小泉八雲関連資料, 民具, 出土品, ②月曜日, 年末年始, ③無料

藤枝市郷土博物館　〒426-0014藤枝市若王子500　TEL054-645-1100　①藤枝市内遺跡出土品, 藤枝宿・田中城関係資料など, ②月曜日, 祝日の翌日, 年末年始, ③有料

志太郡衙資料館　〒426-0078藤枝市南駿河台1-12　TEL054-646-6525　①志太郡衙跡から出土した墨書土器など, ②祝日の翌日, 年末年始, ③無料

島田市博物館　〒427-0037島田市河原1-5-50　TEL0547-37-1000　①島田宿・大井川川越関

係資料など，②月曜日，年末年始，③有料

ふじのくに茶の都ミュージアム　〒428-0034島田市金谷3053-2　TEL0547-46-5588　①世界のお茶の歴史と文化を体験学習，②火曜日，年末年始，③有料

常葉美術館　〒439-0019菊川市半済1550-1　TEL0537-35-0775　①渡辺崋山・谷文晁らの近世絵画，曽宮一念らの油絵など，②展覧会時のみ開館，③常設展は無料

フォーレなかかわね茶茗館　〒428-0312榛原郡川根本町水川71-1　TEL0547-56-2100　①川根茶の歴史や茶業道具など，②水曜日，年末年始，③無料

牧之原市史料館　〒421-0592牧之原市相良275-2　TEL0548-53-2625　①相良の歴史，相良城や藩主田沼家関連資料など，②月曜日，第3日曜日，年末年始，③有料

菊川市黒田家代官屋敷資料館　〒437-1514菊川市平川862-1　TEL0537-73-7270　①代官黒田家関連資料，②月曜日，祝日の翌日，年末年始，③有料

掛川市大須賀歴史民俗資料館　〒437-1302掛川市大渕6881-2　TEL0537-48-6522　①三熊野神社祭礼山車，農具・漁具など，②月曜日，年末年始，③無料

掛川市二の丸美術館　〒436-0079掛川市掛川1142-1　TEL0537-62-2061　①掛川城・掛川宿関連資料，煙管道具・金属工芸品など，②臨時休館日(展示替えなど)，③有料

資生堂アートハウス　〒436-0025掛川市下俣751-1　TEL0537-23-6122　①資生堂の製品・ポスター，絵画・彫刻・工芸品など，②月曜日，夏期(8月中旬)，年末年始，③無料

吉岡彌生記念館　〒437-1434掛川市下土方474　TEL0537-74-5566　①女医の先駆者吉岡彌生関連資料，②月曜日，第4火曜日，年末年始，③有料

〈西部地域〉

磐田市埋蔵文化財センター　〒438-0086磐田市見付3678-1　TEL0538-32-9699　①市内の考古・民俗資料，②土・日曜日，祝日，年末年始，③無料

磐田市旧見付学校　〒438-0086磐田市見付2452　TEL0538-32-4511　①見付学校創立当時の資料，教科書など，②月曜日(祝日を除く)，祝日の翌日，年末年始，③無料

磐田市歴史文書館　〒438-0204磐田市岡729-1(市竜洋支所2F)　TEL0538-66-9112　①公文書を中心に郷土史，②土・日曜日，祝日，年末年始，③無料

磐田市竜洋郷土資料館　〒438-0204磐田市岡405-47　TEL0538-32-9699(市文化財課)　①掛塚湊関連資料，農具・生活用具など，②月曜日，祝日，年末年始，③無料

森町立歴史民俗資料館　〒437-0215周智郡森町森2144　TEL0538-85-0108　①森町内遺跡出土品，民俗資料など，②月・火曜日，年末年始，③無料

袋井市郷土資料館　〒437-1102袋井市浅名1021　TEL0538-23-8511　①修験道や陰陽道，民間信仰関連資料，出土遺物など，②月曜日，年末年始，③無料

磐田市香りの博物館　〒438-0821磐田市立野2019-15　TEL0538-36-8891　①香道具・香炉・香合など香りをテーマとする博物館，②月曜日，年末年始，③有料

浜松市秋野不矩美術館　〒431-3314浜松市天竜区二俣町二俣130　TEL053-922-0315　①秋野不矩の数多くの大作，②月曜日，年末年始，③有料

本田宗一郎　ものづくり伝承館　〒431-3314浜松市天竜区二俣町二俣1112　TEL053-477-4664　①宗一郎の人となりやものづくりの精神を紹介，②月・火曜日，年末年始，③有料

浜松市立内山真龍資料館　〒431-3305浜松市天竜区大谷568　TEL053-925-4832　①国学者内山真龍関連資料，②月・火曜日，祝日，年末年始，②有料(特別展のみ)

文化財公開施設

浜松市春野歴史民俗資料館　　〒437-0604浜松市天竜区春野町宮川1327-1　TEL053-989-1119　①浜松市春野町の自然・歴史・民俗，②月曜日，年末年始，特別整理日，③無料

浜松市水窪民俗資料館　　〒431-4102浜松市天竜区水窪町地頭方1097　TEL053-987-1620　①塩の道の宿場町水窪の自然・歴史・民俗，②月曜日，祝日の翌日，年末年始，③有料

浜松市博物館　　〒432-8018浜松市中区蜆塚4-22-1　TEL053-456-2208　①国指定史跡蜆塚遺跡出土品，浜松藩関連資料など，②月曜日，祝日の翌日，年末年始，③有料

浜松市美術館　　〒430-0947浜松市中区松城町100-1　TEL053-454-6801　①遠州ゆかりの浮世絵，伝統ガラス絵など，②月曜日，年末年始，③有料

浜松市立賀茂真淵記念館　　〒432-8036浜松市中区東伊場1-22-2　TEL053-456-8050　①賀茂真淵ら遠州国学者関連資料，②月曜日，祝日の翌日，年末年始，③有料

金原明善翁生家　　〒435-0012浜松市東区安間町1　TEL053-421-0550　①金原明善の遺品・遺墨など，②月・火・水曜日，年末年始，③無料

浜松まつり会館　　〒430-0845浜松市南区中田島町1313　TEL053-441-6211　①浜松まつりの大凧や御殿屋台など，②年末年始，③有料

平野美術館　　〒430-0942浜松市中区元浜町166　TEL053-474-0811　①近代日本画の収蔵品展，地元ゆかりの現代作家の企画展，②月曜日，年末年始，③有料

浜松復興記念館　　〒430-0937浜松市中区利町304-2　TEL053-455-0815　①浜松大空襲・戦災復興関連資料など，②月曜日，祝日の翌日，年末年始，③無料

浜松市市民ミュージアム浜北　　〒434-0038浜松市浜北区貴布祢291-1　TEL053-586-7310　①遠州織物など天竜川下流の平野の生業や文化や出土遺物など，②月曜日，年末年始，③無料

浜松市姫街道と銅鐸の歴史民俗資料館　　〒431-1305浜松市北区細江町気賀1015-1　TEL053-523-1456　①姫街道・気賀関所関連資料など，②月曜日，祝日の翌日，年末年始，③有料

浜松市地域遺産センター　　〒431-2212浜松市北区引佐町井伊谷616-5　TEL053-542-3660　①井伊谷川や都田川右岸を中心とした地域の歴史資料，②月曜日，年末年始，③無料

豊田佐吉記念館　　〒431-0443湖西市山口113-2　TEL053-576-0064　①豊田佐吉発明の自動織機など，②水曜日，年末年始，③無料

浜松市舞阪郷土資料館　　〒431-0211浜松市西区舞阪町舞阪2668-56　TEL053-592-7000　①湖底遺跡出土品，宿場関連資料・海苔養殖用具など，②月曜日，第1木曜日，年末年始，③無料

新居関所史料館　　〒431-0302湖西市新居町新居1227-5　TEL053-594-3615　①新居関所関連資料など，②月曜日(祝日を除く)，年末年始，③有料

【無形民俗文化財】

国指定

藤守の田遊び　　焼津市藤守(大井八幡宮)　　3月17日
西浦の田楽　　浜松市天竜区水窪町西浦(西浦観音堂)　　旧暦1月18日
遠江のひよんどりとおくない
　　寺野三日堂祭礼ひよんどり　　浜松市北区引佐町渋川(寺野観音堂)　　1月3日
　　川名のひよんどり　　浜松市北区引佐町川名(川名薬師堂)　　1月4日
　　懐山のおくない　　浜松市天竜区懐山(泰蔵院)　　1月3日
遠江森町の舞楽
　　天宮神社十二段舞楽　　周智郡森町天宮(天宮神社)　　4月第1土・日曜日
　　小國神社の舞楽　　周智郡森町一宮(小國神社)　　4月18日に近い土・日曜日
　　山名神社天王祭舞楽　　周智郡森町飯田(山名神社)　　7月15日に近い土・日曜日
有東木の盆踊　　静岡市葵区有東木(東雲寺)　　8月14・15日
徳山の盆踊　　榛原郡川根本町徳山(徳山浅間神社)　　8月15日
大江八幡神社の御船行事　　牧之原市大江(八幡神社)　　8月15日
見付天神裸祭り　　磐田市見付(矢奈比売神社)　　旧暦8月10日に近い土・日曜日
蛭ヶ谷の田遊び　　牧之原市蛭ヶ谷(蛭児神社)　　2月11日

県指定

[神楽]

大鍋子守神社の神楽　　賀茂郡河津町大鍋(子守神社)　　10月15日
沼田の湯立神楽　　御殿場市沼田(子之上神社)　　10月の最終土・日曜日
由比のお太鼓祭　　静岡市清水区町屋原(豊積神社ほか)　　1月1・2日
清沢の神楽　　静岡市葵区清沢(子之神社ほか)　　10月の各神社の祭礼日
高根白山神社古代神楽　　藤枝市瀬戸谷(高根白山神社)　　10月29日
梅津神楽　　榛原郡川根本町梅地(接岨峡温泉会館)　　1月第3土曜日
田代神楽　　榛原郡川根本町田代(大井神社)　　2月17日に近い土曜日(3年に1度)
徳山神楽　　榛原郡川根本町徳山(徳山神社)　　10月10日
川合花の舞　　浜松市天竜区佐久間町川合(八坂神社)　　10月最終土曜日

[獅子舞]

焼津神社獅子木遣り　　焼津市(市内,焼津神社)　　8月13日
獅子舞かんからまち　　掛川市(旧掛川市内,龍尾神社)　　丑・辰・未・戌の年の10月9〜11日

[鹿島踊]

来宮神社鹿島踊　　熱海市西山町(来宮神社)　　7月15・16日
島田鹿島踊　　島田市(旧島田市内,大井神社)　　寅・巳・申・亥の年の10月13〜15日

[田楽・田遊び]

三島大社のお田打　　三島市大宮町(三島大社)　　1月7日
日向の七草祭　　静岡市葵区日向(福田寺)　　旧暦1月7日
滝沢八坂神社の田遊び　　藤枝市滝沢(八坂神社)　　2月17日
三熊野神社の地固め舞と田遊び　　掛川市横須賀(三熊野神社)　　4月第1土・日曜日

法多山の田遊祭　　袋井市豊沢(尊永寺)　1月7日
小國神社の田遊び　　周智郡森町一宮(小國神社)　1月3日
[舞楽]
静岡浅間神社廿日会祭の稚児舞　　静岡市葵区宮ヶ崎町(浅間神社)　4月5日
猿舞　　島田市東光寺(日吉神社)　4月14日
[盆踊]
妻良のぼんおどり　　賀茂郡南伊豆町妻良(妻良海岸)　8月15日
平野の盆踊　　静岡市葵区平野(少林院)　8月14日
[念仏踊]
滝沢の放歌踊　　浜松市北区滝沢(滝沢地区内)　8月13〜15日
呉松の大念仏　　浜松市西区呉松(呉松地区内)　8月13日
西浦の念仏踊　　浜松市天竜区水窪町西浦(永泉寺ほか)　8月14・16日
[祭囃子]
三島囃子　　三島市(市内，三島大社)　8月15〜17日
富士宮囃子　　富士宮市(富士宮市内)　11月3〜5日
大東町八坂神社の祇園囃子と祭礼行事　　掛川市中(八坂神社)　10月第1土・日曜日
三社祭礼囃子　　掛川市横須賀(三熊野神社)　4月第1土・日曜日
掛塚祭屋台囃子　　磐田市掛塚(貴船神社)　10月第1土・日曜日
[船祭]
戸田の漁師踊・漁師唄　　沼津市戸田(諸口神社)　4月3・4日
飯津佐和乃神社の御船行事　　牧之原市波津(飯津佐和乃神社)　9月14日
[人形芝居]
人形三番叟　　賀茂郡西伊豆町宇久須(牛越神社)　11月2・3日
仁科の人形三番叟　　賀茂郡西伊豆町仁科(佐波神社)　11月2・3日
海名野神明神社の三番叟　　賀茂郡西伊豆町仁科(海名野神社)　11月2・3日
[歌舞伎]
横尾歌舞伎　　浜松市北区引佐町横尾(開明座)　10月7・8日
[神事]
一幡神社の御榊神事　　牧之原市菅ヶ谷(一幡神社)　2月10日
桜ケ池のおひつ納め　　御前崎市佐倉(池宮神社)　秋の彼岸の中日とその翌日
女河八幡宮例大祭神事　　湖西市新所(女河八幡宮)　10月中旬の土・日曜日
[その他]
新井の大祭り諸行事　　伊東市新井(新居神社)　隔年1月7日
小稲の虎舞　　賀茂郡南伊豆町手石小稲(来宮神社・手石小稲地区内)　旧暦9月仲秋の名月前夜
江浦の水祝儀　　沼津市江浦(住吉神社)　1月2日
島田帯祭の大名行列　　島田市本通(旧島田市内)　寅・巳・申・亥年の10月中旬の3日間
草薙神社龍勢花火　　静岡市清水区草薙(草薙神社)　9月20日に近い日曜・祝日
朝比奈大龍勢　　藤枝市岡部町殿(六所神社周辺)　10月(2年に1度)
ヤマメ祭り　　静岡市葵区井川(田代諏訪神社)　8月26・27日

【おもな祭り】(国・県指定無形民俗文化財をのぞく)

しし打ちとシイト踊り　浜松市北区滝沢(四所神社)　1月1日
国本の田遊び祭　袋井市国本(富士浅間宮)　1月3日
智満寺の鬼払い　島田市千葉(智満寺)　1月7日
毘沙門天大祭　富士市今井(妙法寺)　旧暦1月7〜9日
ひょっとこ踊り　駿東郡小山町小山　1月14日
柏原新田のドンドヤキ　富士市相原　1月14日
庚申寺の庚申さん　浜松市浜北区宮口(庚申寺)　1月15日
鵜ばらい祭り　伊豆の国市古奈(観光会館)　1月28日
関方の山の神　焼津市関方　2月8日
チャンチャコチャン祭り　湖西市新居町大倉戸(恵比寿神社)　2月8日, 12月8日
御穂神社の筒粥祭り　静岡市清水区三保(御穂神社)　2月15日
息神社の田遊び　浜松市西区雄踏町宇布見(息神社)　旧暦初午
開運厄除け星祭り　浜松市浜北区根堅(岩水寺)　2月第3日曜日
梅ヶ島新田の神楽　静岡市葵区梅ヶ島　3月第1土曜日
花学院の初午祭り　浜松市西区西鴨江(花学院)　3月第1日曜日
月ヶ瀬相撲甚句　伊豆市月ヶ瀬(聖神社・高根神社)　4月第1日曜日
大瀬祭り　沼津市江浦江梨(大瀬神社)　4月4日
おんぞ祭り　浜松市北区三ヶ日町岡本(初生衣神社)　4月13日
姫様道中と八幡神社祭典　浜松市北区細江町気賀(都田川堤)　4月第1土・日曜日
お茶壺道中　静岡市葵区宮ヶ崎・呉服町など　4月中旬の土曜日
相良凧合戦　牧之原市相良(相良海岸)　5月3〜5日
浜松祭り　浜松市(中田島海岸・浜松市内)　5月3〜5日
つなん曳き　浜松市天竜区春野町犬居(旧犬居宿街道)　5月5日
黒船祭り　下田市　5月の第3土曜日を含む金・土・日曜日
富士山わらじ祭り　御殿場市新橋(新橋浅間神社)　7月1日
富士山須走口開山祭　駿東郡小山町須走(富士浅間神社)　7月1日
浅間大社の御田植祭　富士宮市宮町(富士山本宮浅間大社)　7月7日
吉田の出奴　榛原郡吉田町川尻(川尻八幡神社)　7月中旬の土・日曜日
三島の祇園祭り　三島市大宮町(三島大社)　7月15〜17日
初島の鹿島踊り　熱海市初島(初木神社)　7月17・18日
新居の手筒花火　湖西市新居町中町(諏訪神社)　7月第4金・土曜日
細江神社祇園祭り　浜松市北区細江町気賀(細江神社)　7月第3金・土曜日
神島の川カンジョー　伊豆の国市神島(狩野川河岸)　8月1日
按針祭　伊東市渚町　8月10日
荒祭り　焼津市焼津(焼津神社)　8月12・13日
下田の太鼓祭り　下田市一丁目(八幡神社)　8月14・15日
ハンマアサマ　賀茂郡東伊豆町稲取(稲取海岸)　9月9日
舞阪の太鼓祭り　浜松市西区舞阪町舞阪(岐佐神社)　旧暦9月14・15日
神ころばしと七十五膳　藤枝市岡部町岡部(若宮八幡神社)　9月15日(4年に1度)

髭祭り　　島田市野田（鵜田寺）　9月第3日曜日
滝沢八坂神社の神楽　　藤枝市滝沢（八坂神社）　10月第1日曜日
息神社の大太鼓祭り　　浜松市西区雄踏町宇布見（息神社）　10月第2土・日曜日
西宮神社のエビス講　　静岡市葵区横田町（西宮神社）　10月19・20日
白浜神社祭礼　　下田市白浜（白浜神社）　10月28〜30日
笹間神楽　　島田市笹間（二俣八幡神社・桑原八幡神社）　10月最終日曜日
宇久須猿っ子踊り　　賀茂郡西伊豆町宇久須柴（八王子神社）　11月3日
今田の花の舞　　浜松市天竜区佐久間町今田（一宮神社・二宮神社）　11月22・23日
秋葉山火祭り　　浜松市天竜区春野町領家（秋葉神社・秋葉寺）　12月15・16日
秋葉の火祭り　　静岡市清水区西久保（秋葉寺）　12月15・16日
大井川蓮台越し　　島田市河原町（大井川河岸）　不定期

【有形民俗文化財】

国指定
山木遺跡の生産生活用具239点　　伊豆の国市韮山韮山　伊豆の国市韮山郷土資料館
沼津内浦・静浦及び周辺地域の漁撈用具　　沼津市下香貫　沼津市歴史民俗資料館

県指定
手揉み製茶関係器具類13種38点付1種2点　　菊川市倉沢　静岡県茶業試験場
藤布織機一式および製品一括　　浜松市天竜区水窪町奥領家　浜松市水窪民俗資料館
染め型紙542枚　　浜松市天竜区水窪町奥領家　守屋良太郎
大瀬神社奉納漁船模型32隻　　沼津市西浦　大瀬神社
旧山瀬家のコヤ（産屋）1棟　　浜松市北区細江町　浜松市姫街道と銅鐸の歴史民俗資料館
浮島沼周辺の農耕生産用具35種258点　　富士市　富士市立博物館

【無形文化財】

県指定
手揉み製茶技術
静岡漆器の金剛石目塗

【散歩便利帳】
［県外での問合せ］
静岡県東京観光案内所　　〒100-0006東京都千代田区有楽町2-10-1 東京交通会館地下1F
　　TEL03-3213-4831
静岡県名古屋観光案内所　　〒460-0008名古屋市中区栄4-6-36 久屋中日ビル4F
　　TEL052-262-7471
静岡県大阪観光案内所　　〒541-0051大阪市中央区備後町3-3-9 備後町コイズミビル1F
　　TEL06-6251-0357
［県内教育委員会文化財担当部局・観光担当課・観光協会］
〈静岡県〉
静岡県文化・観光部文化局文化財課　　〒420-8601静岡市葵区追手町9-6　TEL054-221-3183
静岡県埋蔵文化財センター　　〒422-8002静岡市駿河区谷田23-20　TEL054-262-4261
静岡県立中央図書館歴史文化情報センター　　〒420-0853静岡市葵区追手町9-18 静岡中央
　　ビル7階　TEL054-221-8228
静岡県観光協会　　〒422-8067静岡市駿河区南町14-1 水の森ビル2F　TEL054-202-5595
〈東部地域〉
沼津市教育委員会文化振興課　　〒410-8601沼津市御幸町16-1　TEL055-934-4812
沼津観光協会　　〒410-0801沼津市大手町1-1-1 アントレ2F　TEL055-964-1300
沼津市戸田観光協会　　〒410-3402沼津市戸田289-12　TEL0558-94-3115
熱海市教育委員会生涯学習課　　〒413-8550熱海市中央町1-1　TEL0557-86-6234
熱海市観光協会　　〒413-0014熱海市渚町2018-8 親水公園内（ワカガエルステーション）
　　TEL0557-85-2222
三島市文化振興課　　〒411-8666三島市北田町4-47　TEL055-983-2756
三島市観光協会　　〒411-0036三島市一番町2-29　TEL055-971-5000
富士宮市教育委員会文化課　　〒418-8601富士宮市弓沢町150　TEL0544-22-1187
富士宮市観光協会　　〒418-0065富士宮市中央町16-1　TEL0544-27-5240
伊東市生涯学習課　　〒414-8555伊東市大原2-1-1　TEL0557-32-1961
伊東観光協会　　〒414-0002伊東市湯川1-8-3　TEL0557-37-6105
富士市市民部文化振興課　　〒417-8601富士市永田町1-100　TEL0545-55-2875
富士市観光交流ビューロ　　〒417-8692富士市川成島町654-10　TEL0545-64-3776
御殿場市教育委員会社会教育課　　〒412-8601御殿場市萩原483　TEL0550-82-1212(代)
御殿場市観光協会　　〒412-0043御殿場市新橋1988　TEL0550-83-4770
下田市教育委員会生涯学習課　　〒415-8501下田市東本郷1-5-18　TEL0558-23-5055
下田市観光協会　　〒415-8505下田市外ケ岡1-1　TEL0558-22-1531
裾野市教育委員会生涯教育課　　〒410-1102裾野市深良435　TEL055-994-0145
裾野市観光協会　　〒410-1116裾野市千福7-1　TEL055-992-5005
伊豆市教育委員会社会教育課　　〒410-2592伊豆市八幡500-1　TEL0558-83-5476
伊豆市観光協会　　〒410-2416伊豆市修善寺838-1　TEL0558-99-9501
伊豆の国市教育委員会文化振興課　　〒410-2292伊豆の国市長岡346-1　TEL055-948-1428
伊豆の国市観光協会　　〒410-2201伊豆の国市古奈255　TEL055-948-0304

東伊豆町教育委員会社会教育係　〒413-0411賀茂郡東伊豆町稲取3354　TEL0557-95-6206
東伊豆町観光商工課　〒413-0411賀茂郡東伊豆町稲取3354　TEL0557-95-6301
河津町教育委員会　〒413-0595賀茂郡河津町田中212-2　TEL0558-34-0295
河津町観光協会　〒413-0512賀茂郡河津町笹原72-12　TEL0558-32-0290
南伊豆町教育委員会　〒415-0392賀茂郡南伊豆町下賀茂315-1　TEL0558-62-0604
南伊豆町観光協会　〒415-0303賀茂郡南伊豆町下賀茂157-1　TEL0558-62-0141
松崎町教育委員会　〒410-3612賀茂郡松崎町宮内301-1　TEL0558-42-3971
松崎町観光協会　〒410-3611賀茂郡松崎町松崎211　TEL0558-42-0745
西伊豆町教育委員会社会教育係　〒410-3514賀茂郡西伊豆町仁科401-1
　TEL0558-56-0212
西伊豆町観光協会　〒410-3514賀茂郡西伊豆町仁科2910-2　TEL0558-52-1268
函南町教育委員会生涯学習課　〒419-0122田方郡函南町上沢81　TEL055-979-1733
函南町商工会　〒419-0114田方郡函南町仁田68-2　TEL055-978-3995
清水町生涯学習課　〒411-0903駿東郡清水町堂庭6-1　TEL055-972-6678
清水町観光協会　〒411-0907駿東郡清水町伏目86　TEL055-975-7155
長泉町教育委員会生涯学習課　〒411-8668駿東郡長泉町中土狩828　TEL055-986-9209
長泉町産業振興課　〒411-8668駿東郡長泉町中土狩828　TEL055-989-5516
小山町教育委員会生涯学習課　〒410-1321駿東郡小山町阿多野130　TEL0550-76-5722
小山町観光協会　〒410-1326駿東郡小山町用沢72-2　TEL0550-76-5000
〈中部地域〉
静岡市観光交流文化局文化財課　〒420-8602静岡市葵区追手町5-1　TEL054-221-1066
するが企画観光局　〒420-0837静岡市葵区日出町1-2 TOKAI日出町ビル9F
　TEL054-251-5880
するが企画観光局清水事務所　〒424-0806静岡市清水区辻1-1-3-103　TEL0543-88-9182
藤枝市郷土博物館　〒426-0014藤枝市若王子500　TEL054-645-1100
焼津市歴史民俗資料館　〒425-0071焼津市三ヶ名1550　TEL054-629-6847
焼津市観光協会　〒425-0027焼津市栄町1-2-14　TEL054-626-6266
島田市博物館文化財係　〒427-0037島田市河原1-5-50　TEL0547-36-7967
島田市観光課　〒427-8501島田市中央町1-1　TEL0547-36-7163
牧之原市教育委員会社会教育課　〒421-0592牧之原市相良275　TEL0548-53-2646
牧之原市産業経済部観光係　〒421-0592牧之原市相良275　TEL0548-53-2623
藤枝市観光協会　〒426-0034藤枝市駅前2-7-26　TEL054-645-2500
御前崎市教育委員会社会教育課　〒437-1612御前崎市池新田5585　TEL0548-29-8735
御前崎市建設経済部商工観光課　〒437-1692御前崎市池新田5585　TEL0537-85-1135
菊川市教育委員会社会教育課　〒437-1514菊川市下平川6225　TEL0537-73-1137
菊川市観光協会　〒439-0031菊川市加茂2156　TEL0537-36-0201
掛川市教育委員会教育課　〒436-8650掛川市長谷1-1-1　TEL0537-21-1158
掛川観光協会　〒436-0029掛川市南1-1-1　TEL0120-24-8711
岡部町商工会　〒421-1121藤枝市岡部町岡部6-1　TEL054-667-0244
吉田町教育委員会社会教育課　〒421-0395榛原郡吉田町住吉87　TEL0548-33-2152

吉田町産業課　　〒421-0395榛原郡吉田町住吉87　TEL0548-33-2121
川根本町まちづくり観光協会　　〒428-0411榛原郡川根本町千頭1216-21　TEL0547-59-2746
〈西部地域〉
浜松市市民部文化財課　　〒430-8652浜松市中区元城町103-2　TEL053-457-2466
浜松市産業部観光・シテイプロモーション課　　〒430-8652浜松市中区元城町103-2
　　TEL053-457-2295
磐田市教育部文化財課　　〒438-0086磐田市見付3678-1 埋蔵文化財センター
　　TEL0538-32-9699
磐田市観光協会　　〒438-0078磐田市中泉1-1-5　TEL0538-33-1222
袋井市生涯学習課　　〒437-1192袋井市浅名1028　TEL0538-23-9264
袋井市観光協会　　〒437-0023袋井市高尾1211-1　TEL0538-43-1006
湖西市スポーツ・文化課　　〒431-0431湖西市鷲津1293-4　TEL053-576-1140
湖西市交流観光係　　〒431-0492湖西市吉美3268　TEL053-576-1230
森町教育委員会社会教育課　　〒437-0215周智郡森町森2101-1　TEL0538-85-2111（代）
森町産業課商工観光係　　〒437-0293周智郡森町森2101-1　TEL0538-85-2111（代）

【参考文献】

『伊豆碑文集 北豆・中豆編』 櫻井祥行編 櫻井祥行 2002
『今川時代とその文化 消えた230年を追う』 小和田哲男監修 静岡県文化財団 1994
『遠州の古寺』 神谷昌志編 静岡郷土出版社 1989
『遠州の寺社・霊場』 神谷昌志・酢山隆著 静岡新聞社 1992
『遠州歴史散歩』 神谷昌志 静岡新聞社 1989
『大井川の川越し』 島田市史資料編等編さん委員会編 島田市教育委員会 1992
『大御所徳川家康の城と町』 静岡市教育委員会編 静岡市教育委員会 1999
『街道の日本史22 伊豆と黒潮の道』 仲田正之編 吉川弘文館 2001
『街道の日本史30 東海道と伊勢湾』 本多隆成・酒井一輔 吉川弘文館 2004
『角川日本地名大辞典22 静岡県』 角川日本地名大辞典編纂委員会編 角川書店 1982
『郷土史事典 静岡県』 杉山元衛編 昌平社 1978
『近世静岡の研究』 本多隆成編 清文堂出版 1991
『静岡縣史』(旧版) 静岡県編 静岡県 1930-36
『静岡県史』(新版) 静岡県編 静岡県 1989-98
『静岡県史料』 静岡県編 静岡県 1932-41
『静岡県の近代化遺産』 静岡県教育委員会文化課編 静岡県教育委員会 2000
『静岡県の史跡散歩』 神村清 静岡新聞社 1976
『静岡県の城物語』 小和田哲男 静岡新聞社 1989
『静岡県の史話』 静岡県日本史教育研究会編 静岡新聞社 1984
『静岡県の中世城館跡 静岡県文化財調査報告書28』 静岡県教育委員会編 静岡県教育委員会 1981
『静岡県の百年』 静岡県編 静岡県 1968
『静岡県の百年』 原口清・海野福寿 山川出版社 1982
『静岡県の文学碑』 岡田英雄 静岡谷島屋 1985
『静岡県の歴史』 若林淳之 山川出版社 1970
『静岡県の歴史』 本多隆成・荒木敏夫・杉橋隆夫・山本義彦 山川出版社 1998
『静岡県の歴史 中世編』 小和田哲男・本多隆成 静岡新聞社 1978
『静岡県の歴史 近世編』 若林淳之 静岡新聞社 1983
『静岡県風土記』 若林淳之監修 旺文社 1988
〈静岡県文化財ガイドブックシリーズ〉 静岡県教育委員会文化課編 静岡県教育委員会
　名勝編 1996, 原始・古代の史跡 1998, 中世以後の史跡 1997
『静岡県歴史人物事典』 静岡新聞社出版局編 静岡新聞社 1991
『静岡県歴史年表』 静岡県歴史教育研究会編 静岡新聞社 2003
『静岡県歴史の道』(復刻改訂版) 静岡県教育委員会文化課編 静岡県教育委員会文化課
　東海道 1994, 下田街道 1995, 姫街道 1995, 秋葉街道 1996, 身延街道 1998
『静岡市歴史散歩』 川崎文昭 静岡新聞社 1990
『静岡大百科事典』 静岡新聞社出版局編 静岡新聞社 1978
『静岡の美術と文化』 小川竜彦・斎藤忠監修 学習研究社 1985
『静岡の歴史百話』 静岡県日本史教育研究会編 山川出版社 1980

『しずおか文化財ウォーク』　静岡新聞社編集　静岡新聞社　2001
『史跡が語る静岡の十五年戦争』　静岡県近代史研究会編　青木書店　1994
『新版　図説浜松の歴史』　浜松市博物館編　浜松市博物館　2004
『図説　静岡県の歴史』　永原慶二・海野福寿編　河出書房新社　1987
『図説　駿河・伊豆の城』　小和田哲男監修　郷土出版社　1992
『図説　遠江の城』　小和田哲男監修　郷土出版社　1994
『図説ふるさとの歴史シリーズ　浜松・浜名湖周辺』上・下　郷土出版社　1992
『駿河の古寺』　若林淳之監修　静岡郷土出版社　1989
『駿府の歴史』　桜井廣　静岡市観光協会　1989
『戦国今川氏　その文化と謎を探る』　小和田哲男　静岡新聞社　1992
『探訪伊豆の古寺めぐり』　相磯守ほか　郷土出版社　1993
『定本　静岡県の街道』　若林淳之監修　郷土出版社　1990
『定本　天竜川　母なる川――その悠久の歴史と文化』　郷土出版社　2001
『定本　東海文学探歩』　南信一　静岡谷島屋　1980
『天竜川と秋葉街道』　神谷昌志　明文出版社　1987
〈東海道ルネッサンス文庫シリーズ〉　国土交通省静岡国道事務所監修
　　東海道　宇津ノ谷峠　1993，東海道　川を渡る道　1995，東海道　小夜の中山　1995，東海道　駿府城下町　上・下　1996・97，薩埵峠　1994，箱根峠の道　2002
〈東海道双書〉　静岡新聞社
　　三つの東海道　湯之上隆　2000，東海道の宿場と交通　渡辺和敏　2000，東海道と脇街道　小杉達　1997，海の東海道　若林淳之　1998，東海道と文学　戸塚惠三　2001，東海道と美術　日比野秀男　1994，東海道と祭り　吉川祐三・中村羊一郎　1996，東海道と伝説　鈴木暹・大嶋善孝　1994，東海道と碑　壬生芳樹　1994，東海道と人物　杉山元衛・山本正　1995
『東海道歴史散歩』　小杉達　静岡新聞社　1992
『日本歴史地名大系22　静岡県の地名』　平凡社地方資料センター編　平凡社　2000
『日本の古代遺跡　静岡』　辰巳和弘　保育社　1982
『富士・富士宮・沼津・三島・駿東歴史散歩』　遠藤秀男・辻真澄　静岡新聞社　1987
『ふるさと古城の旅』　水野茂　海馬出版　1998
『ふるさと静岡県文化財写真集』1-5　静岡県教育委員会文化課編　静岡県教育委員会　1991-95
『ふるさと百科藤枝事典』　野本寛一・八木洋行著　国書刊行会　1984
『歴史の郷かわづ』　河津町教育委員会編　河津町教育委員会　1999
『資料に学ぶ静岡県の歴史』　静岡県立中央図書館歴史文化情報センター編　静岡県教育委員会　2009
『輝く静岡の先人』　静岡県県民部文化学術局文化政策室編　静岡県　2009
『静岡藩ヒストリー』　樋口雄彦　静岡新聞社　2017
　このほか，ページ数の関係で掲載することができませんが，郡誌類，完結または刊行中の自治体史や図説，年表，また各教育委員会が発行した文化財のしおりや文化財マップなどを参考にさせていただきました。

【年表】

時代	西暦	年号	事項
旧石器時代	3万年前		愛鷹山麓(沼津市中見代第Ⅰ遺跡)などで，人びとが生活
	2万7000年前		富士山が連続的に噴火，厚い火山灰堆積
	2万1000年前		浜北人が生活
	1万2000年前		各地で縄文土器の使用開始(島田市旗指遺跡，富士宮市小塚遺跡など)
縄文時代	1万1000年前		富士宮市窪A遺跡で定住集落が営まれる
	4500年前		河津町段間遺跡，神津島産黒曜石の供給基地となる
	4000年前		県西部で貝塚形成(浜松市蜆塚遺跡，磐田市西貝塚遺跡など)
弥生時代	前3世紀前半		遠賀川式土器とともに稲作が県内に伝播
	1世紀後半		県内の沖積平野で稲作が本格化
	2世紀後半		県西部で銅鐸を使った祭りが盛んになる
	3世紀半ば		浜松市伊場遺跡で，三重の濠をめぐらした集落形成
	2～3世紀		静岡市登呂遺跡が営まれる
古墳時代	4世紀中葉		磐田市松林山古墳，静岡市柚木山神古墳などの大型前方後円墳築造
	(景行期)		日本武尊が東国平定を行ったという。「草薙の剣」「焼津」の説話伝わる
	5世紀末		遠江で須恵器の生産開始
	6世紀後半		静岡市賤機山古墳築造，このころから7世紀にかけて，各地で群集墳築造
飛鳥時代	645	大化元	大化のクーデタ。東国に国司を派遣
	660	(斉明6)	百済救援のため駿河国に船をつくらせる
	663	(天智2)	白村江の戦いで，廬原君臣，救将として遠征
	680	(天武9)	駿河国より伊豆国をわける
	699	(文武3)	役君小角，伊豆国に配流される
	7世紀末		伊場遺跡の木簡に，このころのものが多数出土
	709	和銅2	駿河・遠江など7カ国の兵を徴発し，陸奥・越後の蝦夷へ遠征
奈良時代	724	神亀元	配流の遠近定められ，伊豆国，遠流の国となる
	738	天平10	駿河国，天平9年正税帳を進上
	757	天平宝字元	駿河国益頭郡の人金刺舎人麻自，蚕卵で書かれた文字を献上，その瑞により天平宝字と改元
平安時代	842	承和9	承和の変で伊豆国配流となった橘逸勢，その途次，遠江国で没
	866	貞観8	応天門の変で，伴善男を伊豆国に配流
	939	天慶2	平将門，除目を行い，弟将武を伊豆守に任命
	954	天暦8	駿河国の益頭郡司伴成正・判官代永原忠藤，殺害される
	955	9	駿河介橘忠幹，殺害される
	956	10	駿河国の国司と郡司に武装を許可

	1108	嘉承3	この年の伊勢神宮領の目録に，蒲御厨など遠江・駿河両国の9つの御厨がみえる
	1156	保元元	保元の乱で勝利した藤原通憲(信西)，遠江国の知行国主となる
	1160	永暦元	源頼朝を伊豆国に配流
	1170	嘉応2	遠江国の池田荘，松尾社領となる
	1180	治承4	源頼朝，伊豆国で挙兵。富士川の戦い。頼朝，安田義定を遠江国に，武田信義を駿河国につかわして守護させる
鎌倉時代	1186	文治2	仏師運慶，伊豆国願成就院の不動明王像を造立
	1189	5	願成就院の上棟供養
	1193	建久4	富士の巻狩の狩宿において，曽我兄弟による仇討ちおこる
	1200	正治2	梶原景時，鎌倉を追われ，上洛の途中に，駿河国狐崎で敗死
	1204	元久元	源頼家，伊豆国修禅寺で殺害される
	1210	承元4	仏師実慶，修禅寺の大日如来坐像を造立
	1221	承久3	承久の乱，北条政子・義時らが，遠江・駿河・伊豆など諸国の軍勢を催促
	1261	弘長元	日蓮を伊豆国伊東に配流
	1270	文永7	遠江国橋本の長者妙相，応賀寺毘沙門天像を造立
	1282	弘安5	一遍，伊豆国三島社に参詣
	1327	嘉暦2	後醍醐天皇，遠江国平田寺を祈願所とする
室町時代	1334	建武元	後醍醐天皇，遠江国初倉荘内4カ郷を南禅寺に寄進
	1338	暦応元 延元3	遠江国井伊城で合戦。宗良親王，伊勢国から井伊城にはいる。駿河国安倍城でも合戦
	1355	文和4 正平10	足利尊氏，伊豆国三島社に戦勝を祈願。駿河国守護今川範氏，駿河国浅間社造営のため徳政令を発布
	1364	貞治3 正平19	今川了俊，遠江国蓮光寺に梵鐘を奉納
	1371	応安4 建徳2	今川了俊，九州探題となる
	1384	至徳元 元中元	観阿弥，駿河国浅間社で申楽を舞う。観阿弥，駿河国で没
	1392	明徳3 元中9	遠江国守護今川仲秋，初倉荘西島郷を南禅寺に寄進
	1395	応永2	今川了俊，九州探題を解任され，駿河半国・遠江半国の守護職をあたえられる
	1416	23	上杉禅秀の乱で，鎌倉公方足利持氏，伊豆国，さらに駿河国にのがれ抗戦
	1432	永享4	足利義教，富士山遊覧
	1457	長禄元	足利政知，鎌倉公方として下向，伊豆国堀越にとどまる(堀越公方)
	1482	文明14	足利義政，伊豆国を足利政知にゆずらせる

年表 345

	西暦	和暦	事項
	1487	長享元	今川氏親，駿河国東光寺にあたえた文書に，黒印使用（武家印判の初見）。伊勢長氏（北条早雲），駿河国に下向
	1491	延徳3	堀越公方足利政知没し，その子茶々丸が跡をつぐ。興国寺城の北条早雲，堀越の茶々丸を攻撃
	1498	明応7	大地震で浜名湖，外海とつうじる。北条早雲，足利茶々丸を攻め滅ぼす
	1506	永正3	連歌師宗長，駿河国丸子に柴屋軒を結ぶ
	1526	大永6	今川氏親，『今川仮名目録』33カ条を制定
	1549	天文18	松平竹千代（徳川家康），今川家の人質となる
	1553	22	今川義元，『今川仮名目録』追加21カ条を制定
	1554	23	今川義元，嫡子氏真の室に，北条氏康の女早川殿を迎える
	1560	永禄3	今川義元，桶狭間の戦いで，織田信長により敗死
	1568	11	武田信玄に敗れた今川氏真，懸川城に逃亡
	1569	12	徳川家康に攻められ，今川氏真，懸川城を明け渡し，北条氏のもとにのがれる
	1570	元亀元	徳川家康，岡崎城から浜松城に入城
	1572	3	三方原の戦いで，徳川家康軍，武田信玄軍に敗北
安土・桃山時代	1582	天正10	織田信長，武田勝頼を滅ぼし，駿河国を家康に分配
	1586	14	徳川家康，浜松城から駿府城へ移り入城
	1590	18	徳川家康，駿府城から江戸城へ移る。豊臣秀吉，堀尾吉晴（浜松）・山内一豊（掛川）・中村一氏（駿府）らの大名を配置
江戸時代	1600	慶長5	関ヶ原の戦いの論功行賞により，堀尾忠氏出雲松江・山内一豊土佐浦戸・中村忠一伯耆米子へ移る
	1601	6	徳川家康，東海道宿駅を設定，伝馬制を制定。家康，松平忠頼（浜松）・松平定勝（掛川）・大須賀忠政（横須賀）・酒井忠利（田中）・内藤信成（駿府）・大久保忠佐（沼津）らの大名を配置
	1605	10	徳川家康，将軍職を秀忠にゆずり，大御所となる
	1607	12	駿府城の改修完了し，家康入城。角倉了以，富士川舟運を開く。朝鮮通信使，江戸より駿府へいき，家康に拝謁
	1609	14	イスパニアの前ルソン総督ドン・ロドリゴ，駿府で家康に拝謁。徳川頼宣，駿府城にはいり50万石を領有
	1610	15	琉球使節が駿府と江戸に参府。琉球王子の具志頭，駿府で没し，興津清見寺に被葬
	1616	元和2	徳川家康，駿府城で死去し，久能山に被葬
	1619	5	徳川頼宣，紀伊和歌山55万5000石へ移封
	1624	寛永元	徳川忠長，駿府城主となり，55万石を領有
	1626	3	シャム（タイ）の山田長政，軍船絵馬を駿河国浅間神社に奉納
	1630	7	山田長政，シャムの政争に巻き込まれ死去
	1632	9	駿府藩主徳川忠長，改易され，翌年自殺
	1635	12	駿府大火，駿府城御殿・天守閣など焼失

1651	慶安4	由井正雪の陰謀発覚，正雪，駿府で自殺
1666	寛文6	大庭源之丞・友野与右衛門ら，深良用水工事着手。1671年完工
1674	延宝2	古郡重年，父重政の遺志をつぎ，富士川雁堤工事完工
1689	元禄2	松平信孝若年寄に就任，加増されて1万石となり，小島藩成立
1694	7	東海道などの宿駅に定助郷・大助郷を指定
1702	15	今切関所，幕府直轄から三河吉田藩へ移管
1707	宝永4	宝永地震。富士山が噴火し，宝永山が出現
1729	享保14	徳川吉宗の請により，東海道をゾウが通行
1747	延享4	盗賊日本左衛門，江戸で処刑され，遠江国見付でさらし首
1758	宝暦8	田沼意次，1万石を領し，相良藩主となる
1763	13	賀茂真淵，大和に旅し，伊勢国松坂で本居宣長と面会
1764	明和元	小島藩で大規模な百姓一揆
1768	5	禅僧白隠，沼津の松蔭寺で没
1772	安永元	相良藩主田沼意次，老中就任
1786	天明6	田沼意次，老中を罷免され，翌年家督した孫意明，陸奥下村(現，福島市)1万石へ移封
1788	8	幕府，遠江に流行する大念仏を禁止
1793	寛政5	老中松平定信，伊豆の海岸巡視
1798	10	内山真龍，『遠江国風土記伝』あらわす
1800	12	中国の商船，遠江国山名郡の海岸に漂着
1802	享和2	十返舎一九，『東海道中膝栗毛』初編出版
1803	3	大須賀鬼卯，『東海道人物志』出版
1816	文化13	掛川・田中・横須賀・浜松の各藩領と中泉代官領で百姓一揆
1817	14	水野忠邦，肥前国唐津藩主から浜松藩主となる
1818	文政元	田中藩でおこった百姓一揆指導者増田五郎右衛門，処刑
1824	7	駿・遠両国5郡の農民が，江戸茶問屋・駿府茶問屋の不正と横暴を訴え，自由勝手売り実現を要求(文政茶一件)
1830	天保元	伊勢参り，大流行
1834	5	浜松藩主水野忠邦，老中就任
1836	7	駿・遠・豆で大飢饉。駿府などで打ちこわし
1841	12	老中水野忠邦，天保の改革に着手
1850	嘉永3	韮山代官江川英龍，西洋種痘法を告諭，管内で種痘実施
1853	6	ペリー，浦賀に来航。江川英龍，伊豆国本郷(下田市)で反射炉建設工事開始，翌年，韮山へ移す
1854	安政元	ペリー，下田入港。吉田松陰，下田でアメリカ艦船に密航を企て失敗。幕府，下田・箱館の開港を布達。下田の了仙寺で日米和親条約付録13条(下田条約)調印。ロシア使節プチャーチンがディアナ号で下田に来航するが，安政東海地震でディアナ号が大破し，田子浦沖で沈没。下田の長楽寺で日露和親条約調印
1855	2	プチャーチン，伊豆国戸田で地元民らの協力により建造された

			ヘダ号で帰国
	1856	安政3	アメリカ総領事ハリス，下田玉泉寺にはいる。下岡蓮杖，写真術をヒュースケンから学習
	1857	4	天竜川筋で新税取り立てに反対する新分一一揆
	1860	万延元	イギリス公使オールコック，富士山にのぼり，帰路熱海で入湯
	1861	文久元	韮山代官江川英敏，関八州・駿河・遠江・三河諸国への農兵設置を建議
	1863	3	韮山代官江川英武，管下で農兵訓練開始
	1867	慶応3	東海道各地で「ええじゃないか」の騒動，活性化
明治時代	1868	明治元	遠州報国隊・駿州赤心隊・豆州伊吹隊など結成され，戊辰戦争に参加。山岡鉄舟，駿府で西郷隆盛と会談。徳川家達，駿府70万石をあたえられ，駿・遠諸藩は上総・安房へ転封。江川英武，韮山県知事となる。徳川慶喜，水戸から駿府へ移る。府中学問所設立。堀江藩，大沢基寿の虚偽申請により成立
	1869	2	陸軍学校(沼津兵学校)開校。駿河府中，静岡と改称。徳川家達静岡藩知事，大沢基寿，堀江藩知事となる。旧幕臣，牧之原開拓に着手
	1870	3	中村正直訳『西国立志編』，静岡で刊行開始
	1871	4	廃藩置県，静岡・韮山・堀江3県が成立，さらに韮山県は足柄県に編入，静岡・堀江両県を静岡・浜松両県に改編。静岡学問所教師E.W.クラークが来日
	1872	5	大区・小区制成立(〜73年)
	1873	6	『(官許)静岡新聞』創刊。石坂周造，菅ケ谷村(現，牧之原市)で全国初の石油採掘に成功
	1874	7	御前崎灯台(レンガ造り)，照明開始
	1875	8	静岡師範学校設立，初代校長江原素六。遠江国報徳社設立，初代社長岡田佐平治
	1876	9	足柄県廃止，伊豆国，静岡県に編入。浜松県内で地租改正に関わり交換米問題発生，紛糾。浜松県民会開設。浜松県を静岡県に併合，現在の静岡県となる，初代県令大迫貞清
	1877	10	松崎の入江長八，内国勧業博覧会に漆喰による作品出品，受賞
	1879	12	郡制，県下に23郡設置。第1回通常県会開設，初代議長磯部物外選出
	1880	13	県内1万5735人の署名で，国会開設建白書，元老院へ提出
	1881	14	静岡県改進党結成大会開催
	1884	17	翌年にかけ，県内各地で貧民党騒動おこる
	1886	19	静岡事件(自由民権運動最後の激化事件)おこる
	1888	21	山葉寅楠，浜松に山葉風琴製造所設立
	1889	22	静岡市制施行。東海道線全通。県庁舎，新築完成
	1892	25	掛川信用組合(日本で初の信用組合)，設立を決議

	1896	明治29	静岡連隊,豊橋の歩兵第18連隊内に創設,翌年,歩兵34連隊として静岡に移転
	1897	30	尾崎紅葉,「金色夜叉」を『読売新聞』に連載開始
	1898	31	豆相鉄道(現,伊豆箱根鉄道)三島・南条間開通
	1901	34	久能山で石垣イチゴ栽培,商品化
	1908	41	歩兵第67連隊独立し,浜松に移転完了
	1911	44	鈴木梅太郎,オリザニン(ビタミンB_1)抽出
大正時代	1912	大正元	龍山村(現,浜松市)の久原鉱業峰之沢鉱山で銅の採掘本格化
	1913	2	静岡市で憲政擁護県民大会開催
	1914	3	日本楽器,ハーモニカ製造開始
	1918	7	藤相鉄道(1943年,中遠鉄道など4社と合併し,静岡鉄道となる),藤枝大手・相良間全通。県内2市22町14村で米騒動,静岡・浜松両連隊より軍隊出動
	1920	9	国立茶業試験場,牧之原に開場。第1回国勢調査,県人口155万387人
	1922	11	静岡高等学校(旧制)・浜松高等工業学校開校(ともに現,静岡大学の前身)
	1923	12	沼津で県内初のメーデー。関東大震災,県内の全壊2298・半壊1万219・流失家屋661,死者375人・行方不明者68人
	1925	14	県立葵文庫開館
昭和時代	1926	昭和元	川端康成,『伊豆の踊子』刊。浜松市で全国初の市会議員普通選挙。浜松高等工業学校の高柳健次郎,世界で初めてブラウン管に「イ」の字を写す
	1927	2	金融恐慌,銀行の休業,県内でも発生
	1928	3	富士身延鉄道(現,JR身延線)富士・甲府間全通
	1930	5	昭和天皇,県内巡幸。草薙球場開場。北伊豆地震で死者255人
	1931	6	静岡放送局(JOPK。現,NHK静岡放送局)開局,県内でラジオ放送開始。大井川鉄道,金谷・千頭間全線開通
	1933	8	丹那トンネル貫通式
	1934	9	熱海線を東海道本線,沼津・国府津間を御殿場線と改称。ベーブ・ルースら来日,草薙球場で全日本チームと対戦
	1936	11	西園寺公望,二・二六事件のため,興津の坐漁荘から県警察部長官舎(のちに知事公舎)へ避難。富士箱根国立公園誕生
	1937	12	県庁舎新築落成
	1938	13	伊東線全通
	1940	15	二俣線(現,天竜浜名湖鉄道)全通。大政翼賛会県支部発足
	1941	16	県内6新聞統合し,『静岡新聞』1紙となる
	1943	18	軍需工場建設場で登呂遺跡発見
	1944	19	大蔵省印刷局静岡工場,静岡市に開設。東南海地震,県内の死者・行方不明者295人

1945	昭和20	静岡・浜松・清水・沼津など大空襲，浜松・清水などに艦砲射撃，島田に原爆投下訓練用の1万ポンド爆弾投下。敗戦で占領軍，静岡市に進駐
1946	21	静岡軍政部，県庁内に設置。戦後初の総選挙，山崎（藤原）道子が最高得票で当選。天皇，県内の復興状況視察
1947	22	登呂遺跡の本格的な発掘調査開始
1948	23	静岡鉄道駿遠線全通（藤枝大手・新袋井間，64.6km），日本最長の軽便鉄道
1949	24	静岡大学開学（旧制静岡高校，静岡第1・第2・青年各師範，浜松工専を母体）。雄踏町（現，浜松市）出身の古橋広之進，ロサンゼルスの全米水上選手権大会で完勝，「フジヤマの飛び魚」といわれる。国立遺伝学研究所設立され，三島に移転
1952	27	静岡放送設立，県内初の民間ラジオ放送開始
1954	29	焼津の漁船第五福竜丸，ビキニ水爆実験で「死の灰」を浴びる
1956	31	佐久間ダム完工
1957	32	NHK静岡放送局，テレビ放送開始。第12回国民体育大会，本県で開催，「オレンジ旋風」おこる
1958	33	狩野川台風で伊豆地方に大被害，死者701人・行方不明者339人，全壊353・流失家屋722
1961	36	田子の浦港開港。伊豆急行の伊東・下田間全通し，営業開始
1962	37	静岡鉄道の静岡市内路面電車最終運行，廃線
1964	39	県，公害課新設。東海道新幹線開業。東京オリンピック，本県出身選手22人参加。東駿河湾石油コンビナート誘致計画，住民の反対運動で中止決定
1965	40	マリアナ海域アグリガン島沖で，漁船7隻遭難，死者209人
1968	43	金嬉老事件発生。浜岡（現，御前崎市）にねむの木学園開園
1969	44	東海道新幹線三島駅開業。東名高速道路全通
1970	45	県立中央図書館開館。田子の浦，ヘドロ問題深刻化
1974	49	伊豆半島沖地震，南伊豆町に大被害。浜松医科大学開学。七夕豪雨，静岡市を中心に大被害，県内の死者44人，全壊241，床上浸水2万6452
1976	51	浜岡原子力発電所，営業運転開始。駿河湾巨大地震説，発表される
1977	52	県，地震対策課新設
1979	54	県議会開設百年記念式典。カーター米大統領，下田訪問，市民との対話集会開く。藤枝駅前でガス漏れ爆発事故，9人死亡。東名日本坂トンネル内で大事故，6人死亡。静岡市と浜松市の東海道本線高架化完成，開通
1980	55	静岡駅前ゴールデン街，ガス爆発事故で15人死亡，重傷者222人

	1982	昭和57	県,中国浙江省と友好提携結ぶ。通産省,浜松市などをテクノポリス開発構想策定地にと通達。駿府公園内の県立美術館建設予定地から中世庭園遺跡出土,今川館跡かと保存運動おこる
	1985	60	県史編さん事業開始(1998年完結,通史編7巻・資料編25巻・別編3巻の計35巻)
	1986	61	県立美術館開館
	1987	62	天竜浜名湖鉄道,第三セクターで開業。国鉄民営化,JR東海発足,静岡鉄道管理局,静岡支社に。静岡県立大学開学。知事,静岡空港建設地を島田・榛原地区と決定
	1988	63	東海道新幹線の新富士・掛川両駅開業
平成時代	1989	平成元	SUNPU博'89,静岡市制100周年メイン行事として開催。県情報公開制度発し,情報公開センター開所
	1991	3	県内で全国高校総合体育大会(平三総体)開催
	1992	4	静岡市主催の第1回大道芸ワールドカップイン静岡開催
	1993	5	静岡市に県女性総合センターあざれあ開館
	1994	6	浜松市にアクトシティー完工
	1996	8	静岡・浜松両市,中核都市に移行。第1回国際オペラコンクール,浜松市で開催
	1999	11	静岡市にグランシップ完工
	2000	12	県内で全国高校総合文化祭開催
	2001	13	袋井市に静岡スタジアム・エコパが完工
	2003	15	旧静岡市と旧清水市合併,"新"静岡市誕生(このころから,県内でも「平成の大合併」が進行)
	2004	16	しずおか国際園芸博覧会(浜名湖花博)開催,来場者545万人
	2005	17	静岡市が政令指定都市に移行(全国14番目)。浜松市など3市9町村が合併し,"新"浜松市誕生,2007年政令市
	2009	21	富士山静岡空港開港
	2010	22	久能山東照宮,本殿・石の間・拝殿が国宝に指定
	2011	23	東日本大震災
	2012	24	新東名高速道路,御殿場・三ヶ日間開通
	2013	25	富士山,世界文化遺産登録
	2014	26	南アルプスがユネスコエコパークに登録。花沢の里,国の重要伝統的建造物群保存地区に選定
	2015	27	韮山反射炉,世界遺産に登録
	2018	30	伊豆半島がユネスコ世界ジオパークに認定

【索引】

―ア―

- 青崩峠……265, 270
- 縣居神社……276, 277
- 秋葉神社……229, 266
- 秋葉(街)道(信州街道)……179, 209, 229, 243, 244, 262, 264, 265, 267, 268, 270, 272
- 朝日山城跡……184
- 足利政知……27, 54
- 足柄城跡……90
- 足柄峠……40, 89, 90
- 阿治古神社……9
- 芦ノ湖水神社……75
- 吾妻神社……83
- 愛宕山城……151
- 足立文太郎顕彰碑……68
- 熱海梅園……5, 9
- 安倍川架橋碑……171, 172
- 安倍川義夫之碑……171
- 天方城跡……243
- 天野堰造功頌碑……58
- 天野遠景・光家・政景の墓……58
- 天宮神社……242-244
- 新居関跡……308, 309
- 麁玉古墳群……289

―イ―

- 渭伊神社……293
- 飯田城跡……242
- 井伊谷城跡……293
- 医王寺……208
- 蘭草神社……301
- 石脇城跡……187, 188
- 伊豆国分寺塔跡……44, 45
- 伊豆山神社……4, 46
- 伊豆市資料館……64
- 伊豆の長八美術館……32, 33
- 井田松江古墳群……38
- 一の谷遺跡公園……249
- 伊東祐親……13, 14, 56, 67
- 伊那上神社・伊那下神社……33
- 伊奈神社……85
- 犬居城跡……265
- 伊場遺跡……274-276
- 石室神社……29, 30
- 岩渕の一里塚……125
- 岩室廃寺跡……257, 258

―ウ・エ―

- 宇久須神社……36
- 牛越神社……35
- 鵜田寺……203
- 内野古墳群……287
- 内野神明宮……288
- 内山真龍資料館……263
- 宇津ノ谷峠……177, 181, 182, 188
- 有東木の盆踊……179
- 初生衣神社……303
- 梅原寛重翁寿碑……59
- 瓜生野金山(大仁金山)跡……61
- 江川家住宅……51, 52
- 江浦横穴群……101
- 延寿院不動堂……140
- 円通寺……89

―オ―

- 大平城跡……290
- 応賀寺……309
- 応声教院……163, 223
- 淡海国玉神社(総社)……248, 250, 251
- 大井海軍航空隊跡……215
- 大井川川越遺跡……202
- 大井神社……198, 200, 201
- 大井上理農学研究所……65
- 大井八幡宮……198
- 大鐘家住宅……216, 217
- 大神山八幡宮境内社熱田神社本殿……312
- 大久保長安……19-21, 33, 36, 61, 62
- 大知波峠廃寺跡……311, 312
- 大歳御祖神社……164

大旅籠柏屋	183
岡部宿	183, 184
息神社	306
興津宿	129, 130
小國神社	244
奥山方広寺	293, 295
小島陣屋跡	132
大瀬神社	103
音無神社	14
御船神事(大江八幡宮)	217
御前埼灯台	221, 222
オールコックの碑	6, 7

── カ ──

海蔵寺(熱海市)	6
海蔵寺(賀茂郡南伊豆町)	30
海長寺	141
柿田川公園(泉頭城跡)	46
掛川城(雲霧城)	207, 231, 232, 236, 240
掛塚湊	256, 257
鹿島神社(賀茂郡東伊豆町)	17
柏谷横穴群	49, 101
柏久保ハリストス正教会	62
梶原堂	144, 145
可睡斎	235, 236
葛山城跡・葛山館跡	77
片山廃寺跡	149
勝間田城跡	215, 216
門池・牧堰	97
金谷坂の石畳	207
狩野川放水路竣功記念碑	57
狩野城跡	67
蒲神明宮	282, 283
上白岩遺跡	64, 65
上多賀神社・下多賀神社	8
鴨江寺	277
雁堤	115
軽野神社	67
河津八幡神社	19
願成就院	54, 55
岩水寺	288, 289
蒲原宿本陣跡	126
蒲原城跡	126, 127
神部神社	164, 165

── キ ──

帰一寺	34
起雲閣	7
気賀宿	297, 300
気賀関所跡	300
鬼岩寺	193, 194
菊川坂石畳	208, 209
北江間横穴群	56
北岡大塚古墳	293, 294
北山本門寺	118
木下杢太郎記念館	11
来宮神社(熱海市)	5
来宮神社(賀茂郡南伊豆町)	31
木船廃寺跡	283
旧赤松家	247
旧岩科学校	33
旧植松家住宅	76
旧王子製紙製品倉庫	266
旧浜松銀行協会	278
旧見付学校	248, 250
行興寺(熊野寺)	255, 256
行蓮寺	11
玉泉寺	21, 22, 24
清水寺(静岡市葵区)	153, 154
清水寺(藤枝市)	193
木和田川砂防堰堤・流路工	182
金太郎伝説	81
金原明善翁生家	284

── ク・ケ ──

草薙神社	138, 139
工藤祐経の墓	119
久能山東照宮	146
久野城(鷲之巣城・座王城)跡	237
黒田家住宅	227
慶寿寺	203, 204
慶竜寺	182
華蔵寺	299

華陽院	157
原生の森	47

—コ—

小池家住宅	129
興国寺城跡	105
香集寺	186
光照寺	54, 55
庚申塚古墳	110
光禅寺	282
光泰寺	184
光長寺	96, 97
弘徳院	186
光福寺	145
光明寺・光明山古墳	263
木枯の森	174, 175, 178
国清寺	53, 54
五社神社・諏訪神社	278, 279
御殿・二之宮遺跡(遠江国府跡)	247
事任八幡宮	214
金刀比羅神社	290
駒形神社(賀茂郡西伊豆町)	35

—サ—

柴屋寺	177, 199
犀ヶ崖古戦場	274
西郷・山岡会見の地	156
西山寺	219, 220
最勝院	66
最誓寺	14
最明寺	57, 58
西楽寺	236
坂下地蔵堂(鼻取地蔵堂)	181
坂田公時(坂田金時,酒田公時)	81
相良城跡	218
坐漁荘跡	131, 132
佐久城跡	302
佐久間ダム	266, 267
桜ケ池	230
薩埵峠	129
薩摩土手之碑	170
佐野原神社	76, 88
佐野美術館	44
小夜の中山	208, 210, 214, 215
佐波神社	35

—シ—

塩の道	229
慈眼寺	299
指月殿	64
蜆塚遺跡	279, 280
静岡銀行本店	161
静岡県庁本館	160
静岡県立美術館	41, 138
静岡市役所本館	161, 278
静岡市立芹沢銈介美術館	148
静岡浅間神社	153, 154, 164-167, 169
賤機山古墳	165
志太郡衙跡	196
志田家住宅主屋	126
実相寺	111
自得院(伊豆市)	61
島田市博物館	203, 204
島田宿	200-203, 205, 218
清水銀行由比支店本町特別出張所	128
清水港テルファー	135
清水次郎長(生家)	134, 135
清水灯台(三保灯台)	138
下田開国博物館	24
下田城(鵜島城)	26
下田道	69
宗徳寺	58
修福寺	29
秋葉寺	266
修禅寺	34, 63, 64
修善寺ハリストス正教会顕栄聖堂	62, 63
松蔭寺	104, 105
浄感寺	33
承元寺(駿河安国寺跡)	133
静居寺	204, 205
常昌院	185
成道寺	189
正林寺	228

定輪寺	75
昭和の森会館	70
乗運寺	94
初山古窯跡	296
白須賀宿	309
白鳥神社	30
白浜神社	20, 21
陣座ケ谷古墳	296
信光寺	56
真珠院	56
新豊院山古墳群	252, 255

— ス —

瑞雲院	265
瑞龍寺	169
瑞林寺	115
杉桙別命神社	19
角倉了以翁紀功碑	124, 125
諏訪原城跡	206-208
駿府城跡	158

— セ —

清ケ谷古窯跡群	241
誓願寺	178, 180
清見寺	99, 104, 130, 131
栖足寺	19
西来院	273
千貫樋	45, 46
浅間古墳	110
千居遺跡	118
善光庵	18
千手寺	139
千頭峯城跡	290, 304
善得寺公園	107, 108
仙年寺	77
千本浜公園	94, 95
善名寺	67
撰要寺	241

— ソ —

宗祇の墓所	75
蔵春院	59
崇信寺	242

増善寺	173, 174
宗長庵跡	199, 200
曽我五郎時致・十郎祐成(曽我兄弟)	13, 19, 74, 112, 113, 119
曽我寺	112, 113
尊永寺	238, 239

— タ —

大安寺	25
大慶寺	194, 196
大光寺	264
大石寺	117, 118
泰蔵院	264, 269
大中寺	99
大洞院	244
大日本報徳社	232
大福寺	304, 305
大宝院廃寺跡	247
大門大塚古墳	239
高田大屋敷遺跡	225
高天神城跡	226
高根城(久頭郷城)跡	268
高根神社	289, 290
高山樗牛の墓	141
滝峯才四郎谷遺跡	297
竹採公園	109
竹之下古戦場	87
只木遺跡	305
田中城跡・田中城下屋敷	190, 191
玉造神社	92
玉渡神社	113
田村神社	289
田村又吉翁頌徳碑	16
丹那トンネル	9
丹那断層(跡)	47, 48

— チ —

秩父宮記念公園	80, 81
智満寺	205, 206
長慶寺	193
釣月院	221
長谷寺	28

銚子塚古墳	252, 254
丁子屋	175-177
長者屋敷遺跡	254, 255
朝鮮通信使遺跡	131
長楽寺(下田市)	24

―ツ・テ―

蔦の細道	181, 182, 188
ディアナ号の錨	110, 111
鉄舟寺	140, 141
天神山男神石灰岩	220
天神神社(下田市)	27
天宝堤	291

―ト―

土肥金山	36
東海館	11, 12
東海道広重美術館	127
堂ヶ島	34, 36
洞慶院	175
東光寺(熱海市)	9, 10
東光寺(島田市)	198, 201
堂山古墳	252, 253
東林寺	13, 14
遠江国分寺跡・国分尼寺跡	245-247
常盤家住宅	124, 125
徳川慶喜屋敷跡	161
徳山の盆踊り	209
鳥羽山城(跡)	262, 263
友田家住宅	243
豊田佐吉記念館	311
豊積神社	128, 129
登呂遺跡	147-149

―ナ―

長塚古墳	98, 99
長浜城跡	102
中尾生城(中日向城)跡	264
中村家住宅	305, 306
中村正直(敬宇)	10, 160, 167, 168
南禅寺	18
縄地金山	19

―ニ―

新野古城(八幡平城)跡	230
新橋浅間神社	79, 80
西浦の田楽	269
錦田一里塚	40, 41
西山本門寺	120
日坂宿	209, 214
仁田四郎忠常の墓	48
二岡神社	82
二本ケ谷積石塚群	287
日本キリスト教団修善寺教会	62
若王子古墳群	192
韮山城跡	50
韮山反射炉	51, 53

―ヌ・ネ・ノ―

沼津市明治史料館	98
沼津御用邸記念公園	100
沼津市戸田造船郷土資料博物館	37, 38, 111
沼津市歴史民俗資料館	100
根堅遺跡	288
子守神社	19
子之神社(御殿場市沼田)	79
野地城跡	302
野辺神社	258

―ハ―

梅蔭寺	134, 135
俳聖芭蕉遺跡	199
白隠(禅師)	29, 34, 41, 104, 105, 109
白岩山壁窟画	36
箱根旧街道	40
走湯神社	4
八幡宮来宮神社	15
八幡神社(賀茂郡東伊豆町)	17
八幡神社(駿東郡清水町)	46
初島	7, 11
浜名惣社神明宮	303, 304
浜松市楽器博物館	285
浜松市博物館	280
浜松市姫街道と銅鐸の歴史民俗資料館	297, 301

浜松市水窪民俗資料館	268
浜松城(跡)	272, 273
浜松市立賀茂真淵記念館	277
浜松まつり会館	280, 281
ハリス，タウンゼント	21, 22, 25, 27, 70
万松院	184
般若寺	219
馬場平古墳	294
ハンマアサマ	17

― ヒ ―

日枝神社	91, 93
引間城跡	272
一柳直末公首塚	74, 75
姫街道	298
瓢箪塚古墳	138
日吉廃寺塔跡	92
ひよんどり	295
蛭ヶ小島	50, 51
広瀬神社	59

― フ ―

フェルケール博物館	130, 135
深沢城跡	83
深根城跡	27
深良用水之碑	79
普済寺	273
藤枝市郷土博物館	193
藤枝宿	194
富士山本宮浅間大社(富士宮市)	113, 114, 165
富士山かぐや姫ミュージアム(富士市立博物館)	111
冨士浅間宮(袋井市)	237
冨士浅間神社(駿東郡小山町)	84, 85
藤守の田遊び	198
富春院	167, 168
普照寺	30
二俣城跡	262
プチャーチン	24, 37, 38, 69, 110
仏現寺	12, 13
富戸砲台跡	15
府八幡宮(磐田市)	245

― ヘ・ホ ―

平家越の碑	107
平田寺	218, 219
ペリー	21, 24, 27, 53, 69
弁天島	22, 23
宝鏡寺	88, 89
北条寺	56, 57
北条氏邸跡	55
北条早雲(伊勢新九郎長氏)	27, 50, 51, 54, 56, 63, 106, 127, 168, 187
北条政子	4, 13, 43, 46, 54, 63, 206
宝泉寺	38
宝台院	147, 163, 223
宝台院別院(照久寺)	147, 163
宝泰寺	155
宝福寺	25
報本寺	28
豊門公園	86
宝林寺	296
細江神社	301
菩提樹院	149, 150
法華寺	187, 188
堀川城跡	301
堀越御所跡[伝]	54
堀留運河(跡)	275, 276
本興寺(文晁寺)	310, 311
本坂一里塚	300
本坂道(姫街道)	272, 297-300, 303, 309
本照寺	112
本立寺	52

― マ ―

舞坂宿の跡	307
摩訶耶寺	304
増田五郎右衛門	194, 195
丸子宿	175-177
丸子城跡	178

― ミ ―

三浦按針記念碑	12
三熊野神社	241

御厨古墳群	252, 253
神子元島灯台	26
三島大社	20, 42-45, 46, 59
見高神社	19
三岳城(跡)	290, 291, 293, 294
見付の裸祭	252
南伊豆郷土館	28, 29
源実朝	10, 43
源範頼(蒲冠者)の墓	63
源頼家	44, 64, 145
源頼朝	4, 10, 13, 14, 17, 33, 43, 46-50, 54-56, 58, 63, 67, 74, 80, 103, 109, 112-114, 119, 145, 178, 193, 205, 237, 283
身延道(甲州街道)	130, 143, 144, 229
御穂神社	136, 137
三保の松原	137
妙恩寺	283
妙覚寺	95
妙善寺	109
妙法寺	107
妙法華寺	41

― ム・モ ―

向市場遺跡	268
向山古墳群	41, 42
村山浅間神社	115, 116
森町立歴史民俗資料館	243
森村橋	86
諸口神社	37

― ヤ ―

焼津漁業資料館	185
焼津神社	189, 198
社山城跡	257
安田屋旅館	101
休場遺跡	99, 100
矢奈比売神社(見付天神社)	250-252
山木遺跡	52
山住神社	268
山田長政屋敷跡	166
山名神社	242
山中城跡	39, 40

― ユ・ヨ ―

由井正雪	127, 150, 171, 172
唯念寺	80
由比本陣公園	127
油山寺	236, 237
湯山文右衛門寺子屋資料館	87
永明寺	109
横須賀城跡	240, 241
横地氏城館跡	223
吉岡彌生記念館	226
吉田松陰寓寄処	27
依田家住宅	34
米津台場跡	281
洋式帆船建造地の碑	38

― ラ・リ ―

楽寿園(三島市郷土館)	42, 45
陸軍少年戦車兵学校跡	119
龍雲寺	150-152
龍華寺	141, 142, 207
龍泉寺	283
了仙寺	23, 24
霊山寺(沼津市)	93, 94
龍潭寺	292, 293
臨済寺	167, 168
林叟院	187, 204

― レ・ロ ―

霊山寺(静岡市清水区)	140, 142
霊泉寺	136
蓮永寺	152
蓮華寺	243
蓮華寺池公園	192, 193
蓮生寺	193
蓮着寺	14
六代松の碑	95

― ワ ―

若宮八幡宮	184
若山牧水記念館	94
和田岡古墳群	233

【執筆者】(五十音順)

編集・執筆

天野忍 あまのしのぶ
織田元泰 おだもとやす
杉山元衛 すぎやまもとえ
鈴木基之 すずきもとゆき
山下晃 やましたあきら

執筆

厚地淳司 あつちじゅんじ
池田将章 いけだまさあき
稲岡孝宣 いなおかたかのぶ
岩崎直巳 いわざきなおみ
大村清一 おおむらせいいち
小川出 おがわいづる
川上努 かわかみつとむ
小柴秀樹 こしばひでき
小林孝誌 こばやしこうじ
櫻井祥行 さくらいよしゆき
柴雅房 しばまさふさ
杉浦正直 すぎうらまさなお
鈴木一行 すずきかずゆき
塚本裕巳 つかもとひろみ
中山正典 なかやままさのり
深田雅一 ふかだまさかず
前田利久 まえだとしひさ
増井啓太 ますいけいた
松本稔章 まつもととしあき
村瀨隆彦 むらせたかひこ

【写真所蔵・提供者】(五十音順, 敬称略)

熱海市観光商工課
磐田市教育委員会
御前崎市商工観光課
掛川市商工観光課
金子節郎
久能山東照宮
裾野市商工観光課
大石寺
西伊豆町観光商工課
沼津市観光交流課
法多山名物だんご企業組合
浜松市引佐総合事務所産業振興課
浜松市観光コンベンション課
浜松市教育委員会天竜教育事務所春野分室
藤枝市郷土博物館
富士市
吉川祐子
渡辺好洋

本書に掲載した地図の作成にあたっては，国土地理院長の承認を得て，同院発行の50万分の１地方図，20万分の１地勢図，５万分の１地形図，数値地図25000（空間データ基盤），数値地図2500（空間データ基盤）を使用したものである（平18総使，第78-3011号）（平18総使，第79-3011号）（平18総使，第80-3011号）（平18総使，第81-3011号）（平18総使，第82-3011号）。

歴史散歩㉒
しずおかけん　れきしさんぽ
静岡県の歴史散歩

2006年8月10日　1版1刷発行　　2020年9月20日　1版4刷発行

編者―――静岡県日本史教育研究会
　　　　　しずおかけんにほんしきょういくけんきゅうかい
発行者――野澤伸平
発行所――株式会社山川出版社
　　　　　〒101-0047　東京都千代田区内神田1-13-13
　　　　　電話　03(3293)8131(営業)　　03(3293)8135(編集)
　　　　　https://www.yamakawa.co.jp/　振替　00120-9-43993
印刷所――図書印刷株式会社
製本所――株式会社ブロケード
装幀―――菊地信義
装画―――岸並千珠子
地図―――株式会社昭文社

Ⓒ　2006　Printed in Japan　　　　　ISBN 978-4-634-24622-5
・造本には十分注意しておりますが，万一，落丁・乱丁などがございましたら，
　小社営業部宛にお送りください。送料小社負担にてお取り替えいたします。
・定価は表紙に表示してあります。

静岡県全図